作者夫婦與在美內外孫於洛城哈崗寓所後院合影

作者小傳

周伯達　別號濱聞，湖南人也。一九一七出生於華容彭家橋。童年就傳在先祖父督促下，熟讀四書五經。三三年入岳郡聯師，卒業後，復入省立衡山師範。抗戰軍興之翌年，棄文習武，參加抗日戰爭。四五年抗戰勝利，積功升陸軍中校，四九年晉升上校，隨軍至台灣，五六年退役，從事中國哲學暨三民主義哲學之研究。六〇年代初期，進入三民主義研究所任研究員，後編入中國國民黨中央黨部，歷任設考會組工會總幹事。八二年十二月，於生產事業黨部書記長職務內屆齡例退，旋移居美國洛杉磯（L.A.）哈仙達（Hacienda Heights）。著有：心理作戰綱要、兵學與哲學、孔孟仁學原論、周易哲學概論、心物合一論、中國哲學與中華文化、介石先生思想與宋明理學、中山先生思想與中華道統、近卅年的中國（民國卅九年至六十九年之回顧與前瞻），什麼是中國形上學（儒釋道三家形上學申論）等書，九八年將有關哲學著作七種，統一刊行，名曰濱聞哲學集刊。夫人施秀芳，二二年出生於江蘇海門中央鎮，日本靜岡藥科大學畢業，從事教育工作數十餘年，退休後，一同移居美國。

濱聞哲學集刊總目

本集刊是三代以後，對中國哲學認識最深、最廣、最正確，更具啓發性之著作，凡喜愛中國哲學，而願升堂入室，以見得此心之仁，證得人之本來面目者，允宜人手一集。

濱聞哲學集刊之一

孔孟仁學原論

本書是從仁之本身對孔孟仁學，作哲學的解讀，確能發明其原義，與注疏家釋仁，截然不同。民國五十三年初版，原名「孔孟仁學之研究」，茲重加整理，并改今名後再版刊行。

濱聞哲學集刊之二

周易哲學概論

本書從「怎樣讀周易」，說到「卜筮之學」，說到「虞翻之消息」、「焦循之旁通」，以及邵子先天易學與「來氏易」等等，是詳述周易哲學與象數之學。民國五十四年完成初稿，藏之篋中卅餘年，茲稍加整理後刊行。

濱聞哲學集刊之三

心物合一論

本書分爲導論，物之分析，心之分析，心物之合一，心物與人生及結論等六篇，是從物與心之分析，而說到心物「二者本合爲一」，以證明「精神與物質均爲本體中的一部份」。民國四十六年完成初稿，民國六十年初版發行。茲稍加整理，再版刊行。

濱聞哲學集刊之四

什麼是中國形上學——儒釋道三家形上學申論

本書對於儒釋道三家之本體哲學，宇宙哲學與認識哲學，皆有極深而研幾之描述，以期真能表達中國形上學究竟是什麼？因本書涉及中國哲學之全部，故可視爲中國哲學概論，亦可視爲中國哲學史簡編。自一九八三年開始執筆，迄九四年完成初稿，約五十萬言，茲特再加整理後刊行。

濱聞哲學集刊之五

中國哲學與中華文化

本書係收集民國五十年代至六十年代，有關中國哲學與中華文化之拙著編輯而成，多已在學術刊物發表，其中「中華民族文化與世界之未來」一篇，原編入臺北幼獅書店「青年理論叢書」，曾於民國五十八年六月初版印行。

濱聞哲學集刊之六

介石先生思想與宋明理學

蔣介石總統，喜好哲學，嚮往道統，服膺中山主義，傳承宋明理學，皆頗有所得。本書係說明蔣總統在哲學思想、政治思想與教育思想等三方面，對宋明理學之貢獻。民國五十五年十月三民主義研究所初版，原名「總統思想與宋明理學」，茲稍加整理，并改今名後再版刊行。

濱聞哲學集刊之七

中山先生思想與中華道統

本書是本於學術的立場，對中山思想作哲學的解讀，以明瞭其思想淵源，并及其全體大用。一九七八年五月初版，曾獲是年中山學術獎，原名「三民主義之哲學基礎」。茲特重加整理，并改今名後再版刊行。

濱聞哲學集刊之三

周伯達著

心物合一論：申論道與器之全體

臺灣學生書局印行

再版自序——對本論的幾點反省

本論自一九五六年完成初稿，迄一九七一年初版發行，歷經了十五年。初版以來，迄今又廿六年了。這不是很短的歲月。在再版之前，特願略述對本論的幾點反省。

本世紀四、五十年代，我們中國國民黨，爲反對唯物主義，曾提倡唯生論。四九年播遷台灣，在六十年代，又提倡心物合一論。我自三九年加入本黨，爲一忠實同志，對於哲學，極有興趣，喜愛心物合一論，爲生平之最大志業。回憶當年，講心物合一論，頗爲風行，卻諸多誤解。因願對這個問題，在學術上真能獲得正解，乃就這個問題之各方面，詳加分析研討，以期至於疑義盡消，真理現前，方可告一段落，所以歷經十五年，才印行第一版。

第一版自序有云：「我并不完全滿意現在所作的。」「我認爲要真能作得完全滿意，確是很難的。所以……雖自覺粗率之處，有所難免，卻仍擬把它公開出來；因爲我對於這一問題的研究，暫願告一段落。」現在想來，當時之所以未能完全滿意；因爲我總覺得，對於這個研究，未能十分透徹。禪宗門下曾說：「說也說得，道也道得，祇是不在。」我因有此「不在」，所以自覺不能完全滿意，且有力不從心之感。不過，大體說來，我覺得也可以告一段落。初版迄今的這廿六年之中，近十五年，對中國哲學作了全盤的研究，完成了「什麼是中國形上學」（以下簡稱「中國形上學」）一書。我是從中國哲學講心物合一論的哲學。當「中國形上學」完成後，因爲對中國哲學有了較爲完整而明確的認識，所以對於心物合一這個問題，也有了較爲滿意的解答。

本論是一世界觀。第一篇講導論；第二篇講物之分析；第三篇講心之分析；第四篇講心物之合一，乃是對世界作分析而正確的認識了這個世界。當我們對物質世界作分析時，誠如第二篇所說，我們所得到的是祇有事故發生，亦即祇有陰陽電子的「相遇」（即陰電子繞陽電子運動）是「真實」的。又如第三篇所分析的，實沒有所謂「心」這樣的東西，僅有「這個靈明」或「妙用」之存在；於是，乃從刺激與反應，經驗與知識，存在與思維，感性與悟性，主觀與客觀等等，以說明心靈所受之影響，并進而說明「這個靈明」或「妙用」之本性。當我們對這個世界與這個本性有此認識後，自應進而說明這「事故」何以會發生？這「本性」究竟是什麼？我們是本於「哲學的真理之見」，然後依中國哲學以說明我們之「所見」。這「真理之見」是什麼呢？在第一版自序中曾述及，我大約在十歲左右，便爲「天地何所窮際」這個問題所困擾。據說陸象山在小時候，也曾發現這個問題。四十年代末期，我知這是個哲學問題後，乃鍥而不捨的就這個問題，尋求正確的答案。六十年代，我因研究王陽明哲學，對佛學稍有涉獵，在五五年秋冬之際，於一個深夜之靜坐中，我體悟了金剛經所謂之「無所住心」，深知這存而不在之無所不在，實就是有與無之同一。「天地何所窮際」之疑團至此被打破。對於道家所謂之「無」，佛家所謂之「空」，濂溪先生所謂之「無極而太極」，以及邵子「先天之學」，皆有深切之體會，并因而體認到：從形而下言，雖有心物之現象可說；從形而上言，確是「心物二者，本合爲一」；而且是「體用一原，顯微無間」。在第四篇中，乃藉中國哲學及宋明理學的諸多觀念，說明了這個眞理。這是說，這宇宙或世界的本體是「無」，是「一」。這世界之生成，是由無差異、無對待之一，演出它自己。誠如楞嚴經第四卷所謂：「無差異中，熾然成異」；而呈現出，爲現代物理學所描述的，是兩基本粒子，亦即兩陰陽電子的「相遇」所形成的事點或事故，終於呈現爲我們所習見的世界。這與「無極而太極」以及「太極是生兩儀」的「先天之學」，可謂完全相同。我們因現代科學之助，對世界作分析，認識了這個眞理，自不足爲奇；至於古人，能認識到，這習見的世界，是由無同異之一，呈現爲有對待之二，而且是「體用一原，顯微無間」的以演出自己，這確是一種很了不起的「眞理之見」。自希臘以來之西方哲學家，也有類此之所見。羅素在「哲學與科學知識」❶一書中，將近代哲學家分爲三派：其一爲歷史沿襲派，其二爲進化學說派，其三爲邏輯原子派。羅素對歷史沿襲派曾作如下之介紹。他說：「布拉德烈或者是這一派最有名的現在尙活著的代表。他的『假象與實在』中含兩部，第一部叫做假象，第二部叫做實在。……眞正的實在，是一個簡單的不可分的無時間的共相，叫做絕對。」(同註一，頁二)我們對布拉德烈的「假象」，可以不論；至所謂「實在」，祇要不將其解釋爲一共相，亦即不認爲祇是一個觀念，則與我們所謂「無同異之一」，沒有不同。它當然就是絕對。絕對必是「無」或有與無之同一，當然不在時空之中，自無時空可言。康德認爲，時間空間，是先天範疇。我們認爲，先天應該是無，時空自無從建立。這就是說，認定「實在」「無時間」，於理無

❶ 羅素著，張雄俊譯：「哲學與科學的知識」，頁二，台北正文出版社印行。

違。再者，英人司泰思在「黑格爾哲學」❷中曾提到，亞里斯多德認爲變或變成，不包含自「絕對無」至「絕對有」之過程，但包含自「潛在有」至「現實有」之過程（同註二，頁一一七）。他又說：「依亞里斯多德，有之層次肇端於完全的抽象，即無形式的質料，而層層轉進，層層決定，直達完全的具體定性。這完全與黑格爾從抽象『有』到具體的絕對理念之運動完全相符。」（同註二，頁一一三）司泰思這所說的：第一，我們認爲不會有「絕對無」；第二，我們認爲「無」，不是「完全的抽象」，卻可以說是「無形式的質料」；第三，「無」不是「潛在有」，因爲它不能說「是有這個物事」；第四，「層層轉進，層層決定」，與「體用一原，顯微無間」之說，似無本質上的不同。以上四點，就我們所指明者，雖與我們在措詞遣字上，或有不同；但在本質上，實與我們主張「由無到有」，亦即由無差異、無對待而呈現爲有差異、有對待以呈現爲我們所生存的世界，可說沒有不同。由此更可證明：我們對外在世界所作之分析，因而體悟了這外在世界，是由無而有。這不祇是我國儒釋道三家，皆有此「所見」。自亞里斯多德以來，西方哲學家之歷史沿襲派，亦大體有此「共識」。羅素對於此種認識，卻極爲反對。他對於心與物曾作了極詳盡之分析❸。本論對於「物之分析」，曾多次引用他的學說。他對於心物分析所獲致的結論，是發現了沒有心與物這樣的東西，他「既不是唯物主義的，也不是唯心主義的」，他稱之爲「中一元論」（neutale monism）。他說：「這個一元

---

❷ 司泰思著，曹敏、易陶天譯：「黑格爾哲學」，頁一一七，台北政工幹校譯印。

❸ 羅素著：「哲學大綱」第廿六章。

論，即因為世界之中只有一種太素，是所謂事點；但也可以說是多元論，因為我承認有無數的事點，每個最小的事點都是一個邏輯的自存實體（Logically self-subsistent entity）。」（同註三）現在我們可以說出羅素為什麼會反對這個「共識」，亦即與我們的哲學不同之點究竟是什麼？照羅素的看法，這個世界是祇有一種太素而且是中性或無性的，故稱之為「中一元論」。這個說法的本身并無錯誤。這是說明了，這個中性或無性的太素之本身，是顯現了差異或對待，亦即是顯現了陰電子繞陽電子的運動。這確是一普遍存在的事實，這是無可置疑的；但是，這個有差異有對待之存在，我們認為，是無對待、無差異之一所呈現的。現在的科學，未能證明此點，所以羅素不贊同。誠然，將「事點」當作客觀的存在看待；也就是說，祇從事點的外表作觀察分析，確祇能達成現代科學所能獲得的結論；若作進一步的分析，則知人自己這一物理結構，是包含精神與物質，而且是這一太素，通過「層層轉進，層層決定」顯現而成。這就是說，這所謂「太素」或「事點」，不應祇看作單純的物質事件，而應看作心物合一之存在。為期讀者易於明白，特借用「突創進化論」者摩根之說以為說明。他說：

亞力由大教授囑吾人從現存之自然中將所有進化程途中突現之事物之可以淘汰者，全部思而去之。經思想淘汰之後，自然界中所餘者是一不可再去最基本事物（純粹之動）之根本計劃或法式，其所含者空時之點刻而外別無所有，此空時之點刻則列為空時之秩序。亞氏稱此秩序為空時。空時者一無時無地不有，無所不參，不可分開之秩序也。由此基本之秩序首先突現者為物質與其第一物性，稍後即有第二物性之突現。第二物性既現，空時關係之外遂又有新關係之發生。進化發展至此，在空時事物以上乃增加有各級遞進之物理化學之事情。再後，進化結果，生命突然呈現。生命者一種新性質也，乃物質或物理化學之系統再加前此所未有之有機關係而成。在生命界中亦有逐漸上進之各級。在有機體或其已經分化自成為類之部分中（亞氏所謂已受生命之性質化者）有更高之性質如意識或心靈者發生。此中又有各級遞高之階級。進化歷程發展至於有思考之心靈中乃生真、美、善之觀念——此即價值關係。自此以上近在進化塔形尖端之處，又有神性突現，此神性乃進化歷程上到現在為止最高之性質也。」❹

他接著又說：

吾之主旨在乎說明自然進化之大計劃，以闡說如何從最基本無所不參之空時，隨時代之遷化，而逐漸突現無機體、有機體、心靈以及其所含之各級，以至於少數人類所達到之神性。（同上註）

摩根此說，完全是從「自然進化之大計劃」的外表，來說明進化現象，所以是很粗率的，也可以說是很不經意的，認定是物質突創心靈。其實，他所謂物質事情，全都具有心靈作用，

❹ 摩根著，施友忠譯：「突創進化論」，台灣商務印書館印行。

這可以用他自己所說的以爲證明。他說：「宇宙中有『心』焉者，運『動力』以指導支配事情之進展。」（同上，頁三五）又說：「凡屬物類，皆具有此奮力。吾人之意識，下級有機體之心靈，乃至物質事物，皆有奮力；其狀爲一感覺。『覺得有一種向於尚未達到境界之奮力』。」（同上，頁三三）又說：「突創品之所以能突創以及突創進化之所以能進化皆此奮力之『動力』爲之也。」（同上，頁三九）照以上所述，則知所謂心靈，在本質上，乃一種能指導支配事情進展之「動力」，它是突創或「變異」的根源。這就是說：「有心之領導，則有變異；無心之領導，則變異亦不生。」（同上，頁二二）由此已足可證明，「由物質突創心靈之說」，實乃皮相之論，爲一不正確之陳述。我們認爲，若能參照本論第四篇第十章「太極演變體系圖」之主旨，以更正「突創進化論」某些不正確之陳述，則摩根之說，與本論實沒有太大的不同。這就是說，通常所謂之「心」，在本質上，即是陰電子繞陽電子運動的「動力」，亦可名之爲「純粹之動」或「傾向神性之奮力」。本論第三篇所謂之「能」或「能量」，可以說，即是這個「純粹之動」所顯現之功能。當這個「純粹之動」，亦即這個「動力」或「奮力」所顯現之功能是表現爲陰陽電子之「相遇」，這就是所謂「事點」或太素。就其是「事點」言，這就是物之所以爲物；就其是運動之「動力」言，這就是心；所以這個太素或「相遇」是心物合一之存在。這是本論能成立之理論依據。羅素哲學與進化論哲學，在本質上，與此實無不同。不過，他們都祇是停留在表面的觀察分析，而未能進一步的究明其本身。當我們體認到這個「動力」或「純粹之動」的本身，亦即這個「心」之本來面目時，我們是見到了「無所住心」或「遍而非計」，也就是見到了歷史沿襲派所謂之「真正的實在」。這是包含「已動未動」，包含有與無而無所不在的存而不在。這是「放之則彌六合，卷之則退藏於密」而「復合爲一理」❺。至此，我們與羅素哲學是完全不同了。至於摩根所謂之「傾向神性之奮力」或「無所不在」之「神力」（同註四，頁一二、一四），與我們所見者，有否不同，可以不論；惟特須指陳者，當見到了這個「動力」本身時，用金剛經的觀點來說，即是不住色聲香味觸法而生心，亦即是不生意識的心，而悟入了非意識所行境界；用摩根的觀點來說，即是將「指導支配事情進展」之意識活動，完全淘汰淨盡，祇剩下「純粹之動」。這個「純粹之動」，亦即無意識的心。當達到這個無意識的心時，這就是「心之自覺的或睿智的活動」，亦就是以心觀心或思想（主詞）思想（動詞）它自己。依據我自己所見，當真的見到了自己的心或自己的思想時，必是泯滅了感官之知而至於非意識所行境界，也就是獲得了超感性的直觀，真的見到了人之本心本性。這個本性，即是所謂「動力」或「純粹之動」的本性，亦即是「實在」的本性。因爲所謂「實在」，僅具有這「純粹之動」外，實別無所有。同時，這「實在」的本性與「真正的實在」或實在它自己，是一而非二。這就是說，離去實在的本性即沒有實在。那麼，爲什麼要將「實在的本性」與「實在」加以區分呢？這就是，我們之所以要將絕對精神與絕對者加以區分了。我們若不說明，絕對精神是絕對者的精神，我們是會不自覺的變成唯心論者，在理論上將會增加許多困難與誤解。誠然，瞭解這個區分確是必要的。但是，也應該瞭解，當我們見到了「實在」的本性，也就是見到了「真正的實在」或實

---

❺ 中庸朱熹章句前言。

在它自己。必須有見及此，才真能心領神會的體認到，我們所習見的世界確是這個可名之爲「實在」的「無同異之一」所呈現的。這祇有在形而上的，也就是超感性的直觀中才真能見到。這是羅素所未能夢見的。羅素認爲，知識與直觀是成反比。他說：「小孩的直觀，較強於成人之直觀，無教育人之直觀，較大於有教育之直觀，直觀之在狗之精神之中，或者比人的直觀更高。」（同註一，頁一一）羅素這是在貶損或否定直觀。我們認爲，人之感性的直觀，更可能祇是一種錯覺。羅素所見，不爲無理。至於超感性的直觀，那是羅素所夢想不到的。因爲惟有棄絕知識；而且必須將全部知識淘汰得乾乾淨淨，這超感性的直觀才會現前。在這個時候，它是最潔淨而無有計度之遍在（即所謂「遍而非計」）。朗朗乾坤，光明普照。這是達到了莊子所謂之「無知之知」（人間世第四）或無是非之知（大宗師第六）；也就是達成了唯識宗所謂之「轉識成智」而獲得了大圓鏡智與平等性智。這是真能融銷一切對立，亦即真能「絕諸對待」而達到「中庸」所謂喜怒哀樂未發之「中」。我們認爲，當「生無所住心」時，是見到了「實在」之廣大悉備的本性；當達到了「絕諸對待」的未發之「中」時，是見到了「實在」之「靜而正」（周易繫辭上傳第六章）的本性。這兩者最能體現出這個「無同異之一」。「實在」就是一。中庸曰：「天地之道，可一言而盡也，其爲物不貳，則其生物不測。」（中庸第廿六章）這不二之一，不是數。當無待之一，「熾然成異」而成對待之二，這才是數。來瞿塘曰：「對待者數。」這位明代的易學大師，所言誠然。照這樣說來，中庸所謂之中，既是無待，實就是一，也就是至誠無二。我們的心物合一論，因是從根源處而立論，也就是從中與一的本身而立論，這當然可稱之爲「中一元論」。我們所謂之「中」，是形而上的直觀觀念，與羅素所謂之無色、無性的概念性之中（Neutral），是截然不同。我們是從內省所得，是「一念不生」時所達到的一種境界，未親臨其境者，當然不知這是什麼一回事。門外人總以爲門內必是神祕莫測。這是未親履其事者常有之誤解。事實上這形而上的超感性的直觀，它是極明白而全無秘密可言；若能深明其理，而又能本乎一念之至誠，這是任誰都可以達成的境界。西方哲學家卻與我們有不同的看法。他們認爲：「只有純粹的精神才有完美的智性直觀；它的典型是神藉以認識自己，……其實人沒有這一能力。」❻西方哲學家，這確是錯了。摩根所謂「純粹之動」，即是「純粹的精神」。當我們本乎一念之至誠而「一念不生」時，必會得見這不思善、不思惡之「本來面目」（詳見六祖壇經），也就是見到了這個可名之爲「中」的「無同異之一」。在這個時候，凡「可以淘汰者」（見前文摩根所說）皆已淘汰乾淨而祇剩下「純粹之動」，這當然是體現了「純粹的精神」而獲得了「完美的智性直觀」。這就是我們所謂之形而上的超感性的直觀。我們中國人稱這個「直觀」爲悟道。在隋唐時代，禪宗的悟者甚多，宋明理學家亦多有達者，不知西方哲學家爲什麼少有人有此一悟。再者，西方哲學家也認爲直觀是非理性的或情緒的領悟能力。他們似乎認爲，情緒的即是非理性的。所謂非理性的或外於理性的，是謂凡與理性思考相反或至少無關者（同註六，頁二二三）。誠然，直觀不排除情緒作用，也確是非思辨的感覺狀態。若以爲凡是非思辨的便是非理性的，這是祇是見到思辨理性而未能見到非思辨的理性。我們認爲，情緒的或純感覺的，確都是非思辨的，

❻ 布魯格編著，項退結編譯：「西洋哲學辭典」，頁二二七，國立編譯館印行。

雖可能是非理性的，卻不能說非思辨的就是非理性的；因爲非思辨的理性與思辨理性同是理性所兼具的。我稱這個非思辨的理性爲觀照理性，它是於形上的直觀中顯現之，亦即康德所謂之實踐理性。茲再進一步言之，此所謂觀照，不同於天台宗之止觀。修止觀者，常用一種假想來修行。止觀也可以說是一種修。此所謂觀照，頗同於老子之「觀」。老子第一章有云：「故常無欲以觀其妙，常有欲以觀其徼。」老子一書，可說是觀始、觀母、觀妙、觀徼、觀同、觀異、觀有、觀無、觀玄、觀玄之又玄，真可謂洋洋大觀，卻全是真觀。此所謂觀照，也可以說一種照見，是一種慧觀，是人之靈覺之本性所顯現的一種見，與習以爲常之習見或屬於思辨理性之知見，是完全不同的。它是另一片天地，是超越意識的非意識所行境界，不是一般人所能達到的。許多西方哲學家，因未能達到這個境界，乃對之持否定的態度；尤其是邏輯實證論者或語意學家，更對之予以完全的抹煞。這就是「安其所習，毀其所不見」。學問之道，絕非如此。我這所說的，絕不是否定西哲的成就；而是說，當我們通過思辨理性而追求真理時，若能結合觀照理性，從根源上用力，以會通形上形下，其成就當更有可觀。

本論之作，是結合思辨理性，從現象以分析這世界，見到了這世界真正存在的祇是陰陽電子之「相遇」；然後更本於觀照理性，對於禪宗所謂之「向上一路」，作真切之體會，以窮究存在之根源，得能認識「實在」之本性，并因而認識人自己。這是既認識了「事故」之所以發生，也是認識了人之靈明或妙用的本來面目。這是期望能達成「心物合一論」，是「申論道與器之全體」的這一目標。經近二三十年來之深切反省，我覺得本論初版，大體上是未負使命而達成了這一目標。在此仍須作更進一步說明的，這觀照理性，究竟顯現了什麼作用。

釋家「心經」將物質與精神現象，分為色、受、想、行、識這五蘊。色即通常所謂之物質，人之精神則可分為受想行識這四者。於是，我們可以這樣的說，當吾人因感受而經過思想作用所獲得的認識，這就是思辨的知識，是受想所成之識；又當吾人因感受而不經或未經思想作用，亦即不假安排佈置所形成的認識，這就是非思辨的知識，是受與行所成之識。佛家似未曾作如此之區分，而這個區分實無不妥。因為人之認識作用，是兼具此兩類而無疑。這是進一步的說明了人之理性作用，確是兼具思辨的與非思辨的這兩類。宋明儒者，本於中庸「不勉而中，不思而得，從容中道」之主旨，認定人之修養工夫，應達到「不假安排佈置」而全無做作的境地。王陽明認為「良知自有天則」。這是證明了「不假安排佈置」之「從容中道」，確有此可能，也是說明了觀照理性或非思辨理性究竟是什麼？總之，當人們獲得了超感性的直觀時，人之靈覺之性現起，而觀照理性亦現起。觀照理性與覺性是當下現成而不可分。佛家認為，佛即覺者，亦即真能轉識成智而獲得了觀照理性之智者。儒家認為，覺者必是不惑（智），不憂（仁），不懼（勇）而獲得「至誠之道」的聖者。當其工夫純熟而至於究極之境時，必是觀照理性現起，而達到孔子「從心所欲不踰矩」（論語為政）之境地。西哲康德確有此造詣。他在「實踐理性批判」中，曾指出自由與必然之統一。其所謂「自由」，即是「從心所欲」；其所謂「必然」，即是「不踰矩」。當人之習染之污已去得乾乾淨淨，而潛意識之束縛也已獲得解脫，在這個時候，人之精神才是獲得了真自由，而「從容中道」之觀照理性是當下現成的自然流露，成為極堅強之意志力。康德在「道德形上學」中所謂之「無待令式」，即是見到了這個觀照理性而無疑。康德的造詣，確是見到了人之本來面目，也確是見到了「自有天則」之良知。我們此所謂之「良知」或人之本來面，西方當代宗教哲學家認為，這是神的「非理性理解」（Irrational Apprehension）。不過，近代西方思潮，如生命哲學、價值哲學等也認為：「認知能力與心靈力量整體相結合，才會有全體力量及生命力，而直觀地把握整體，往往先於理性的分析。」（同註六）這與我們「所見」者極為相近。就我自己所體會到的，當見到了人之本心本性或「生無所住心」時，必是空間消滅，時間停止，古往今來，聖賢仙佛，與我同在。唐君毅先生說：「天地人己，一齊俱在這兒。」❼也頗能道出當下之所見。所以，在這個時候，浩然之氣或大無畏精神，亦必生起，這就是人之全體力量及生命力現起。在這個時候，不祇是個人之全幅力量現起，而且是融銷了人我物我，以及有與無之對立，而真能「把握整體」。本論之作，即是「生無所住心」後，自覺能「直觀地把握整體」而見到了心物合一；於是，乃對世界作分析，期從哲學的思辨而說明這心物何以是合一的。本論初版，對於這個「何以是合一的」？以及形上與形下，本體與現象之整個過程，皆有極詳盡之描述與解析。我們是從思辨理性而達到了觀照理性。事實上，乃是獲得觀照理性後，洞識了心物之合一；然後綜合中國「哲學的真理之見」，作思辨的分析，層層往上逼近，亦即所謂之「向上一路」或「逆還」而至於「無」，而又回到觀照理性。本論第二三四各篇，即是依照這一心路歷程而源源本本、曲盡其義的寫出了這早已形成的心物合一論的哲學。既是一世界觀，也是一「人的哲學」。這與佛學是完全不同了。佛家認為，當明得「心之本體」後，便是大

❼ 唐君毅著：「中國人文精神之發展」本論第十一章第六節有較詳之引述。

事已了。我們認爲，當明得心之本體時，也就是「人之仁心仁性的自覺」而「見到了真人」（本論第十一章）。從生物性之結構來說，是心物合一或身心合一之人。照莊子所說：「且有真人而後有真知。」（大宗師第六）莊子所謂真知，其義頗廣，但可一言以蔽之，這就是知「道」。照我們的系統來說，這人之本性，即是「實在」之本性。這實在的本性，前文曾指陳：就其是廣大悉備而言，它就「無所住心」；就其是「靜而正」言，它就是未發之「中」。左傳成公十三年，劉康公曰：「吾聞之，民受天地之中以生，所謂命也。」早年，我雖然識得這未發之「中」，卻不知，爲什麼是「民受天地之中以生」。近幾年，因體會到「中」即「靜而正」。此即，不中不正即無靜；若靜而正即是中。世界之生成，全賴有此靜，亦即全賴有此中。若祇是「純粹之動」，則便是無待之一；故必是「動極而靜」而成爲有待之二，然後生天生地，成此世界。此不祇是「民受天地之中以生」，這個世界亦全是受此中以生。中，的確就是命，是康德所謂之「無待令式」，是人之全體力量之根源。當我們識得「中」是「所謂命也」，再來讀中庸「天命之謂性」這一章與周易說卦傳第一章：「和順於道德而理於義，窮理盡性以至於命。」我們是覺得意味無窮。這是本論初版時未曾有的體會。我自四十年前因體悟到「無所住心」而有此「哲學的真理之見」後，大體上是以這個「所見」爲本，講心物合一論的哲學。本論初版時，雖然是見到了此心之仁，也見到了中，以及良知自有天則與「不容已」等等；但是，未能見得這個「中」就是命，所以總覺得「未能十分透澈」而有「不在」之感。對於這個「觀照理性」，也是不十分瞭然。現已體會到這個「中」就是命，更因而體會到，「人之仁心仁性的自覺」，也就是「所謂命也」。這確是人之全體力量之所在。

心物合一論的哲學，是應該明白的指出：這個真人，不祇是有真知，且是有真力量。王陽明講知行合一，即是見到了這個真力量；志士仁人之真本領，亦即是顯現了這個真力量。這是非常透澈而極為完滿的說明了這個心物合一的世界觀，歸結到「人的哲學」而認識到這個真人之真力量，這可以補足本論初版之不足。

以上是對本論初版之反省而作了補足的說明。這是強化了本論之理論依據，也是極為明確的指明了：心物合一論的哲學，既不是唯物主義的，也不是唯心主義的，而是人本主義的。這是從世界本身之本性來看世界，并歸結為「人的哲學」。從自然科學家來說，他們是用極高深的數學理論，或物理學、天文學的知識，來描述這個世界。他們大致與羅素相同，無意窮究這世界的本性。例如近年來科學界對於「裸奇點」（Naked singularities）是否存在的問題❽，即很有興趣。他們大致都同意，奇點因有黑洞的外殼遮蔽，所以看不到。在一百五十億年前之「大爆炸」，必是暴露了這個「奇點」。這些非常高深的科學理論，我因早年參加了抗日戰爭，未能學好數學，完全不懂得。不過，我所著重的，是摩根所謂之支配指導事情進展的這個「動力」。這個「動力」，一方面，當然就是「大爆炸」之動力；另一方面，我們人類精神所具之「靈明」與「妙用」，亦不外於這個「動力」；而且，由這個「動力」所呈現的人之靈明或妙用，是「生無所住心」，是「仁心仁性之自覺」，這就是人之本來面目或人之本性。人之這個本性，當然就是這個「動力」之本性，也就是「大爆炸」本身所具之動力的

❽ 詳見附錄一。

本性。總而言之，它就是「實在」，或宇宙本身，或物自體之本性。這在理論上是無可置疑的。本於這個理論，我們體會到這個「大爆炸」或這個「奇點」之本身，它既是具有這個本性；那麼，它必是包含已動未動，必是包含有與無之同一而是無所不在之存而不在；也必是「放之則彌六合，卷之則退藏於密」。我們可以不問相對論是否可以說明這個理論，也可以不問自然科學家是如何的論定這個理論；因爲這是超越數學的範疇，而且，這是獲得超感性直觀，得見人之本來面目者之共識。這是人人可以自悟自證之形而上的認識。本論初版，是較爲詳盡而曲盡其義的論述了這個認識。這是不受科學理論的影響，也可以消解科學家之反對；因爲，當你有此認識，你必是心知肚明，無二話可說。禪宗之不容擬議，這也是說明了，真有所見，必是無疑。本論大體上是說明了這個無可置疑者。

在此仍須進一步說明者，本論因是「當下現成的找回了人之本來面目的真人」，所以「是繼承了自孔子以來的儒家的人文精神而使之發揚光大」（詳見本論第十一章第六節）。這必是「財成天地之道，輔相天地之宜，以左右民」（周易泰卦象曰）的而「成人之能」。於是，本論第五篇乃講「心物與人生」，以說明這個心物合一之真人的哲學，因本於哲學之真，而見得道德之善，藝術之美，「確能溶銷心物或物己之對立，亦確能溶銷醜陋的或惡劣的與不道德的積習，而使此心能安，此身亦樂。」（詳本論第十二章）同時，因本於哲學之真，而有正確之宗教信仰。本論乃一無神論之世界觀，此即不同意舊約創世紀神造世界之說；但是，我們認爲，凡信仰高級宗教之虔誠信徒，必會「因信得救」。馬太福音說：「祇要信，就必得著。」此即凡本於一念之至誠，堅信不渝，終必得見本性之善，人生之美，而臻於美善相樂之境，獲得心靈上之平安與滿足，使自己的「身子就是聖靈的殿」（林前六章、三章），真的見到「基督在我裡面活著」（加二章），或是與「千聖同堂」而無疑。早年，我對於禪宗祖師們，爲明得人之本心本性，所作之堅定不移之努力，著實至爲欽敬，深覺雖不能至，然心嚮往之。於今，垂垂老矣，祇希望尋一休息處，以安頓自己。此即，我們雖否定與人相似之神，卻不否定摩根所謂之「神性」。周易繫辭上傳第十章有曰：「易無思也，無爲也，寂然不動，感而遂通天下之故，非天下之至神，其孰能與於此。」這所說的：第一，所謂無思無爲，寂然不動，與「無同異之一」或「無」，亦即與「物自體」或「實在」等等，實無不同。第二，所謂「感而遂通」，一方面可以說，是熾然成異而成爲有對待之二，并通過層層之關係與結構，而形成我們所存活之世界；另一方面，則是這熾然成異之動力，指導支配事情之進展；而這個「動力」，即我們所謂之心靈，所以是「感而遂通天下之故」。第三，摩根所謂傾向神性之奮力，實即這寂然不動，感而遂通之至神的神性；不過，摩根所謂之神性，是指「性質之較高而尚未達到者」（同註四，頁三四）。我們認爲，神性實乃「實在」之本性，如「無所住心」或未發之中等等，全都是神性。第四，如耶穌基督、釋迦牟尼、我們的至聖先師孔子，或回教的真主（我對於回教，完全無知，但真主必是聖人），以及禪宗的祖師等等，必全是最能體現至神之神性者。第五，禪宗的祖師們，他們是無神論者，以皈依淨、正、覺之自性三寶而明心見性爲主，似乎是變宗教爲哲學；不過，他們無意建立哲學，而是以達到至誠無二之信仰爲主。我們是講心物合一之人的哲學爲主，并藉以闡明中國哲學；於今老矣。哲學之多年辛勞，可以休息了。乃希望從哲學之廣大空間退出來，以我之所知，成爲我之所信。詩大雅皇矣第七章有曰：

「不識不知，順帝之則。」若真能至此境地，則便是獲得了觀照理性，這是需要一大段工夫的。禪宗祖師們，窮畢生之努力，真能至此境界者，固不乏其人，這確是很難的。但是，我們從廣大之哲學空間中走出來，信仰我之所信者，放下一切，實亦不是太難的事。這就是說，變哲學之知，爲宗教之信，是比較不太費事的。第六，照我們的哲學，神性確是存在的；「祇要信，就必得著」，也是無可置疑的。於是，乃放下一切，對一切不聞不問，祇是信仰耶穌基督，以安頓自己，自覺既不費事，也真能「得著」，這當然是很好的。至於我爲什麼信仰耶穌基督呢？一，我無須參加任何宗教儀式；二，我無須改變自己的生活方式；三，我深深覺得，祇要信祂，就能得到安歇。誠然，許多傳教士，既不肯面對真理（如仍然宣揚神造世界之說），也仍然固執著中古時代那種不寬容的精神，同時，對於教義，也未能作深入而懇切的體會，很少有人能「清心」、「虛心」以得福（登山教訓），也很少有人真能「盡心、盡性、盡意、愛主你的　神」（馬太福音第廿二章），而祇是「主啊！主啊！」的禱告，以體現宗教的熱心與苦難的安慰，甚至造成宗教的狂熱。如此等等，深受有識之士的非議。不過，許多明達之士，并不在意傳教士之言行，而祇是虔誠的愛主我的　神，以獲得安歇。這與禪宗有不同者，此即禪宗門下，窮畢生之力，苦參苦修，以期明得本心本性而不退轉，這確是很難的。耶穌基督之虔誠信仰者，以「不識不知，順帝之則」的祇是信祂便能得著，這似乎是很容易的。事實上，若不能本於哲學之所知，而成爲宗教之所信，終必墮入千重迷霧而永不能得著。這就是說，若無真知，必乏真信，而永不能「順帝之則」的以達到摩根所謂之「神性」，也就是永不能真的得到安歇。在此仍須順便指陳者，張橫渠先生說：「存吾順事，歿無寧也。」

當吾人未歿之時，因信神而得到心靈上之安歇，則生死之事，實已不足論矣。

本論初版時，未曾有見及此，乃因廿年前，雖已澈悟人生究竟；然而所著重者，以成人之能，善人之生爲主。這就是說，當時所著重者，是「盡人之所以爲人之職責而無愧於人之所以爲人」（詳本論第十四章）。在今日看來，吾既已老矣，真能獲得心靈上之安歇，這是了無遺憾的。在廿年前，若祇求「善吾生」，這便是「自了漢」；所以特著重儒家的內聖外王之道。誠然：「作爲一個哲學家的最基本的態度，就是要能以旁觀的或超宇宙的態度來想整個的宇宙，亦必須以旁觀的或超個人的態度來想人的整個人生。」（本論第十六章）因此，講儒家的內聖外王之道，似乎有失哲學家超然而公正的態度。一個會計師，不宜祇指明一個滿意的賬目。國際共產主義，曾經爲世界製造許多災難，似乎與唯物論哲學主張階級鬥爭有關。不過，儒家的內聖外王之道，完全以發揚人之仁心仁性爲主，決不致傷及任何人，也必是用公正的態度去對待任何人。再者，我們也沒有完全照著「大學之道」來講內聖外王之道，而祇是本於心物合一之真人的哲學，亦即本於哲學之真，見到道德之善，藝術之美，以及宗教之誠信，而見到人所能達到的真善美信之心靈境界。這個境界，也可以說是一覺悟的境界。人，若期能成人之能，是應該以覺者之精神，而果能「超凡入聖」的，「走人所應該走的路」，盡人所應該盡的責任；於是，乃提出了「合乎本然之理而不違反人性的」，亦即不違反人之仁心仁性的政治主張。誠然，哲學不是醫學，不宜有任何處方，祇應該做觀察與檢驗的工作。

但是，本於心物合一之真人的哲學，亦即本於觀有觀無，觀始觀母之觀世界之全的世界觀，并觀照到世界與人之本性，而發自本性的以聖人之襟懷，提出孫中山先生的「仁之所由表現」

的政治主張。這是以儒家的不行一不義，不殺一無罪的王道或仁政爲基礎，并結合現代的民主法治與福利經濟的思想所形成的一種主張。每當讀到尚書大禹謨：「野無遺賢，萬邦咸寧，稽于眾，舍己從人，不虐無告，不廢困窮」這一段，便深深覺得，儒家雖未能發展出現代的民主法治思想；但細味大禹謨所描述的這個社會景象，是如此的詳和安樂，是如此的尊重他人意見，是如此的不仗勢欺人。像這樣的道德水準極高，社會秩序良好的社會，就我親身體驗到的，美國較富有的高級社區，大體上，或者說表面上已與此頗爲接近。這是需要較高的教育水準，毋虞匱乏的物質生活，社會風向亦頗能彬彬有禮的表現紳士風度，方足以臻此。我卜居多年的哈仙達（Hacienda Heigts），算是中產階級的社區。雞鳴狗吠相聞，鄰居見面時，彼此禮貌招呼。平時不相往來，亦無爭執。家居生活，不遭受任何干擾。家家庭院整潔，綠草如茵，好花如錦，曾與二三友人，晨間在社區山中林蔭柏油路上散步，風景極佳，大家都讚之爲人間仙境。這可能與大禹謨所描述的那種境界，還有些距離，卻已足說明，儒家的理想，絕非烏托邦思想。一般說來，我們提出政治主張，似乎有失哲學家之超然的或旁觀的態度；但就我們所期望達成的理想，以及我們所主張的絕不傷及任何人。在我們內心中，甚至有這樣的想法：寧可失敗，絕不害人。以這樣的「忠厚之至」，仁愛之真，亦即真能以儒家內聖外王之道，實現現代的民主法治。我相信決不會有失哲學家之公正態度；且必能「幫助我們從偏見和曲解裡頭解放出來」，表現出人類之正當感情，亦即真能發揚人之仁心仁性，而成人之能，善人之生。這是將這個心物合一之真人的哲學全體，從知到行，從理論到實踐，作了較爲完整的陳述。本論第十六章曾引述羅素之言曰：「雖然哲學不應當有一個道德的目的，然而它卻應當有一個好的道德影響。」我們認為，本論在知與行方面，都應當有個好的影響。

卅年前，美國務卿杜勒斯提倡圍堵政策，以期圍堵當時仍在擴張的國際共產主義。後來，艾森豪總統又提出了解放政策。當時我覺得，欲解放東歐，似乎是不可能的。不過，當時我有一個信念，在本論最後一章我寫道：

共產主義之所以能造成如此之大的厄運，實祇是我們人類由於環境的某種不良影響而產生了追求人類最終理想的錯誤希望；并由於此種錯誤的希望而產生了錯誤的堅強信仰。慘痛的教訓，是可以使人恍然大悟的。覺悟的人是會放棄錯誤的信仰而改正其希望的方向。這就是說，當人類在苦難與恐懼之生活中，而發覺其所生活的世界是普遍的日益不安；而且是普遍的日益趨向黑暗與普遍的日益不可忍受時，人類是會本於其自己的本性，亦即人類的良知，而修正其希望的錯誤方向。此種由於人類良知所產生的信念與力量，是可以突破一切的障礙而引導人類渡過今日所處的危險關頭。這雖然祇是基於我們的哲學而認為人類能知之心是會產生渡過一切難關的信念與力量；然而我們此所認為的，確是不錯的；而且，我們此所認為的亦就是能渡過人類今日所處的難關的一種信念。

這個信念，現已證明是對的。俄國共產主義，早已改弦更張了；中國大陸，已由以無產階級鬥爭爲綱，改變爲改革開放，以實行社會主義的建設爲主。東歐各國早已獲得解放，柏林圍牆早被拆除，而東西德也早已統一了。卅年前，鐵幕低垂，誰能想到會有今日。其在當時，我有此信念，「或許祇是樂觀主義的一種論調」，「這或許祇是我個人因受中國文化的薰陶而有此信以爲真的信念」；但是，這「是一種真知灼見」，「是引導人類渡過一切難關的唯一的力量」，是保證「我們人類是可能渡過今日的和以後的種種危機，而實現其無憂無懼無惑的屬於聖人境界的幸福生活。」我們若就國際共產主義之所以改變的前因後果，詳作分析，這不是本論所應作的。哲學也不是預言學。哲學祇是在說明人之本性；也祇能說，人性會化解人之種種危機。人之智慧總會破解無智所造成之傷害與威脅。回顧歷史，曷勝浩歎。本論不是爲撫慰人之心靈上的創傷而作，乃是說明人之本心本性會呈現什麼？本論初版，大體上頗能曲盡其義的說明了這一事實。這可能仍有仁智之不同；但就本論所陳述的事實與所作的詮釋，確是經得起懷疑論者的考驗而無疑義。

以上是對本論初版所作之諸多反省。既強化了理論的依據，也更爲深入而透澈的說明了心物合一論之全盤的整體的體系，使這個哲學更能明確而完備的呈現在讀者的眼前。這是我再版之前的一大心願，今已得償。

一九九七年三月十二日八十老人華容 **周伯達** 於哈崗寓所

濱聞哲學集刊之三

心物合一論

——申論道與器之全體——

目錄

再版自序……I
第一版自序……XXV
第一篇 導論……一
第一章 基本認識……一
第一節 心物合一論的基本意義……一

第二節　心物合一論的各種誤解……………………一
第三節　宇宙的本體應是心物合一的……………九
第四節　洞達宇宙本體的哲學……………………一一
第二章　哲學與科學……………………………………一三
第一節　哲學與科學之同異……………………一三
第二節　哲學典科學之意義……………………一七
第三節　哲學之進一步解釋……………………二四
第四節　哲學的心物合一論……………………三〇
第二篇　物之分析………………………………………三七
第三章　物之大而無外之分析…………………………三七
第一節　通常所謂之空間虛空或宇宙……………三七
第二節　無限大是一含混不清之觀念……………三八
第三節　以習見的宇宙爲例而說明非真有所謂空間……三九
第四節　以習見的宇宙爲例而說明非真有所謂時間……四三
第五節　存在的或大而無外的本相與佛家所謂之無所住心……四六
第六節　本體界與現象界的矛盾……………………四九
第四章　物之小而無內之分析…………………………五一

第一節　概　說……五一
第二節　從原子的結構及其活動情形而說明什麼是原子……五一
第三節　通常所謂之物質或東西實祇是糊塗的抽象而應以事點的觀念代替物質的觀念……五五
第四節　事點之哲學的考察並因而指陳唯物論與唯心論之錯誤……五九
第五節　物之小而無內與物之大而無外……六八
第三篇　心之分析……七一
第五章　心之客觀存在之分析……七一
第一節　概　說……七一
第二節　質量與能量之意義及相對論所謂之質能互變……七二
第三節　若以能量爲精神則精神亦是物質……七六
第四節　然則突創唯物論的觀點是正確的嗎……八一
第五節　能量精神與心靈之同異及心靈之真正意義……八四
第六節　從有機物之能量與生命而進一步的說明心靈之意義……九〇
第六章　心之環境影響之分析……九五
第一節　概　說……九五
第二節　人之行爲與環境的關係……九五

第三節　人之知識與經驗的關係……九九
第四節　人之思維與存在的關係……一〇四
第五節　從感性與悟性而進一步的說明人之思維作用……一〇八
第六節　再從主觀與客觀的關係而說明人之心靈活動……一一三
第七節　環境對於心靈之影響……一一九
第七章　心之本來面目之分析……一二一
第一節　概　說……一二一
第二節　觀念之澄清……一二一
第三節　佛教徒所謂之心及其認識此心之方法……一二五
第四節　感覺的心與超感覺的心……一二八
第五節　超感覺的心與宇宙的心……一三三
第六節　心之本來面目與心之本體……一三七
第七節　性是心之本體……一四一
第八章　心之修養工夫之分析……一四九
第一節　概　說……一四九
第二節　心之修養工夫與人性之善惡……一四九
第三節　心之修養工夫與盡性以窮理……一五七
第四節　心之修養工夫與窮理以盡性……一六四

第五節　心之修養工夫與合外內之道……一七一
第六節　心之修養工夫的一般方法……一七四
第九章　心之理性活動之分析……一八三
第一節　概　說……一八三
第二節　心之理性活動與良知之自有天則……一八三
第三節　心之理性活動與語言文字之關係……一八六
第四節　心之理性活動與正名知名之關係……一九三
第五節　心之理性活動與思想方法之關係……一九九
第六節　心之理性活動與知識之真僞……二〇七
第四篇　心物之合一……二一三
第十章　心物二者本合為一……二一三
第一節　概　說……二一三
第二節　由無限而有限或由無極而太極……二一四
第三節　太極、理氣、陰陽、與動靜……二二一
第四節　太極之傳統意義與現代所謂之事點……二三三
第五節　太極與心物之合一……二四一
第六節　心物二者本合爲一……二五二

第十一章　心物合一與天人合一……二五七
第一節　概　說……二五七
第二節　心物合一與天人合一……二五八
第三節　從太極圖與先天圖而作進一步之說明……二七〇
第四節　天人合一與法天道以立人道……二八二
第五節　心物合一與天人合一之另一意義……三〇七
第六節　人之仁心仁性之自覺……三一三
第五篇　心物與人生……三二一
第十二章　從「心物合一」論道德與藝術……三二一
第一節　概　說……三二一
第二節　道德之意義及其內容……三二二
第三節　藝術之意義及其價值……三三三
第四節　道德藝術與人生……三四三
第十三章　從「心物合一」論宗教與鬼神……三四七
第一節　概　說……三四七
第二節　宗教與迷信之意義……三四八
第三節　魂魄與鬼神之哲學的考察……三五三

第四節　祈禱與祭祀之同異……三六〇
第五節　出世與入世的人生之路……三六四
第十四章　從「心物合一」論超凡與入聖……三六七
第一節　概　說……三六七
第二節　聖人是凡人的準則……三六七
第三節　聖域與純乎聖域之意義……三七〇
第四節　聖人是人性之最適者……三七七
第五節　聖人與天心及聖學與哲學……三七九
第十五章　從「心物合一」論主義與政治……三八三
第一節　概　說……三八三
第二節　主義的信仰與宗教的信仰……三八五
第三節　從小康到大同之路……三九〇
第四節　理想的政治與大同主義的政治……三九四
第五節　三民主義的政治哲學……三九五
第六篇　結　論……四〇三
第十六章　心物合一論與儒家的道統……四〇三
第一節　哲學與道統……四〇三

第二節　道統與文化之更新……四〇八
第十七章　心物合一論與人類的前途……四一三
第一節　儒家精神與世界人類……四一三
第二節　人之本性與人類的前途……四一七

附錄一

有關「裸奇點」存在的問題

【紐約時報訊】英國劍橋大學傑出的理論專家史蒂芬·霍金，六年前就一個重大的宇宙問題與人打賭，可是他現在卻對場著名的賭賽認輸。

被視爲愛因斯坦智識傳人的霍金，與加州理工學院兩名教授打賭，表示裸奇點（Naked Singularities）不可能存在。現在卻有人證明這種現象有可能存在。

著作探討宇宙來源的「時間簡史」的霍金，上週到加州理工學院訪問時，「以技術理由」向普瑞斯基和索恩教授認輸。他們的賭注是一百英鎊，同時「輸家將提供讓贏家遮蔽裸身的衣服，而且衣服將繡上適當的認輸信息」。

所謂的奇點是數學上空間與時間受到無限扭曲，物質密度無限大，而且相對物理學量子力學法則都爲之瓦解的點。一般相信奇點隱藏在黑洞中心，使外界看不到它們的存在。裸奇點則是沒有黑洞的外殼遮蔽，因此原則上是能夠看見的奇點。

雖然光線或任何其他訊號都逃不出黑洞的強大引力，可是科學家已從黑洞對附近星球發揮的重力效應，找到大約六個黑洞。黑洞對附近物質的引力，也會暴露它們的存在，因爲物質在被吸向黑洞的過程中，會產生熱力發光，而天文學家可以測得這些X光和其他放射線。

霍金、普瑞斯基和索恩是把相對論應用到宇宙學上的拔尖領袖，經常在科學研討會中碰面。他們的討論主題包括時間機器、經由稱為蛀洞（Wormhole）的宇宙相對隧道做時空旅行、宇宙的起源，以及其他許多奧妙問題。

一九九一年在一項會議中，霍金主動要求跟普瑞斯基和索恩打賭，雖然他並不能證明他對裸奇點不可能存在的論點。由於這場賭賽對理論科學影響極為深遠，這個消息迅速傳遍全球物理學界。

奧斯汀德州大學邱推克博士用超級電腦進行的運算，為普瑞斯基和索恩贏得這一場賭博。邱推克根據數學分析，斷定在一些特別情況下，裸奇點可能因黑洞崩潰而產生，而黑洞的崩潰可能是出於自然甚或由某種高等文明造成。邱推克說，出現這種情況的可能性，與讓鉛筆用筆尖站起來一樣困難，雖然極不可能，可是理論上還是有可能。

天文物理學家認為裸奇點的存在，是愛因斯坦相對論無法避免的結果。一些理論家相信宇宙法則將使任何想看到裸奇點的努力為之枉然。不過，對裸奇點的研究或許可以解決一些問題，包括一百五十億年前開創我們所在的宇宙（以及可能存在於其他時空的無數其他宇宙）的「大爆炸」。

霍金拒絕全面認輸，他上週又跟普瑞斯基和索恩打賭，宣稱雖然已發現在一些極有限的特殊情況下有可能出現裸奇點，可是絕對找不到適用的一般情況。他為賭輸的恤衫選定的文字，也不像在認輸：「自然厭憎裸奇點。」

對霍金堅持裸奇點不可能根據已知物理法則形成，普瑞斯基說：「我很驚訝你居然會這麼說。有一個裸奇點的存在是我們大家都同意的，那就是大爆炸，宇宙本身。」

第一版自序

本論初稿，成於民國四十五年六月，曾應是年所舉辦之三民主義專題著作徵文而得獎。應徵得獎，乃鼓勵我作繼續不斷研究的重要原因之一。

這是第四次稿。初稿約五萬言，祇是以不大完全的體系而概略的寫出了當時所研究的心得。第二次與第三次稿，都是爲了說得完備些，而作了細微方面的努力。現在的第四次稿，在見地方面，雖與前三次無基本上的差異；在內容與系統方面，則大有不同。我並不完全滿意現在所作的。我對這問題開始作認真的研究，大約是民國四十年夏天，到撰述初稿時，自覺已從一個盲人而是確有所見了。我的研究，開始時，完全靠自己的暗中摸索，後來發覺我所研究的，是合乎宋明理學的宗旨。我之所見，是自己體會到的一種屬於哲學的真理之見，雖與宋明理學，大體相同，卻不是人云亦云的。我的初稿，原希望以西方哲學所用的表達方式而表達我之所見，當然是一大膽的嘗試。這十多年來繼續不斷的研究，始終未能作得完全滿意。我認爲要真能作得完全滿意，確是很難的。所以這第四次稿，雖自覺粗率之處，有所難免，卻仍擬把它公開出來；因爲我對於這一問題的研究，暫願告一段落。

我對於這一問題，爲什麼會有研究的興趣呢？第一，在大約不到十歲的時候，由於家嚴之偶然啓示，使我對於「天地何所窮際」的問題，時常加以冥思窮想，有時且從夢中驚醒，深覺這天地似是無所依靠，而感到這是一最可怕的問題。我之所見，即是對這一問題，獲得了一無可置疑，而又可以心安理得的答案。我的初稿，即是為了說明這一答案，而對於有關的問題，作了概略的陳述。

第二，自六歲啓蒙後，得先祖父的嚴加督促，使我在十五歲前，背誦了四書五經及大部份先秦諸子。四書朱註，也曾背誦過。我們湖南鄉間，是講朱子之學的。十六歲後，我成了陶淵明「好讀書，不求甚解」的信徒，除了應付學校的考試外，曾有計畫的讀了些社會科學與純理論方面的書籍。我雖然從二十一歲便離開學校，但並沒有與書本絕緣，所以我對於這個問題能有研究的興趣。

第三，抗戰軍興後之第二年，我便投筆從戎，棄文習武。廿年的戎馬生涯中，除了抗戰時，或因前線的生活，過於不安定；勝利後，或因工作過於忙碌，而較少接觸書本外，稍有閒暇，總喜歡讀書。對於戰爭哲學，也曾花費過很多的工夫。在軍事方面，雖無成就，卻增加了我研究這一問題的興趣。

第四，自民國二十七年在軍事學校受教育起，即對於　蔣總統言論，喜歡研讀。民國四十三、四年時，我在一個軍事學校，擔任教育行政主管，時常研讀　總統所講的陽明哲學，初時雖無心得，後來因研讀佛家經典及禪宗語錄，而對於儒釋道三家學說，有一種融會貫通之體認。這樣，當然更增加了我研究這一問題的興趣。

我之所見，或我所體認的究竟是什麼呢？這就是本論所要說明的。本論分為導論，物之分析，心之分析，心物之合一，心物與人生及結論等六篇，是從物與心之分析，以說明這心物「二者本合爲一」，而證明「民生哲學，承認精神與物質均爲本體中的一部分」，確是一「正確的理解」。這心物二者何以是合一的？這「本合爲一」之「一」是什麼？這與我所研究的「天地何所窮際」的問題有什麼相干？與宇宙人生又有什麼相干？本論對於這些問題，皆有較爲詳盡之說明。這說明之主旨是什麼呢？我認爲這心物「二者本合爲一」之「一」，即是宇宙的本體。這心物合一之宇宙的本體，其本來的樣子，與陽明所謂之良知，佛家所謂之無所住心，莊子所謂之衡氣機，中庸所謂之未發，孟子所謂之浩然之氣，皆無根本上的區別。切勿以爲這是唯心論。在中國哲學史上，是沒有唯心唯物之爭的。這不是語言文字所可完全說明，亦不是僅從語言文字便能完全領會，而是經過澈底的懷疑所澈悟到的一種屬於哲學的真理之見。能明乎此，則可以破除心與物的矛盾，有與無的矛盾。「天地何所窮際」，即是見到有與無之矛盾而所生的一種疑惑。本論是以解疑去惑爲目的。故必須探本窮源，而從本源上以說明我之所見，並因而說明什麼是我們哲學的本體論、宇宙論與人生論。

本論與西力的知識哲學是不相同的。固然，當分析心而說到心之本身，也就是說到了知識的本身。但是，我們所努力的，是要破斥這常識的或習慣的心，以烘托出這自覺的超理性的心。因此，本論既不同於在自然科學內轉圈子的知識哲學，亦不同於以理性爲對象的認識哲學。再者，本論誠然是一種形上學，卻不同於自亞里斯多德以來的西方的形上學。我們分析物而說到物之本身，自然也「研究物之爲物，及其第一原因」；但是，我們不祇是將「物」當作「大共名」，而是直指物之本體以直觀其究竟。這種直指本體之直觀，是一種超感覺的直覺，而不是邏輯概念的思辨。這並不是說，我們是完全否定邏輯概念的功能；而是說，我們用邏輯概念所思辨的，亦是在於表達這超感覺之直覺究竟是什麼？因此，本論對於物之分析，其目的在於掃去雲霧而顯青天，所以與西方的形上學是不完全相同的。

那麼，本論所說的是不是一種哲學呢？一般說來，自希臘以迄現代西方哲學所研究的問題，與本論所研究的，雖不必完全相同；但從所研究的問題之本質來說，則可以說大致相同。研究哲學問題的，當然就是哲學。不過，那些問題，才真是哲學的問題；那些研究，才真是哲學的研究。這是見仁見智，常聚訟不決的。例如黑格爾，他認定中國哲學是前哲學的，羅素（Bertrand Russell）則認爲黑格爾的哲學是假哲學。或許會有人認爲羅素的哲學，是無根的戲論。羅素在其所著「哲學大綱」中曾說：「在傳統的哲學問題之中，有幾種問題是不能用理智去處理的，因爲它們已超出我們的認識範圍。這種問題，我就不去研究。」我們認爲，這種問題，才是哲學最根本的問題，不研究這種最根本的問題，而認爲哲學問題，就是邏輯或造句法的問題，此種捨本逐末之見，自然易於被人視爲戲論。因此，可見一種研究哲學問題的研究，是否完全合乎哲學的標準，實不能有一致之定評。本論讀者，欲對本論而加以批判時，深願能考究我之所見，是否爲一種哲學的真理之見；而不必考究本論之造詞用句，是否完全妥當。這就是說，我雖然不完全滿意現在所作的；而我之所見，（祇要批判者能用一種反求諸己的方式來加以考究）卻可以經得起懷疑方法的考驗。

最後，我仍應持別指陳的，本書之成，得余妻施秀芳女士之幫助至大。沒有她的幫助，我是不能安心做長期研究工作的。姑無論我有無成就，她是我第一個要感謝的人。再者，我自四十五年假退役後，（四十八年真退役）至五十五年這一段期間，閉戶讀書，過著一種半隱居的生活。我之不虞匱乏，多賴四弟學聞，按月接濟我的生活。四弟不幸於五十六年六月以肝病逝世，未及見本書之出版問世，每一念及，不勝悲悼，今特誌之以爲永遠的留念。

第一篇　導　論

第一章　基本認識

第一節　心物合一論的基本意義

心物合一論，當然不是唯物論，也當然不是唯心論，更當然不是二元論。二元論者，認爲心與物都是實在的，也都是基源的。唯物論者，則認爲祇有物才是實在的，亦祇有物才是基源的。唯心論則恰好與唯物論的觀點相反。至於心物合一論，則認爲心和物沒有根本上的差異，既非基源的，也都不是實在的東西。因此，心物合一論所講的，是肯定心物二者，在根本上原是合而爲一的。

第二節　心物合一論的各種誤解

有人認爲，心物合一論是中國國民黨的哲學，是一種假哲學，是沒有學術價值的。因此，某些自命有獨立思考能力的學術界人士，多避免談這一問題。我們認爲，心物合一論是否可以成爲一種哲學？或是否有學術價值？應爲一事實問題。即以本論而言，我們雖然是闡揚與發展了孫中山先生的民生哲學，有識之士，當可以判別本論所說的是否爲一種眞哲學？或是否爲一種獨立的思考？即令本論未能達到應有的水準，亦不能斷定心物合一論的哲學永不能建立。吾人研究學術，不宜有先入爲主之見，使政治的或情感的（如自鳴清高）因素，影響了吾人的判斷。

又有人認爲，在心物合一論中，關於心物如何合一的問題，根據孫中山先生「二者本合爲一」的話，現有七種不同的解釋：第一種名爲一體論，意即精神與物質合一後成爲一個東西；第二種名爲二元論，意即一切東西皆由精神和物質二者合成，所以二者同時存在，沒有先後之分；第三種名爲兩面論，意即精神與物質合一後是一體之二面；第四種名爲同一論，意即精神與物質同出一源，因而相同；第五種名爲中立論，意即精神與物質合一後成爲一個第三者，既非精神，亦非物質，而是中立的，超然於二者之外；第六種名爲互變論，意即精神與物質合一是二者互相變化；第七種名爲體用論，意即精神與物質合一，係採物質爲體，精神爲用的方式，這又可名爲物體心用論。這七種解釋，皆與反共抗俄基本論中所講的民生哲學有出入，尤以體用論的誤解較爲嚴重，茲分述之於次：

第一，　蔣總統所著「反共抗俄基本論」第五章有謂：「民生哲學最主要之點，是絕不同意古今哲學家把精神與物質分爲二，致使二者間的關係發生聚訟不決的難題。反之民生哲學，承認精神與物質均爲本體中的一部份，既不是對立的，也不是分離的。物質不能脫離精神而存在，精神也不能脫離物質而存在。宇宙的本體，應是心物合一的。宇宙與人生都必須從心物合一論上，纔能得到正確的理解。」這一段話是表明了下列的四點意義：

A、宇宙的本體，應是心物合一的。

B、精神與物質均爲本體中的一部份。

C、精神與物質，既不是對立的，也不是分離的。物質不能脫離精神而存在，精神也不能脫離物質而存在。

D、宇宙與人生都必須從心物合一論上，才能得到正確的理解。

這四點意義是極其確定明白而無爭辯之餘地。因此，上述之七種解釋，是否有誤解，祇須依據這四點意義而加以分析比較，便可完全明白。

第二，心物合一論對於一體兩面或精神與物質同出一源之說，是可以不生異議，因爲這與上述之四點意義並不矛盾。蔣總統也曾說：「精神與物質爲一體之二面」（見「為學辦事與做人的基本要道」）。但是，若認爲「一體」之意是精神與物質合一後成爲一個東西，「兩面」之意是精神與物質合一後成爲一體之兩面，則便是一種倒見。爲什麼呢？心物合一論既認定宇宙的本體應是心物合一的，那麼，認定心物合一後方成爲宇宙的本體，這當然便是一種倒見；而且，這已不是一元論而成爲二元論了。二元論是認定一切東西皆由精神和物質二者合成，不是認定精神與物質均爲本體中的一部份。誠然，當精神和物質二者合一成爲一切東西後，精神與物質也均是一切東西中的一部份；但是，這是肯定了精神與物質二者都是基源的，這當然不是心物合一論而變成了二元論。

一體論、兩面論、同一論，祇要不將其說成爲二元論，是與心物合一論不相違背的；若將其說成爲二元論，則便與心物合一論矛盾。由此可見，祇要將一體論、兩面論、同一論而說成爲二元論，則便是對心物合一論的誤解。

第三，所謂「中立論」，照羅素（Bertrand Russell）的解釋：「在完全的科學裡頭，心靈和物質這兩個名詞都不能存在，我們必須用事點的因果律去代替它。」（見羅素著「哲學大綱」第二十六章）因爲羅素認爲世界之中只有一種太素，就是所謂事點。他認爲這種哲學既不是唯物主義的，也不是唯心主義的，而可以稱爲「中立一元論」。不過，他承認有無數的事點，所以也可以說是多元論。中立論或中立一元論不是二元論，這是無可置辯的。再者，蔣總統曾認爲：「我們哲學思想是與『中立一元論』完全相同」（見「總理『知難行易』學說與陽明『知行合一』哲學之綜合研究」），可見中立論在本質上就是心物合一論。但是，將中立論解釋爲「精神與物質合一後成爲一個第三者，既非精神，亦非物質，而是中立的，超然於二者之外」，則是完全錯誤的。因爲：

A、中立一元論是認定「心靈和物質這兩個名詞都不能存在」。這就是說，在完全的科學裡頭，是沒有心靈和物質這兩個東西，而祇有一種可名之爲「事點」的太素。這與心物合一論所認定的：「就是心與物二者並無嚴格劃分的界限，既無所謂物，亦無所謂心。」一切惟『事』而已，可以說完全相同。

B、所謂「精神與物質合一後成爲一個第三者，既非精神，亦非物質，而是中立的，超然於二者之外」，這與上面所說的心物合一論及中立一元論的觀點是完全不同的。因爲所謂「精神與物質合一後成爲一個第三者」，這就是說，是有精神與物質這兩樣東西，由這兩樣東西合一後成爲一個第三者。這第三者是什麼呢？是「既非精神，亦非物質，而是中立的，超然於二者之外」。我們不妨略作反省：宇宙間有這樣超然於精神物質二者之外的既非精神亦非物質而是中立的怪物嗎？若心物合一論或中立一元論是這樣的一種怪論，我相信任何人都會反對。

C、一般人皆堅信有精神與物質這兩樣東西。我們可以這樣說，一個人對於精神與物質這兩樣東西若堅信不疑，他的認識是沒有超越常識的層次，他當然缺乏研究現代哲學的最起碼條件。所謂「精神與物質合一後成爲一個第三者」，這是既堅信有精神與物質這兩樣東西，而又要人云亦云的講心物合一論；於是乎祇好從常識的觀點而將二元論與一元論硬拉在一起，這當然會發生如上面所說的怪論。這種怪論是一個具有研究哲學的最起碼條件者所不會有的。

第四、所謂「體用論」或「物體心用論」，是認定「精神與物質合一，係採物質爲體，精神爲用的方式」，這當然是說，物是實在的而也是基源的。因爲物既是心之體，則物便是根源的；心既是物之用，則心便是衍生的。這是道地的唯物論而不是心物合一論。這種說法頗爲流行：一方面因其明白易曉而易於爲人接受；一方面因爲孫中山先生曾說：「何謂體？即物質；何謂用？即精神。」既然孫先生曾如此明白的以物質爲體，以精神爲用，則物體心用之說，當然是一種真理。我認爲持物體心用之說者很可能祇是爲了解釋心物合一論的方便而忽視了成爲唯物論附庸的危險。哲學決不是明白易曉的東西，而是要經得起追問的。我們祇須稍加追問，則知體用論既是道地的唯物論，也確是誤解了孫先生的原意。軍人精神教育

第一課中曾說：

然總括宇宙現象，要不外物質與精神二者。精神雖為物質之對，然實相輔為用也。考從前科學未發達時代，往往以精神與物質為絕對分離，而不知二者本合為一。在中國學者，亦恆言有體有用。何謂體？即物質；何謂用？即精神。譬如人之一身，五官百骸，皆為體，屬於物質；為能言語動作，即為用，由人之精神為之。二者相輔，不可分離。若猝然喪失精神，官骸雖具，不能言語，不能動作。用既失，而體亦即為死物矣。由是觀之，世界上僅有物質之體，而無精神之用者，必非人類。人類而喪失精神，則必非完全獨立之人。

軍人精神教育此所說的：第一、是非常明白的指出了物質與精神皆是宇宙的現象。宇宙的現象與宇宙的本體在哲學裡是不能混爲一談的。第二、「考從前科學未發達時代一語」，其意即是不科學的。這即是說，認精神與物質爲絕對分離，即是不科學的認識。什麼是科學的認識呢？這當然是指精神與物質二者「本合爲一」。第三、「二者本合爲一」之義，很顯然的是說精神與物質二者本來就是合而爲一的。因此，凡說「精神與物質合一後成爲一個東西」，或說「一切東西皆由精神和物質二者合成」，都與「本合爲一」之原義不相同。第四、「本合爲一」之義，從字面上而解釋爲「本來就是合而爲一的」，應是很正確的；但是，從哲學的觀點來說，這「本合爲一」之本究竟是什麼呢？卻應該有肯定的說明。哲學不是以解釋字義爲能事，而是應該有一種哲學的真理之見。這就是說，對於「本合爲一」之本與一，若不追問其究極的意義，而祇是從常識的觀點作浮面的理解與註疏式的解釋，其結果必是疊床架屋而又互相矛盾的不能互相一致，當然更談不到融會貫通與左右逢源了。那麼，這「本合爲一」之本與一究竟是什麼呢？很顯然的，這「一」是精神與物質之所「本合」者；因此，「本合爲一」其義乃本來就是「一」，而決不是另有第三者。這「一」當然就是精神與物質的本體或根本。這本體或根本與現象界的萬事萬物的個體之體是不相同的。第五、我們必須弄清楚，軍人精神教育中既肯定的說明了精神與物質是現象，也就是肯定的說明了精神與物質不是本體。凡對於哲學稍有研究的人，當知本體界與現象界確是有區別的。因此，精神爲用，物質爲體之說，實祇是爲了言說的方便而假說此「能言語動作者」爲用，此「五官百骸」爲體，以說明精神物質，「二者相輔，不可分離」。若以爲，此物質爲體之體，是直指存在的或宇宙的本體，很顯然的這是誤解；若以爲，此所謂體不是指的宇宙本體，祇是肯定精神這一現象是物質這一個體所生出來之用，而認定「二者本合爲一」祇是用不離體之合一，那麼，這既不合乎現代科學的事實，（這是本論所要詳為辯說的），也不合乎「反共抗俄基本論」中所講的心物合一論，更當然是曲解了孫先生遺教。因此，以「物體心用論」而解釋心物合一論，除了全是錯誤與全是誤解外，祇有一個結果，那就是將心物合一論歪曲而成爲唯物論。

第五，吾人仍須特爲陳述者，即以上之七種解釋，其共同的誤解，是認定有精神與物質這樣的東西。這種見解，因其並沒有超脫常識的層次，可以說是一種素樸的二元論。這與反共抗俄基本論中所講的心物合一論是完全不同的。再者，將心物合一論講成爲二元論，似可分爲誤解與曲解這兩種。誤解是不自覺的，不懂什麼是哲學的人而講哲學最易犯此毛病。曲解是有意的，因爲依據辯證唯物論的邏輯，哲學是祇有唯心唯物這兩派而沒有第三者，所以二元論是不能成立的。這就是說，凡有意將心物合一論曲解而爲二元論，其目的在打倒心物合一論，並因而偷天換日的以販賣唯物論。辯證唯物論者曾說：「所有的哲學傾向就是這樣，不是唯物論就是唯心論，非此即彼，二者必居其一，第三者是絕對不會存在的。」列寧也曾說：「想跳出這兩個基本哲學派別的企圖，只不過是妥協主義的騙術而已。」很顯然的，唯物論者是認定心物合一論的哲學不能成立的。信奉唯物論者，爲貫澈其唯物論的立場，勢必故意將心物合一論講成爲二元論，以便達成其偷天換日的目的。例如一體論、兩面論、同一論、互變論、中立論等，祇要不故意將其說成爲二元論，是可以與心物合一論不相矛盾；若將其說成爲二元論，便成了「妥協主義的騙術」。因此，以上之七種解釋，除二元論與物體心用論外，若能更正其誤解或曲解，是皆可發展而成爲心物合一論。

吾人必須認識到，心物合一論的哲學決不是第三者，所以不是在於調和唯物與唯心的矛盾而另外成立一種哲學，而是認定唯物與唯心論的哲學都不能成立，唯有心物合一論的哲學卻可以經得起懷疑方法的考驗而有其不可爭辯的理論依據。本論之作，是擬從心與物之分析，以說明這不可爭辯之理論依據究竟是什麼？吾人認爲，一種真正的哲學，它應該是遠離常識的。哲學雖不完全就是「常識的異議」，但哲學的宇宙，不僅與我們普通知覺的宇宙大相逕庭，也與以物理學的方法所知覺的物質宇宙有本質上的差異。我們爲了辯說的方便，有時必須藉助於自然科學的知識；然而必須認識到，方便的決不是究竟的。因此，我們對於心物合一論的哲學要能有正確的認識而不致有誤解或曲解，是祇有洞達宇宙的本體究竟是什麼，才真能理解心和物確是「沒有根本上的差異」。至於如何方能洞達宇宙的本體，這是本論所須詳說的。

第三節　宇宙的本體應是心物合一的

有持反對意見者說：「所謂洞達宇宙的本體，如果不是依自然科學的方法，那便是一種玄學，這當然不是孫中山先生的思想。孫先生的民生哲學，是從科學的觀點而肯定生元與人才是心物合一的。孫先生曾說：『精神與物質相輔為用，既如前述；故全無物質亦不能表現精神，但專恃物質則不可也。』又說：『精神能力居其九，物質能力僅得其一。』很顯然的，孫先生的目的，祇在於指明人之精神能力較物質為重要而已。這不是講玄學，為毫無可疑者。同時，從玄學的觀點講心物合一，亦未見得便能保證不會成為披上玄學外衣的唯物論者。例如泛神論的斯賓洛薩（Spinoza），他認為實體是自然，也是神，心與物為其一體的二面，任何物體都有其心靈，雖石頭亦不例外。這種思想，當然與你的心物合一論同調。但馬克斯卻稱之為『披上神學外衣的唯物論者』。又辯證唯物論者，早已本於相對論的質能互變原理而證明物質本來就自己運動與具有能力。以作為唯物史觀的基礎。因此，若由『質能合一』而推論出心物合一，實亦是辯證唯物論的孿生兄弟。照這樣說來，凡說一切物質都有精神，或說物質與精神可以互變，實都是唯物論的再版。」

這是很重要的反對意見，我們願略作解答於下：

第一，我們認爲，從玄學的或形而上的觀點來講，唯心唯物或心物合一之說，是祇有毫釐之差。哲學家的任務，在於能清楚的加以區別而不使其稍有混淆。我對於斯賓洛薩缺乏真正的研究。馬克斯的批評是否正當，或是否爲一誤解，未便置一詞。不過，自亞里斯多德以來的西方的形而上學，大體上多是唯心的。這就是說，依西方的形上學講心物合一論，若辨說不清，容易成爲唯心論，而不大容易成爲唯物論。我們所謂洞達宇宙的本體，確是一種玄學或形上學，但與自亞里斯多德以來的西方的形上學有本質上的不同；因此，本論雖然也是講「物之爲物」，但與亞氏所講的「第一哲學」卻大有不同。

第二，從質能互變的觀點而講心物合一，若不知什麼是物之爲物的本體，則是未能超脫現象界而識得本體界。凡未能超脫現象界，並從常識的觀點與自然科學的範疇而講物之爲物之義理者，這當然會成爲唯物論。相對論的質能互變之說，是可以助長唯物論的氣燄；若能洞達什麼是物之爲物的本體，則質能互變之說，可有助於心物合一論之闡明。

第三，孫中山先生誠然不是在講玄學，不過，他曾說：「精神之爲何，須從哲學研究之。」我們固然不知他所說的哲學，其意義究竟是什麼？但從軍人精神教育第一課的全文看來，則知他所說的哲學必與科學有別。與科學有別的哲學，我們認爲應該是玄學。至於「科學的哲學」，則祇能說是科學。科學與哲學的區別，將在下章中詳說之。

第四，「考從前科學未發達時代，往往以精神與物質爲絕對分離，而不知二者本合爲一。」這一段話，有人認爲，祇是反對已往所認爲靈魂（精神）是獨立的，可以離開肉體（物質）而存在之說。我們固未便將「本合爲一」解釋爲「宇宙的本體是心物合一的」；但是，若以爲祇在於說明靈魂不能離肉體而存在，則是落入了物體心用論的窠臼。關於「本合爲一」之意義，除前文已有陳述外，祇要我們肯從哲學的觀點而尋根究底的追問下去，則知「本合爲一」之意義，若不解釋爲宇宙的本體是心物合一的，實亦難有更確切的解釋。因爲「在完全的科學裡頭」心靈和物質這兩個名詞既然都不能存在；那麼，我們說存在的本體是心物合一的，當然合於科學的原理，也當然不違反孫中山先生所說的「本合爲一」之原意。

第五，將「本合爲一」解釋爲「宇宙的本體是心物合一的」，與反共抗俄基本論中所講的民生哲學是完全相同的。我們可以這樣的說，心物合一論的哲學，是 蔣總統依據「二者本合爲一」之義所建立的一種新哲學。這種哲學，從其是闡揚與發展了民生哲學的這一意義來說，它是「善繼人之志」的；從其肯定了「宇宙的本體，應是心物合一的」這一意義來說，它是發展了我中華民族的傳統哲學而創立了一種新的玄學或形上學。這種新哲學，對於自十九世紀以來囿於自然科學之物質宇宙觀的現代哲學來說，確是全新的。

第四節　洞達宇宙本體的哲學

心物合一論的哲學，因是從玄學的或形上學的觀點而講宇宙的本體是心物合一的，所以心物合一論是洞達宇宙本體的哲學。同時，因爲心與物都不是實在的而祇是宇宙的現象，所以應理解現象與本體究竟是同還是不同呢？依宋明理學的體用一原之義，凡現象皆是本體所顯現的變化之跡。自跡言之，現象與本體是不同的；自體言之，亦非是離了現象而另有本體。本體與現象，不二亦不一。就其是不二而言，對於宇宙本體之洞達，亦即是澈悟了宇宙萬象的本來面目。人這一物理結構，應與宇宙的本體不二。此宇宙的本體，不是離我的認識之心而他在的。對宇宙本體之洞達，亦即是此認知之心的自了自識。不過，這亦不是說，我這一由心與物之現象所形成之叫做人的存在不是外於其他之存在。這就是說，我們承認有外在的世界，而我與世界卻是一體的。照這樣說來，心物合一論，不僅是發展了體用一原之義，且與陽明心外無物之說，亦無分別。許多人以為陽明是唯心論者。此是未能對王學真有研究，故對於王學未能有真正的認識。須知，所謂心外無物，此亦是肯定物外無心。這就是說，所謂心外無物，非祇是從認識的觀點而說的。也就是說，這宇宙的本體既是心物合一的，而宇宙的萬象又是體用一原，不一亦不二；那麼，宇宙的本體，自不是離我之心外在；宇宙萬象，自非與本體真有間隔。所以，心外無物之說，實是基於本體上的心物合一，而肯定認識上心與物亦是不可分的。此必須洞達了宇宙的本體究竟是什麼，才真知此是真理。陽明之學，是可以有助於對宇宙本體的洞達，亦即是有助於心物合一論之深切理解。

我們認為，自然科學方面的真理，這是可以實證的；至於本論所講的哲學的真理之見，從究竟的觀點來說，這雖是不可以實證的。但是，卻亦不是說，其真與妄，是不可以自明或自證。這就是說，本論所講的，乃洞達宇宙本體的自明自證的哲學。陽明之學，是教人自明或自證的最直截了當的方法。我們認為，不懂陽明哲學，是既不能真的懂得宋明理學，亦更不能正確的理解 蔣總統本於民生哲學所建立的心物合一論的哲學。這是講心物合一論的哲學所必需有的基本認識。

第二章　哲學與科學

第一節　哲學與科學之同異

馮友蘭在其所著「新理學」中曾說：

就西洋歷史說，各種科學都是從古人所謂哲學中分出來者。因此有人以為，若現在所謂哲學者，或現在所謂哲學中之某部份，亦充分進步，則亦將成為科學。此即是說，哲學是未成熟底科學，或壞底科學。照這種說法，哲學與科學是一類底學問，其分別在於是否成熟，是好是壞。……這種說法，我們以為是不對底。我們承認有以上所說之歷史底事實，但以為古人所謂哲學，可以是一切學問之總名，各種科學自古人所謂哲學中分出，即是哲學一名的外延之縮小。現在所謂哲學一名的外延，或仍可縮小，但其中有一部份可始終稱為哲學者是與科學有種類上底不同。

馮先生此說有兩點很重要：第一，他肯定了，哲學與科學是種類上的不同；第二，他指出了，哲學並不是壞的科學。

大約在民國二十與三十年代，我國學術界盛行著哲學毀滅論。胡適即主張「哲學的根本取消」。民國十八年六月胡適在大同大學的講演手稿（南港中央研究院胡適紀念館，曾陳列此稿）中曾說：「過去的哲學只是幼稚的，錯誤的，或失敗了的科學。」他認爲，宇宙論是發展爲天文學、物理學、生物學、地質學；本體論是發展爲物理、化學、生物、物理化學、生物化學；知識論是發展爲物理學、心理學、科學方法；道德哲學是發展爲社會學、人類學、心理學、生物學、遺傳學；政治哲學是發展爲經濟學、統計學、社會學、史學等等。他說：「過去的哲學派別，祇可在人類知識史與思想史上佔一個位置，如此而已。」他認爲，最早亂談陰陽的古代哲人既列在哲學史，何以現代發見陰電子與陽電子的科學家不能算作更偉大的哲學家？最早亂談性善性惡的孟子荀子既可算是哲學家，何以近代創立遺傳學說的科學家，不能在哲學史上佔一個更高的位置？他說：「祇有把哲學家歸到人類知識思想史上去，方才可以估計他們過去的成績，方才可以推算他們將來的地位。」這意思是說，過去的哲學，祇是人類思想史上一些錯誤的紀錄而已。此等錯誤的紀錄，除了說明人類知識進步的歷程外，是別無價值的。他談「哲學的將來」時又說：

㈠問題的更換

問題的解決有兩途：

(1)解決了

(2)知道不成問題，故拋棄了。

凡科學已解決的問題，都應承受科學的解決。

凡科學認為暫時不能解決的問題，都成為懸案。

凡科學認為不成問題的問題，都應拋棄。

㈡哲學的根本取消

問題能解決的，都解決了。一時不能解決的，如將來有解決的可能，還得靠科學實驗的幫助與證實。科學不能解決的，哲學也休想解決；即使提出解決，也不過是一個待證的假設，不足以取信於現代的人。

胡適此說，可以說是哲學毀滅論的標準理論。我願鄭重的指出，凡基於類此之理論而大談哲學毀滅論者，他們是不懂得哲學爲何物。馮友蘭先生所說的，是大體答覆了胡適對於哲學的亂說，此即：

第一，西力的自然哲學是發展而爲自然科學；但哲學決不是科學。因爲哲學的外延儘管是縮小了，必「有一部份可始終稱爲哲學者」而不會再縮小。

第二，從科學的觀點看來，陰陽五行之說，性善性惡之爭，確是一壞的科學。若懂得什麼是哲學，則知此等壞的科學是有哲學價值；而遺傳學說，原子學說，在現代雖是進步的科學，卻沒有哲學價值。

第三，因爲哲學不是壞的科學，而是這兩者有種類上的不同；所以哲學所研究的，正是科學所不研究的。若說「科學不能解決的，哲學也休想解決」，此是對於哲學之無知。此種無知，在民國二十年代與三十年代的我國學術界，卻是最時髦的與最受人歡迎的。

然則哲學與科學之差異究竟何在呢？馮友蘭在新理學中曾有較詳盡之說明。馮先生說：

一種科學所講，只關於宇宙間一部分之事物；哲學所講，則係關於宇宙全體者。因此有人以為哲學是諸科學之綜合。照這種說法，哲學與科學亦是一類底學問，其分別在其所講之對象，是全或分。這種說法，我們亦以為是不對底。所謂諸科學之綜合，不外將諸科學於一時所得，關於宇宙間各部分事物之結論，聚在一處，加以排比整齊，或至多加以和會。但我們對於某種學問之了解，決不能靠只看其結論。若哲學之工作，不過排比或和會諸科學之結論，則對於諸科學，既已生吞活剝，其成就不過是一科學大綱。科學大綱，並不足稱為哲學，亦不足稱為科學。

又有一種說法，以為哲學之工作，在於批評科學所用之方法及其所依之根本假定。一種科學有其根本假定；假定既立，此種科學，即以之為出發點。至於此假定之性質若何，此種科學不問。例如幾何學假定有空間，以此為出發點，即進而講各種關於空間之性質。但空間本身之性質，幾何學不講。又科學很少有意地考慮其所用之方法。其所用之方法，經有意考慮者，多係關於實驗之程序及儀器之使用等，而非關於推理之程序。但一種科學所用方法之此方面，及其所依之根本底假定，與其所得知識之全體，有很大底關係。哲學可於此等處作批評、考慮，以決定一種科學所得之知識，有無錯誤。這種說法，固然已看出哲學與科學是有種類上底不同。但照此種說法，哲學之工作，只是批評底，而不是建設底。我們以為這種說法，只說出哲學之一部分底工作，即批評底工作。以批評工作為主之哲學，亦是哲學之一部分，但照我們底看法，非其最哲學底之一部分。

在抗戰時期以及勝利以後，我最喜歡讀馮先生的著作。直至民國五十年左右，我猶自命爲馮先生的私淑弟子。近幾年來，我發現馮先生是從邏輯學的立場來講宋明理學。他所講的，表面看來雖很精緻，有許多地方卻失理學的原意。這就是說，他所講的新理學，不是理學的向前發展，而是有許多的誤解與曲解。爲什麼我要提到這些呢？這是說明：第一，馮先生所說的哲學與科學之差異，雖似是而實非；第二，我對於胡適之先生以及其他任何人之批評，完全是本於一種哲學的真理之見，而認爲如胡先生以及其他之誤解，皆有加以澄清之必要。這完全是就事論事。至於欲將此事說得詳盡明白，還應該弄清楚哲學究竟是什麼？

第二節　哲學典科學之意義

哲學究竟是什麼呢？在未回答這問題之前，特先說明什麼是科學。馮友蘭說：

所謂科學，其意義亦很不定。有人以為凡是依邏輯講底確切底學問，都是科學。如果所謂科學是如此底意義，則哲學亦是科學。本書所謂科學，不是取其如此底廣義。本書所謂科學或科學底，均指普通所謂自然科學。就自然科學說，哲學與科學完全是兩種底學問。

馮先生雖然認定「哲學與科學是有種類上底不同」；但是，他所說的科學祇是指自然科學而言。若所謂科學，是就其廣義的意義來說，則他認爲哲學亦就是科學。由此可見馮先生並未看出哲學與科學的真正區別。揆其原因，即是他未能真的理解哲學與科學究竟是什麼？

茲先說明科學究竟是什麼。科學當然可以說「是依邏輯講底確切底學問」，因爲沒有一種科學是可以不「依邏輯講底」，或可以不「確切底」。然而這「依邏輯講底確切底學問」究竟是什麼？馮友蘭在新理學中並未有明白指出。這就是說，新理學中所謂之科學，仍是空泛不切實際的。然則科學究竟是什麼呢？哈佛大學校長康南特（James B. Conant）在其所著：「Science and common sense」一書中，曾將科學分爲「靜的科學觀」與「動的科學觀」兩種。所謂靜的科學觀，即認爲：「科學就是解釋我們生存其中的宇宙之途徑，它把現有的互相關聯的一串法則、定律、學說作爲科學的核心，再益以龐大的系統化了的知識。」這就是說，科學就是知識的集結體。至於這集結體是否完全，靜的科學觀是可以不過問的。靜的科學觀者認爲：「我們的知識如此偉大，這是多麼不可思議啊！」然而這多麼不可思議的偉大，究竟能存留多久，靜的科學觀者是不加思議的。所謂動的科學觀，則認爲科學是一種活動。此與靜的科學觀恰好相反。依動的科學觀，現有知識之所以重要，乃因其能作進一步研究活動的基礎。若進一步的研究活動果真停止了，則任何命題便沒有再檢討的機會，凡用文字寫下的學說、法則、定律都會變成教條，而科學便要消失了。因此，動的科學觀認爲：「實驗與觀察的結果產生概念與學說，舊有概念與學說又衍生新的實驗與觀察，科學便是這些概念與學說的互相聯結體。」這意義是說，科學是一種日新月異的研究與實驗的活動及其所形成的一種日新月異的知識。科學之所以偉大在此，而不祇是在於科學之現有的成就。這應是對於科學的較為健全的一種理解。照這樣說來，科學固是「依邏輯講底確切底學問」；但是，「依邏輯講底確切底學問」一語，不足以完全表達科學的意義，這是很顯然的。

我們認為，「依邏輯講底確切底學問」一語，更不足以表達哲學的意義。茲再進而說明哲學究竟是什麼？亞里斯多德在其所著形上學中曾說：

> 根據「物之為物」的觀點，用其同名通指的作用，所能遍稱枚舉的萬事萬物，組成一個萬類貫通的全體，也當然是一個知識的觀察範圍。它觀察每一物內，物之為物的本體。這個知識，就是哲學。

他又說：

> 哲學的任務，是領悟實體的最高原理和原因。

康德在道德形上學根本原理之序詞中曾說：「古代希臘哲學曾被分作三部門：物理、倫理、和論理。」他認為這種分法是很正確的，所可略加修正者，在於補充這個分法之基礎原則。他說：

所有理性的知識，不外乎「實質的」和「形式的」兩種。前者係在想及某些對象；後者則只涉及於理解和理性本身的方式，以及一般思想上的通則，不論它的對象是什麼。形式的哲學便叫做論理。實質的哲學是在處理一些具體的對象和支配那些對象的法則，而因這些法則原有自然界和自由界之分，所以實質的哲學又得分為兩類：一類是物理，另一類就是倫理。它們又得分別稱為自然哲學和道德哲學。

他又說：

純粹哲學若只屬形式的，便是論理；若限於可理解的具體對象的便是形而上學。

他又說：

形而上學又可分成兩種：一是自然的形上學，另一是道德的形上學。於是物理可以有一經驗的部分兼一理性的部分，倫理也是如此。然而倫理中的經驗部分或可別稱為實際人類學，而其理性部分則予以「道德」的名稱。

康德的意思是說，經驗物理學是與自然的形上學不同（亦稱自然界的超驗物理學），實際人類學是與道德的形上學不同。這種不同，在康德看來，即科學與哲學的不同。為明哲學的究竟，茲更將羅素的意見引述於下。羅素在其所著哲學大綱中曾說：

哲學的定義是隨我們所主張的哲學而變的，所以我們所能說起的，不外是有某種問題是某種人所感到興趣的，而這種問題，至少在當代的世界之中並不屬於任何科學的範圍。這些問題是對普通知識所生的懷疑。如果這些懷疑要求解答的話，也只能用一種專門的研究。這種研究我們就稱之為哲學。

羅素又在其所著哲學中的科學方法一書中曾說：

凡在純粹的哲學範圍內的部份，都自行簡約而成邏輯的問題，這也不是偶然的。因為所有哲學問題，經過分析與洗刷之後，不是成了非真正的哲學問題，就是成了邏輯（依我們所用的此字之意義而言）問題。

在西方哲學史（History of western philosophy and its Connection with political and social circumstances from the Earliest Times to the present day）一書中羅素又說：

哲學是介於神學與科學二者之間的。有如神學一樣，人們對於事物之確定智識，至今尚無法定其然否的，哲學對於這些事物，則加之以懸想；但，有如科學一樣，哲學是訴之於人類的理性，而不是訴之於人類的權力的，無論其為出自傳統，抑為得於啟示。

我以為，所有確定的智識，是屬於科學；所有超過確定智識的教條，則屬於神學。但，在神學與科學之間，有「無人之境」，暴露出來，受兩方之攻擊；這無人之境，就是哲學。

照以上所引述的看來：第一，哲學是可分爲形式的與實質的這兩種。第二，所謂形式的，其意義並不確定。照康德的說法，所謂形式的是不處理一些具體的對象，而只涉及於理解和理性本身的方式。什麼是理性呢？在道德形上學根本原理中康德曾說：「原來人自具有一種機能，可藉以辨別出他本身跟任何別物都不同，甚至跟那客體影響下的他自己亦不相同，而這機能便是『理性』。理性既然純乎自發自動，所以甚至高出於『理解』之上。理解雖亦是自然流露，並不僅僅包藏一些直觀（如同感覺所涵有者，只是被動的受到外物的激響），但理解仍不能從它的活動中產出其它概念，只有準備把那些感性直觀置諸繩墨尺度之下，綴合其成一個意識。」這就是說，理性是一純乎自發自動的機能，它是高出理解之上，而「遠超乎感覺性所能賦給的一切」。照這個說法，則所謂「理性本身」，實類似於黑格爾所謂之思想本身。我們講理性本身或思想本身的方式時，雖然都可「自行簡約而成邏輯的問題」，但與通常所講的邏輯學仍有本質上的差異。通常所講的邏輯學，是可以建立在類似游戲的基礎上而作出一精密的推理系統。說邏輯是理性本身或思想自身的一種極其精緻的遊戲活動，殆無不可。因此，以「依邏輯講底確切底學問」當作哲學，而不考究思想自身以及其最高原理和原因，自不免會成爲無根之戲論。再者，邏輯上的可能與哲學上的可能亦不能混爲一談。羅素曾說：「他們說這個世界是在紀元前四千零四年創造的，已經打了化石層，故意使我們相信它有進化的痕跡。這個世界是突然創造出來的，創造的時候就是那個樣子，好像是已經有了進化似的。這種說法在邏輯上並不是不可能的。同樣的，說世界是五分鐘以前創造的，已經有了記憶與記錄，在邏輯上也並不是不可能的。這似乎是未必有的假定，但在邏輯上並不是不可以的。」（哲學大綱第一章）照這樣說來，如以爲邏輯的就是哲學的，而專從邏輯的形式以講哲學，並絕不涉及理性本身方面，這種哲學，與康德所謂之「形式的哲學」是不完全相同的。任何一種哲學，祇要涉及理性本身或思想自身方面，它必然會涉及實質的這一方面；因爲所謂理性本身，它就屬於實質的這一方面。第三，所謂實質的，其意義亦不確定。我們所講的心物合一論的哲學，當然是屬於實質的哲學。它與亞里斯多德、康德、羅素等所講的哲學，祇就前文所引述的各種屬於哲學的意義來說，其差異並不太大。例如，我們是要研究「物之爲物的本體」，也是要研究「不屬於任何科學的範圍」而卻是「可理解的具體對象」。但是，我們所講的「物之爲物的本體」，與亞里斯多德所講的是大不相同的；我們所講的「不屬於任何科學的範圍」而也是「可理解的具體對象」，與康德或羅素所講的，也是大不相同的。此種不同，是實質上的不同。這就是說，實質的哲學，是隨各人的主張而大不相同的。

然則我們所主張的哲學究竟是什麼呢？第一，它是不屬於任何科學範圍的；因此，它不是一種日新月異的研究與實驗的活動。第二，它也不是一種純邏輯的活動；因此，研究推理之程序或推理自身而不涉及最後原因者，這亦不能說是哲學。第三，它「是在處理一些具體的對象」；但是，這具體的對象是什麼呢？羅素所指的是神學與科學之間的「無人之境」。我們認爲，從眞正的或究竟的意味來說，神學與科學之間是沒有無人之境的；但是，這神學的與科學的兩個思想層次，卻亦不是不能融會貫通的。我們所謂的哲學，恰好能負起這一融會貫通的任務。而且，我們亦可以這樣的說，哲學是包含神學與科學這兩個要素；但其本身卻既不是神學，亦不是屬於任何一種科學的範圍。因此，我們所講的哲學，是貫通神學與科學這兩個思想的層次，而不是屬於神學與科學之間的無人之境。第四，它不是形式的哲學而是一種實質的哲學；同時，因爲它是包含神學與科學這兩個要素的，所以，它應是治自然的形上學與道德的形上學於一爐而溶鑄成的一種哲學。

我們所講的哲學究竟是什麼？應於此可以獲得較爲明確的理解。

第三節　哲學之進一步解釋

哲學究竟是什麼？依以上之陳述，應已有較爲明確而具體的理解；若作深一層之認識，仍須有於下之說明：

第一，哲學的對象必是大全的

所謂大全的，其義並不與部份相對。前文所引馮友蘭所說的：「一種科學所講，只關於宇宙一部份之事物；哲學所講，則係關於宇宙全體者。」這種以「所講之對象是全或分」，而作爲哲學與科學之區別，確屬不當；但是，卻亦不能說，哲學所講，不是關於宇宙全體者。不過，此所講的關於宇宙全體，決不是要對於宇宙的全體事物加以研究；若以爲哲學是要對於宇宙的全體事物加以研究，那便是大錯。因此，從哲學的觀點而講宇宙全體，必是這宇宙全體，爲一沒有部份的大全，所以不與部份相對。這不與部份相對的大全究竟是什麼呢？康德在純粹理性批判中講超越的分析時曾說：

我在近代哲學著作中，發見對於感覺界與睿智界兩名詞的使用全與古代意義不同——這種意義固然並不難懂，但除一種空洞的文字遊戲，更無什麼。按照這種用法，有人主張將現象的總量，凡屬於直觀的概稱為感覺界；而凡按著悟性的一般法則，被認為有把現象聯合起來的作用，便稱作睿智界。例如單講天空星宿的觀察之天文學，便是屬於前一例；反之，純理論天文學，像哥白尼系統或牛頓重心定律所討論的，便是屬於後一類，即睿智界。但是這樣文字上的牽強附會，不過是詭辯的遁辭，意在改變它的本義以遷就自己的方便，而避免一種難題。固然悟性和理性都是用作處理各種現象，但問題是在：它們是否又有別種用途可以加於現象以外的對象，即所謂本體；而這就是所謂對象之專屬睿智的，意即是，只呈現於悟性，而非感性。因而問題就成為：是否悟性除了經驗的用途——甚至用在牛頓的宇宙架構說上——而外，可能還有超經驗的用途，來應付本體這一對象。但對這問題我們已作了否定的答案了。

康德此說，有兩點需加以說明：第一，近代哲學著作對於感覺界和睿智界之解釋，意在改變它的本義以遷就自己的方便，此種批評是很對的。因之，以此種意義之感覺界屬於科學的範圍，以此種意義之睿智界屬於哲學的範圍，當然是同樣的不對。此種錯誤的根本原因，即是未能認識這所謂大全的究竟是什麼？第二，康德否定悟性有超經驗的用途。此即不承認「與感官無關，而單屬純粹悟性的對象」。我們認爲，不識得純粹悟性的對象，即不能真知什麼是本體，亦當然不知這所謂大全的究竟是什麼。

這所謂大全的究竟是什麼呢？欲明此義，仍須瞭解什麼是本然的。因爲哲學所講的大全，是一種本然的大全；所以欲知大全的是什麼，仍應瞭解本然的是什麼？

第二，此所謂大全的是本然的

一般說來，感官是呈現對象的外表，悟性則呈現對象的本然。康德認爲，悟性所呈現的本然，「不可解作超經驗的意義，而只是經驗上的意義，意即是，悟性所表現的，乃是在經驗之中的對象如何彼此通體聯絡，而不是指那離開任何可能的經驗，與感官無關，而單屬純粹悟性的對象；因爲那樣的對象始終不爲我們所知；甚至我們也不能知道這一種超越的或例外的知識，在什麼條件之下纔成爲可能；至少，若比照那在我們通常範疇下的那種知識，它是沒有可能的。」我們認爲，所謂本然的，不是「在我們通常範疇下的那種知識」；因爲「範疇的使用決不能越過經驗範圍內的對象以外」，也祇有「在時空直觀聯結一致的關係中才具有意義」（以上所引皆見「超越的分析」第二篇第三章）。於是，則知我們所謂的本然，與康德的觀點是不完全相同的。

馮友蘭在新理學中曾說：「哲學對於真際，只形式地有所肯定，而不事實地有所肯定。換言之，哲學只對於真際有所肯定，而不特別對於實際有所肯定。真際與實際不同，真際是指凡可稱爲有者，亦可名爲本然；實際是指有事實底存在者，亦可名爲自然。真者，言其無妄；實者，言其不虛。本然者，本來即然；自然者，自己而然。實際又與實際底事物不同。」我們認爲，所謂本然，不只是形式的有所肯定。只形式的有所肯定者，這只是形式邏輯的。形式邏輯的，是「在我們通常範疇下的那種知識」，不是我們所謂的本然。

我們所謂的本然，是「純粹悟性的對象」，不是「意識所行境界」；因此，必是超感覺經驗的。不過，它所表現的，卻亦是經驗之中的對象如何彼此通體聯絡。這就是說，這「非意識所行境界」的本然，雖是超感官經驗的，卻並非違反理性，亦並不背離悟性；而且，它所表現的，既是意識所行境界之自身，亦是意識所行境界之悟性的自身。

第三，本然的是不可思議與言說的

我們所謂的本然，既是超感覺經驗的，則便是不能用意識所行境界之悟性來加以思議。馮友蘭說：「若無思議言說，則雖對於不可思議，不可言說者，有完全底了解，亦無哲學。不可思議，不可言說者，不是哲學；對於不可思議者之思議，對於不可言說者之言說，方是哲學。佛教之全部哲學，即是對於不可思議者之思議，對於不可言說者之言說。若無此，則只有佛教而無佛教哲學。」馮先生所講的哲學，與我們的哲學，可以說是完全不同；但馮先生此所說的，我們則極爲贊成。然則我們是如何的「對於不可思議者之思議，對於不可言說者之言說」呢？我們已指出，所謂不可思議，乃指不可以感覺的經驗來思議；因此，便不能以康德所謂之範疇來言說。我們認爲，這不可以感覺經驗來思議的思議，才是一種真正的思議或思想。用黑格爾的話說，此才是思想它自己。思想它自己或思想自身所表現者即本然之理。本然之理與通常所謂之理是不同的。通常所謂之理，乃指某人講理或某人不講理之理，亦即常識的或科學的所謂之理。此與傳統義理之學所謂之義理，不盡相同。照傳統的說法，學問可分爲三部份，即所謂義理之學，辭章之學，考據之學。從廣義的意義來說，辭章與考據之學，都是義理之學的一種分枝或派別；因爲辭章與考據之學，都不是不講義理的；不過，辭章與考據之學所講的義理，與程朱陸王所講的義理，是完全不同的。程朱陸王所講的義理，才是傳統所謂的義理之學，與我們所謂之不可思議的本然之理，雖不必完全相同，卻並無本質上或種類上的不同。這是說，我們所謂之本然之理，與宋明以來理學或道學所講之義理，是大體上相同的。因此，我們應如何的以思議本然，或應如何的以思議與言說此本然之理，是不必標新立異的而自外於傳統義理之學所講之義理。但是，這祇是說，我們所講的哲學與宋明理學確有甚深的淵源；卻亦不是說，我們所講的哲學是應該完全照著宋明理學來講。這是說明了我們的哲學與宋明理學之關係是什麼。

第四，哲學是心之自覺的活動

我們已說明了，哲學的對象必是大全的。此所謂大全的是本然的，所謂本然的因是超感覺經驗的，所以是不可思議與言說的。對不可思議者之思議，這才是真正的思議。真正思議的對象，雖是超感覺經驗的，卻仍然是一種境界。這境界之超感覺經驗者，神學不足以窮之；這境界之表現於思議言說者，卻不與科學精神相違逆。這是我們所謂的哲學之進一步解釋，這是就我們所講的哲學之對象而說的。若就我們所講之「真正的思議」之本身來說，它是心之自覺的活動。所謂心之自覺的活動，即是對思想自身之認識活動。對思想自身之認識，與對推理自身之認識，不能混爲一談。思想之認識活動，固不外乎推理；但推理之自身，卻只是思想活動的結果。宇宙間，離去思想活動，絕無所謂推理自身之存在。誠然，推理的程序，規律或法則等等，是不爲堯存，不爲桀亡的。但必是「思則得之，不思則不得也」。因此，若有人以爲有一抽象的理之世界存在，這是太不懂得反省了，亦即是太不知「心之自覺」了。

我們認爲，心之活動，大概可分爲：甲、心之習慣的或不自主的活動；二、心之自主的或理性的活動；丙、心之自覺的或睿智的活動。前二者是經驗的，後者則是超越的。這心之超越的活動，若是自了自識的，便是自覺的。康德不承認有此種「睿智的直觀方式」，這便是康德祇知追求推理自身，而忘記認識思想自身。對思想自身之認識是至簡至易的，然而許多大哲學家，因習於心向外馳，而不肯回頭以認識心自己，所以他的哲學，雖是非常精緻的，卻難免不是戲論。禪宗主張不立文字，即是對沉溺於戲論者之痛下針砭。再者，任何一種哲學，不論它是唯心的或是唯物的，它必是心靈活動的結果。誠然，唯物論者是肯定心靈活動乃存在的產物。但是，若無心靈活動，則不會有哲學；雖唯物論者，亦不會反對。因此，說哲學是心之自覺的活動，這雖不易爲唯物論者，或主張科學的哲學者所樂於接受，現經我們點醒後，我相信從事哲學研究工作者，祇要他有著學術上的真誠，他終必會發現，沒有通過心之自覺的活動所建構的哲學體系，必多爲無根的戲論。至於某些學說，若是通過心之自主的或理性的活動而建立的，我們便祇能說是科學的，這也是進一步的說明了哲學與科學之同異。

第四節　哲學的心物合一論

對於哲學意義之解釋，以上之陳述，實已極爲明確；因此，我們所講的心物合一論的哲學，是基於何種觀點來講的，也已說得很明白了。可是，有持反對意見者說：「現在是科學的哲學時代，哲學祇是科學的一種，你卻大張玄風，可見你所講的哲學是落伍的，也可見你的思想是不進步的。再者，心物合一論的哲學，即令有其正確的部份，卻因你是從玄學的觀點來講的，無疑的，你所講的祇是一些陳腔濫調罷了。」此等反對意見，雖在上章中已有答辯，茲爲進一步的澄清對哲學的心物合一論之誤解，特就反對者之意見，而作於左之申述：

第一，哲學的心物合一論，是否爲一種陳腔濫調，或是否爲一種不進步的落伍的思想，凡願意加以批評的，在情理上自應先讀完本論，並針對本論對於心與物之辨說是否正當，然後再加以批評，這樣才算是公平的。

第二，所謂陳腔濫調，當然是指一種落伍的八股式的論調而言。八股式的論調，誠然是落伍的；若以爲心物合一論的哲學便是八股式的論調，這便是武斷。再者，若說凡玄學的思想皆是落伍的，凡科學的思想皆是進步的，這亦是一大笑話。由神學而玄學，由玄學而科學的三階段說，是否完全正確，我們可姑置勿論；若認爲科學的思想便是代替玄學的進步思想，這是大有問題的。就科學本身來說，它是在日新月異的進步。一般說來，科學方法和常識方法之不同，實祇是程度上的差異。若干壯觀的科學實驗的「奇蹟」，可以由一大堆的平常的觀察造成。科學是以常識方法爲基礎而獲得日新月異的進步。因此，我們可以說，古代科學是遠不如現代科學。現代科學將遠不如未來科學；卻不能說，凡科學的皆是較玄學或哲學爲進步。這在前文討論哲學與科學之同異時，也已有所陳述。

我們認爲，真正的哲學是不會進步而爲科學。凡以進步的或落後的來作哲學與科學之評價者，這是哲學的門外人語。某種學說若以某種科學理論爲依據，而名之爲哲學，這祇是剽取哲學之名，在本質上決不會是哲學。哲學是不會因時代的進步而改變其基本原理的。哲學的對象因爲是大全的，所以哲學所講的就是一；因爲是本然的，所以哲學所講的就是本；因爲是超越的，所以哲學所講的是不切實際的。此不切實際的「一」或「本」，當然是亙萬古而常新，亦當然無所謂進步或落伍。

第三，自科玄之戰，張君勱及張東蓀被丁文江他們賜以「玄學鬼」的諢號以來，在我國學術界，除真知灼見之士外，少有人敢於再談玄學。許多人爲恐戴上玄學鬼與落伍的帽子而絕口不敢談玄學，亦當然不知玄學爲何物。哲學取消論者及辯證唯物論者，都是主張取消玄學或形上學的。辯證唯物論者，認定形上學乃不能再發展的空洞的僵死物。形上學的某些部份是毋須再發展的。有些玄學家所講的形上學也可能成爲空洞的僵死物，那祇能說是這種形上學不對。我們能因某種科學學說之錯誤，硬主張取消科學嗎？馬克斯竊取黑格爾的形而上學的辯證法，應用於唯物論方面，這是一極大的錯誤。例如「A是A而又是非A」這一觀念，祇有在形上學或玄學的領域裡才能說得正確；若從實際方面來說，是無法說得正確的。我們能說「張三是人而又不是人」嗎？辯證唯物論者能說這是正確的嗎？再者，邏輯實證論者，他們亦是主張取消玄學或形上學的。他們認爲，玄學是既不可實證亦不可否證的。所以玄學是無意義的。這是他們不懂得什麼是玄學。我們所講的玄學究竟是什麼？它是如何可能的？在它的領域內，A是A而又是非A的觀念，何以是正確的？這些問題，在本論中將有較為詳盡之解答。

第四，我們所謂之玄學，雖是超科學的，卻不是反科學的，因爲本論所講的亦是像科學一樣的訴之於人類的理性。明白的說來，我們的思，固不一定是科學的，而可以說是超科學的；但我們的辯，則並非不可以理喻，而且是人人皆可以體會得到的。我們認爲，人類社會要能獲得充分的進步，確須依賴科學的成就，這是毫無疑義的；不過，要真能爲萬世開太平，則決非完全依賴科學所能成功。科學工作者，他們皆知科學所能達到的極限，認科學爲萬能的人（粗淺的說來，科學是萬能的；嚴格言之，科學是有其不能達到的極限），實祇是科學的門外人語。我們認爲，哲學、科學與民主，是人類爲萬世開太平所不可或缺的三種要素。這三種要素，雖彼此可以融會貫通，卻都有其自己的領域。任何一位真正的哲學家，他必然的會發現屬於哲學自己的領域；也當然會承認，哲學與科學的方法亦是不完全相同的。就思想的領域來說，科學是以肯定實際爲目的；它窮究「外在的自然律」，既可使人認識外在的世界，亦可以成人之能而裁成輔相外在的世界。至於哲學，則不以肯定實際爲目的，乃從本然的觀點，以認識物我之無間，心物之沒有差別；並因而使人能體認本心之仁，以實踐人之「內在的生命法」。再就思想的方法來說，科學是向外追求的；哲學則是反身而誠的。我們認爲，向外追求，無論是從大而無外或小而無內來說，都必然的會達到極限，而表現出科學至此極限是無能爲力的。同時，若將「心」當作客觀的存在而加以分析，則亦見不到「心」之存在。但是，若能

「反身而誠」，則便能「自得之」。由此，已足說明，哲學的心物合一論，它在陳述一個命題，或對於某些事實加以描述時，自亦不能違背科學；但是，卻不能以科學範圍之；因爲，它是有其超科學的部份。孟子所說的「反身而誠」，便是科學所不能範圍，而人人皆可以「親證」的。

第五，什麼是「反身而誠」呢？真能「反身而誠」，便知不把宇宙的本體當作離我心而外在的物事是一真理。這當然要經過一番「內省」的工夫。不過，此所謂之「內省」，非是如佛家的徒然靜坐，而是除博學審問以外，仍須要經過慎思與明辨的工夫，以識得此理確是無虧欠。就博學審問的工夫來說，這是不能外於科學的；至於慎思與明辨，固亦不能外於科學；然而識得此理確是無虧欠，則是一種「內省」的工夫。所以就思想的方法來說，哲學的心物合一論，它必是「合內外之道」的。

我們認爲，真能認得此理確是無虧欠，則便是真能「反身而誠」。至此境地，便知佛家所謂之「圓融無礙」或「無所住心」是什麼意義；亦便知宋儒所謂之「而一旦豁然貫通」與陽明所謂之龍場「悟道」究竟是什麼一回事了。

關於博學、審問、慎思、明辨之不外於科學方面的，非本論所當討論，茲不多贅，至於古人所謂之「悟道」，除研究「心之分析」時當詳說之外，在此亦願略加說明。羅素在「西方哲學史」中論柏拉圖的觀念論時曾說：

就柏拉圖來說，哲學是一種見，即真理之見。它不是純理智的，它不徒是智慧，而是對於智慧之愛好。斯賓洛薩的「理智的對於上帝之愛」，是將思想與感情，作密切的結合，與柏氏之言，蓋甚相同。任何人，做過創造之工作的，便曾親歷過——無論程度的深淺若何——一種心境，當久勞之後，真或美出現於——或似乎出現於——突然之光輝中，這或小至為一件瑣事，大至於彌綸宇宙。這樣的經歷，當其時，是使人深深相信的。以後，容或生起疑心，但當親歷其境之時，則為千真萬確之事。我以為，藝術中、科學中、文學中、以及哲學中，最好的創作，是此時此際的結果。其來臨於別人，是不是和來臨於我一樣，我不能說。就我自己來說，我發見，我要為一個題目著一部書的時候，我一定要先把我自己浸淫於細節之中，直至題材之各部份都極熟悉時為止；於是，如果是幸運的話，有一天我乃見到全體，而各部分之關連，也都安排得妥妥當當了。在那個時候以後，我祇要把我所曾經看見的寫下來。此可以霧中行山為喻。大霧彌天之際。身在山中。將一徑、一谷、一嶺，都各認得熟熟悉悉，及至陽光照耀之時，從遠遠望見山之全體，於是乃玲瓏透澈，毫不模糊。

羅素又說：

我相信，這樣的經歷，是優良之創作所必需；但亦非謂，得此便已足。的確，相隨而來之主觀的確實性，也許誤人極甚。詹美斯（William James）曾描述過一個有笑氣經歷的人，當他受笑氣控制之時，他知道萬有世界的秘密，但他清醒時，卻又忘記了。最後，費了極大的氣力，在他的所見沒有消逝以前，他才把那個秘密寫下來。等到他恢復原狀後，他乃急急去看所寫出來的是什麼。原來所寫的是這樣：『始終都是石油的味道。』所以，似乎是驟來之正見的，可能是迷誤。一定要在神靈的陶醉消逝之後，再嚴加查驗。

羅素此說，須加以說明的：即他所說的創造者之心境，是類似我們所謂之悟道。悟道是「反身而誠」所得之毫無滯礙的心之自覺，非是受神靈的陶醉，而是淸淸楚楚，活活潑潑的。再者，悟道雖然祇是主觀的確實性；但是，凡在認識與修養上，而能於「山窮水盡疑無路」時，達到「柳暗花明又一村」之新境界者，皆會有如此之經歷。這是人人都可「親證」的，也當然是經得起「嚴加查驗」的。禪宗的祖師們以及宋明儒者，大都有此體驗，這不是可以打誑語的。不過，有些佛教徒，以爲得此便已足。他們更認爲，這是修養的工夫而不是學問。誠然，就所謂「悟道」來說，必須工夫所至，方能有所見；但是，當悟了之後而說出或寫出來時，則便是學問了。我們認爲，某些有學問的人，未必真有所見；凡真有所見者，則便是有此學問。所謂「不可說」者，是指「不足爲外人道也」。哲學的心物合一論，即是本於「反身而誠」所得之真理之見的闡釋。以下各篇，即是說明我們所見者究竟是什麼？爲了言說的方便，我們特先從「物之分析」說起。

第二篇　物之分析

通常所謂之物，(此所謂之通常，乃是指非哲學的及習以為常的而言。)即吾人習慣上所認識之外在的世界以及其所有之萬物。我們願從物之大而無外及物之小而無內加以分析，以說明通常所謂之物，祇是習慣上的一種認識，而且是非常糊塗不清的。不過，我們並不否認是有事故發生。

第三章　物之大而無外之分析

第一節　通常所謂之空間虛空或宇宙

通常所謂之空間，乃認定其必是大而無外的，卻亦可釋作「虛空之間」或「虛空而有間」。吾人當可想像到：通常所謂之虛空，意即空無所有。所謂空無所有，從幾何學的觀點來說，即是無幾何特性；也就是說，所謂虛空，應是無點線面體的存在。用佛教徒的觀點來說，虛空是無相的。若虛空而有相，或虛空而有幾何特性，則便是在虛空而有間。這就是通常所謂之空間。通常所謂之空間，必是有幾何特性，亦必是有物理特性。祇有幾何特性的空間，是抽象的空間。兼有物理特性的空間，才是實際的空間。大家都認爲，由點線面體所合成之圖形，是幾何圖形。此種幾何圖形，若是指的空間之有限部份，則就是幾何體或立體。此等幾何體或立體，若是純觀念的圖形，則當然是抽象的空間；若具有物理特性，或爲實體之一部份，則就是實際的空間，此所謂空間，當然是具體的。無論是具體的空間或抽象的空間，都可大至無限大，或小至無限小。空間亦是可得而分離的。因其是可分離的；所以也是可集合的。宇宙即是由各個「部份的空間」集合而成。照通常的看法，宇宙確是一個無限大的具體的空間。

第二節　無限大是一含混不清之觀念

通常對於「無限大」一詞的瞭解，多是含混不清。所以很多人的空間或宇宙的觀念，亦多是含混不清。幾何學對空間所下的定義，是謂在無限諸方向之中而包含諸物體。意即空間必是大而無外的。這定義的含混而不妥當，是非常顯然的。因爲，方向並不是無限的。從物理學的觀點來說，任何方向皆有向量；所謂向量，是指凡有大小而兼有方向的量。方向既有大小之量，故雖可大至無限大，而無限大之「大」，必仍是有限的。於是，所謂「無限諸方向」，實爲一含混不清之觀念。若所謂「無限諸方向」即是指的「無限大諸方向」，則此所謂空間即是有限的；因爲無限大不是無限，而祇是大至無限大的有限。但是，幾何學所假定的空間，則是無限的空間，例如無限直線與無限平面，皆是以空間的無限，爲其假定的基礎。從數學的觀點來說，此固無害其數學體系的建立；但從哲學的觀點來說，則決不能認爲實際的或抽象的空間是可以無限的。若空間可以是無限的，則空間便是虛空。空間而是虛空，則便是失去空間之所以爲空間的意義。

我們認爲，虛空是沒有全部，亦沒有部份的。凡有部份的，即便有全部；凡有全部的，即便是有限；凡是有限的，則不能是無限。無相的虛空，應是無限的。因此，虛空本身不能是此等幾何特性或物理特性或一切的「有」。若虛空本身就是一切抽象的或具體的「有」，則虛空仍是有限的；所以虛空本身必是無各種特性及一切的「有」而應是無限的。此所謂無限，即是不可限制或不加限制。不可限制是無限；不加限制是無無限。能無無限，才是真的無限；真的無限，是以「無」作基礎的。以「無」作基礎的無限；和數學上以「有」的無限大當作無限的觀念是完全不同的。數學上是基於連續的原理（Principle of continnity），而主觀的認定無限大就是無限。例如一平行線，若主觀的認定是無窮無盡的連續不斷，其長是可以叫作無限的，此即幾何學上所謂的無限直線。又例如數量，若主觀的從個十百千萬億而無窮無盡的連續不斷，其大也是可以叫作無限的，此即代數學上所謂的自然數或無限級數。由這種觀點所形成的空間觀念，空間是無限的；由這種觀點所形成的宇宙觀念，宇宙也是無限的。這種以主觀所認定的連續無窮無盡的觀點爲基礎而形成的空間或宇宙的觀念，確是一種含混不清的觀念；因爲此種連續無窮盡的觀念，既不合於本然之理，亦是與實際的存在不相符合。

第三節　以習見的宇宙爲例而說明非眞有所謂空間

我們認爲此種相續無窮盡的觀點，亦即最古老的「天外有天」的觀點。此種「天外有天」

的最古老的觀點，其所遭遇的最古老的難題，即是「天外有天，天外有天，其最後究竟是什麼？」以相續無窮盡的觀點，對於最後究竟的問題，是難於作答的。許多哲學家為解答此一難題，常從邏輯著手而作純方法的推論，此種推論的結果，多是令人難於滿意的。我們認為，凡不認識宇宙的本然的樣子或存在之本相的哲學家，他們總認為宇宙是相續無窮盡的。他們無論從形式邏輯或辯證法的觀點以辯說他們的哲學，除了他們對於最後究竟的問題不願有意的予以考慮外，他們總會很難自圓其說。但是我們若放棄相續無窮盡的觀點，則便能很容易的解答最後究竟的問題。

我們若放棄相續無窮盡的觀點，而理解凡所謂存在，皆祇是吾人習慣上的一種認識，並理解其皆是有限的；則通常所謂之空間，乃吾人在習慣上而認定是在「虛空而有間」，並非真有所謂空間者。釋迦牟尼在楞嚴經中曾如是說：「譬如方器中見方空。吾復問汝，此方器中，所見方空，為復定方，為不定方；若定方者，別安圓器，空應不圓；若不定者，在方器中，應無方空。汝言不知斯義所在，義性如是，云何為在。阿難，若復欲令入無方圓，但除器方，空體無方；不應說言，更除虛空方相所在。」這是釋迦牟尼為阿難所作的一個比喻。這意義是說，虛空無相，因器而有相。也就是說，存在的本相，是無相的。通常所謂之相，實是所與的。於是，所謂最後究竟，實不是連續不斷的無窮無盡的最後，乃是無各種特性及一切的「有」而可名之為「無」者。

我們對於最後究竟所作的此種答覆，是仍不容易為某些人所理解的。茲不妨以我們所習見的宇宙為實例，而作較為詳盡的說明。我們所居處的地球，是太陽系中的行星之一，而太陽則祇是無數量恆星中的任意一員。因爲我們所生存的銀河系，是由這些無數量的恆星所構成的。銀河系的直徑約爲十萬光年，而太陽距銀河系的中心約爲三萬光年。這就是說，我們所生存的銀河系，確是極其廣大的。但是，銀河系外仍有無數的星雲；而此等星雲亦有像我們銀河系這樣廣大的。此等星雲，通稱爲銀河外星雲，或簡稱爲銀河外系。此等銀河外系，各成爲一獨立的宇宙，而像大海中的一個小島，以浮游於虛空。因此，有時亦稱之爲島宇宙。我們認爲，島宇宙的觀念，應是現代天文學的一個比較重要的成就，也是對這存在的宇宙的一個比較好的陳述。因爲這已是放棄了這存在的宇宙是連續不斷的無窮盡的觀點。但是我們仍須指陳的，即此種島宇宙的數量，雖是無限多，仍是有限的。巴尼特（Barnett）所著「宇宙與愛因斯坦」一書，曾依據愛因斯坦的相對論，對整個的宇宙有較爲明確的描述。他曾引用秦斯爵士（Sir James James）的一段話以作說明：「相對論所顯示的宇宙，用簡單而習見的術語說出是一肥皂泡，表面上有些縐紋。這或者是最好的一個寫照。所謂宇宙，並不是肥皂泡的裡面，而是其表面。我們必須記住：這個肥皂泡是有兩次，而宇宙泡則有四次（三次空間及一次時間）。並且除了沾污了肥皂泡的物質而外，其餘的東西，只有空的空間及空的時間了。」

照巴尼特的看法，愛因斯坦的有限的球式的宇宙，雖是不能想像的，但可以用愛因斯坦的場方程式算出其大小。威爾遜天文臺的天文學家哈布爾（Ewin Hubble）即曾用愛因斯坦的場方程式，算出宇宙的半徑是三百五十億光年；所以宇宙雖是有限的，但是確極其廣大。大到有億萬銀河圈繞著它。每一銀河均包含若干萬發光的星，以及難以計量的稀薄氣體，以及鐵石和宇宙塵埃。在這個宇宙中，若日光經某地發出，穿行其間，以每秒十八萬六千哩的速度而劃一宇宙圓再回到出發的地點，所需的時間約二千多億地球年。姑無論哈布爾所計算的結果，是否完全正確；但是，如此之大的宇宙，當我們未能知其最後的究竟是什麼時，必然地會誤爲是連續不斷而無窮無盡的。現在我們也已知道，這偌大的宇宙，「除了沾污了肥皂泡的物質外，其餘的東西只有空的空間及空的時間」。此所謂「空的空間及空的時間」，當可以名之爲「無」。於是，所謂愛因斯坦的宇宙，實是一可名之爲「無」的肥皂泡，在其表面是沾污少許的物質，而表現有些縐紋或斑點，亦可以說是「無之海」中所顯現的極其細微的波浪。

但從另一方面來說，依愛因斯坦的宇宙觀，仍可以肯定宇宙是一無限大的空間。即這偌大的宇宙泡，仍祇是無限大的最微小的一員。於是，也當然可以推論，這宇宙泡仍與其他的無數量的宇宙泡是無窮無盡的連續不斷；或者，這些無數量的宇宙泡是又構成另一更大的宇宙泡；此更大的仍有更大的，以至於無窮無盡。此種推論，實祇是「天外有天」的觀點現代化而已。假如我們真能放棄相續無窮盡的觀點，而認定相對論者所謂之宇宙泡，是類似佛家所謂之圓融無礙，則便知通常所謂之空間，實祇是我們用以說習見的外在世界者。至於存在的本身，並非真有所謂空間。即以相對論者所謂之宇宙泡而言，圓形的宇宙泡，其本身固可以說是一具體的空間；但究其實而言，卻祇是圓融無礙。因爲所謂圓，乃是指無方所而言，所以圓是無空間可言的。同時，所謂宇宙泡的表面所表現的縐紋或斑點，亦是很糊塗的。關於此點，在下一章中，我們將作較詳盡的說明。

第四節　以習見的宇宙爲例而說明非眞有所謂時間

我們認爲通常所謂之空間，祇是用以說習見的世界者；而且，不能是無限的；若是無限的，則便是無相的虛空。同樣的，通常所謂之時間，雖是極其長久的，但任何長久的時間，亦必皆是有限的；而且，嚴格的說來，並非眞有所謂時間者。茲先辯明通常所謂之時間的特性。一般人以爲實體，是祇佔有空間的。也有人認爲，凡能佔有空間的實體，雖是祇表現其方圓長短的顏色型，實亦含有古往今來的意味，而肯定時間是不能脫離空間而單獨存在的。他們認爲星體的運動，固然是構成了空間，也就是產生了時間。任何星體，必都是在其自己的空間內運動，亦必有其自己的時間。這種說法是認定沒有星體的運動，即沒有空間，也沒有時間。也即是認定，空間與時間，必是同始同終；且時間必是附屬於空間，而應稱之爲空間的時間。此與相對論者，以「空——時」代替空間與時間的觀點是相同的；也和我們中國人所說的宇宙的意義是大致差不多的。時間既是附屬於空間的，而空間又是所與的，那麼，當然是無所謂時間了。

又照相對論的看法：一物體A，對於一物體B之位置有變更時，則可謂A對於B有一運動。這就是說，運動是相對的；也就是說，運動必須由一動一靜而成。此與周易的看法是大致相同的。易繫辭曰：「乾坤其易之緼邪」。這就是說，動靜是變易的根源。又曰：「乾坤成列，而易立乎其中矣；乾坤毀，則無以見易；易不可見，則乾坤或幾乎息矣。」這就是說，沒有一動一靜，則便沒有變易，沒有變易，則便沒有存在。因爲，若沒有位置的變動而是絕對的或純然的靜止，則必無「點」的運動而當然不能成「線」；也當然不會有「面」與「體」的存在，而當然沒有幾何特性。這就是說，存在之所以為存在，即是由於運動。例如，A對於B有一運動，則既可察知A的存在，方可察知B的存在，同時亦可察知AB所成之空間，而AB所成之空間，是有其自己的時間的。這就是說，運動之發生，是時間的開始；運動之終始，是時間的全部；運動之進行，是時間的繼續；運動之停止，是時間的終了。這就是說，沒有運動，當然是沒有時間，也當然是沒有空間；因為運動之停止，即無所謂由點的運動成線，更無所謂由線的運動成面。照這樣說來，通常所謂之空間與時間，皆是由運動構成的。我們不論此說是否完全正確，但依此說，亦足證明時間確是附屬於空間。

其次，近三十年來，天文學的最有力的理論宇宙膨脹說，認為「宇宙並不是靜態的，它是在膨脹」。此說亦可以支持空間是由運動構成的。空間既是由運動而存在，亦可能因運動停止而不存在。這就是說，整個宇宙可能會消失，而運動也會停止。宇宙會走向死亡，巴尼特也說得非常明白。他說：

> 雖然宇宙的總質量是總在那裡變，可是此所謂變，總是單方向的變而走向消失。所有自然現象：不論是可見的，不可見的；不論是原子內的及外空的，都指示出宇宙中的物質及能量是在無情的消散，一如蒸氣無盡止的消散於虛空。太陽正慢慢的燒盡，恆星正走向死亡，各處的「宇宙熱」正轉為冷卻，物質正在消散而為輻射，而能量正消散於虛空。

所以說，這個宇宙正走向最後的「熱的死亡」的時代，或者用科學名詞說即「最大熵」（Maximum entropy）的狀態。當宇宙在多少億萬年後達到了這個狀態時，自然的各種程序將屬停止。所有的空間在同樣的溫度，再沒有能量可用，因為所有的能量已平均分佈於大宇宙中。無光，無生命，無熱，是什麼全沒有。只有一永久不變的停滯。時間本身將到了一個終結。

這是說，運動將會終止，「時間將有一個終結」。時間既將有一個終結，則必是有一個開始。這與「天外有天」的問題是一樣的。這就是說，時間究竟是開始於何時，確是很難作答的。照通常的看法，宇宙的時間，確是極其長久的。據天文學家推算，太陽系繞銀河中心的公轉週期，是二億三千萬年，通常稱之為「宇宙年」。一宇宙年，比上古傳說的八千歲為春，八千歲為秋而所成的一年，是要長久得多的。宇宙的時間雖是極長久的，但總必有一個開始。據地質物理學家，天文物理學家，及科學的其他方面，都已推算得有一結果。他們大致都同意，宇宙是開始膨脹於二十億年以前。（近來用原子來紀年的方法，則較地質學家所認為的紀年多兩倍以上；不過，我們並不重視此等數字是否正確，而祇在說明宇宙的時間確是極長久的。）即令此說是非常正確的。我們仍然可以說，現在的宇宙固是有開始的時間，但不能斷然的說，此一宇宙之前是再沒有另外的宇宙。祇要我們承認在以前是可以再有另外的宇宙，則宇宙究竟開始於何時，確是很難作答的。假如有人服膺下列的主張：說宇宙是循環脈動，永存不朽。此種主張，實祇是基於無窮無盡的連續不斷的觀點，將創世時期推至無窮盡的過去而已。對於宇宙從何處來，或宇宙是開始於何時的問題，仍是未能有圓滿的答復。此種無窮無盡的連續不斷的觀點，無論從空間或時間來說，都是說不出所以然的。因爲存在的本相，是無相的。通常所謂之空間或時間，都是外加的，都是吾人用以說宇宙之現象者。當吾人從時間這一概念而涉及宇宙從何處來的問題；或從空間這一概念而涉及宇宙之大而無外的問題，這便是涉及了存在的本相，亦即是涉及了宇宙的本體。宇宙的本體是無相的，當然是無所謂空間或時間。此所以從空間的無限大或時間的無限久來說存在的本相或宇宙的本體是說不出所以然的。

第五節　存在的或大而無外的本相與佛家所謂之無所住心

從存在的本相或宇宙的本體來說，空間與時間，既都是所與的，則康德所謂之十二範疇，亦都是所與的。因爲存在的本相既是無相的，則當然無所謂一或多，實在或虛無，可能或必然，亦當然無所謂因果。龍樹所作中論破因緣品所說的「不生亦不滅，不常亦不斷，不一亦不異，不來亦不出」這幾句話，即可用來破康德所謂的感性之「先天的」形式與悟性之先天的形式。又心經亦說：

> 照見五蘊皆空，度一切苦厄。舍利子；色不異空，空不異色，色即是空，空即是色。受想行識，亦復如是。舍利子！是諸法空相，不生，不滅，不垢，不淨，不增，不減。是故空中無色，無受想行識，無眼耳鼻舌身意，無色聲香味觸法。無眼界，乃至無意識界。無無明，亦無無明盡。乃至無老死，亦無老死盡。無苦集滅道，無智亦無得。

心經此所說的，在我國可以說是家喻戶曉；然而能心知其意者，則是很少的。此是說存在的本相究竟是什麼？若存在的本相果是如此，則必須「至無意識界」方識得之。也就是要生佛家所謂之「無所住心」，才真能識得存在的本相。莊子應帝王篇曾列舉這樣的一件故事（列子黃帝篇亦有一段與此內容大致相同），似是在說明什麼才是「無所住心」。茲引述於下：

鄭有神巫曰季咸，知人之生死存亡禍福壽夭，期以歲月旬日，若神。鄭人見之，皆奔而走。列子見之而心醉，歸以告壺子，曰：始吾以夫子之道為至矣，則又有至焉者矣。壺子曰：吾與汝既其文，未既其實，而固得道與？衆雌而無雄，而又奚卵焉？而以道與世亢必信，夫故使人得而相汝。嘗試與來，以予示之。明日，列子與之見壺子，出而謂列子曰：嘻！子之先生死矣，弗活矣，不以旬數矣，吾見怪焉，見濕灰焉。列子入，泣涕沾襟，以告壺子。壺子曰：鄉吾示之以地文，萌乎不震不止；是殆見吾杜德機也，嘗又與來。明日，又與之見壺子，出而謂列子曰：幸矣，子之先生遇我也，有瘳矣，全然有生矣，吾見其杜權矣。列子入，以告壺子。壺子曰：鄉吾示之以天壤，名實不入，而機發於踵；是殆見吾善者機也，嘗又與來。明日，又與之見壺子，出而謂列子曰：子之先生不齊，吾無得而相焉；試齊，且復相之。列子入，以告壺子。壺子曰：吾鄉示之以太沖莫勝，是殆見吾衡氣機也。鯢桓之審為淵，止水之審為淵，流水之審為淵；淵有九名，此處三焉。

佛家的經典，亦多有類此的故事。例如唐憲宗時有南陽慧忠國師者，曾問一大耳三藏說：「聞汝有他心通，是否？」此大耳三藏說：「不敢。」國師說：「今汝試觀吾心在何處？」大耳三藏說：「國師何得在天津橋上看水？」國師說：「汝試再觀之？」大耳三藏說：「國師何得在某處看山？」但當慧忠國師入禪定以後，此大耳三藏即不知國師之心果何在。金剛經所謂的「應生無所住心」，則就是要生慧忠國師入禪定後之心。因其心無所住，所以大耳三藏雖有「他心通」亦不能知其心之所在。這兩則故事，固然不能說是真實的事實。但是，此所謂「無所住心」或「衡氣機」，則是說明了必須有如此的一種認識或如此的一種心理狀態，才真能識得存在的本相究竟是什麼。存在的本相是無相的。此無相的存在的本相，是「大而無外」而無所不在的。此無所不在的大而無外的存在的本相，是無從見其生死之跡而「無得而相」，亦是無所住而遍觀不得。關於佛家所謂之無所住心，在這裡我不擬作進一步的討論，惟特須陳述者，即我們所謂之存在的本相或宇宙的本體，亦即宇宙的本然的樣子，道家是謂之太沖莫勝或衡氣機，佛家是謂之無所住心。佛家之所以將宇宙的本體謂之為無所住心，這已足說明，當我們對這大而無外之宇宙加以分析時，如須獲得正解，是祇能說這存在的本相，是無方所，無特性，無形相，而了無痕跡與無可限制的。這才是真的無限或大而無外，亦才真的是宇宙的本然的樣子。然而這樣子，卻正是佛家所謂之無所住心。姑無論怎樣，通常所謂之外在的大而無外之物質的世界，當我們認真的加以分析時，是沒有如通常所謂之物的相狀，而是有如佛家所謂之無所住心的相狀。無所住心是可以「親證」的。至於如何才能「親證」？照佛家的看法，是必須破除一切執著才能見到。我們認為，若能就通常所謂之大而無外而加以窮究，當發現相續無窮盡的觀點是不足以說明存在的本相時；同時，若更能體會出道家所謂之太沖莫勝或衡氣機究竟是什麼意義，則便能識得佛家所謂之無所住心，而真有一種真理之見。此即是我們若能真的見到存在的本相，便知通常之見確都是所與的。

第六節　本體界與現象界的矛盾

基於以上的分析，我們也應該另有一種真理之見，即本體界與現象界的矛盾。此所謂現象界乃是指呈現於感官（包括科學儀器所能感受者）之諸事物，亦即是指宇宙間之萬事萬物而言。此所謂本體界乃是指存在的本相或宇宙的本來的樣子而言。此不是感官所能感受的。以上之分析，我們不僅認識了宇宙的本來樣子，也應是認識了本體界與現象界之矛盾。此即是：從現象界言，「世界於時間爲有始，而於空間亦有限」：若從本體界言，則是無時空可說。佛教徒認爲，吾人若能成佛，則與已往諸佛爲同時同位。佛教徒是識得本體界無時空可說之真理的。因此，從本體界說：「世界於時間爲無始，於空間爲無限。」凡時間或空間，皆必是有限的；若是無限，則無時空可言。以上各節，關於此點，已有較爲詳盡之辯說。再者，從現象界言，全體是由部份組成的：若從本體言，它自己就是「一」，沒有全體與部份之分。（上章中所謂大全的，其義即是如此。）其次，從現象界言，是有因緣可說的；若從本體界言，則一切「因果脫落」。再其次，從現象界言，宇宙萬物皆是實際存在的：若從本體界言，宇宙萬物皆祇是變化之跡。照這樣說來，本體界與現象界之矛盾，實已毫無疑義。不過，這矛盾並不是不可以化除的，這是以後所須詳說的。在這裡仍須順便陳述者，即此所謂之現象界，是類似康德所謂之二律背反中之正論（thesis），而本體界則類似反論（antithesis）。吾竊怪西方傳統獨斷主義之玄學竟主張正論，而經驗主義竟主張反論。吾人認爲，照我們所主張的本體界與現象界之矛盾來說，此正反二論之說皆是能成立的。我們的此種主張，與佛教徒的思想亦是大異其趣的。照佛教徒的看法，凡屬於現象界的都是妄見。我們則認爲，除了視空間爲無限大，視時間爲無窮久，這一類之見是妄見外，凡屬於現象界的不能都說是妄見。我們更認爲，凡遺象而滯體，或執象而遺體，都難於有真理之見。以上各節，乃在於破象現體，使吾人識得宇宙之本然的樣子，而知外在的物質世界並非基源的亦非實在的。這亦是使吾人能超越通常所謂之理而識知本然之理。這是我們的哲學之所以不同於其他的哲學者。至於本體界是如何的成爲現象界，以及有關本體界或現象界之其他問題，這是在以下各章中我們將繼續加以分析與研究。

第四章　物之小而無內之分析

第一節　概　說

我們已從物之大而無外之分析，而知通常所謂之空間與時間皆是所與的；因爲，這大而無外的或存在的本相，是類似佛家所謂之「無所住心」，這當然是無所謂空間與時間。空時既都是所與的，則本體界當然不能用康德所謂之範疇來思考或加以陳述，而本體界與現象界之矛盾也當然是一種真理。再者，照相對論者的看法，這習見的宇宙，實是一可名之爲「無」的肥皂泡，在其表面是沾污了少許的物質，而表現有些斑點、縐紋。這亦類似「無之海」中是有著極細微的波浪。現更擬從物之小而無內之分析，以識得此所謂斑點、縐紋、或波浪，究竟是什麼一回事，而進一步的說明通常所謂之物質世界確是很糊塗的。

通常所謂之原子，雖不是小而無內的；但原子是現在公認的物質之最小單位，即大家都認爲物質是由原子組成的；或者說，原子就是一種純物質。因此，我們對於物之小而無內加以分析時，自應先說明什麼是原子。

第二節　從原子的結構及其活動情形而說明什麼是原子

照古代希臘人的冥想，原子是物質，是不能分割的小塊。此種不能再分割的理論，直到一八九七年還是承認的。首先推翻這個信念的，是英國的湯姆孫（J.J. Thomson）氏，他認為原子之中，還含有更微小的質點叫做電子，後來幾經發展，到一九一三年後，才漸漸地建立完善的原子結構的理論。從原子論的觀點來說，物質確不是連續性的；因為時至今日，原子是為電子，質子，和中子這三種微粒體所組成，差不多已成為盡人皆知的常識。再者，在量子力學家看來，實在並沒有各種不同的粒子這一類東西，這些粒子，不過是可用數學方程式來代表的能團而已。而且，這些粒子，亦可假想其為像某種液體的小滴，而原子核本身，則為這些小滴所聚成的較大的一滴。這較大的一滴，亦不祇是由質子中子等小滴所聚成的。近幾年來，核子物理學的新進展，已證明核子內還有另外的幾種小滴的存在。

原子科學，可能有更驚人的發展；但姑無論將來的發展如何，而原子是由兩種不相同的電子所組成的理論，則可能將是永遠正確的。我們可依據核子科學所已證明的原子結構大概情形，而說明原子究竟是什麼？就最簡單的氫原子而言，它是由一個質子和一個電子組成的。電子是含有小量的陰電，而質子是含有小量的陽電。電子是如行星繞太陽一樣的而繞著質子作旋轉而快速的運動。在這裡我們應加以指出的，即此所謂陰陽，非是從形而上的觀點說的，而祇是用來稱呼兩種不相同的有電能的波動的電荷而已。這就是說，所謂原子，實祇是一系系互相重疊的波動；也或者說，實祇是在概念上而可以說是由兩種不相同的電子所組成的。再就稍為複雜的氦原子而言，它是由兩個電子，兩個質子，和兩個中子所組成的。中子是一九三三年方被發現的，它不帶電，在陰陽電子之間是中立的，所以叫做中子。中子在重氫原子核和超重氫原子核中也是存在的。可以說，除最簡單的氫原子外，任何原子核中都有中子的存在。但是，原子是由兩種不相同的電子所組成的理論，並不因中子的存在而有變異；因爲中子假定是質子和電子的密合體。這就是說，每個中子是包含質子和電子各一個而構成的。中子在核內是可以增加核的安定性。除掉氫元素外，凡是安定的核，其所含中子個數，至少是等於質子個數。中子在核內的功用，可以比諸緩衝地帶，而使質子與質子隔離，不致因靠得很近以破壞全核的平衡而將全核炸開。因爲核內的質子數一增加，互斥之力便很快增加；故需有更多的中子加入，以維持平衡的局勢。於是，我們是更進一步的知道了，原子不僅是由兩種不相同的電子所組成；而且，此兩種不相同的電子之所以能組成爲各種性質不相同的原子，則仍是由於兩種不相同的更小的粒子所組成的中子之存在。這就是說，沒有中子，原子核是不能結合（fusion）很多的小滴爲大滴；也就是不可能形成各種元素。

以上是大概的說明了原子的結構，也就是說明了什麼是原子。但是，我們還須說明的，一九五三年的國際原子量表，已知的元素爲九十八種。這就是說，在一九五三年以前，已知有九十八種不相同的原子，現在所已知的原子數，已超過一百以上了。原子的不同，就是原子中的電子、質子、和中子的數目的不同，以及電子的排列不同。一般說來，原子核中，陽電子總比陰電子爲多；因爲中子是包含一個陽電子和一個陰電子的。原子核中的質子加中子中的陽電子，當然是陽電子比陰電子爲多的。但是，當這個原子未帶電的時候，這個過量的情形，是由行星式的陰電子加以平衡。核心中所有陽電子的數目，亦即原子核內所有質子與中子的數目，是這原素的原子量；陽電子比陰電子所多的數目，亦即原子核中的質子數目，則爲原子序；同時也就是這個原子未帶電時所有行星式陰電子的數目。例如製原子彈的鈾原子，其核心有一四六陰電子與二三八陽電子；如未帶電，則有九十二行星式陰電子。鈾原子的原子量二三八，鈾原子的原子序爲九十二。原子的體積，其直徑約爲一億分之一厘米（即 10^{-8} 厘米左右），而原子核的直徑還不到一萬億分之一厘米（即 10^{-12} 厘米）。陰電子的大小，則同核差不多。假如把一滴水放大到地球那樣大，其中的原子也依同樣的比例放大；則原子的直徑不過幾米，而核子的直徑也不過是百分之一毫米左右。從這個比喻，則原子內部，是廣大的虛無的空間，這是不難想像的。而且，原子中的電子或微粒體，它們是善變不馴的東西，是不受觀察與量度的。在過去，科學家是把電子當作彈性球，且視爲構成宇宙的最基本的材料；然而在今日說來，電子已不能說是實體。正於秦斯爵士所說的：「硬球在空間總有一定的位置，電子顯然沒有。或者可以這樣說，硬球佔有大小一定的地方，如果討論電子佔多大的地方，正如討論恐懼，焦急佔多大的地方，一樣地不具意義。」照這樣說來，原子的觀念雖是相當的具體，而電子的觀念則是很糊塗的。但是，科學家不僅是能計算出電子的大小，亦且能計算出其質量。據核子物理學家所告知我們的，陰電子雖和核子的大小差不多，然而其質量則還不及質子，祇有質子的一千八百四十分之一左右。中子的質量是差不多等於質子。所以一個原子的質量，差不多是由原子核負擔。也可以說，原子的質量，是由核中的質子與中子來負擔的。陰電子雖是如我們在前面所述及的，乃是繞核而各循不同的圓形或橢圓形的軌道迴旋，猶如地球以及其他的行星繞著太陽運行一樣；不過，陰電子繞核運行的軌道並非祇有一條，這是和我們的太陽系微有不同的。至於陰電子是怎樣的繞核運動，雖有各種不同的學說，但較爲妥善的說法，則是假定原子核外的電子成層殼狀（shell）的排列；其所排列的層次，在已知元素中最多爲七層；每一層數目，依序爲2.8.18.32.50.72.及98.等。同時，陰電子在空間是作立體的排列，很難用圖來表示。普通是以核爲中心，以同心圓代表各層次，各圓上則以短粗線或黑點子而代表電子；這樣，便可以畫成表示原子排列法的平面圖。

以上是依據原子的結構及原子的活動情形，以及其可爲科學家所證知的各種特性，而說明了什麼是原子。

第三節　通常所謂之物質或東西實祇是糊塗的抽象而應以事點的觀念代替物質的觀念

我們既已說明了什麼是原子，現在當可進而研究什麼是物質。

從自然科學的觀點來說，一切物質皆具有下述約三種特性：即佔有空間，具有重量，及各有特徵，而能爲吾人直接或間接的由感官察覺其存在。物質是和物體不相同的。凡就物之形狀大小而言者，稱爲物體；就物之質料而言者，稱爲物質。各物質所具之特徵，通常即稱爲性質。凡由感官所察出或由物理單位所量出之性質，如色、嗅、味、形態、硬度、密度、熔點、溶解度，及熱與電之傳達等，稱爲物理性質，亦簡稱物性。至於物質在某種情況下所表現之性質，如在空氣中能否燃燒，對於光、熱、電及藥劑是否發生作用等，則稱爲化學性質，亦簡稱化性。照這樣說來，凡是具有是等物性或化性的物理結構則就是物質。這就是說，所謂物質，應是指各種純物質及各種混合物質而言；如各種元素，各種化合物，或各種混合物等。

這仍然祇是以日常經驗爲基礎的而對於物質的一種不太精確的說法。從物理學或化學的觀點來說，這種說法，是未嘗不可以的；因爲科學家是必須以此等觀念爲基礎而建立普通物理學或普通化學的體系。至於唯物論者所謂之物，若即是此所謂物；或者說，若即是具有此等物性或化性的東西，則唯物論便就是普通物理學或普通化學。我們知道，唯物論是不能稱之爲物理學或化學的。這就是說，唯物論者所謂的物，亦不是此所謂物。

在這裡我們必須陳述的，即一般人認爲，物體或物質必都是一種東西。東西的觀點是大有問題的。我們知道，構成一般人所謂的物質之原子，如我們在上一節中所陳述的，實祇是由兩個性質不同但大小差不多的小滴或能團所組成的；而且，是因A小滴對於B小滴有一運動，所以形成了較此等小滴約大一萬倍的空間。於是，通常所謂的構成物質的原子，其正確的意義，應是指此等小滴或能團在其大約一萬倍的空間內而作一固定形式之運動。這與由於星體的運動而構成了通常所習見的宇宙情形，是大致差不多的。這就是說，因爲通常所謂的物質，既是由兩種祇有其運動空間萬分之一大的能團或小滴所組成的；而且，這空間的直徑祇有一億分之一厘米；所以通常所謂的物質或物體，實是幾近於無的。同時，構成原子的電子，既祇能說是有電能波動的電荷，而原子也祇能說是一系系互相重疊的波動；所以通常所謂的物質世界，實祇能說是類似「無之海」的幾近於無的微波。說物質全是波做成的，這雖然祇是近幾十年才成立的一種科學學說。但是，我們卻不能不驚異佛教徒，專憑靜坐冥想，竟能悟出這存在的一切，是類似水所生之波浪。（其意即「非物之物」所生的波浪。雖然我們並不完全贊同他們的非物之物即心靈的說法。）再者，老子也曾說：「孔德之容，惟道是從；道之爲物，惟恍惟惚；惚兮恍兮，其中有象，恍兮惚兮，其中有物；窈兮冥兮，其中有精；其精甚真，其中有信；自古及今，其名不去；以閱眾甫，吾何以知眾甫之狀哉？以此。」老子的這一段話，也確是對於存在的一種較爲恰當的描述。照這樣說來，則日常經驗上所謂的物質或物體，實不能說是一種東西，也就是不能說是一實體。而且，假如有一位全知全能的上帝，有一雙觀察入微的眼睛，能看到原子核和陰電子，有我們所看到的一厘米大的物體那樣大；然後再用這樣的一雙眼睛來看這存在的物質或我們人類，則我們所謂的物質或美男子與美女人，都祇是在廣大的虛空中，有些數不清的或有或無的一厘米大的小滴，對另一些數不清的一厘米大的小滴，在作快速的旋迴的運動。而此所謂小滴，若說得更正確一點，實祇是有電能波動的電荷，而不能說是一能佔有多大地方的實體。因此，這位上帝所看到的祇是類似「無之海」中有極其細微到不可想像的而幾近於無的一系列一系列的互相重疊的波動而已。所以當這位上帝放眼看這整個的宇宙時，實祇是這「無之海」中是有如此細微而又如此眾多的波動。而且，每一大的波動中是包含著無限多的一系一系的小的波動。（也可以說是由無限多的小波動以組成一大的波動。）這就是通常所謂之物質的宇宙而本於現代的科學所可能描述的相狀。這與般若波羅密多心經所說的「色即是空，空即是色」有什麼不同呢？

再者，通常所謂之陰電子與陽電子亦祇是一種能證明其存在的假定。這就是說，真正存在的，乃是科學家所假定的陰電子對陽電子有一運動，而不是通常一般人所謂的物質之類的東西。英哲羅素在其哲學大綱第九章中說：「哲學家由於近代物理理論之中所得到的東西，其最重要者就是把物質看做東西這個理論的消滅。」又說：「我們可以看出，相對的原理也用另一種的論辯將物質的固體性加以同一的破壞。一切物理世界中所發生的事點，如椅子和桌子，太陽和月亮，甚至於日常的麵包等等，都是變成糊塗的抽象，都變成某地帶連接輻射出來的事點所表現出來的定律。」羅素在其哲學大綱第十章中也說：「如果我們仍舊用物體這個名詞去想像，而且希望能夠用漸漸改正的方法使這種想像的方式和新的觀念相適合的話，結果惟有更加錯亂。惟一的方法，就是從新開端，以事點的觀念去代替物體。」照羅素的看法，所謂物質或東西，實祇是「糊塗的抽象」；所以祇得以事點去代替物體。與羅素合著「數學原理」的懷黑德（Whitehead）也認爲「事點是事物的真正單位。」巴尼特曾對懷黑德的這句話加以解釋說：「他這句話的意義是這樣的：無論理論系統怎樣變，無論它們符號的含義怎樣空，科學及生命的重要而持久的事實是發生，是活動，是事點。這個觀念的意義最好以實例來說明，現在我們以一簡單物理事實，即兩個電子的相遇爲例而說明之。按照現代物理學來講，可以把這個事點描述爲兩個最基本微粒的衝擊，或者是兩基本單位電能的相遇，或說是微粒的集合或或然波的匯流；或說是四度空時連續區中兩漩流的相值。這些個說法，理論上並不指出那一個比較主要。所以說，電子並不是『真實』的東西而僅是理論的符號而已。然從另一方面者，『相遇』的本身倒是『真實』的，即這個事點是真實的。」這就是說，真正存在的，不是我們所謂的物質之類的東西，而祇是原子本身的運動。因爲我們的感官不能察及這所謂東西的真相，乃誤認爲是一個個的東西，所以東西的觀念，是大有問題的。東西的觀念既大有問題，則所謂佔有空間，具有重量，及各有特徵的便就是物質的說法，亦應是大有問題的。因爲照這種說法，則凡是我們感官所察覺的一個個的東西，應完全都是物質。

所以我們認為物理學對於物質的說法是不大精確的。不過，亦並不是說科學家站在物理學的立場，而不能有如是的說法，這是我們在前面便已指出過的。

第四節　事點之哲學的考察並因而指陳唯物論與唯心論之錯誤

基於以上之分析與研究，我們當可以說，真正存在於這一可名之為「無」的肥皂泡表面或「無之海」中的不是物質而是事點。這可以分成兩種說法：一說是認為事點就是物質，一說是根本不承認物質的存在。這兩種說法我們都未便贊同。羅素是認為事點就是物質。在哲學大綱第十章中羅素說：「物理學中，一個事點，照舊式的說法，就是任何有一時間和一空間的東西。一個爆發，一個閃電，一個原子中所發生的光波，這個光波到達他人身上，這些都是事點。有的事點之流形成了我們所謂的一個物體之歷史，有的卻形成了光波的路線；此外還有其他的。一個物體的單一性，正如一個調子的單一性只能於整個時間中彈此調不能於一片一刻中得之一樣。每刻中所存在的則是我們所謂的事點。物理學中所用的事點一詞也許和心理學中所用的並不完全同一。我們目前所討論的是把事點當做物理歷程的成份看，我們無須自找麻煩去討論心理學事點。」照羅素的看法，物理學的事點和心理學的事點，是並不完全同一的。物理學的事點，即可定義為物質。所以羅素又說：「但是我們所當假定的祇是許多事點之群，其中有定律相貫串而已。這一群貫串的事點我們就定義為物質。至於物質這名稱有沒有其他的意義，則是無人能夠說明的。」儘管羅素所謂的物質，「不過是拿來描述發生的事情的一個方便的公式。」但是，從哲學的觀點來說，這樣的定義仍是欠妥當的。因爲我們所講的是哲學而不是物理學。所以我們必須基於哲學的觀點，而正確的確定事點的涵義。照我們的看法，事點是具有物質的與非物質的兩種要素的。不過，從物理學的立場來說，祇就事點所含之物質的要素而定義事點爲物質，這是未嘗不可以的；但是，從哲學的立場來說，是應該有一種更精確的定義。若說無人能夠說明物質的意義，實就是未能真正的理解存在的意義。

就兩個電子相遇的事件來說，這祇是表示陰電子對陽電子有一運動。而陰電子之所以對陽電子有一運動，較爲合理的解釋，應是質量與能量的合作結果（請參考第五章第二節）。我們可以這樣的說，陰電子繞陽電子運動，這是事點的形式；質量與能量的合作，這是事點的內容。祇有陰電子或祇有陽電子，是不能形成這事點的形式；祇有質量或祇有能量，是不能構成這事點的內容。這是很顯然的。若只有質量而無能量，則陰電子必不能對陽電子有一運動而發生事點。在上一章中我們曾說過：「運動必須由一動一靜而成。」同時，我們並引述易繫辭而說明「沒有一動一靜，則便沒有變易；沒有變易，則便沒有存在。」於是，我們當可以作進一步的推論，認爲純然的靜止或純然的運動，都不能表現而爲存在。我們不妨假定這「無之海」中，祇存在著兩個沿同一方向運動的星體，而有一星體上有生命；則此星體上的生命，是不會感覺到他所生存的星體乃在繼續不斷的無盡無止的運動中。這就是說，純然的運動，是和純然的靜止一樣的不能表現而爲運動之存在。我們認爲運動是能量的功用，靜止是質量的功用。我們之所以說動靜是能質的功用，這是就能質是有此功用而說的。實際上，我們也可以說，因爲是動，所以才表現有此能量：因爲是靜，所以才表現有此質量。這兩種說法，究竟那一種是對的，我們認爲無關緊要。在這裡我們必須指出的，即必須動中有靜或靜中有動，是才能表現而爲存在。所以，若祇有能量而無質量，這事點也是不能發生的；因爲若無質量，則能量便無所憑藉而不能表現能量之功用。周易哲學，對於這一點的理解，大致是不錯的。就我們在上一章中所引述的易繫辭看來，即足以證明我們的看法是正確的。因此，我們確可以依據我們中國的傳統哲學和我們自己的見解而這樣的說，通常所謂之物質，是指有質量，而佔有空間及具有重量者；但是，此質量之所以能佔有空間並各有特徵，乃由於能量是有此功用。這就是說，能量與質量確實是不可分的。也就是說，通常所謂之物質，並非祇是物質。至於能量究竟是什麼，我們將於以後詳爲解釋。不過，我們所謂的能量，和科學家所謂的能量，是不完全相同的。因爲我們所謂的能量，是不能稱之爲物質的。照這樣說來，我們決不能含混的將事點就定義爲物質，這是非常容易瞭解的。我們認爲，是沒有單獨存在的物質事點，亦沒有單獨存在的精神事點；所謂心理學的事點或物理學的事點，這祇是站在心理學或物理學的立場，爲了研究的方便而各自規定事點的名稱與意義。這就是說，心理學家或物理學家所規定的事點的名稱與意義，並不是祇能有他們所謂的意義。嚴格的說來，是決對沒有心理學的或物理學的事點的。例如一張桌子，通常是視之爲一個物體。在4/10000 毫米（即 4×10^{-5} 厘米）至 8/10000 毫米（即 8×10^{-5} 厘米）之光的波長中所表現的顏色型，固是可以視之爲一個物體；然而若就此所謂桌子的究竟意義來說，實祇是陰電子繞陽電子運動而所表現的歷程；或者說，實祇是質量與能量的合作而所表現的事點之流。照這樣說來，在一定之光的波長中所顯現的顏色型或物體，實不能說祇是一系列一系列的物理學的事點；

也不能說，通常一般人所謂的物體，實祇是由物質構成的。因爲任何的存在，必皆是質能合作的結果。所以我們也不贊成有單獨存在的心理學的事點。這是就兩電子相遇這一事件的真正意義，而說明了我們是不能將事點定義爲物質。

事點既不能定義爲物質，那麼通常一般人所謂的物，實祇能說就是事。於是，這存在的宇宙，不是一物質的宇宙，而祇是有事故發生。但是，爲了方便的說法，我們是可以以事當作物。不過，我們必須記住，以事當作物，這祇是說通常所謂的物就是事，而不是說我們所謂的事祇是物。自宋明以來的我們中國哲學家，都是以事當作物的。朱子說：「物猶事也。」（因為是以事當作物，所以是「物猶事也」。）他對於「物有本末，事有終始」這兩句話，是解釋爲「明德爲本，新民爲末，知止爲始，能得爲終。」王陽明亦認爲「格物物字，即是事字，皆從心上說。」照王陽明的看法：「意之所在便是物。如意在於事親，即事親便是一物」等等，而認定「無心外之理，無心外之物。」我們現不擬討論陽明先生的觀點是否正確；而祇是說，這存在的桌子之類的物與「事親」「明德」之類的事，在形態上雖有不同，在本質上都祇是一系系的事點之流。我們的古聖先賢，雖不一定有我們這樣的清楚的見解；然而他們認爲物就是事的基本觀點，卻是完全正確的。我們認爲，人類的知識，全靠能理解通常所謂之物乃是事才有可能。在過去哲學界，關於動與靜或唯心與唯物的聚訟紛紜，乃因爲對於存在的本相，未能有正確的理解，以致對於所謂事的真正意義，未能有正確的認識，而各依其自己的一偏之見，於是便形成了哲學的各種派系，但是，我們並不是說，所有過去的哲學的派系都是完全不正確的。

現在我們仍須指出的，即我們雖不贊成將事點定義爲物質，但是我們亦不能說事點不是物質；因爲我們是認爲「事點是具有物質的與非物質的兩種要素的。」於是，我們可進而論究唯心論者「根本不承認物質的存在」的錯誤是什麼了。照我們在以上所已陳述過的看來，桌子之類的物與「明德」「親民」之類的事既沒有本質上的不同；那麼，則通常一般人所謂的物已可以不是實際的存在而祇是我們人類主觀的觀念所形成的概念。例如我們說「這飯棹是方的」。此所謂「這飯棹是方的」，實祇是人類的觀念之產物。所以王陽明說：「你未看此花時，此花與汝心同歸於寂；你來看此花時，則此花顏色一時明白起來。」唯物論的首敵柏克烈（Berkeley）也說：「所有天堂裡的座席及地球上的傢俱，一言以蔽之，所有這些構成此世界巨構的東西，如無頭腦作用，根本沒有任何物質。那些未經我們感官察覺，未在我們頭腦中存在的東西，或者不被其他生靈所感到的東西根本即無所謂存在。如果說它們存在，那是在神的心目中。」從本體論或能所不分的觀點來說，這兩位東方與西方的先哲所說的這兩段話並非不正確；不過在這裡不擬詳加討論。現在要說的，即我們所謂的存在，既然不能說是種種的東西；那麼，我們實祇能說，任何的存在皆祇是我們頭腦中的一群群的事點之流與另外的一群群的事點之流有著認識上的關聯而在我們的頭腦中形成了是有什麼存在的一種概念。照這種說法，陽明與柏克烈的說法當然是沒有不對的。我們茲不妨假定，當我們生下來時就都是瞎子，則此花與我心當然是同歸於寂而認爲根本上即無所謂花這種東西存在。再者，我們更不妨假定，這地球上是有AB兩種有感覺的東西，A是能夠見到我們人類所能見到的光之波長，B則祇能見到X光線。於是，當A見到一時髦女郎的高聳乳房時，B則祇能見到這時髦女郎用X光透視胸部時的景象。那麼，我們所謂的存在，當然祇能說是我們觀念的產物。佛教徒所謂的「色即是空」，是亦可以作如是理解。但是，唯心論者卻有一點，亦即是最根本的一點沒有弄清楚。我們已陳述過，事點的存在，是能量與質量合作的結果。於是，則我們頭腦中所發生的一群群的事點之流，亦必是能量與質量的合作而所表現的事故或事跡。照這樣說來，則我們所謂的存在或我們人類的主觀的觀念所形成的概念，其正確的意義，應該是這樣的說，我們頭腦中的質能的合作而所生的一群群的事點之流，與另外的質能的合作而所發生的一群群的事點之流，是有著認識上的關聯。這就是說，我們頭腦中的存在與另外的其他一切的存在，必同是真實的存在；因爲這都是陰電子繞陽電子運動而所表現的事跡或現象。若說「未在我們頭腦中存在的東西」，「根本即無所謂存在」，而這所謂存在又是指現象界而言，這當然是一不大真實的說法；不過，我們亦不否認我們所謂的存在是或多或少的含有主觀的成份。我們認爲公孫龍子說得很好。指物篇說：「物莫非指，而指非指。」這就是說，物莫不可謂指，而指不可謂指；因爲「指也者，天下之所無也；物也者，天下之所有也；以天下之所有，爲天下之所無，未可。」這意義是說：「以物爲指，未可。」唐宋時有注公孫龍子者說：「天下無一日而無物，無一物而非適；故強以物爲指者未可也。」用我們的觀點來說，我們既以事當作物而一一名之，這雖然是一種觀念的活動；但是，此所謂物，仍是實實在在的一群群的事點而不祇是我們的觀念。這就是說，沒有人類的觀念，固然可以說是沒有我們所謂的外在世界的存在；同樣的，若沒有另外其他一切事點的存在，亦不會形成我們人類之觀念世界。所以我們實祇能說，此外在的世界，是可以因感覺器官或所持看法的不同，而有著各種不同的觀念世界。因此，我們固不能說佛教徒所謂的「色即是空，空即是色」是不對的，同樣的，我們也不能說我們所見的青山綠水是完全假的。青原惟信禪師曾說：

老僧三十年前，未參禪時，見山是山，見水是水。及至後來，親見知識，有個入處，見山不是山，見水不是水。而今得個休息處，依前見山祇是山，見水祇是水。大眾，這三般見解，是同是別？有人緇素得出，許爾親見老僧。

這老和尚雖是講的「修道」的心得，或者雖也是講得非常之玄妙；但是，若略作解析，這也是不難理解的。所謂見山是山，見水是水，這祇是從常識的觀點而說的；所謂見山不是山，見水不是水，這便是從存在的本相而說的；至於所謂依前見山祇是山，見水祇是水，則就是教人不能滯體而遺象。因爲，從我們要能洞澈存在的本原來說，是應該破象以顯體；但是，我們亦不能抹煞「是有事故發生」。陽明先生即是不抹煞「是有事故發生」的。陽明批評佛怕父子累而逃父子之非是，即足證陽明並非滯體遺象之唯心論者。青原這老和尚亦是知「遺象」之過的。遺象之過，應是最根本的。我們之所以不能完全贊同唯心論的哲學觀點，實因爲唯心論的哲學是對於最根本的一點沒有弄清楚，也許他們是故意的不弄清楚。

現在我們再進而論究唯物論的哲學，其錯誤究竟何在？近代唯物論者或馬克斯的信徒，其所謂物是不與通常一般人所謂的物質之物完全相同。即以馬克斯主義者而言，他們認爲：

「在社會的發展過程中，人類物質生活的生產方法（即馬克斯所謂下層基礎），必然地決定社會上層建築之政治、道德、法律、哲學、美術、宗教等的一般的性質。」這意義是說，物質生活這個名詞是和精神生活這個名詞不同的；而且精神生活是必須以物質生活為根本。照他們的看法，人類的物質生活就是用生活質料所維持的生活。例如人類餓需食，渴需飲，寒需衣，倦需住。這飲食衣住，就是生活資料，這需要的滿足，就是物質生活。沒有物質的生活質料，便沒有物質生活，沒有物質生活，便沒有精神生活。所以他們是認為精神不如物質根本。馬克斯的唯物史觀，即是用「生產方法」這個根本的概念來說明一切歷史及社會的構成並及其演進的過程的。同時，馬克斯在其所著「德意志意識形態」一書中，曾以「生活方法」這個根本的概念而解釋個人的活動與思想。這就是說，個人的活動與思想是因其賴以維持其物質生存之「生活方法」的不同而不同。照這樣說來，馬克斯主義者所謂之物，實是指「生產方法」或「生活方法」而言。他們亦是以事當作物的。我們認為，以事當作物，這雖是未嘗不可以；然而若認為事不是事，這當然便發展而成為唯心論；若認為事祇是物，這當然便發展而成為唯物論。照唯物論者的看法，荀子所謂的「物也者，大共名也」；郭象的莊子知北遊註所謂的「有之為物」；老子所說的「道之為物」，易繫辭所說的「乾陽物也，坤陰物也」，以及禪宗六祖惠能所謂的無頭無尾之物皆祇是物。若以「非物之物」為物，則我們在上一章中所述及的無所住心，亦祇能是物。從形而上的觀點而言，唯物論者所謂之物與唯心論者所謂之心，必祇是名異而實同。不過唯心論者是認為有「心法」，而唯物論者是認為有「物法」而已。此所謂「心法」，我們可釋之為「一切唯心所現」；此所謂「物法」，我們可釋之為

「一切皆受物理定律的支配」。馬克斯的以「生產方法」而說明社會的「上層建築」，或以「生活方法」而說明個人的思想與行爲；即是以物理定律爲基礎，而推演其「唯物史觀」。因爲照馬克斯及其信徒們的看法，下層基礎之必然地決定上層建築，這和「熱使物體膨脹」，「水冷到零度結冰」等物理現象是一樣的。我們認爲馬克斯多少是受了當時的物理學的影響；而一般人之所以相信馬克斯的學說，亦是因爲馬克斯的學說，可以在科學方面獲得印證。然而自德國物理學家海森堡（Heisenberg）於一九二七年發表他的著名的「測不準原理」以來，現代的量子物理學是拆毀了舊式物理學的「因果律」與「決定律」這兩大支柱，而代之以「統計」與「或然率」。自然是在一因果鐵籠中的舊觀念已被拋棄，馬克斯的「必然地決定論」確是大有問題的。再者，我們是認爲沒有單獨存在的物質事點，亦沒有單獨存在的精神事點，而祇是質量與能量的合作所表現的事點的發生。羅素所說的「甚至於日常的麵包等等，都變成糊塗的抽象」，這是說得很好的。在馬克斯時代，他不懂得這一點，這是可原諒的；在今日而仍不能懂得這一點，不是有意的錯誤，便是真正的無知。而且，就他們所謂的生活資料維持生活這一點來說，若認爲這祇是純物質的生活，亦是一種不大精確的說法。因爲即令「生活資料」是物質，而「用生活資料」則不能說祇是物質或祇是物質活動。因爲「用生活資料」，我們是不能說像內燃機的燃燒汽油一樣而沒有介入精神活動。（嚴格的說來，內燃機的燃燒汽油亦不能說是物質活動而應是說發生了一系列的事故。）否則，唯物論者便應該取消「精神活動」或「精神生活」這類名詞。這就是說，所謂「人類的物質生活就是用生活資料所維持的生活」，實是一種以日常經驗爲基礎而又非常含混的觀點；也就是犯了以偏概全的毛病。其次，就他們所謂的沒有物質生活便沒有精神生活這一觀點來說，這雖然是具有部份的真理；但是，若人類不能利用精神文化的成就以滿足生活的需要，人類的生存，亦必大有問題。固然，人類會因生活需要而求改善其生存的方法；但是，文化程度低的民族較之文化程度高的民族，其「生產方法」是拙劣得多的。這就是說，物質的「生產方法」，大體上是受了精神的文化方面的影響。照以上的分析與研究，則知唯物論者所犯的錯誤，一方面是因為過於相信了舊式科學的「因果律」與「決定律」，所以他們便過於看重物質的因素，而忽視精神的或心靈的因素。另一方面，則是他們對於存在的真正的樣子，未能有正確的理解，所以他們認為事祇是物或祇是物質的運動與活動。

以上是我們基於事點之哲學的考察而指陳了唯物論與唯心論之謬誤。我們的哲學是和唯心論或唯物論的哲學都不相同的。

第五節　物之小而無內與物之大而無外

基於以上之分析：第一，通常所謂之物質世界，從現代科學所可能描述的相狀來說，實祇是可名之為「無」的宇宙泡表面而有幾近於無之事故發生。我們是確信有事故發生的，此所以我們的哲學是與唯心論的哲學不同。第二，此所發生之事故，是可名之為事點或事點之流。此即通常所謂之物質。我們則認為既沒有單獨存在的物質，亦沒有單獨存在的精神，而是質能合作的結果。而且，我們所覺察的發生之事故，皆是我的腦筋內或我的身體內所發生之事故。羅素曾假設一位生理學家正在觀察一個活的腦筋的例子而說明此一真理。羅素說：

「光波是從被視察的腦中於相當限度的短時間內，傳到生理學家的眼睛上面，生理學家只能在光波到達他的眼睛以後，看見他所觀察的東西。所以，他之看見東西是被觀察的腦到生理學家的腦所產生的一大串事點之中的最後一個事點。如果我們假設生理學家的覺察（此係一大串事點之最後者）是在他的頭部以外的任何地方，結果，我們必有一個荒謬的接不上去的理論。」我們認爲羅素此所說的是很正當的。此與陽明柏克烈的觀點亦是大體相同的。照這樣說來，我們所覺察的發生之事故，實祇是所發生之事故的陳述而不是事故的本身。也可以說，我們所覺察的，大體上是一種推理的和構造的工程。這種觀點是和唯物論的哲學不相同的。第三，通常所謂之原子，可以說是所發生之事故的一個基本單位。認真的說來，原子這一概念亦是所與的。不過，原子是由兩種不相同的電子所組成之說，我們亦不完全反對，此所以我們認爲是質能合作的結果。關於這點，在這裡我不擬作進一步的討論。惟須說明的，即現代科學所理解的原子，實類似我們中國哲學所謂之太極。我們之所以說類似，乃因太極是陰陽之合一。宋儒認爲離了陰陽便沒有太極，此正如離去了陰電子對陽電子有一運動便沒有原子是極其相似的。同時，太極一方面是小而無內的而類似通常所謂之原子或量子；另方面也是直指此大而無外的宇宙的本體而名之。至於太極爲什麼既是小而無內的也是大而無外的，乃因爲這大而無外之本體與這小而無內之事點皆是一陰一陽的。第四，此大而無外之本體及這小而無內之事點既皆是一陰一陽的，則可以說，此宇宙的本體及其所發生之事故，必皆是相反相成或陰陽合德的。至於它們是如何的相反相成，這不是現在所需研究的。現在研究的目的，祇在於說明什麼是物。我們已說明，這存在的大而無外的本相，我們是可以名之爲「無」，即是無各種特性及一切的「有」，佛家則名之爲「無所住心」；至於這小而無內的，我們認爲是有事故發生，唯物論者則名之爲物。我們對於這兩種主張，在前面已有批判。不過，要真的使兩造都能明白其錯誤，卻仍應依相反相成之理才說得清楚。然而要能清楚的說明相反相成之理，應該對於「心」先加以分析。所以以下便說「心之分析」。

第三篇　心之分析

通常所謂之心，是一非常糊塗的概念。若將心當作客觀的存在而加以分析，我們是看不出有所謂心這樣的東西；若分析心與環境的關係，則知我們人類，卻有一種豁然貫通的能力，而並不祇是刺激的反應；且就佛家所謂之無所住心或心之本來面目而言，此虛靈明覺之作用，實具有創造之功能。因此，通常所謂之心，雖是所予的；但就其作用來說，我們人類的自在自爲的心靈活動，亦並非虛幻的。

第五章　心之客觀存在之分析

第一節　概　說

我們已從物之分析，而知通常所謂之物質世界，其本來的樣子是無相的。凡無相的而又有事故發生，當然可以說是心之活動。因爲心它自己應是無相的，所以心必是無；但是，心應該是活動的，所以心也是有。心自己是包攝有與無的矛盾；而這個矛盾，恰好是如本體界與現象界的矛盾。不過，我們若將心當作客觀存在而加以分析，則知通常所謂之心，實與通常所謂之物沒有根本上的區別。爲易於明白起見，特就通常所謂之能量與質量而作較爲詳盡之分析。

第二節　質量與能量之意義及相對論所謂之質能互變

從物理學的觀點來說，物體內所含物質多少之量即稱爲質量。但從量子力學家看來，此所謂物質多少之量，實可以說就是能團多少之量。因爲所謂物體內所含物質多少之量，可以說就是構成該物體之原子的原子量及該物體內所含原子多少之量。照這種說法，所謂質量，實就是可用數學方程式來代表的能團的數量。簡言之，質量實就是能或能團的量。我們之所以說質量就是物質，因爲通常所謂之物質，其真正的意義實應該就是如此。質量與重量亦是有區別的。質量與重量所用的單位，雖均用克或磅；但「一克質量」和「一克重量」其意義是顯然不同的。因爲質量是不隨地位而改變其數值；而物質的重量，則受地球重力的大小而改變其數值。通常是將一立方厘米的純水，在攝氏四度時的質量作爲一克的質量。質量的量度，通常都用天平；但亦可由勝過物體慣性時所用力的大小而量度質量。這是我們對於質量所瞭解的大概情形。至於能量，則是指物質所含之作功的能力。例如槍彈運動時能貫穿木板，高山瀑布能衝動水車，鐘錶的發條旋緊後能保持齒輪的運動，彎曲的弓弦能發射箭矢等作功之量，即稱爲能量（Energy），簡稱爲能。又例如熱光電等，既無重量，亦無形態，而祇能由我們的感官察覺其確是存在，這當然不能稱之爲物質，所以通常是稱之爲能或能量。以上大體是基於舊式物理學的觀點而說明了質量與能量的區別。不過，此所謂的區別，是既可以解釋爲物質是死的，能量才是活的，亦可以解釋爲能量是由物質產生的。但是，從相對論或量子論的觀點來說，則能量與質量可以說是沒有區別。茲說明量子論的觀點。照他們的看法，「能」是運生在不連續的一小束一小束裡；此不連續的小束，即是能量的原子；此能量的原子，即稱爲量子。量子所有的能量，可以下式導出「E = hv」。上式中，v是輻射頻率，h是蒲朗克常數（planck's constant），即輻射頻率乘蒲朗克常數，等於量子所有的能量。量子的能雖然很小，但可以說明能是有量的。能既是有量的，則能或量子仍是可稱之爲物質。茲再說明相對論的觀點。從舊式的物理學或化學來說，質量不滅，能量亦是不滅的。但從相對論的觀點來說，一切物體之質量，將隨其運動之速度而變更；所以質量是相對性的。而且，當一質量收入一工作或能量時，則其質量應有一相當之增加；如收入之能量爲 ΔW，則其質量之增加爲 $\Delta W/C^2$。推而廣之，則能量之變換，可以使質量發生變更；質量之增減，亦隨有能量之變換。這即是說，能量與質量可以互相轉變，而質量不滅及能量不滅二定律，從此可合併爲一個定律，即是質能總和不滅定律。愛因斯坦的著名的質能轉換公式：「$E = mc^2$」；其意義即是說：在某一個系統之內，質量與能量的總和是常數，而質量與能量可以轉換。茲以核反應中質量變更爲例而說明之。據實驗所得，已知每一個鋰原子核被質子轟擊，就有兩個氦原子產生出來。用方程式表示就是：

$${}_3Li^7 + {}_1H^1 \longrightarrow 2\,{}_2He^4 + \text{動能}$$

（元素符號的下角數字表原子序數，上角數字表質量數。）

假使此種實驗不用一個原子做單位，而用一克原子做單位，然後再比較反應物（Li, H）

與生成物（He）的質量，便能得到一個重要而有趣的報告。以現代質譜儀所能決定的最準確的克原子量做標準，可以有於下的計算：

Li 的質量	7.01818 克	He 的質量	4.00389 克
H 的質量	1.00813 克	He 的質量	4.00389 克
反應物的總質量	8.02631 克	生成物總質量	8.00778 克

照這個計算，我們知道這兩個總數不能平衡，乃生成物的質量確比反應物少 0.01853 克，即「8.02631−8.00778=0.01853」克。假定此種實驗做得非常仔細而準確，也沒有產生別的粒子來彌補這缺少的質量；於是便祇可以論定，這一點物質是毀滅了。這一個結論是與物理化學上的基本定律「質量不滅不生」相抵觸的；而且也與「能量不生不滅」定律不相容的；因為若說能量是不生不滅，則上述方程式氦核的動能來自何處便無從解釋。但是，若根據愛因斯坦的質能總和不滅定律，則此種質量消失，能量產生的現象便有了解釋：「消失的質量轉換為產生的能量」。這也就是說，愛因斯坦的質量轉換公式，由此也可以得到證明。

一般說來，祇要七克鋰同一克氫起了核反應，所生的能量約等於燃煤五十噸所得的能量。我們知道，一磅是等於四五四克；所以一磅的鋰發生核反應，其所生能量約等於燃煤三二五〇噸或七百萬磅所得的能量。這真是一個很大的數目；然而在核反應方面還是平常得很。有的核反應所生能量，要比這個數值大得多；竟有比平常的化學反應能大至一萬萬倍的。平均約在一千萬倍左右。基於這些事實，我們不難想像到，質量中所含之能量，確是非常巨大；

也可以說，必須如此巨大之能量，才能形成如此少許之質量。解放某一質量中所含之部份能量，可獲得一新質量。例如我們已引述過的以質子轟擊鋰原子核而得氦；又例如放射元素重鈾（U238），因其原子量逐漸減少而蛻變爲另一元素鐳，再由鐳經中間各放射元素而蛻變爲鉛等等。這就是說，某一質量增加或減少了能量，都可以成爲新質量。這一方面是說，能質可以互變，另一方面也是說，自然現象是能先質後，能始質成。我們認爲，近代相對論與核子物理學，對於自然法則的認識與自然現象的瞭解，雖也可以解釋爲唯物論；但能質互變之說，確有助於我們中國哲學理論的說明。我們中國哲學是認爲陰陽可以互變或是互爲其根的。朱子註周易，即是基於陰陽互爲其根或陰陽互變之理而解釋周易所講的變化之道。這也就是說，我們中國哲學所謂的陰陽，若從形下的觀點來說，實類似現代科學所謂的質量與能量。易繫辭曰：「乾知大始，坤作成物。」朱子曰：「乾主始物，而坤作成之。」又曰：「大抵陽先陰後，陽施陰受。」這也是和自然現象的能先質後，能始質成而可以作同一解釋的。但是，我們必須記住：所謂陽主陰從或陽先陰後，這是從動靜有常而言；若從「成物」而言，則是「陽始陰成」的。這就是說，能量之變化，雖是可決定質量之性質；然而能量的變化之所以能表現各種不同的性質，則有賴於表現其自己性質之新質量之完成。所以，必須是質量與與能量的合作或統一，才能有事點的存在，這確是無可置疑的。我們仍須進一步指出的，即能量確是能量的存在形式，能量則是質量的存在內容。內容是形式的內容，形式是內容的形式。凡存在的絕對不會有一種無內容之形式，亦絕對不會有一種無形式之內容。從自然現象來說，內容與形式確是不可分的。辯證法者有「舊瓶新酒」之說，這確是一種詭辯；不過，

「質量互變」，若本於「質能互變」之說而引伸之，卻亦是未常不可以。

第三節　若以能量爲精神則精神亦是物質

照以上所辯說的看來，物理學所謂的能量，即是物體所具有的作功的量。從自然科學的觀點來說，能量是有各種形式的：第一，物質外部的能量，是可分爲動能、位能、及動能和位能三種。所謂動能，通常是指物體運動時的能量；所謂位能，即是指彈性體受力，或物質在地面上高位置時，抵抗重力而所得位置的能量；所謂動能和位能，則是擺運動時所具有的能量。第二，物質內部的能量，通常是分爲熱能，分子能和原子能，以及化學作用時的能量等三種。第三，空間的能量，如電磁現象，及光和輻射能等。以上所述的，即是能之各類形式，爲物理化學所研究之對象。有人認爲，物質外部的能量，可以說是物質所生的能量。這就是說，此類能量，乃因爲物質之存在而存在的。至於物質內部的能量或空間的能量，則是值得研究的。我們認爲，若相對論的觀點是完全對的，則任何的能量，都與物質無根本上的區別。即以能量的原子而言，能而有量，則便是既有形式亦有內容。凡有形式與內容的，是合於通常所謂的物質之意義的。若此所謂能量，是可以無形式與內容的，則此所謂能量可以不是物質。此種看法，亦並非全無理由。例如陽荷電子或陽子，必須用極強的磁場才能產生。這就是說，在未產生陽子以前，我們並不能說根本上即無所謂陽子的存在；不過，此種存在，因我們未能發現其形式與內容而不知其是存在而已。更從另一方面說，此種存在，也可以說根本上是無形式與內容的，祇有用極強的磁場，才能使其有形式與內容。於是，在陽子產生以後，我們固可以說陽子是物質；然而在陽子未產生以前，我們卻不能說陽子是物質。同樣的，我們也不能說一個果種中是有樹幹枝葉花等之物質。若認爲未產生以前之陽子仍是物質，則是以「無物之物」爲物質，「無物之物」，唯心論者認爲即是精神或心靈。我們認爲，在陽子未產生以前，是祇能說有產生陽子的可能的；此所謂可能，是無量的；此無量而又有可能，實祇能說是「無量之量」的「可能」或名之爲「天能」。意即與本然之理合一的本然之能。這可說是形而上的所謂之能量。不過，此所謂之能量，固然不就是物理學所謂的能量，也不是說不是物理學所謂的能量。例如陰電子之所以能繞核子而運動，我們是祇能說，陰電子是具有能動之動能。此所謂動能，若是在運動中的，當然即是物理學所謂的動能；若以爲此所謂動能，實祇是指其能運動而已，則與在運動中的動能有別。一般說來，能運動的動能，在運動中，若吸收了能量，便可增大動量；若失去了能量，便可減小動量。這就是說，任何能運動的而是在運動中的動能，必皆是有量的。所以凡是具有動能的，實可以說，就是物質。至於可名之爲「天能」的「無量之量」的「可能」，在現象界來說，是無此可能的。

在這裡仍須指出的，即陰電子在運動中，是如何的放出與吸收能量。茲特引用羅素在哲學大綱第九章中所說的以爲說明：

要把這種解釋簡單的說明，我們就當效法保爾（Bohr）。先從圓形的軌道說起。我們只要考究一下僅有一個行星式陰電子及一個包含著一個陽電子的核心的氫原子……。當一個氫原子單獨存留的時候，如果它的陰電子是在最小的軌道之中，它將繼續在這軌道之中轉動，除非有外物來滋擾外，但是如果這個陰電子在任何較大的可能軌道之中，它不久就可以跳回較小的軌道，或是最小的一個，或是居間諸可能軌道中之一。當這陰電子並沒有變換它的軌道時，這個原子並沒有輻射任何能力，但是當這個陰電子跳回較小的軌道時，它就失去能力了。這就是光波的輻射。……這個原子也可以從外面吸入能力，即由陰電子跳到較大的軌道中得之。過後，當外來能力的來源散開時，它又可跳回較小的軌道；這是螢光性的來源，因為能力即在這樣的動作中散發為光。

就羅素這所說的看來，我們當可以理解電子在運動時吸收與放出能量的情形。其次，在量子力學中是沒有所謂電子軌道的；因爲必須同時測定電子的位置和速度，軌道這一概念方有意義。電子本身既然是波動，它的質量勢力分布於空間，而成密度極稀的「霧」；所謂電子者，只在此「霧」中，迷漫不知處。不過有時「霧」的全部偶或凝聚起來，某處的密度特見濃厚，我們便說電子就在這裡出現。所謂電子軌道者，不過是說某種曲線，沿著這曲線上，「霧」的密度是可能特別濃厚而已。這種說法，也並不是完全便推翻了電子是微粒的說法，而且，也不是說電子是不會吸收與放出能量的；這祇是說，電子的速度與位置是不能同時測得準確的。

照以上所說的看來，我們應是進一步瞭解了繞核而運動的電子之運動情形，也是對原子有了進一步的了解。我們雖無法說明能量究竟是什麼？但是，我們也可以說，能量就是運動的量，而運動的量就是物質。我們知道，在相對論發表以前，科學家描述這個世界時，以爲它是包括兩要素，即物質與能量。前者是有惰性的，可觸知的，並有一種叫做「質量」的性質；後者是活潑的，看不見的，且沒有質量。但愛因斯坦卻表示出來：質量與能量是相等的。所謂質量不過是集中的能量。這就是說，物質即能量，能量即物質；其所以有區別者不過是臨時狀態的不同而已。照這樣說來，我們似不能定義能量爲精神。若以能量爲精神，則精神亦是物質。我們已知道，質量是由能量變成的，能量是由質量變成的。那麼，這能與質究竟是由什麼變成的。照保爾的（Bohr）看法，陽荷的原子核和陰荷的電子本來是分別存在的。由於電引力的作用，原子核逐漸把電子一一捕獲，直至核電荷恰和電子的總電荷相等，而結成中和的原子爲止。這種捕獲過程，在自然界中必定在大規模進行不已。恒星之內，溫度極高（數百萬度），物質大都分裂成單獨的原子核（所謂剝淨原子）與單獨的電子，每遇冷卻，捕獲過程，便即開始。保爾氏此說，可能是原子構成的步驟之一種最好的說法。這說法乃認爲物質原來是分裂的。至於這分裂的物質是由什麼東西分裂而成的？此似可依比利時宇宙學家雷瑪特（Abbe Lemaitre）所說的，乃由一單個的驚人的原始的原子爆炸而來。這原始的原子是來自何處呢？從形而下的觀點則是無法說得清楚的。不過，就以上所研究的看來，我們卻可以說，陰陽電子，必都是質能合作的結果。這就是，現象界確是有質與能這兩種現象。若以「質」爲物質，則「能」當然就是精神。因此，從形而下的觀點來說，精神與物質，實無根本上的區別。

有人認爲，能量既是物質，則能量便不能定義爲精神。因爲精神與物質必是不相同的。持此說者，他當然找不出更適當的現象而可名之爲精神者。能量與質量，是現象界兩個最基本的現象。人類之所以能言語行動，當然就是能量的作用，而決不是另外有什麼東西可以名之為精神者。再者，王陽明曾說：「流行為氣，凝聚為精，妙用為神。」這就是說，流行之氣，凝聚而能妙用者謂之精神。照陽明此說，則繞核而運動之陰電子，即可謂之為精神。因為陰電子，無論從微粒或波狀的觀點來說，都可以說是流行之氣，凝聚之精，而又能妙用無息的動而不已。所以從王陽明的觀點來說，通常所謂之精神，仍是可釋之為物質。

一般人總以為對於精神和物質這兩個概念是弄得很清楚的。現在，經我們略加分析，則知這確是兩個非常糊塗的概念。關於這點，羅素是有較為清楚的認識。他在其哲學大綱第十九章中曾說：「平常的人和多數的哲學家對於心和物這兩個字都用得非常流利，但都沒有對它們下一個正確的定義。關於這一點，哲學家是值得咒罵的。根據我自己的感覺，我以為在心和物兩者之間並沒有什麼確定的界限，只有程度上的不同。一個牡蠣沒有人類那樣的含有精神性；但不是完全非精神的。我以為精神的是和調和的或不一致的一樣，不能自成一個單獨的么匿（Entity），只是許多么匿的系統。」再者，羅素在哲學大綱第二十七章中也曾說：「普通的形而上學總把世界分做心靈和物資，把人分做靈魂和身體。有的（唯物主義者）說只有物質是實在的，心靈是幻相。多數的（唯心主義或白羅德所說的精神主義者）則有相反的觀點，認為只有心靈是實在的，而物質是幻相。我的主張卻認為物質和心靈兩者都是由非物質非精神的原始太素組合而成的。這個觀點叫做中立一元論。」羅素此所主張的組成物質和心靈的原始太素，是否完全正當，以及他對於精神的理解是否完全正確，我們可暫存勿論；然而他認為許多人未能對精神下一正確的定義，則是非常中肯的。因為現象界的最基本的現象既祇是能量與質量，而能量與質量又無根本上的區別；那麼，我們要爲精神下一正確的定義，從形而下來說，確是很困難的。

第四節　然則突創唯物論的觀點是正確的嗎

從形而下來說，精神與物質既無根本上的不同；而人之言語動作，又不能說不是精神活動；那麼，我們便應承認突創唯物論的觀點是完全正確的。但是，我們的答案仍然是否定的。

所謂突創唯物論，茲可以從羅素所說的而知其概要。他在其哲學大綱第二十六章中曾說：「現在我們還得問一問心靈是不是物質的結構或物質的單位。如果我們肯定了這個問題的話，那麼，就心靈的問題來說，我們就是白羅德的信徒，一個突創的唯物論者了。如果我們否定了這個問題的話，那麼，無論怎麼說，我們都不是一個唯物主義者。就我們的經驗所知道的來說，有一種事實的確可以贊助唯物論的觀點。就是：心靈只能從生物的物理結構裡頭突創出來，而精神性的發展也是隨著物理結構的複雜性而增加的。我們不能因爲心靈有特殊的性質就把它拿來去反駁這個觀點，因爲這和突創的唯物論並沒有矛盾。如果我們要反駁這個觀點的話，我們就得去看一看到底組成心靈的成分是那一種的事點群。」照羅素此所說的看來，所謂突創的唯物論，與物體心用論是非常相同的；也可以說，是較物體心用論爲更合於科學的觀點。因爲突創唯物論或突創進化論，是本於現代科學，而假定在時空基線上，由物質突創生命，由生命突創心靈。（見施友忠譯，摩根著「突創進化論」臺灣商務印書館發行。）我們認爲此種觀點是不完全正確的：第一，就我們對於物之分析所得之結果來說，物之本來面目是無相的；而通常所謂之存在，亦祇是有事故發生。此所以唯心論者認爲宇宙萬物之存在皆是心靈活動的結果。因爲無相之宇宙本體而有事故發生，當然是與唯心論的觀點不矛盾的。於是，能量雖然就是物質，或者，人類的精神雖是從物理結構表現出來的，然而，若窮本溯原的而加以研究，則知通常所謂之物質，決不是基源的東西。第二，所謂「精神性的發展也是隨著物理結構的複雜性而增加的」，這亦是似是而實非的。我們認爲，所謂「物理結構」，或「質量結構」，也就是一種「能量形式」。物理結構與能量形式是不可分的。例如鈾原子，這當然是一「物理結構」，但亦是一「能量形式」。鈾原子之所以不同於氫原子，固然是物理結構之不同，亦就是能量形式之不同。於是，所謂物理結構之複雜性，實祇是能量形式之不同而已。而且，我們固然可以說，某種物理結構是表現某種能量形式；同樣亦可以說，某種能量形式是表現爲某種物理結構。能弄清楚這一點，我們便不會是個突創唯物論者。再者，所謂物理結構之複離性，其意義亦並不確定。例如人這一物理結構與一堆鈾這一物理結構，究竟是何者複雜，即難於確定。第三，羅素認爲心與物「只有程度上的不同」，並認爲牡蠣的精神比人類的精神差些（見上一節）。他的意思當然是認爲人類這一物理結構複雜些，所以精神也發展些。我們則認爲，乃是牡蠣的質量結構和人類不同，所以牡蠣所表現的能量形式亦不同。形式不同，並不一定是程度不同。事實上許多動物的精神並不比人類的精神差些。例如螞蟻的犧牲精神，狗的忠義精神，雁的守節精神，虎豹的勇猛精神，海明威在「老人與海」一書中所描述之大魚的奮鬬精神，都不比我們人類差些。或許，有些人認爲無機物要比我們的精神差些。這也是不正確的。例如我們以手擊石而不能傷石之絲毫，反而使我們的手受傷，這就證明我們手的精神不如石的精神。在從前科學不發達時代，說石頭有精神，別人一定會說我是妖言惑眾，現在則比較易於說清楚了。即以以手擊石這一事件來說，我們以為手擊到了石，實際上我們手中的陰陽電子並沒有碰過石頭中的陰陽電子。若我們手中的陰陽電子果真是碰到了石頭中的陰陽電子，那就要發出無限的力量而像是原子彈爆炸了一樣。因此所謂以手擊石，祇是我們的手和石頭之間有一種抗力發生。假如我們是以手擊在一種流質或氣體上面，那我們手擊之處就有一塊空隙，因為那些陰陽電子早已望風逃竄了。現在我們因為是擊在石頭上面，被我們手中電力所迫擊的石頭中的陰陽電子，它們自己擠得很緊，而沒有躲閃的餘地，於是祇好奮力抗拒我們的手。我們打得愈重，它們便以更大的力量抵抗我們。我們打它如果是一種精神作用，天公地道的它們抗拒我們也就是一種精神作用。從自然科學的觀點來說，我們打石頭，與石頭抵抗我們，實無本質上的不同。因此，我們能說石頭的精神比我們人類的精神差些嗎？照這樣說來，人的精神和物的精神是不一定有程度上的不同。這亦足以說明精神並不是較複雜的物理結構所突創的，而是任何物理結構皆有其各自的能量形式。第四，以上我們是從人物之精神的比較及從石頭也有精神而評判羅素所謂之「只有程度上的不同」並不完全正確。這也是從另一方面而考察了「精神性的發展也是隨著物理結構的複雜性而增加的」觀點確是似是而實非。於是，我們當然可以明白了突創唯物論或突創進化論的觀點確是不正確的。在這裡我想順便說幾句題外的話，即有些贊成心物合一論的朋友，總希望從科學上找些證據而證明心物確是合一的。所以當他們聽到植物也有心靈的傳說時，便喜不自勝的而認為他們的哲學又有了科學上的證據；然而他們總以為礦物是否有心靈而煩惱。他們有些人挖空心思的想了些怪主意：如說刀是物質，刀鋒是精神；牆壁是物質，牆壁上的顏色是精神等等。這些人因爲不懂得什麼是哲學，所以祇知道從常識的觀點去求解釋，結果上當然會成爲唯物論或物體心用論的俘虜。這些話或許是不值得一說的。不過，凡不求瞭解心物合一的眞義，而祇希望從科學上找證據，這不是哲學所應有的態度。固然，我們業已從科學的觀點而說明了無機物也有類似人之精神現象。很顯然的，我們的目的，一方面是在指出突創唯物論或突創進化論之不正確；一方面也是在說明，人類的精神，亦祇是人這一物理結構所表現的能量形式，而不是另有所謂精神之存在。（基於此種觀點，我們當然不必問及宇宙萬物是否都有精神。）這就是說，我們的目的是在於破除執精神爲實有的觀點；因恐流入唯物論的窠臼，所以特就突創唯物論或突創進化論而一併斥破之。

第五節　能量精神與心靈之同異及心靈之眞正意義

我們已知道，通常所謂之某種物體，可以說是某種能量形式所表現的某種物理結構；而通常所謂之精神，則是物理結構所表現的能量形式。這就是說，精神與物質，實無根本上的區別。那麼，我們現在應進一步的追問，心靈與物質，究竟有無區別呢？從習見的觀點來說，我們前面所舉的以手擊石的例子，即可以證明心靈之存在。因爲我們人類有心靈，所以我們能以手擊石；石頭無心靈作用，所以石頭不能自主或自動的來襲擊我們。這種見解是許多人堅信不疑的，但是，對於此種見解，若加以解剖，則便見其確是不正確的。首先須加證明的，即通常所謂之心靈究竟是什麼意義？在一般人看來，心是什麼，實用不著問。此誠如羅素所說的「都沒有對它們下一個正確的定義」。也就是說，一般人都不知道心靈究竟是什麼。從自然科學的觀點來說，心與能量或精神，實無本質上的區別。因爲在能量以外，實沒有心靈這樣的東西存在。於是，我們若從現象界而爲心靈下一定義，實祇能說，能量精神與心靈這三者皆無本質上的不同。若必須爲這三者作一區別，亦祇能說，凡既無重量，亦無形態，而祇能由我們的感官或科學儀器察覺其確是存在的是稱爲能量；能量之表現於外的作用，在人而言即是精神；至於能量而能爲人之主宰者，則就是心靈。照唯物論者看來，心靈既與能量無根本上的區別，則心靈實即是物質。不過，我們固然不否認科學上所謂之能量是與通常所謂之物質無根本上的差異，然而卻反對突創唯物論的觀點而肯定能量自身是具有妙用。因此，任何一種物質或物體，必皆具有妙用，祇是不一定能爲人類的感官所覺察而已。例如一塊石頭，它確是具有妙用的；但一般人並不知道石頭是具有妙用。妙用一辭，雖很難有明確的解釋；但可以說是不息之別名。若照王陽明的看法，則妙用便是良知。陽明先生說：「夫良知一也，以其妙用而言，謂之神，以其流行而言，謂之氣；以其凝聚而言，謂之精。」陽明先生又說：「人的良知，就是草木瓦石的良知；草本瓦石無人的良知，不可以爲草木瓦石；豈惟草木瓦石爲然；天地無人之良知，亦不可以爲天地矣。蓋天地萬物，與人原是一體，其發竅之最精處，是人心一點靈明。風雨露雷，日月星辰，禽獸草木，山川土石，與人原只一體；故五穀禽獸之類，皆可以養人；藥石之類，皆可以療疾，只爲同此一氣，故能相通耳。」陽明此說，雖未必盡是；而且，從自然科學的觀點來說，亦是一壞的科學；但是，若認爲宇宙萬物，都是同此一氣，亦都是具有不息之妙用，則並非於理不通。陽明認爲，此靈明之人心即是良知，亦即是此氣之精而又能有妙用者。在王陽明看來，良知、心靈、或精神等，是名異而實同。這應是很正確的。此所以我們認為，精神與心靈若有區別，亦祇能說，精神是表現於外的能量形式，心靈是可以為主宰於內的能量形式。此表現於外的妙用，亦就是能主宰於內的靈明。所以妙用也可以說就是靈明。至於靈明是什麼呢？照王陽明的說法便是良知。孟子曰：「人之所不學而能者，其良能也，所不慮而知者，其良知也。」照孟子此說，良知即是本然之知。所以人之本然之知，即是人之靈明。用我們的話來說，乃是某種能量形式所表現的某種物理結構而產生的一種本然之知，此即謂之為人心之靈明。這一方面是說，人心之靈明乃物理結構所產生的；一方面也是說，能量是具有本然之知。於是，我們當然可以說，凡由能量形式所形成之物理結構必皆具有本然之知，應是無可置疑的。至於某些能量形式之所以不能表現為妙用之心靈，乃是此所謂靈明之心，未能克服其物理結構所形成之惰性，而不能表現其所具有之本然之知。再者，照陽明的看法，此靈明之心，不僅可以為此身之主宰，亦可以為天地萬物之主宰。陽明傳習錄有云：「問：人心與物同體。如吾身原是血氣流通的，所以謂之同體。若於人，便異體了。禽獸益遠矣。而何謂之同體。先生曰：你只在感應之幾上看，豈但禽獸草木，雖天地也與我同體的，鬼神也與我同體的。請問。先生曰：爾看這個天地中間，甚麼是天地的心？對曰：嘗聞人是天地的心。曰：人又甚麼叫做心？對曰：祇是一個靈明。曰：可知充塞天地中間，只有這個靈明，人只為形體自間隔了。我的靈明，便是天地鬼神的主宰。天沒有我的靈明，誰去仰他高；地沒有我的靈明，誰去俯他深；鬼神沒有我的靈明，誰去辦他吉凶災祥；天地鬼神萬物離卻我的靈明便沒有天地鬼神萬物了，我的靈明離卻天地鬼神萬物亦沒有我的靈明；如此便是一氣流通的，如何與他間隔得。又問：天地鬼神萬物，千古見在，何沒有我的靈明便俱無了。曰：今看死的人，他這些精靈游散了，他的天地萬物尚在何處。」陽明此說，是謂通常所謂之心，即是充塞天地間的「這個靈明」。而「這個靈明」，卻是普遍的自在自爲的。從認識的觀點說，則是能所不分的。若從現象界言，則是能量形式籍物理機構顯現的。這就是說，「這個靈明」就是能量自身所本具有的妙用。因此，心靈與能量實無根本上的區別，也可以說就是物質。其次，我們更可以依據朱子所說的而進一步的說明通常所謂之心靈究竟是什麼？朱子說：

心者身之所主也。
意者心之所發也。

又說：

心者人之神明所以具衆理而應萬事者也。

又說：

才是心之方，是有氣力去做的；心是管攝主宰者，此心所以為大也。性水之理也，性所以立乎水之靜，情所以行乎水之動，欲則水之流而至於濫也。才者水之氣力，所以能流者。然其流有急有緩，則是才之不同。伊川謂性稟於天，才稟於氣是也。只有性是一定，情與心與才，便合著氣了。

又說：性者心之理，情者心之動，才便是那情之會恁地者。情與才絕相近。但情是遇物而發，路陌曲折恁地去底；才是才會如此的。要之，千頭萬緒，皆是從心上來。

又說：性、情、心、惟孟子說得好。仁是性，側隱是情，須從心上發出來。心統性情者也。性只合是如此的，只是理，非有個事物。

又說：伊川性即理也，橫渠心統性情，二句顛樸不破。心統性情。故言心之體用，嘗跨過兩頭未發已發處說。

性是未動，情是已動，心包已動未動。

又云：

問：靈處是心抑是性？靈處只是心，不是性。性只是理。

問：知覺是心之靈固如此，抑氣為之耶？曰：不專是氣，是先有知覺之理。理未知覺，氣聚成形；理與氣合，便能知覺。譬如這燭火，是因得這脂膏，便有許多光焰。

又云：

性便是心之所有之理；心便是理之所會之地。

性是理、心是包含該載，敷施發用底。

心以性為體，心將性做餡子模樣。

就朱子以上所說的看來，他的意思是說：心就是身之主宰。心之所以是身之主宰，乃因心之神明是具衆理而應萬事。「蓋人心之靈，莫不有知；而天下之物，莫不有理。」人心之靈，能知天下之物之理；所以心具衆理。至於此心之所以有知，乃「理與氣合」，「心便是理之所會之地」，「心以性爲體」等等。關於「理與氣合」，將於下一篇中再詳爲辯說外，所謂「心以性爲體」，亦非本章之研究目的。因爲性究竟是什麼呢？照伊川之說，性就是理。這就是說，心是以理爲體。要明此義，惟有從形而上的觀點才能說得清楚。而且，通常所謂之「知覺」，是不能離去刺激反應之機械作用的。（此將於下一章中詳述之。）因此，若祇從形而下的觀點，我們除了能說能量自身是有「這個靈明」或妙用而形成爲此身之主宰外，實在是別無所謂心靈的東西。同時，所謂心是身之主宰一語，亦是大有問題的。這就是說，心之知覺，既是不能離去刺激反應之機械作用；那麼，所謂心是身之主宰，當然是大有問題了。照這樣說來，我們若以心當作客觀存在而加以分析，則知通常所謂之心，實是一非常糊塗的概念。朱子與陽明，對於心之認識，可以說是非常清楚的；然而要把他們的意思說得明白清楚，則是應從形上的或玄學的觀點才有可能。於是，一般人所認爲的心靈確是真實的存在，這當然是一種妄見。但是，我們卻不能否認是有「這個靈明」或妙用。這就是說：這「是有事故發生」之外在世界，不祇是有事故發生，而且，其所發生之事故，皆是具有「這個靈明」或妙用。

第六節　從有機物之能量與生命而進一步的說明心靈之意義

現再進而研究有機物之能量與生命之關係；並因而對心靈有進一步之認識。

從化學的觀點來說，有機化合物與無機化合物之差別，祇是構造上的差別。有機化合物是從碳化氫衍生的，而碳或氫則皆爲無機物。就我們所已知者而言。任何生物體，皆是由碳氫氧氮及燐硫鈉鈣鎂氯碘等元素構成的，而此等元素皆爲無機物。於是，我們當可以說，有機物是由無機物化合而成的；也或者可以說，有機物是無機物演變出來的。

再從生物學的觀點來說，任何有生命的生物，皆是由細胞組合而成的，亦大體上都具有新陳代謝，及能力的轉換，環境的適應，成長與增殖，以及刺激印象的留存等作用與特徵。有人說，所謂生物，總括一句話，就是會知覺、會吃、會生產、會死的東西；這確可以有助於我們對生命一辭之理解。生命的起源，科學家們雖尚無確定而一致的見解；但「最初形成生物的物質」，即生物學家所謂的原形質，其構造是已大致瞭解的。原形質是由許多大小不同的泡形物質集合而成，大泡中含有複雜的蛋白質與脂肪；其化學成分，乃三分之二以上是水，此外爲蛋白質、脂肪、及糖與鹽類等；至於住在水中的水母等生物，其水份則佔百分之九十八。從各種來源所得的原形質，構造上大都相同。除有時因含若干食料，而有不透明的地方外，通常都是清潔透明。其質似膠，既非固體，也非液體。固結的密度與蛋白差不多，或無色或現淡黃色，不能像水一樣的自由流動，又非如膠質般的強固不移。放置玻璃片上，以物引曳之可以延展至玻璃片的一邊；但放掉後就又緩緩的回縮至原狀，似乎具有若干的彈性。有的構造和泡沫一般，好像肥皀液似的。其生理上的特性，大約可分爲下述的六點：

一、原形質有生長，消耗及補充的能力。

二、原形質有利用食料，放出能力，以供工作的能力。

三、放出的能力，能作有力的行動。

四、放出的能力，可於製造他種物質時，用以完成化學作用。

五、原形質有反應外部刺激的能力。

六、原形質有自己分裂及生殖能力。

因此，原形質是時時在變化狀態中。生長的原形質，常不斷的運用食料以造成新的原形質。無論在什麼地方的原形質，常爲本身的動作而消耗。並運用食料以補充其所消耗的能力。再者，原形質對於外界的影響，發生極敏銳的反應。原形質對於刺激的反應力，全依其物理的結構及化學的性質而定。細胞裡面，除原形質外，尙有能屈折光線的一個小球體，稱爲細胞核。細胞核與原形質都由小粒集合而成；惟細胞核的化學成份與原形質稍有不同，特稱爲核質；核質以外的原形質通稱爲細胞質。核與細胞質周圍相接觸的薄膜稱爲核膜。核內還有一個或兩個比一般小粒較大的小球稱爲核仁或小核。至於其他的許多小粒，大小不一，形狀也不同；有的圓形，有的角形；但都可染色，通稱爲染色質。染色質爲絲球狀物所連絡，此絲狀物稱爲核絲。此染色質非用高度顯微鏡不能察覺；但生物的形狀與性質，則是由此等小粒所決定的。我們仍須說明的，即核質與細胞質是細胞的兩種的必須要素，缺一就不能繼續發生生活作用。我們試把單細胞生物分成二部，一部有核，一部沒有核；則有核的部份不久便補足被割去部份而能繼續生存，沒有核的部份便立即死去。若單拿出核而不帶有細胞質，則核與殘餘的細胞質兩者都會死去。再者由許多細胞集合而成的生物，開始也祇是一個細胞，漸次作二、四、八、十六的增殖分裂。不過，此種細胞分裂，不像單細胞生物一樣的各自獨立分離，而仍然聯合組織，構成爲一集合的生物體。當一個細胞分裂爲二時，原來的一個細胞名母細胞，新生的名子細胞。無論那一個細胞，都是分裂出來的，絕對沒有驟然從一個細胞中湧出許多細胞來的。我們人類的肉體大約有四百萬萬的細胞，也都是一一分裂出來的。

這就是我們所知道的，由無機物化合成有機物，再由有機物組成細胞，由細胞分裂而成高級生命體的一個大概情形。這當然祇是一個大概情形。然而，從這個大概情形，我們應是知道了生命是如何演進而來的。若因此而作有系統的思考，則應該是知道了我們人類仍祇是質量與能量的合作而漸漸演化的結果。照這樣說來，則我們人類的精神或心靈，確就是能質的合作而所表現的一種能量形式。一般說來，達爾文的進化論是在論證一切有機物存在的形態和本性，都是被環境決定的。但是，卻亦可以說，進化論是在論證有機物爲求改進其本身的利益，以能適應其生存的環境；所以常能逐漸的改變本身的癖氣、習慣，或甚至其本性與形態。至於有機物爲什麼能發生如此的變異，我們卻不能不驚異有機物的「本性」竟能表現如此神妙的作用。達爾文在論家畜變異的原因時說得很好，他說：「可見決定變體之每一特狀，以有機物之本性爲最重要，而境遇之本性次之。境遇本性之重要，當不過於火花之本性。可燃燒之物質，因是發火。」照達爾文的看法，生活境遇之顯其作用，蓋有二途：一爲直接感動其全部組織或其一定部份，一爲間接感動其生殖系。達爾文說：「生殖系對於周圍境遇之極微變遷，感覺甚敏，有許多事實證明之。馴養動物爲事之最易者；惟在囚養中雖雌雄交合，而欲其自由生殖，則爲甚難之事。許多動物雖在本地囚養於幾近自然之處，亦不生產。」但在囚籠中之家兔及檬鼠，則「其生殖系不易感受影響。某種動植物對於家養或培養有抵抗力，變異極少，與在自然界幾無所異」。所以達爾文認定「有機物之本性爲最重要」。於是，我們很可以說，有機物之所以能適應其生存的環境，是由於本性使然。最低限度，也必是可以說，有機物之本性與境遇之本性，是如燃燒物質之與火花，缺一則不能「發火」。這應是對於進化論之一種較爲正確的理解。所有進化論的各項論證，都可以基於上述的觀點而以之說明本性與境遇的關係。因此，我們當可以說，若從存在的內容而言，則無論是無機物或有機物，都祇是質能合作或陰陽合德的結果；但是若從有機物之存在的特性而言，亦必須是有機物之本性與境遇之本性相合，有機物才能成爲最適者之存在。而有機物之本性，則是可以理解爲精神或心靈。因此，人類之精神或心靈，確就是人這一物理結構所表現之能量形式。

總之，就生命所具有之生理上的特性而言，生命亦祇是質能合作而所表現之一種能量形式或特徵；所以生命、精神或心靈，皆祇是一特定的能量形式；不過，我們卻祇能說生命的某些生理上的特性或本性即是精神或心靈，而不能說生命即是精神或心靈。我們人類及其他各種有機物的生命，雖都是演變的一種歷程，但從無機物到有機物，及從低等的生物到人類，都是一步步的向著完善與美滿的境地而漸漸前進。所以我們人類的生命，是存在的最適者。人類的心靈，是妙用無窮，亦即是最能表現能量之妙用。王陽明認爲「人是天地的心」。若就人之所以爲人，亦就是就能質合作而所表現之完善與美滿的能量形式來說，這說法是不錯的。

第六章　心之環境影響之分析

第一節　概　說

我們從心之客觀存在之分析，亦即是從現象界而分析心究竟是什麼？我們祇能說，能量、精神或心靈並無本質上的不同。此似是對唯物論有幫助，正好像「物之分析」似是對唯心論有幫助一樣。在第二篇中，關於唯物論與唯心論之謬誤，我們已籍對於「物之分析」而有所辯說；在上一章中，我們也已辯明了突創唯物論之不是真理。現再進而就存在與思維之關係，以說明環境對心靈之影響。

第二節　人之行為與環境的關係

首先，我們願辯明人之行爲與環境的關係。

照行爲心理學派的看法，人類行爲乃基於環境的關係。在帝俄時代，巴甫洛夫（Pavlov）曾做過將肉糜放在狗舌頭上同時又打擊音叉的實驗，其結果可以祇用音叉而能引起狗的流涎反應。這就是心理學上所謂的「交替反射作用」（Conditioned Reflex），認爲刺激乃是決定一切活動之主要因素。後來美國的華生（J. B. Wetson）博士，更將這種實驗加以擴充，認爲此種對於動物的實驗與結果，同樣的可以解釋人類的行爲，而認爲人之一切行爲都是由於「交替反應」作用所引伸出來的。近來更有人認爲雞能啄食，並不是本能的或心靈的作用，而是早已在蛋殼內就訓練成功的。同樣的，貓能夠捕鼠，亦並非出於本能，若將一隻貓一生下來就和老鼠和諧的生活在一起，這貓長大了，是不會捕捉老鼠的。照這樣說來，對於我們人類，只要加以某種訓練，便可以產生某種行爲。若此說是完全真的，則祇有唯物主義的哲學才是對的。因爲祇要此說果真，則存在決定思維之說便是完全真的。在這裡，我們特引用羅素對於華生博士的批評，以使我們對行爲心理學派有較爲正確的認識。羅素在其「哲學大綱」第三章中曾說：

他相信整個的習慣養成歷程可以從他的交替反射原則引申出來，這個原則的公式是這樣（見「行爲主義」第一六八頁）：刺激X現在並不喚起反應R，刺激y可以喚起反應R（非交替的反射）；但是如果刺激X先發現，接著y（這個本來可以喚起R）也跟著發現的話，以後X就可以喚起R。換言之，此後的刺激X將永遠變成y的代替。

這個定律非常簡單，非常重要，而且非常真切；即因其如此，只怕有一種危險，即把它的範圍太乎誇大了，正於十八世紀的物理學家想以引力的原則去解釋一切一樣。如果我們拿它去解釋一切的話，我覺得它就有兩個缺點：第一、有的事情雖然按定律說必須有習慣的養成，而實際上卻沒有；第二、有的習慣就我們目前所知道的，卻有另外的來源。

羅素對行為主義的第一個缺點，曾提出例證說：「胡椒這個字，按定律說必定叫人打噴嚏，但實際上卻不如此。」因為華生博士曾企圖使小孩一看見胡椒匣子的時候便打噴嚏而沒有成功。固然，「描寫多汁食物的文字能夠使人流口水、淫穢的文字能夠相當的產生它所暗示的情景所能產生的影響；但是沒有可以產生打噴嚏或發癢一類的反應文字。」這就是說，「有的反應可以由代替的刺激產生出來，有的卻不能。」因此，交替反射定律，事實上是不能普遍的應用；但是我們卻不是說它是完全不對的。

至於羅素所說的行為主義的第二個缺點，我們可用考勒（kohler）的實驗以為說明。當第一次世界大戰中，考勒被遣於卡那利群島（Canany islands）時，他從事考驗桑戴克（Thorndike）之有關動物學習因試誤及正確反應而鑄成之此一假設的價值。他以泰納列夫（Tenerife）研究站之人猿為工作對象。他把一條香蕉掛在黑猩猩攀不著的地方，同時又把幾個木箱子放在旁邊。有的時候，這些黑猩猩一層一層的堆上三個木箱子，一直到可以攀著這條香蕉為止。以後他又把香蕉放在籠子的柵欄以外，在裡頭卻留下一條棍子，這些黑猩猩則可以用棍子去得到香蕉。有一次，一黑猩猩名薩丹（Sultan）者有兩條棍子，但都太短，不能攀到香蕉，牠經過些時的沉思以後，把較小的棍子接入另外一個較大棍子的空洞內製造出一條夠長的棍子而得到香蕉。在這個例子之中，我們可以看出：最初牠把兩條棍子接在一起多少是偶然的事；但是牠卻恍然大悟的，知道已經找出了一個解決的途徑，而且，當牠發現兩條棍子可以接成一條的時候，牠的行為絕不是華生博士所說的由「交替反射」作用而所引伸的行為，也不是如桑戴克所說的盲目的或試誤的行為，而是一確定的勝利。先有預見，然後才有動作。考勒在其所著的「猿類之心智」（Mentality of apes）一書中，很詳確的辯明了有智慧的動物的行爲，是有「內見」（insight）的。這就是說，有些習慣的養成，不僅不是由於「交替反射」的結果，而且是由於「內省」的活動所表現的一種毫不猶豫的平穩的動作。

我們認爲，勒溫（Kurt Lewin）的「B=F(PE)」公式是較爲平實。勒溫在其所著「形勢心理學原理」第二章中曾說：「試以B代表行爲或任何種心理的事件，以S代表人及整個的情境，B便可視爲S的函數：B=F(S)。在這個公式之內，函數F或其全式便代表我們通常所稱的定律。」勒溫又說：「心理學描寫整個的情境，可先區分爲人（P）及其環境（E）。每一心理的事件，都取決於其人之狀態及環境，雖然其相互的關係隨不同的個案而異。因此，我們爲每一心理的事件所定 B=F(S) 的公式，可化爲 B=F(PE)。近時實驗的研究，已在心理學的各分野之內，漸漸的更顯示這個雙重的關係。凡屬科學的心理學，都須討論整個的情境，即人和環境的狀態。這就是說，須設法以共同的名詞將人和環境陳述而爲同一情境的部份。但是心理學家尚沒有包舉此二者的一個名詞，因爲情境一詞常指環境而言。下文擬採用心理的生活空間一詞，指一個人在某一時間內的行爲所由決定的全部的事實。」照勒溫的觀點來說，人類行爲，是取決於「心理的生活空間」，而不祇是被環境所決定的；而且，「所謂心理的情境，可用以指一般生活的情境，也可用以指較特殊的當時的情境。」「生活情境，可爲當時情境的一個遠遠的背景。」「只是碰運氣的淺薄的或幼稚的人們才決定生活的重要問題而根據於當時的狹窄的情境。」這就是說，以爲當時的情境便能決定人類的行爲，這應不是普遍可用的真理。行爲主義的學說，不能普遍的適用，這是非常顯然的。

勒溫在論「準物理的事實」時，更明白的說：「一個兒童和一個成年人的環境，由物理學家看來，雖全相一致，或大致相同；但其相當的心理情境可根本相異。人和動物的環境或不同人格之人的環境也復如此。即就同一個人而言，在不同的情形之中，例如飢或飽，其物理上相同的環境，在心理上也可相異。這不是說，心理學可不認科學的論斷有普遍的效度。這只是說，陳述情境以有關個體所視爲實在者或所受影響者爲限。反之，以『客觀的』混爲『物理的』，『邏輯上普遍的』混爲『大家看來是一樣的』，則已在心理學內引致嚴重的概念的及方法論的謬誤了。」於是，在同一環境之下，各個人可有不同的行爲，這是爲現代心理學所不否認的。

我們對於勒溫的觀點，並不一定是完全接受的；不過，用勒溫的觀點，確能較容易而普遍的解釋人類行爲與人類環境的關係。這就是說，我們要能較爲正確無誤的解釋人類行爲與環境的關係，是決不能全用「交替反射」的理論予以解釋，因爲我們固不能否認人類環境對於人類心靈之影響，卻不能說人類心靈是完全受環境支配的。

第三節　人之知識與經驗的關係

其次，我們願辯明人之知識與經驗的關係。

「知識與經驗以俱始」，這句話大體是不錯的。若因此便論定任何知識皆從經驗而來，並進而肯定的認爲除了感官所得之經驗外，知識是不可能的。此種觀點，則不爲我們所贊成。通常說來，初生嬰兒，內心是等於一張白紙，所以感官經驗乃用各種方式加以塗寫；於是由感覺而產生認識與記憶，由認識與記憶而發生思想。這種論調，初看起來似乎是很正確的；但是很容易的導致這樣的一種結論：即是既然祇有外界的物理的存在才會影響到我們的感官，則我們所認識的不免祇是物理的刺激的結果。照這樣說來，我們祇有承認唯物論的哲學了。因爲照這種說法，則感覺就是思想的材料，而物質必定是精神的原素。這種說法，和我們的系統是完全不同的。那麼，這種論調的錯誤究竟何在呢？

假使這種論調是完全正確的，則我們在前文所引用考勒與勒溫的觀點便完全不對，而行爲主義的學說，才真是完全對的；於是，則我們所謂的「知識」，是可以完全用行爲主義的觀點予以說明，而同環境的各個人是應該具有完全相同的知識。事實上，完全用行爲主義的觀點以說明知識是有困難的；因爲同一環境的各個人，是絕對不會有完全相同的知識。這就是說，知識並不祇是由刺激到反應的整個歷程的一個特徵。

康德的觀點，是和行爲主義的說法不相同的。照康德所說，外在世界祇爲感覺世界的物質之因，而我們自己內心的工具，則於空間及時間之中，安排這個物質，並供給以概念，用這些概念，我們乃了解經驗。物自身（物如）爲我們感覺之原因，是不可知的；它們不在空間和時間之中，它們不是實體（substances）。它們是不能用一般的概念如康德所謂的範疇來加以描述的。

用行爲主義的觀點來說，其所謂知識，則祇是由刺激到反應的一連串的類似機械的作用。用康德的觀點來說，則是物自身對於外在世界的知道。我們是寧願採取康德的觀點，因爲康德的觀點是近似我們的哲學。當然，我們的哲學和康德哲學的系統是不完全相同的。

照我們在第三篇及上一章所研究的，是「既沒有單獨存在的物質，亦沒有單獨存在的精神」；而且，通常所謂之物，祇能說「是有事故發生」，「這存在的大而無外的本相，我們是可以名之爲無，佛家則名之爲無所住心」；至於通常所謂之精神、心靈，因與能量無本質的區別，即是與物質無本質的區別；不過，當我們講到心靈時，卻不能否認心靈之靈明與妙用。因此，這一物理結構，它不祇是一物理結構，而且是具有心之靈明與妙用，這是任何人都會承認的。這就是說，人不祇是一物理結構，而且是具有能知之心的。此能知之心，以被知的對象，爲我們知識的材料，所以此一物理結構的人與外在世界的關係，從認識的觀點，是「知與被知或能知與所知」的關係；若說是存在與思維的關係，這倒是不錯的。此一物理結構的人與外在的世界，既有此「知與被知」的關係，則此一物理結構的人無論是願意知道或不願意知道；但因爲有知，乃不得不知。此不得不知，即行爲主義所說的刺激與反應；不過，當可以不知此而可以願意知彼時，則此一刺激不能引起反應而必是彼一刺激才能引起反應。我的住屋沒有紗門，夜深人靜，當我集中注意力寫我的哲學時，蚊子刺我，我是不知道的，即是我對於蚊子刺我的刺激沒有反應。這也可以照行爲主義的說法，寫我的哲學，乃是被一種較蚊子刺我爲優勢的刺激所引起的反應。假使我的住宅失火了，我會跑出房子的。但是，假使我的兒女在起火時仍睡在床上，我可能不顧生命危險跑回房子去營救我的兒女。在危急情形之下，奮勇救人的例子是很多的。究竟是火的刺激佔優勢，還是救兒女的刺激佔優勢，這是很難分辨的。因此，勒溫的觀點，在這種情形之下是很有用的。我們也不是完全反對行爲主義的觀點，因爲行爲主義的觀點，並不是完全無用的。我們的意思祇是說，人固然是因爲有知而不得不知；但是，當可以不知此而可以願意知彼時，此一物理結構的人是會有所選擇的。至於何以會選擇彼而不選擇此，這是和我的秉賦或遺傳以及我的心理生活空間的全部內容有關，而不是三言兩語所能說清楚的。勒溫對於陳述心理生活空間所提示的要點，大體上是較爲正確的；不過，我們不願意在這裡多討論有關遺傳以及心理生活空間的各種問題；而祇是說，人之所以有所選擇，決不祇是一種偶然的或機緣的行爲。考勒關於此點，亦是說得非常清楚；而且，在上一節中，我們已引用考勒所舉的實驗以爲說明。

於是，我們又可以回到經驗與知識的問題上來了。照我們的看法，「知識與經驗以俱始」，這句話原來是不錯的；不過，生活於同一生活空間的各個人，既皆有其自已的特具的經驗，則各個人的經驗是多少具有選擇性的。漢卜頓迷宮（Hampton Court Maze）的老鼠，其所具的尋覓食物的經驗，當然是相同的；但是，這和交通不發達的時代，住在漢口的人赴上海時必須乘船以順流而下的情形是差不多的；若因此便推論凡住在漢口的人而曾經赴上海的必皆具有完全相同的旅行經驗，這當然是一非常不正確的推理。這就是說，人類的環境，既不像漢卜頓迷宮一樣的以限制老鼠的經驗，所以人類的經驗是多少具有選擇性的。因此，我們的知識，從其獲得之過程而言，固然是如羅素所說的是「刺激到反應，或外界事物（如在視覺和聽覺之中）到反應（外在世界的物理原因的連鎖把外界事物和刺激接連在一起）的整個歷程的一個特徵。」但就其爲什麼能獲得某種知識而言，則是一個非常複雜的問題。最低限度，我們是不能不承認此能知之心，確能或多或少的具有選擇的作用。這就是說，我們人類之所以能獲得經驗，決不祇是由刺激到反應的一連串的類似機械的作用。

再就初生嬰兒，內心是等於一張白紙的這一觀點來說，我們也是大體同意的；至於所謂「感官經驗乃用各種方式加以塗寫」，則不爲我們所同意。歷來學者，多以爲我們的經驗和習慣，是類似白紙上所加染的顏色；所謂「近朱者赤」、「染於青則青」等；我們的觀點是恰好與此種觀點相反的。我們的心是能知的，而我們不良環境以及我們人類所具有的人之所以爲人的本性以外的惡性，皆是此能知之心的蔽障。此等蔽障，也就是儒家所謂的物慾，佛家所謂的魔障。此等物慾與魔障，障蔽此能知之心使其無知。此等物慾與魔障，則是類似白紙上被加染的顏色。不過，若嚴格的說來，決不是此能知之心被染上了物慾與魔障的顏色，而祇是物慾與魔障使此能知之心不能有真正的知識而已。因此，我們欲能獲得經驗與知識，必須先要解除此能知之心的蔽障。我們若能解除對一事一物之蔽障，則是此能知之心能對一事一物有真知識；若能解除對萬事萬物之蔽障，則是此能知之心能對萬事萬物有真知識。於是，則所謂經驗，決不是白紙上被加染的顏色，而祇是解蔽與去惑的作用或歷程而已。也就是說，祇是使人之所以爲人的本性不爲障蔽所欺矇而能明察事物之理的一種作用與歷程。照此種說法，則我們人類的本性若被蔽障，其所獲得的經驗，也可以說不是人類所應有的經驗。不過，我們的觀點，和陽明先生的致良知之說，亦不完全相同。因爲我們一方面固主張致良知，一方面更主張應窮究事物之理，俾不致爲事物所蔽障而獲得經驗與知識。我們認爲人類的知識，是以經驗爲基礎而又不祇是由刺激到反應的一種內省與外求合一的知識。

荀子解蔽篇說：「凡萬物異則莫不相爲蔽，此心術之公患也。」又說：「聖人知心術之患，見蔽塞之禍；故無欲無惡，無始無終，無近無遠，無博無淺，無古無今，兼陳萬物而中縣衡焉；是故衆異不得相蔽，以亂其倫也。何謂衡，曰道，故心不可以不知道。」「何以知道？曰心。心何以知？曰虛壹而靜。心未嘗不藏也，然而有所謂虛；心未嘗不滿也，然而有所謂一；心未嘗不動也，然而有所謂靜。人生而有知，知而有志；志也者藏也，然而有所謂虛。不以已所藏害所將受謂之虛。心生而有知，知而有異；異也者同時兼知之；同時兼知之，兩也，然而有所謂一，不以夫一害此一謂之壹。心臥則夢，偷則自行，使之則謀；故心未嘗不動也，然而有所謂靜，不以夢劇亂知謂之靜。未得道而求道者，謂之虛壹而靜。」照荀子此說，心是虛壹而靜的；因其虛壹而靜的，所以能知道；於是，我們應以虛壹而靜之心以求道。荀子的觀點，雖未必全是對的；但此說則是大體不錯的。這就是說，此能知之心，因其是虛壹而靜的，所以可積累許多的經驗；而且，此心知「道」之後，（也就是積累了許多的經驗「而一旦豁然貫通」之後，）仍祇是虛壹而靜的。所以，所謂經驗的積累，祇是此能知之心的知善知惡的能力，由於用力之久而能極其純熟的以解蔽去惑而已，並不是在此能知之心中堆積了許多的經驗。照這樣說來，我們人類的經驗，確不是染上的顏色；也不就是試誤的行爲所養成的一種習慣。

第四節　人之思維與存在的關係

現在我們可以進而說明人之思維與存在的關係了。

在第二篇中，我們已經辯明，真正存在的祇是事點；或者說，祇是「能與質的合作所表現的事點之流或歷程」。因此，鶯飛草長或苦雨淒風，都祇是人類的能知之心所共同感受的一種情境而已。我們可以這樣的說，本然的或實際的存在的樣子，除了哲學家與科學家作窮年兀兀的研究外，是和通常一般人沒有多大關係的。這就是說，通常一般人所認爲的存在，實祇是我們人類所能感受的一種情境。

我們人類所能感受的情境，大部份都是相同的。但是，這並不是說，人類的經驗是會完全相同。這祇是說，人類所見的「鶯飛草長」或「苦雨凄風」等等，雖是大致相同的；然而「鶯飛草長」或「苦雨凄風」的情境所給予人類的經驗或知識，則不一定是相同。羅素在「哲學大綱」第五章中曾說：「觀察者只能知道一個人是覺察某種東西，如果他有相近似的反應的話。如果我對一個人說，請你遞過那個芥茱，而他就遞過來了，則他大有覺察我所說的話的可能，雖然這也許只是一個碰巧。但是，如果我對他說，你所要的電話號數是二四六七，他就叫了那個號數，在這種情形之下，偶然的機會就非常之小——差不多是一分與萬分之比。如果一個人高聲朗讀一本書，我從他的肩部看去，看見了同樣的字，而我們還以爲他沒有覺察他所朗誦的字，那就完全是我們的幻想。所以，在很多事情之中，我們可以得到實際的真實性，證明有一些東西是他人所覺察的。」姑無論羅素的本意是什麼，從羅素的這一段話，即可以證明我們人類所感受或覺察到的事物，大體上確是相同的。這就是說人類所感受或覺察的情境，因其有客觀性，所以能具有共通性；所謂客觀的存在，其意義應該就是如此。

所謂客觀的存在，或竟是佛家所謂的「衆生同分妄見」。楞嚴經卷二有云：「若復此中，有一小洲，祇有兩國；唯一國人，同感惡緣，則彼小洲當土衆生，覩諸一切不祥境界，或見二日，或見二月，其中乃至暈適珮玦，慧孛飛流，負耳虹蜺，種種惡相，但此國見，彼國衆生，本所不見，亦復不聞。」這意義是說，假定有某一國家的全體人民，都具有「眾生同分妄見」，則此一國家的全體人民所共認爲的客觀存在，實際上仍祇是主觀觀念的錯覺。這種假定，並非絕無可能；即如在哥白尼以前的歐洲人，大家都相信太陽是繞地球而轉動的，我們中國人則相信天是圓的地是方的。這就是說，所謂客觀的存在，有時雖是大家所共有的認識，但其真實性，仍是大有問題的。不過，我們亦不能因此便論定所有客觀的存在，皆是虛妄的。從本然的或實際的存在的樣子來說，此所有的客觀的存在，皆「祇是理論上的陰電子繞陽電子所表現的歷程」，而所謂「春花秋月」，亦祇是光波投射所產生的結果；於是，我們便論定此一切的客觀存在，皆是虛幻不實的，當無不可。但是，從此時此地的觀點來說，除了我是在夢境中，或是犯某種神經病外，我所認知的存在，或我們生活空間的全部生活內容，卻不能不說都是真實的客觀的存在。因此，此所謂客觀的存在，既不能說不是真實的存在，亦不能說不是含有主觀的成份。即以照相機爲例，其所取的角度不同，其所攝的影像亦是有別的。這就是說，照像機所攝取的影像，亦是或多或少的含有主觀的成份的。而且，同是月明之夜，李太白是「舉頭望明月，低頭思故鄉」，張若虛則是「江畔何人初見月，江月何年初照人」，另外還有人則認爲「莫作江上舟，莫作江上月；舟載人別離，月照人離別」。由此，則知情境雖同，而各人的感受或覺察是可以完全不同的。於是，我們祇能說，此所謂客觀的存在，則是或多或少的含有主觀的成份。我們必須作如此理解，才是真正的瞭解了存在的意義。

從存在的意義來說，存在與思維的關係，是和「行爲與環境」或「經驗與知識」的關係大體上相同。但是，我們人類之所以能獲得知識，則是外在的事物與此能知之心的合一而發生的一群群的事點之流。假定我們在觀看射擊比賽，當與賽者命中的時候，我們喊了一聲「射中了」，這種叫喊是對環境的反應，是我們內心的反應與外在的刺激的合一，也可以指明我們是有此知識。現在我們且以科學的眼光看這所發生的事情，即我們看到與賽者命中了而喊了一聲「射中了」的事情。這事情的發生實在是很複雜的，茲爲方便計，特分四階段說明之：第一、外界中的比賽者命中時與我們眼睛之間所發生的事情；第二、我們身體中從眼睛到腦筋間所發生的事情；第三、我們腦筋中所發生的事情；第四、我們身體中從腦筋到喉舌的運動而成爲叫喊的事情。在這四者之中，第一是屬於物理學的問題，因爲這可以用光學來加以研究。第二與第四是屬於生理學的問題，而第三則是屬於心理學的問題。雖然第三也可以說是屬於生理學的問題；但是，從生理學的觀點，是無法很完全的說明腦筋中發生的事情。我們腦筋中所發生的事情，固然是一種生理作用，同時也是經驗與學習的結果。因爲若不學習，我們是不會喊一聲「射中了」的；若無經驗，是不知道「射中了」的；然而若祇是有純粹的生理作用，而無此能知之心以知道此一刺激，則經驗與學習是不能形成的，當然也不致有此一聲「射中了」的反應。而且，此能知之心，是必須願意知道了外界的刺激，才會願意加以反應的。這就是說，從刺激到反應，雖然是必須經過一連串的物理學與生理學的歷程；但是，若因此便認定存在與思維祇是一種類似機械的作用，這當然是錯誤的；不過，若認爲我們的思維作用，是完全與物理學或生理學的作用無關，則是沒有理由予以相信的；因爲在「觀看射擊比賽」此一假設之例子中，我們是可以很明白的看出由刺激到反應的各個歷程。所以我們人類的思維，是「心靈活動」與一種類似機械作用的合一。至於所謂客觀的存在，則是經過了我們思維的作用，而或多或少的含有主觀的成份。存在與思維的關係，我們必須作如此的理解，我們的理解才會是正確的。

第五節　從感性與悟性而進一步的說明人之思維作用

爲對於思維作用有進一步的認識，我們願說明感性與悟性的關係。

有人認爲感性是一種機械作用，而悟性則是一種心靈活動。假如這說法是正確的，我們當很容易的區別感性與悟性。不過，這種說法是不大正確的。因爲心靈活動的現象，是不能向「機械作用」以外求得的；然而也不是說，心靈活動就是一種機械作用。

通常說來，由刺激而引起反應，這就是感覺。感覺並不是人類或生物專有的。例如一個照像底片對光線有感覺，一個氣壓表對於氣壓有感覺，一個寒暑表對於溫度有感覺，一個電流表對於電流有感覺；此外還有其他各式各樣的儀器或電腦，其感覺的敏銳，遠非人類的感覺所能企及。因此，我們人類的覺察或知覺（perception）和科學儀器的感覺或感性（sensibility），似乎是沒有區別的；或者還可以說，我們人類的知覺，是遠不如科學儀器那樣的精確而具有非常靈敏的效力。

此種人不如機器的觀點，並不是完全沒有理由的。因爲人類的知覺可以說就是感性的一種。從心理學的觀點來說，凡是一個人的感覺器官所注意到的事物，這就是他所覺察的。我們人類的覺察和機械的感覺，從行爲主義的觀點來說，其最大的不同，可能祇是生物的身體受了聯結定律或交替反射定律的支配，而機械則只有反射動作。說機械祇有反射動作，這應是不錯的。例如一架售貨機，它祇是對硬幣有所感覺而有一個反射作用；所以當它對硬幣反應的時候，它就可以拿出物品來。再就雷達來說，它能準確的測知目標物，也祇是靠它有一個反射作用。我們可以這樣的說，售貨機絕對不能學到只要看一看或聽一聲「銅板」就可以拿出物品來，而雷達也是很容易遭受欺騙。至於說我們人類的知覺，祇是受了聯結定律或交替反射定律的支配，這雖然是說出了人類的心靈活動的現象，不就是一種機械作用；但是，若企圖以此等心理學的定律，而解釋人類在哲學、科學，或藝術道德等各方面的思想活動，我們認爲是有困難的。即以「今宵酒醒何處，楊柳岸曉風殘月」這兩句詞爲例；我們人類之所以能作出這樣的詞，是不能祇用交替反射定律便可以說得淸楚的。「文章之事，寸心千古」，此能知之心，因其有一種「豁然貫通」的能力，才能有其各方面的成就。而且，電腦或機器人，是決不能如我們人類有選擇「知」的自由的。在上一章中，我們曾經辯明過，即是此能知之心，乃一種能量的形式，而具有知覺與思考的作用。這就是說，此能知之心，是可以無所不知的。因其能無所不知，則必能知之真切而止於至善。王陽明以人心所具的良知比喻爲一恒照體，這比喻是很恰當的。我們試一思索，當此無所不知的能知之心，而不爲外在的事物所蔽障時，則對於外在的萬事萬物之究竟無不通曉，故如一無物不照的光明體而燭照無遺。當山珍海味，旨酒嘉殽，羅列於前，且供求無缺時，食者是必知有所選擇的。此能知之心，既能知無不盡，當然是可以有選擇「知」的自由。這樣說來，人不如機器的觀點，雖不無理由；但就此心之能知無不盡而言，則人不如機器的說法，確是一種極其明顯的錯誤；而且，任何靈敏與精確的機器，必皆是此能知之心的產物，這是無可置辯的。

我們認為此能知之心之自由的選擇「知」的活動，即就是人類的意識或思考的活動。意識或思考是分別感性和悟性的一種心靈活動的現象。例如，我們看見一張桌子而知道「這是一張桌子」；這看見是感性的活動，這知道是思考的活動。於是，我們可以說，凡主動的或主觀的以覺察事物，即就是悟性的活動，也可以說即是有意識或思想。當某人在睡覺時，能說出擾亂其睡眠者之姓名，我們便可以說此人是有思考或有意識；因為此人是能主觀的覺察事物，而確知是誰在擾亂其睡眠。照這樣說來，思考活動與反射作用的區別，即反射動作是不自主的，而思考或意識的活動則是自主的；故除反射作用外，凡有思考或有意識介在刺激與反應之間的心靈活動現象，我們稱之為悟性活動。我們所謂之悟性，與康德所謂之悟性，亦是不相同的。為便於明瞭起見，特將心靈現象之活動，圖示於左：

（心靈現象概要圖）

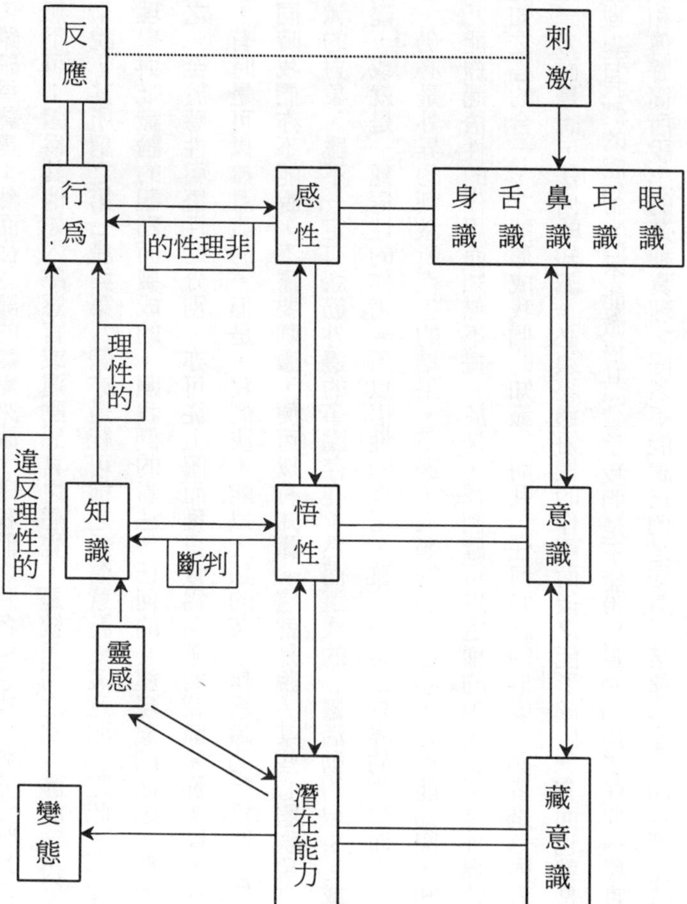

〔圖例說明〕一、‖表示「就是」的意義，如「意識」就是「悟性」等。

二、↓表示「可以成為」或「產生」的意義，如「意識」可以成為「藏意識」等。

從現代心理學的觀點來說，感覺器官，可分為內部，外部，運動等三種感官，而視覺、聽覺、味覺、觸覺、溫覺、冷覺等，則為外部之感官。其他如有機感覺、痛覺，或運動感覺，均衡感覺等則屬於內部感官或運動感官。此種分類，較之我們祇就外部感官而分為眼耳鼻舌身五識，雖確為詳盡；然而從認識的觀點來說，則我們之將各種感官，祇分為眼耳鼻舌身五識，實無不可；因為其他如內部感官或運動感官之感覺，是統可稱之為身識的。再就唯識論的觀點來說，其所謂之第七識與第八識亦是統可稱之為潛意識或藏意識。因此，上圖是綜合現代心理學與唯識論的觀點而製成的。照我們的看法，任何的心靈現象的活動，似都可用上圖說明之。至於感性與悟性的分別，亦可從上圖而獲得較為明確的認識。從上圖看來，人類的行為，有時是可以無意識的。但是，我們決不能以人類的某些無意識的行為而論定人類無意識。同時我們亦不能說，不需要刺激，便可以有知識。這就是說，某些心靈現象之活動，其所意識的對象，雖不一定有腦筋外邊的事點存在；然而這樣的心靈活動的現象，或是以記憶為基礎，或就是一種悟性的作用。所以悟性的作用，雖不一定由外界的刺激而生；但窮究其根源，仍必是外界的刺激所產生的結果。不過，人類的能知之心，因有能知與求知的兩種功能，乃能經過悟性的作用而知無不盡。於是，我們確可以這樣的說，必須是外界的存在與我們能知之心的合一，才能形成我們的知識。而且，任何知識的形成，必皆是「內省」的結果。這一方面是說，任何的知識，必須經過悟性的作用而後才能形成；一方面也就是說，任何的真理，若我們的能知之心不能澈悟其究竟，我們是不能說是真的知道了任何一種真理的。錄音機和傳聲筒所說出的某種真理，固然不能說它們是知道了某種真理；即我們兒時朗朗有如聲的背誦古文，也不能說我們是知道了文中的真義。再就靠實驗而證明的科學知識而言，實就無一種悟性的作用，亦是不能「豁然貫通」而形成其知識體系的。一個人的悟性作用，刺是一種內省的功夫。我們認爲，電腦或機械人對於某種刺激的反應，也可以說是知道某種激；不過，它們雖是非常的精確與靈敏；但是，因爲沒有內省的能力與不能自主的以求知；所以是遠不及我們的能知之心的妙用無窮。至於我們的能知之心之所以有此妙用無窮的功能，這是我們在下一章中研究心之本來面目時需要加以研究的。

第六節　再從主觀與客觀的關係而說明人之心靈活動

我們從人類與其環境的關係，以及人類的心靈活動現象之概要，而概略的認識了存在與思維的關係。現在我們應進而研究主觀與客觀的關係。

這就照我們的看法，主觀的意識與客觀的對象應是合一的。我們之所以說應是合一的，這就是說不合一乃是錯誤或妄見。再者，我們說意識是主觀的，對象是客觀的，這是就對象與意識之關係而言；所謂主觀的思維與客觀的存在，其意義亦應是如此。所以，我們不能說，思維或意識純是主觀的，對象或存在純是客觀的。例如天與人，就人對自然之認識而言，則其所表現而成爲我們所謂的客觀存在實並不客觀。因爲所謂客觀，通常應是指離主觀面而獨立的存在。實際上，這天或自然的存在，乃我們主觀的產物。真正的客觀存在，即本然的存在，從形而下言，可以說是沒有意義。於是，我們固不能說這思維是主觀的；因爲嚴格的說來，除了有某種錯覺或偏見外，可以說沒有主觀觀念的存在。同樣的，我們也不能說這思維不是主觀的；因爲我們所意識到的存在，實際上是不能說是客觀的。所以，通常所說的這是主觀的或這是客觀的，這要看我們所持的觀點是什麼，我們才能衡量這所說的是否正確。因此，通常所謂的主觀或客觀，應祇能是一種相對的說法；而且，任何的概念必須是主觀與客觀的合一，這才能是完全正確的。

茲先論客觀決定主觀的論點是不對的。

我們認爲主觀與客觀祇是相對的說法；於是，我們對於唯物論者所謂「客觀決定主觀」的論點是不能贊同的。馬克斯在其所謂「唯物史觀公式」中曾說：「人類的意識，不足決定它的存在；反之，人類社會的存在，轉足以決定它的意識。」在資本論中，馬克斯更將人類主觀的意識物質化，認爲意識本身，祇是由外間的物質世界反射在人類的心中而轉變爲思想的形態。馬克斯說：「我的辯證法，不僅與黑格爾的不同，且正相反對。在黑格爾，人類腦子的生活過程，亦即思維過程——他給它以觀念的名稱，把它轉化爲一個獨立的主體——是現實世界之創造主；而現實世界，僅爲觀念之外部的現象形態。但在我，適得其反，觀念不外是反射在人類心中的物質世界而轉變爲思想的形態而已。」馬克斯這一段話，把人類主觀意識的能知與求知的自覺自主的能力，抹煞得乾乾淨淨，而認爲意識是物質的產物。照馬克斯的說法，意識祇是被動的反映一切，而巴甫洛夫的交替反射說，似乎更足以增加馬克斯學說的正確性；然而其不能普遍的適用，在前面我們是已不厭其詳的予以辯明。這就是說，馬克斯的論點，並不是全無用處，祇是犯了以偏概全的毛病；而且，馬克斯也可能受了「物質不滅」這一觀念的影響，所以才認爲物質是主體，精神是派生的。這從近代的核子物理學的觀點來說，確是一完全的錯誤，我們在第二篇中，已是說得非常淸楚。再者，馬克斯在資本論中也曾說：「蜘蛛從事的活動與織工的活動相似，而蜜蜂所構築的蜂巢，定使多數建築師相形見絀。然而一個最笨拙的建築師，和一隻最靈巧的蜜蜂岐異的地方，就在他實際從事建築之中，他的觀念中已具有建築的模型。」靈巧的蜜蜂，其觀念中是否具有建築的模型，我們固不得而知；然而祇要我們承認建築師的建築是先有建築的模型，則等於是承認理學家的理先氣後之說；而且，建築家的能知之心，既能事先的知到建築之理，則決非祇是純粹的反射動作，而是能自覺自主的以從事實際的建築，這和「觀念不外是反射在人類心中的物質世界而轉變爲思想的型態」的觀點，其自相矛盾是很顯然的。這兩段話都載在資本論第一卷中，一是肯定人類的主觀意識，實類似機械的感覺，充其量亦不過有交替反射的轉變作用；一是認定人類之所以能從事創作或製造，乃因事先已具有完整的觀念，馬克斯且以此而區別人類和動物之不同，其見解亦極爲透澈；所以我們祇能說，馬克斯之所以陷於自相矛盾，實就是聰明人的糊塗。

我們仍須說明的，唯物論者「客觀決定主觀」的論點，其真正意義所在，乃在便於說明馬克斯唯物史觀的理論基礎。馬克斯認爲，生產諸力是決定生產方法，生產方法是決定生產關係；此等社會的下層構造，則是決定社會的上層構造。換言之，則是社會的經濟構造，決定社會的意識形態。我們固未便肯定的說，馬克斯的哲學是用來解釋他的經濟理論，或是其經濟理論乃在闡述其哲學；但從其經濟理論以論證其哲學觀點之不正確，則似無不可。馬克斯在資本論中更曾說：「過去勞動工具之遺物，對於已消滅的社會經濟形態之考證；正與骸骨的化石，對於已消滅的動物種類之戡定，具有同樣的重要性。經濟上各異的時代之可能劃分，不在於已經生產了什麼，而在於怎樣的生產了，並用何種勞動工具。勞動工具，不僅可以供給人類勞動所已成就的社會發展過程的標準，且成爲當時勞動所以能進行的社會關係的指示器。但在勞動工具中，機械性的勞動工具，就其全體觀察，我們可以叫做生產之骨骼與筋肉系，其所能表示的生產時代之決定的特性，遠比那些僅僅當做勞動材料之容器，如導管、桶、籃、壺等等爲大，這些全體叫做生產之脈管系，且只在化學工業中，才發生重要的作用。」馬克斯這段話的意義是說，勞動工具爲決定生產力的要素。若作進一步的推論，則所謂經濟的階段或經濟的時代之決定要素，也就是勞動工具，或者說就是勞動手段。這就是說，客觀的物質的存在，是主觀的意識之決定者。我們追溯歷史發展的事實，在原始人類社會環境中，將客觀的物質材料，轉變爲生產手段的勞動工具；既非客觀的物質材料之自然變化，亦並不是人類盲目活動的結果，而是人類的主觀的理性活動所創造與製作的結果。這一真確的觀點，即馬克斯亦不反對；所以他認爲人類與蜜蜂的建築活動是不同的。這就是說，馬克斯亦並不反對人類是有理性的；不過，他認爲人類的理性活動是受物質環境支配的。這本來是哲學上一個聚訟紛紜的問題；然而從我們的哲學系統以及我們在本章以上各節中所已詳爲辯明的各點看來，所謂「環境決定行爲」，「存在決定思維」，「客觀決定主觀」等等的說法，都並不是真理；因此我們認爲馬克斯的經濟學說和他的哲學理論，都是大有問題的。

現再論主觀決定客觀的論點亦是不對的。

唯物論者「客觀決定主觀」的論點既然是不對的；那麼、主觀決定客觀的原則，照說應該是對的；然而我們的答案也是否定的。因爲主觀與客觀既祇能是相對的說法，所以我們對於主觀決定客觀或客觀決定主觀的論點都不能贊同。茲就主觀決定客觀這一點來說，假如這觀點是對的，最低限度，亦應承認柏克烈的觀念即事物，及事物或物體亦即知覺之集合體的觀點是完全對的。但是，這觀點是有問題的。除了我們在前面所已辯說的以外，即就我們日常所經驗的事物而言，在睡眠時固不覺其存在，醒來時則依然如故；而且、縱令此身長不在；然青山綠水，通過類似人類的視覺，則在宇宙沒有毀滅以前，將是永遠的存在。此客觀的存在，實非主觀觀念的產物。不過、我們人類所謂的存在，並不就是實際存在，而或多或少的含有主觀的成份；若非「妄見」，大體上主觀的觀念卻是與客觀的存在合一的，所以我們認爲主觀決定客觀的觀點是不對的。從認知的觀點來說，是沒有純主觀觀念的存在。即令是一種錯覺或「妄見」亦必有其原始的刺激。再者、就所謂「時勢造英雄」或「英雄造時勢」來說，我們所謂的客觀，是類似於此種意義的時勢。照我們的看法、英雄是祇能把握時勢而予以運用。所謂識時務者爲俊傑，通機變者爲英豪。這就是說，英雄豪傑之士，是決不會違背時勢的。孟子說得好，「雖有智慧，不如乘勢；雖有鎡基，不如待時。」郭象也說：「揖讓之於用師，直是時異耳，未有勝負於其間也。」這就是說，凡能順應時勢的，皆是可以成功的。自然、某種時勢之所以造成，必是受了此一時代的主觀觀念的影響；而此一時代之所以能形成某種觀念，固然是由於客觀的時代的要求，亦必是由於有志之士的倡導；所以，任何時勢或任何時代思想之所以形成，必皆是主觀觀念與客觀情勢合一的結果。這就是，既不是純然的客觀時勢的反映，亦不是純主觀的意志所能左右。老子說：「爲者敗之，執者失之。」

這就是說，某種時勢未至，專憑一部份人的願望，以求實現某一理想，這就叫做爲之，爲之是會失敗的。某種時勢已去，專憑一部份人的願望，以求把持之，這就叫作執之，執之是會失去的。我們認爲老子的此種觀點確是不錯的。所以祇有「因勢利導」或「與時偕行」這才是較爲合理的。於是，所謂主觀決定客觀，實是不合於「勢所必至」的固然之理；而且、也是不合於本然之理的。至於如何才能「因勢利導」的以造成某種時勢，這卻不是一個哲學的問題。

照以上所說的看來，祇有主觀與客觀的合一這才是對的。因爲若不是主觀與客觀的合一，則可以說是沒有人類所謂的存在。人類所謂的存在，必皆是主觀與客觀合一的結果。例如某一概念，它必是主觀的，同時也必是客觀的；因爲所謂概念，它雖是客觀的義理；但其本身仍必是一種主觀的觀念；至低限度，它也必是「互爲主觀」的。當然，某些概念，也可能是先天的。這就是說，某些概念也可能不是表示外物「是什麼」的確定認識，而是一先驗的存在。例如實際的飛機，是近代才發明的；但在飛機發明之前，必先已有完整的飛機的概念，不過到現代才發明而成爲實際的飛機。這就是說，若無飛機之理，則便無此理而不會有此飛機。同樣的、有了飛機之理，是必會有此飛機的。於是，我們也可以說，後天與先天是必然合一的。在這裡我們仍須說明的，即某一實際的事物，固可以是客觀的存在；但任何的實際的事物，亦可以說皆是由我們所謂的概念構成的。所謂「物莫非指」，即是此意。例如一塊石頭，從光學的觀點來說，這是某一種顏色型；從存在的真正的樣子來說，這是一系列一系列的陰電子繞陽電子的運動所構成的某一種顏色型的過程；因此，我們所謂的石頭，實祇是由圓、白、冷、硬、重等概念所組成的。但是，我們卻不能說這不是一主觀的態度。所以，我們認爲實際的事物或存在，必皆是主觀與客觀的合一。

第七節　環境對於心靈之影響

以上我們已從行爲與環境，知識與經驗，思維與存在，感性與悟性，及主觀與客觀等，而批判了「交替反射」及「存在決定思維」等觀念之不完全正確。這雖然不是從究竟的或本然的觀點而說的；但是，爲了認識這靈明與妙用之真正作用，這種研究是必須的。這究竟是說明了什麼呢？第一，這就是說，當吾人將心靈當作客觀存在而加以研究，固知通常所謂之心靈與物質，雖無本質上的不同，卻因心靈是能量之具有靈明與妙用而能爲人之主宰者，所以心靈作用與機械作用是顯然不同的；第二，因爲有此顯然之不同，所以環境對於心靈雖大有影響，卻因心靈自有主宰，而不是完全受環境支配；第三、心靈作用固與機械作用不同，亦與生理作用有別，然而若離去生理作用或機械作用，卻亦不能另外找出心靈作用，此所以心靈作用一方面是如機械作用或生理作用的必受環境的影響，一方面因能自主而可以超脫環境的影響；第四、心靈與物質雖無本質上的區別，卻有靈明，妙用，自主等作用可說，此與物質之有廣長可說是一樣的，此所以心物雖不是實在的，其相狀或作用則並非虛幻的。照這樣說來、我們從心之本質固然找不出什麼是心，卻從心之作用上而看出心確是具有靈明與妙用而能爲身之主宰，此所以環境對於心靈之影響並不是絕對的。

第七章　心之本來面目之分析

第一節　概　說

我們曾就物之大而無外及物之小而無內加以分析，使我們知道通常所謂之物，實祇是可名之爲「無」的宇宙泡表面而有幾近於無之事故發生，這是我們在第二篇中所作的研究。當我們將「心」作爲客觀的存在而加以分析時，卻使我們體認到，心靈與物質並無本質上的區別；然而當我們分析心靈與環境之關係時，則又發現心之靈明與妙用，確與機械作用不同，這是以上兩章所研究的。現在我們所需研究的，即：此與物質沒有本質上之區別的心靈何以會具有靈明與妙用呢？這靈明與妙用之本來面目是什麼呢？對於何以會具有靈明與妙用的問題，在本章中我們仍不擬作答，而擬在下一篇中再詳作研究。在這裡我們擬加辨說的，即這靈明與妙用之本來面目是什麼？這就是說，本章所擬討論的，乃從心之作用方面而說明心究竟是什麼。這對於以後研究何以會具有靈明與妙用的問題，亦是大有裨益的。

第二節　觀念之澄清

如我們在第五章第三節中說過的：「一般人總以爲對於精神和物質這兩個概念是弄得很清楚的。」殊不知精神和物質或心靈和物質是兩個非常難於弄清楚的概念，所以許多人常誤以物爲心而不自覺。例如有人以物之中爲心，而稱圓之正中爲圓心；又有人以物之纖細而銳者爲心，而稱木之尖銳或刀之鋒，爲木心或刀心。當然，說圓之正中爲圓心或說木之尖刺爲木心，皆未嘗不可以；若以爲這是與物有別之心，則是誤以物爲心。講哲學而誤以物爲心而不自覺，這是不可以的，這種觀念確是應該澄清的。

爲什麼許多人會以物爲心而不自覺呢？這就是許多人認爲有「心」這樣的東西。許多人認爲心是在胸腔內的。生理學家與心理學家才知道會思考的是腦神經。腦神經是不是心呢？我們的答案是否定的，但我們又認爲離了腦神經沒有另外的心。佛家是認定「諸心皆爲非心」。在第三章中我們所引南陽慧忠國師與大耳三藏之故事，即在於說明，當一念不起時，是無通常所謂之「心」可得。通常所謂之「心」，即是不離腦神經的心；不離腦神經的心，與以爲有在胸腔內的心，並無本質上的不同。以爲有在胸腔內的心，這是以物爲心；講哲學而以物爲心，則其所講的哲學當然是不知所云的。因此，凡認爲有「心」這樣的東西的哲學家，必全是缺乏反省與自覺的人物。據我所知，不自覺的以物爲心的人，在今日還是很多的。至於所謂「不離腦神經的心」這是以感覺爲心。以感覺爲心，亦很可能即是以物爲心。須知感覺非心，才不致誤以物爲心。佛家所謂之「諸心皆爲非心」，即是指感覺非心而言。金剛經曰：

如來說諸心皆為非心，是名為心。所以者何？須菩提。過去心不可得，現在心不可得，未來心不可得？

過去心何以不可得？因爲過去已成過去，當然已不可得。人誰能把過去的日子再拉回來嗎？未來心何以不可得？因爲未來尙是未來，當然尙不可得。人誰能把尙未到手的東西說是得到手嗎？現在心何以不可得？這是一個比較嚕囌的問題。中論破去來品有曰：「已去無有去，未去亦無去，離已去未去，去時亦無去。」此所謂之「去時」是與「現在」同義。中論對這四句話曾作如是之詮釋，即：「已去無有去，已去故。若離去有去業。是事不然。未去亦無去，未有去法故。去時名半去半未去，不離已去未去故。」這就是說，所謂現在，是不離過去未來的。離了過去未來，即無現在。現在是一半過去，一半未來組合而成的。過去未來既皆不可得，現在又何從可得呢？有人以爲這是一種詭辯。若稍作疏解，則知此並非詭辯。希臘哲學家赫拉克里泰斯（Heraclitus）曾說：「你不能在同一的河流中入足兩次；因爲新的水老是向你流著的。」（羅素西方哲學史第一卷第四章）這意思是說：「一切皆流動」（all things are flowing）。因爲一切皆流動，所以衹有流動不息，而無過去現在未來之可得。指月錄曾載有這樣一個故事，即有一個和尙向一女人買點心吃。這女人說，金剛經曾說過去心不可得，現在心不可得，未來心不可得；那麼，你買點心是準備點那個心呢？這就是說，時間是流動不息的。即令人有所謂感覺之心，然而此感覺之心，必是隨時間之流動而流動，所以此感覺之流，亦是沒有過去現在與未來可得的。所謂「感覺非心」，其奧義即是如此。

有人認爲，以感覺爲心，固沒有過去現在未來可得，然此感覺之心自己，則並非不可得。吾人認爲，若果是此感覺心之本來面目，這是可得的，至於可得者是什麼，容下文再說。這裡仍須稍作說明的，此隨時間之流動而流動的感覺心，之所以無現在過去未來可得，這亦是不能有所得。若過去心果有所得，必是不捨過去之橫逆而生悔心，或是不捨過去之怨尤而生瞋心，或是不捨過去之愛好而生愛心，或是不捨過去之迷惑而生疑心。此悔心、瞋心、愛心、疑心等，必皆是受環境影響或生理作用之影響而生起的。人果是以此等心爲心，則所謂「心」是與機械作用無本質上的區別。其次，若現在心果有所得，必是見可愛者而生愛心，或是見可惡者而生怒心，或是見可欲之財貨而生貪心，或是見可迷戀之色相而生迷戀心。此種種心亦皆是與機械作用無本質上的區別。再其次，若未來心果有所得，則所得者必皆爲妄想心或計慮心。此等心皆是爲未來之事景所生起的，亦皆是與機械作用無本質上的區別。過去現在未來三心，皆是不能有所得；因爲若果有所得，實與售貨機對銅板有反應是一樣的。以此種心爲心，那我們沒有理由批評唯物論是不正確的。於是，我們能說「感覺非心」是不正確的嗎？

依以上所作之分析：第一、以感覺爲心，若隨時間之流動而流動，則不僅不可得，亦且不宜得；第二、凡不宜得之心，如貪瞋疑悔等，皆爲不得其正之心。大學曰：

> 所謂修身在正其心者，身有所忿懥，則不得其正；有所恐懼，則不得其正；有所好樂，則不得其正；有所憂患，則不得其正。心不在焉，視而不見，聽而不聞，食而不知其味。此謂修身在正其心。

這就是說：心之所以「不得其正」，即是「心不在焉」；心何以不會在焉，即是此心逐物而爲物所化；心何以爲物所化，即是溺於感官之知而不能自拔。陽明所謂隨順軀殼起念，即是指心之所以「不得其正」。這就是說，心之所以不得其正，即是心完全受了行爲主義的定律所支配，而喪失了考勒在其所著的「猿類之心智」一書中所謂之「內見」（請覆按上章之第二節），亦即是此心逐物而爲物所化。於是，我們現在應該明白了；第一、若將心當作客觀的存在而加以研究，心與物是無本質上的區別；第二、若以爲有「心」這樣的東西，必誤以物爲心而不自覺；第三、若溺於感官之知而不自拔，則心不得其正而爲物所化。這三者皆非心之本來面目，皆不是我們所謂之真正的心。我們講心物合一論的哲學，對於心與物這兩個概念，確應有極其清楚的理解；對於錯誤的觀念，尤應不遺餘力的予以澄清。

第三節　佛教徒所謂之心及其認識此心之方法

茲特依禪宗的一件公案而說明之。

據傳禪宗懷海大師，一日曾侍馬祖行次，見一群野鴨子飛過。馬祖曰：「是甚麼？」懷海曰：「野鴨子。」馬祖曰：「何處去也？」懷海曰：「飛過去也。」馬祖即回頭用力將懷海鼻孔一搊，致懷海負痛失聲。馬祖厲聲曰：「又道飛過去也。」懷海於言下有悟，乃回至自己的寢室哀哀大哭。同事問曰：「你想念父母嗎？」懷海搖頭曰：「不是。」曰：「被人罵嗎？」曰：「沒有。」曰：「哭作甚麼？」曰：「我鼻孔被馬大師搊得痛不徹。」同事曰：「有甚因緣不契？」懷海曰：「你問和尚去。」同事問馬祖曰：「海侍者有何因緣不契，他在寢室裡哭告，請和尚爲某甲說。」馬祖曰：「是他自己會了，你現在可去問他。」同事回到寢室問懷海曰：「和尚說你會了，要我來問你。」懷海乃呵呵大笑。同事曰：「剛才哭，於今爲甚麼卻笑？」懷海曰：「剛才哭，於今笑。」這位同事被懷海弄得莫明其妙。到了第二天，馬祖陞堂講法，大家才集合完畢，懷海即退出，並將坐席卷起來。馬祖見懷海如此動作，他自己也不講法而走下坐位來。懷海乃隨馬祖至方丈室。馬祖曰：「我剛才未曾說話，你爲甚麼便將坐席卷起來？」懷海曰：「昨日被和尚搊得鼻頭痛。」馬祖曰：「你昨日向甚麼處留心？」懷海曰：「鼻頭今日又不痛也。」馬祖曰：「你深明昨日事。」懷海乃作禮而退。

禪宗的此一件公案，我們不必從考據的觀點而論究其事件之眞假，而祇須論究此一公案所顯示之意義。照此一公案所顯示者，是謂人之感官所覺知者皆是「妄見」，也就是說「感覺非心」。因此，我們看見野鴨子飛過，若是「悟」者，則不能說「是野鴨子飛過」。我們在第四章中所引青原惟信禪師所說的：「及至後來，親至知識，有個入處，見山不是山，見水不是水。」其義亦是如此。基於此義，便無所謂笑與哭或痛與不痛了。此所以既可以「剛才哭，於今笑」，也可以「昨日被和尚搊得鼻頭痛」，「鼻頭今日又不痛也」。照佛家的此種觀點，人必須離去喜怒哀樂及否定感官所覺知之一切知識才眞能認識「心」。這就是說，我們必須完全否定「機械作用」或「生理作用」才眞能認識「心靈活動」。至於禪宗所謂之「心」是什麼？永嘉禪師所描述的頗具代表性。他說：

恰恰用心時，恰恰無心用。無心恰恰用，常用恰恰無。夫念，非忘塵而不息；塵，非息念而不忘。塵忘，則息念而忘；念息，則忘塵而息。忘塵而息，息無能息；息念而忘，忘無所忘。忘無所忘，塵遺非對；息無能息，念滅非知。知滅對遺，一向冥寂；闃爾無寄，妙性天然。如火得空，火則自滅。空喻妙性之非相，火比妄念之不生。其辭曰：忘緣之後寂寂，靈知之性歷歷。無記昏昧昭昭，契本真空的的。惺惺寂寂是，無記寂寂非。寂寂惺惺是，亂想惺惺非。

照永嘉此所說的，則知佛家所謂之心，是指亦惺惺亦寂寂者而言。寂寂是忘緣之後寂寂，惺惺是靈知之性歷歷；歷歷是契本真空的的，忘緣是塵念忘息無寄。因爲寂寂惺惺是，所以惺惺非是亂想；因爲惺惺寂寂是，所以寂寂非是無記。必須合乎以上所謂之既惺惺而又寂寂，既寂寂而又惺惺之意義的，才是佛家所謂之真心。佛家所謂之真心，既不是詹美斯所謂之有笑氣病者之經歷（見第二章），亦決非變態心理學者所謂之意識分裂。因爲這兩者皆祇是「亂想」而已。至於佛家認識心之方法，則是必須忘塵息念而顯出「妙性天然」（亦即能以至大至剛之精神，掃去意識與潛意識之束縛，而獲得真正之自由）。佛家認爲通常所謂之存在，實皆是受了感官的欺騙而所生之妄見。馬祖之所以要搊懷海的鼻孔，乃懷海受了感官的欺騙而不自覺。因爲要真能忘塵息念，祇就「理」上言之，是要能洞燭感官之知爲妄；所以，凡受了感官的欺騙而不自覺者，皆不會認識真心。佛徒們認爲，沉迷於酒色財氣而不自覺者，固是受了感官的欺騙而不自覺；若看見野鴨子飛過而以爲就是野鴨子飛過，亦是受了感官的欺騙而不自覺。此說是否爲真，我們暫可勿論；惟依此說，是必須體悟到「本來無一物」之寂寂，且又是「靈知之性歷歷」，而認識此亦惺惺亦寂寂者，這才是真的認識了心。於是，我們可以這樣的說，禪宗所謂之心，是空一切現象後才識得的，這也叫做「破象顯體」。

以上是說明了佛教徒所謂之心及其認識此心之方法。永嘉所描述之心，大致是從「心」之本來面目或功能而說的，此與前文所謂之隨時間流動而流動之感覺心是完全不同的。我們認爲，當以心觀心，亦即以心自觀時，必會覺到萬象皆空，而祇有虛靈不昧之良知獨耀。這一方面是說，良知是心之本體；一方面也是說，祇有空一切現象才真能認識此心。就認識此心之方法言，這原是不錯的，至少這是認識此心的最主要的方法；然而佛家卻認爲此所認識之心乃一切現象的本體，則不爲我們所贊同。我們認爲，心之本體並非宇宙的本體。什麼是宇宙的本體，在本章中不擬討論，至於心之本體或本來面目，則是我們所須研究清楚的，此所以我們特就佛家所謂之心及其認識此心之方法作較爲深入而詳明之研究。

第四節　感覺的心與超感覺的心

照上文所說，則知佛家所謂之心，不是感覺的心而是超感覺的心。照佛家看來，此隨時間之流動而流動的感覺心，即是生滅心。他們爲超脫生死，故必須離棄此生滅心而建立一恒常不變之超感覺的心。感覺非心，以及如何離棄此感覺的心而建立此超感覺的心，前文皆有論及。現在我們須作研究的，此超感覺的心是否可建立呢？

在回答這問題以前，對於所謂感覺的心，仍有補充說明之必要。佛家以感覺心爲生滅心，或以之爲妄見，這是前文已詳爲辨說的。佛家此種見解，並非完全正確。因爲感覺固然不是心，然離了感覺亦沒有另外的心。就感官之知而言，習以為常的見山是山，見水是水，這固然可以說是妄見；因為究極言之，實皆是陰電子繞陽電子運動而所發生之事故，而無所謂山或水者；但當親見知識以後，而仍然見山是山，見水是水，則不能說是妄見。儒家之所以講倫常物理，乃是親見知識後所得之休息處，而不是習以為常的。何以倫常物理不是習以為常的？因為世事雖無常，人物雖如夢幻；然而父子之親，夫婦之義，長幼之序，朋友之信，在至性至情之流露時，勿論何時，其理皆未嘗變。照這樣說來，生滅心固不離感覺心；若以為感覺心就是生滅心，當然不完全正確。

有持異議者曰：倫常物理，雖亘萬古而常存；然常存者是理而不是心。所以此在生滅之流中的感覺心，雖可識得此倫常之理，畢竟此心與此理，是二而非一。對於此說，我們可作於下之理解；第一、依此說，則感覺心與超感覺心是二而非一；第二，此說是與「心即理」之說不同，亦就是我國哲學史上程朱與陸王之不同。

朱陸對於無極而太極一語之所以發生爭執，即朱子認為此感覺的心，是理與氣合後才有的，此是形而下的；至於形而上之理，則就是無。因為是理先而氣後，所以無極而太極。朱子是從形上與形下之分，而肯定有「理先氣後」之可言。至於象山，則肯定形上與形下，是體用一原，顯微無間的。這就是說，此形下的理氣合一之感覺的心，與此形上的超感覺的心，原是「一原」而且是「顯微無間」的。所謂顯微無間，亦可比作白天黑夜之無間。我們能找出白天黑夜之間的「間」嗎？照這種說法，則白天與黑夜，實是不一亦不二；亦即形上與形下，不一亦不二。所以象山便反對無極而太極之說，並因而肯定心理不二。因為心理不二，所以此感覺的心實不能說「就是生滅心」。

朱陸異同，固是中國哲學史上的大問題，實亦是講心性之學的大問題。照朱子之學，是祇有超感覺的理或性，而無超感覺的心；因此，心理或心性是二而非一。照陸子與後來的陽明之學，則肯定心性皆不二；因此，陸王是與禪宗一樣的以知覺爲性，而贊成於作用上見性。黃宗羲陸稼書輩，皆反對作用見性之說。我們認爲，從作用上見性，實就是從感覺的心而識得超感覺的心；於是，此超感覺的心是可建立的。這就是說，佛家所謂之真心，於義無悖。再者，作用見性之說，與孟子食色性也之說是相互發明的。我們讀孟子七篇之書，知七篇中有以食色爲性者，亦有以食色爲非性者。所謂食色，實就是「作用」。於作用見性，當即是於食色見性。孟子食色性也之說，當然是默許從感覺的心可得超感覺的心。我們更不妨就事實而略加分析：人這一物理機構之能動作，語言、視聽等等，固與機械作用無別，如錄音機會紀錄話，收音機會收聽話，各種機械皆會動作等等；又人之能食色，固與動物之生理作用無別，如禽獸亦皆有覓食及求偶之活動等等；然而我們卻不能說，人不能從諸如此類之作用上見性。祇要我們能承認孟子食色性也之說是不錯的，我們亦沒有理由反對作用見性之說。我們與佛家有不同者，即佛家祇肯定「寂寂惺惺」的心之本體，而否定一切現象；我們則贊同儒家本於孟子食色性也之說，而肯定有倫理可講，並認定倫常物理，即此心之倫常物理。無此心即無此理，心與理是合一的。陸王之學，雖與禪宗一樣的以知覺爲性；然因其肯定心理不二，而不遺人情物理，所以與禪宗有本質上的差異。

心理不二之說，一方面是說，心不是一個東西，而祇是此理；一方面是說，理不是純粹的抽象，而是一種作用。因爲是作用，所以是可實踐的。此所謂之實踐，是理本身之實踐，而非是另有一實踐之主體以實踐此理。能明乎此，則知心即理之說，亦即能踐與所踐之合一。

以上所說的，其目的在說明此心之本來面目，是亦惺惺亦寂寂之靈明；而且，此靈明就是理。黑格爾所說之思想它自己（即真正的思想），亦就是我們所謂之心之本來面目或真心。這就是說，心並不是一種東西，心祇是一種真正思想。

何以我們必須說心是一種真正的思想呢？因爲若不是真正的思想，即不能說是我們所謂之真心。我們從客觀的存在來說，固然不能說，有與物在本質上不相同之心；但從心之相狀或作用來說，卻可以肯定有真心或真正的思想。此所謂「真」，是對「假」而言，即有「真心」與「假心」或「真思想」與「假思想」之區別。假思想即是假心，真思想即是真心。

什麼是假思想或假心呢？前文所謂之「妄見」或心之「不得其正」者皆是；亦即是陽明所謂隨順軀殼起念者皆是假心或假的思想。例如有人爲美色所迷而戀此美色，當迷戀此美色時，似是真心愛之；然當色衰而愛弛時，便顯出不真了。色衰愛弛時之不真，便足證明「當迷戀此美色時，似是真心愛之」之真就是假的。其「似是真」者，乃隨順軀殼起念或溺於感官之知而不自覺而已。若愛情果是海枯石爛而不變者，這當然就是真愛（即真心所發之愛），與迷戀美色有本質上的不同。此亦可說明真心與假心，真思想與假思想之區別是什麼了。

我們不妨作更進一步的分析：就上章中所假設的「在觀看射擊比賽」的例子來說，我們喊了一聲「射中了」，這是我們內心的反應與外在刺激的合一。所謂內心的反應，即是我們內心知道了這個刺激。嚴格說來，即是我對我內在狀態的知覺。如果我不是知覺這個反應外在刺激的內在狀態，我決不會有「射中了」之類的知覺。許多人以為是我知覺「射中了」，而不知是我對我內在狀態的知覺；如是便迷失了知覺的本身，而所知覺的全是對象，這就是溺於感官之知而不自拔。固然，像「射中了」或野鴨子之類的知覺，我們不能說不是真知識，卻可以說，這不一定是真心它自己而知覺有此知覺。任何知覺，當然是「心」之知覺；然而心之知覺卻常藉感官而知之。因其如此，所以一般人常溺於感官之知而忘記心自己。於是，像「射中了」或「野鴨子」之類的知覺，也可能是真心它自己之知覺，也可能祇是感官之知。若屬於前者，我們說這便是「悟者」；若屬於後者，我們說這便是「迷者」。迷與悟之分，亦就是假與真之分。能知何者真，即知何者假；能知何者假，即知何者真。真心與假心之別，我們應該有進一步的認識了。

我們所謂「心之知覺，卻常藉感官而知之」，與佛家「根身」之說，亦不相類。佛家自小乘以來，即有眼、耳、鼻、舌、身等五根之說。此五根亦總名根身。佛家認為根身是介乎心和物之間的一種東西。我們的意思則決不是如此。我們認為，感官之所以知，即是此心之知，而非有另外之知。我們必須記住，心與知不是兩個東西。我們的意思是說，有心或知這樣的現象，感官是可以表現此種現象。這與佛家根身之說是不同的。依根身之說，根身本身似乎是有知的。我們認為，除心之知外，無任何其他之知。這就是說，心這一現象，是有一種知之作用。感官之知，即是心之這種知之作用，而非是另有所謂「根身」者所生之作用。心之此種知之作用，有時會為物所化而「不得其正」，亦祇是此心之知不知向內反省以認識自己，而非是別有一種知。於是，我們當知「根身」之說，實際上是沒有任何意義。

第五節　超感覺的心與宇宙的心

照以上所研究的，我們是贊同佛家所謂心之本來面目或真心，它是超感覺的，此超感覺的心是可從感覺的心而識得。若說超感覺的心不可從感覺的心而識得，則超感覺的心是不可知的。康德曾說：

為了把本體的名辭應用到物自體上，不當作現象論。然而悟性這樣做，同時也限制了它自己，承認它是不能藉賴任何範疇認知那些本體，因此不得不單以『無可知』的名義來設想它們。（純粹理性批判第一卷第三章）

許多人以為康德是不可知論者。實際上，康德祇是認定對物自身的觀察，「不能利用任何範疇，因為範疇單是在時空直觀聯結一致的關係中才具有意義」（見同上）。康德此說是不錯的。此即是宇宙的本體或心之本來面目（亦即是心之本體）皆是不可用範疇來陳述或思考的。而且，若以為本體就是「把現象聯合起來的作用」，亦當然「是詭辯的遁辭」（請覆按第二章第三節）。於是，我們應知康德所謂之「不可知」其意義究竟是什麼了。若說超感覺的心是不可知的，那當然祇有從感覺的心而識得。不過，這是必須離棄感官之知，而如懷海被馬祖搊得鼻頭發痛後所悟得的。此所悟得的究竟是什麼呢？這就是永嘉所謂之亦惺惺亦寂寂者。周易繫辭上傳曰：「易无思也，无為也，寂然不動，感而逐通天下之故，非天下之至神，其孰能與於此。」這幾句話，姑無論其本意如何，然而以之陳述此超感覺的亦惺惺亦寂寂之真心，則非常恰當。我們在第三章中，曾提及道家所謂之衡氣機與佛家所謂之無所住心。我們在第三章研究的目的，純是在於說明「無得而相」之相狀。現在我們研究的目的，固亦在於說明真心之相狀是什麼，然仍須側重於心之作用或功能之陳述。若祇從心之相狀而言，則佛家所謂之無所住心即本章所謂之超感覺的心。然而此所謂超感覺的心，仍是從其功能或作用而說的，所以我們認定超感覺的心是如黑格爾所說之真正的思想或思想它自己。我們欲真能認識心之本來面目，是必須從心之相狀與功能這兩方面而作深切的體悟或理解，才不致有偏誤。於是，我們便可以進而說明宇宙的心是否可建立了。

一般人認爲，說有宇宙之理，這是可容許的；說有宇宙之心，則問題便不簡單了。這森羅萬象的宇宙，秩序井然，謂其爲無理，誰也不能如此說。宇宙自有其理，應無可疑。我們認爲，祇要承認有宇宙之理，便可承認有宇宙之心。許多人不敢肯定有宇宙之心，是因爲他們覺得，心應該是一個東西，而且他們也不自覺的有一種「擬人」的觀念。他們認爲，如果有宇宙的心，則此宇宙的心應該像人心一樣。宇宙何能像人一樣的有心?所以不能有宇宙的心。這種觀點，若稍加分析，其謬誤立見。第一、究竟什麼是人心呢?就我們對於心所作之分析，心與物雖無本質上的區別，然而卻有知之作用。我們是以知之作用爲心，而不是把心當作一個東西。第二、知之作用究竟是什麼呢?這就是前文所謂之亦惺惺亦寂寂者，亦即是無思無爲，寂然不動，感而遂通天下之故者。於是，則通常所謂之人心，其真正的意義，是謂人這一物理機構具有無思無爲，寂然不動，感而遂通天下之故的靈明與妙用。此一靈明與妙用，祇是一種知之作用而已。此種知之作用的本身，即是黑格爾所謂之思想的本身；思想的本身，能不當於理嗎？宇宙之有理，是宇宙的本身當於理。從當於理而言，宇宙與思想是相同的，問題是宇宙有無思想，亦即宇宙是否有知。

以上兩章中，我們曾一再指陳，心靈作用與機械作用是不同的。此兩者之不同，即心靈作用是自主的，機械作用則是不自主的。現在我們可以問：宇宙是否有機械作用的現象？關於此問，其答復當然是肯定的。因爲宇宙若無類似機械作用的現象，此必是到了「熱的死亡」的時代（請覆按第三章第四節），而無所謂森羅萬象的宇宙了。宇宙既是有機械作用的，現在我們又可問，此機械作用是自主的，還是被動的？可能有人會這樣說，宇宙所表現的機械作用，是無所謂主動或被動；因爲宇宙本身應是自然而然的，而決不是有計度的。許多人以爲思想之所以爲思想，在於思想能計度。若宇宙的機械作用，不是計度的結果，則便不能說宇宙是有思想，亦即是不能說有宇宙的心。此說是與我們的觀點不相容的。

我們所謂之心，不是能計度的心。一方面，計度仍然是機械作用，例如電腦，便是能計度的；另一方面，我們所謂之心，是「不勉而中，不思而得，從容中道。」這當然是非計度的。因此，以宇宙之所以爲宇宙不是有計度的而論定沒有宇宙的心，此是一沒有弄淸問題本質的看法。此祇須稍加反省便知其謬誤，然而此種觀點卻容易被人信服，所以必須予以斥破，而使我們所謂之心之本來面目，其意義當更爲明確。

我們仍然回到宇宙是否有心的問題。我們已陳述了宇宙是有理的；而且是有機械作用的；而且有人認爲宇宙之機械作用是無所謂被動或主動的。準此，我們說宇宙有心，是否仍嫌粗率呢？一般人之所以不贊成有宇宙的心，因爲他們是誤解了心之意義。這種誤解，雖賢者亦所難免。例如朱子，他對於心之作用的理解，大體上是非常清楚的；但他曾說靈處是心不是性，其意是一方面誤將心當作一個東西，另一方面是謂心外有性。心外有性之說，是類似「有把現象聯合起來的作用」。這可以說是以普遍性的抽象爲性。以具體的爲心，以抽象的爲性，這是與我們的觀點不同的。我們認定性是心之體，亦就是心之本來面目。我們說心之本來面目是什麼？其意義即是說性是什麼？因此我們不贊成心外有性之說，當然亦不同意「以抽象的爲性」。前文我們曾說，「理不是純粹的抽象，而是一種作用」，其意義亦是如此，於是我們仍應順便指出，朱陸異同之爭，乃朱子未能真的體認到心之本來面目是什麼。

我們認爲，若真能體認到心之本來面目是什麼，則知我們所謂之超感覺的心即是宇宙的心。因爲此超感覺的心，就其相狀來說，它是無所住的；所謂無所住的，這是破了康德所謂之時空範疇的。所謂時空，在「無所住」的意義之下是變成了無意義；而所謂有限與無限的矛盾，在「無所住」的意義之下也被化解了。（康德講二律背反，即是未懂得什麼是「無所住心」。）再就其功能來說，它是有知的；它之知是無知而有知，亦就是無思無爲，感而遂通天下之故。我們稱此種知爲本然之知。此種知是一自在自爲的普遍性的存在，而非是一普遍性的抽象。因爲是普遍性的，所以是無差別性的；因爲是無差別性的，所以是有知而無知。例如萬里晴空，光明普照，則必是有照而無照。若果有所照，則必是有所照而有所遺；於是，便喪失了普遍性而變成爲差別性。感官之知是有差別性的，超感官之知必是渾一了差別性而轉化爲普遍性。從理上言之，此與普遍性的抽象無異；然而若理解其是超感覺的心，則知其確爲自在自爲的普遍性的存在了。照這樣說來，此超感覺的心，就其相狀與功能而言，它是一無所住的自在自爲的沒有差別性的本然之知。此種知當然是自主的。理就是此種知之實踐。易曰：「天行健」，實就是指此種知之實踐而言。因此，我們說超感覺的心即宇宙的心，實非無據；而且，此義甚深，流俗之士，不足語此。

第六節　心之本來面目與心之本體

我們所謂之超感覺的心或宇宙的心，即是指的心之本來面目，或亦可名之爲本心。不過，我們決非唯心論者。誠然，我們是從基源方面而說此相狀或功能是什麼。亦即此所謂之相狀或功能皆是基源的。但是，當我們於下一篇中將「何以會具有靈明與妙用的問題」解答後，便知我們確非唯心論。

我們所謂之心之本來面目，與天主教所稱之天主，基督教所謂之上帝，其義雖不完全相同；然而我們所謂之心，就其功能而言，亦頗有「上帝」之意味。爲什麼是不完全相同呢？第一、我們所謂之心是沒有位格的，所以不是擬人的；第二、我們所謂之心是反求諸己的，是求則得之；第三、我們所謂之心，不僅是自主的，而且是自覺的，亦不是向外祈求的；第四、我們所謂之心，是自在自爲的。由此四點，已足說明我們的哲學與西方的宗教思想確不完全相同。爲什麼又頗有「上帝」之意味呢？因爲我們所謂之心，既是自主自覺而又自在自爲的普遍性的存在，必是自性具足的。凡自性具足的或自在自爲的，其主要的特性就是沒有差別性而具有普遍性。真正的具有普遍性的存在，它必是自性具足的，祇就此心之知而言，能不執著感官的差別性之知，這就是化除了差別性而識得了普遍性。能識得普遍性，則知普遍性的存在，既是自在自爲的，亦是自性具足的。因爲是自性具足的，所以不必向外求。所謂不必向外求，茲可以孟子所說的而明其概略的意義。孟子說：

> 詩云：迨天之未陰雨，徹彼桑土，綢繆牖戶，今此下民，或敢侮予。孔子曰：為此詩者，其知道乎！能治其國家，誰敢侮之。今國家閒暇，及是時，般樂怠敖，是自求禍也。禍福無不自己求之者。詩云：永言配命，自求多福。太甲曰：天作孽，猶可違，自作孽，不可活，此之謂也。

孟子此說，與佛家所謂之業由心造，大體上應是相同的。何以是業由心造？或者，人之禍福何以是自己求之的？因爲我們所謂之心，是無差別性的，而通常所謂之禍福，實就是表現了差別性。從普遍性到差別性；或者說從超感覺的心到感覺的心，是心自己的活動。心如何活動，即表現了如何的差別。此所以禍福皆是自己求之的。禍福既皆是自己求之；而且，此所謂自己求之，實就是心之實踐的結果。心自己實就是創造主。不過，我們必須記住，此所謂心自己，乃是指超感覺的心而言。

凡做過創造工作的人，當知什麼是一種創造的心境，如我們在第二章中所說過的。現在我們可以這樣的說，心自己是有創造功能的。自求多福，是心自己表現了創造功能；自己買禍，則是心迷失了自己而變成了習氣的俘虜。習氣是機械作用掩蔽了心靈，使本然之知處於退隱狀態。前文所講的看見野鴨子飛過而習以爲常的是野鴨子飛過，這就是習氣。因此，凡迷失本心（即迷失心之本來面目）的感官之知，皆是習氣。當一種習氣形成以後，它便會成爲一種慣性的勢力。所以當某種習氣成爲社會風尚之時，此整個社會，皆將被籠罩在此種慣性勢力之下。王船山說：「習氣所成，即爲造化。」習氣實可以侔造化之功。於是，當一種壞習氣形成以後，在個人而言，這人必墮入一種惡劣的墮落傾向而不能自正；在社會而言，則必是人慾橫流而淹滅了人之創造的心境。人若迷失其本心，是決不能免於作習氣的俘虜，而不能自求多福。照這樣說來，心之所以未能自求多福，乃是心迷失了自己而喪失了創造功能的結果。心有創造功能，應是無可置疑的。此所以我們所謂之心，頗有「上帝」或「天主」的意味。不過，這對於天主教或基督教並非表示接受，而是表示了合乎理性的批判精神。

新約馬太福音第五章有云：「清心的人有福了，因爲他們必得見上帝。」若依照我們的觀點，則應改爲：「清心的人有福了，因爲他們必得見心之本來面目。」我們是以心之本來面目來代替上帝的概念。我們所謂之超感覺的心，當然是清淨的；但清淨不足以盡本心之意義。這就是說，以清心所見之本心或上帝，並非其全體。清心大致上即孟子所說的「平旦之氣」，乃本心之端而已，充其量亦祇是孔子所說的「四十而不惑」。我個人對黃宗羲的哲學，多有未敢苟同者；但其所說的「心無本體，工夫所至，即其本體。」（見明儒案自序）此說卻極有見地。我們認爲，凡生理與心理兩方面都健全者，其感官之知，應是大體相同的。例如正常的人所見的青山綠水，我們沒有理由說是不相同。此正如孟子所說的：「口之於味也，有同者焉；耳之於聲也，有同聽焉；目之於色也，有同美焉。」但是，一個獲得了超感覺心的人與一個溺於感官之知的人，他們所見的便會大相逕庭了。教育程度的高低，便可以決定知識水準的高低；知識水準的不同，其所見的便會大不相同。這一方面是說明了黃宗羲的「工夫所至，即其本體」之說，確是不錯；一方面也是說明了心靈境界，應有許許多多的層次。清心可能祇是本心最低的一個層次。若能識得「無所住心」，則便可以說對於所有層次是一齊俱透澈了。我們所講的超感覺的心或心之本來面目，是從其最高層次來說的，也就是透澈了心靈境界所有之層次而從心之本體來說的。我們認爲，心之本來面目，心它自己，思想它自己，心之本體，宇宙的心，超感覺的心，真心或普遍性的心等等，其義皆完全相同。若皆是從心靈境界之最高層次來說的，則便是佛家所謂之佛，道家或儒家所謂之道，亦頗有四方宗教所謂之「上帝」或「天主」的意味。

照以上所說，則知我們所謂之心是非常偉大的。這是就其功能或作用而說的。這非常偉大的心，即孟子所說的良心，陽明所說的良知。通常一般人說「我憑良心」。其所謂之良心，亦可能即孟子所謂之良心，亦可能與孟子所謂之良心相去十萬八千里。因爲其所謂之良心，若果是將私慾去乾淨後之心；或果是已超脫感官之知者，則就是孟子所謂之良心；否則，其間且不可以道里計。就其間不可以道里計而言，心靈境界是有層次的；就「心之所同然者」而言，心靈是有一最高之境界的。因其是有層次的，所以是「心無本體」；因其有一最高之境界，所以有「心之所同然者」，亦就是心是有本體的。心無本體，是指其工夫未臻純熟而言；工夫已熟，則心之本體大明。我們所謂之超感覺的心或心之本來面目，皆是指工夫純熟者而言，所以我們所謂之心之本來面目，是從心靈境界之最高層次而說的。我們對於以上所陳述者，若能善加體會，則知我們所謂之心之本來面目究竟是什麼了。

第七節　性是心之本體

我們仍須作進一步陳述者，即我們認爲，心之本來面目實就是善；所以性就是心之本體。王陽明是以良知當作心之本體的。陽明所謂之良知，實與善是同義語。我們若真能識得陽明所謂之良知或孟子所謂之性善，便知心之本來面目或心之本體是什麼。許多人對於性善或良知之說，常掉以輕心而不肯作深入的體認，他們何能真知良知或性善是什麼。王龍溪在「天泉證道紀」中曾說王陽明的四句教法是：「無善無惡心之體，有善有惡意之動，知善知惡是良知，爲善去惡是格物。」這四句話中的「無善無惡心之體」，常爲後人所詬病。實際上都是未能作深入的理解而隨便發爲議論的。王龍溪對此曾有非常深入而正確的解釋。他說：

> 體用顯微，只是一機；心意知物，只是一事。若悟得心是無善無惡之心，意即無善無惡之意，知即無善無惡之知，物即無善無惡之物。蓋無心之心則藏密，無意之意則應圓，無知之知則體寂，無物之物則用神。天命之性，粹然至善，神感神應，其機自不容己，無善可名，惡固本無，善亦不可得而有也，是謂無善無惡。若有善有惡，則意動於物，非自然之流行，著於有矣。自性流行者，動而無動。著於有者，動而動也。意是心之所發，若是有善有惡之意，則知與物一齊皆有，心亦不可謂之無矣。（王龍溪語錄卷一）

又曰：

孟子道性善，本於大易繼善成性之言。人性本善，非專為下愚立法。先師無善無惡之旨，善與惡對。性本無惡，善亦不可得而名。無善無惡是為至善，非慮其滯於一偏而混言之也。孟子論性善，莫詳於公都子之問。世之言性者，紛紛不同。性無善無不善，似指本體而言；性可以為善為不善，似指作用而言；有性善有性不善，似指流末言。斯三者各因其所指而立言，不為無所見；但執見不忘，如群盲摸象，各得一端，不能觀其會通，同於日月之不知，故君子之道鮮矣。孔子性相近習相遠，上智下愚不移三言，又孟軻氏論性之本也。至於直指本原，徵於蒸民之詩，孔子說詩之義，斷然指為性善，說者謂發前聖所未發，亦非姑為救弊之言也。而諸子之議，乃謂性本無善無不善，既可以言善，亦可以言惡。有善有惡，亦可以言善惡混。而性善之論，若有時而窮。大都認情為性，不得孟子立言之本旨。先師性無善無惡之說，正所以破諸子之執見而歸於大同，不得已之苦心也。(王龍溪語錄卷三)

又曰：

馮子曰，或以不起意為不起惡意，何如?先生曰，亦非也。心本無惡，不起意，雖善亦不可得而名，是為至善。起即為妄，雖起善意，已離本心，是為義襲，誠偽之所分

也。（王龍溪語錄卷五）

又曰：

性無不善，故知無不良。善與惡相對待之義。無善無惡，是謂至善。至善者心之本體也。（王龍溪語錄卷五）

龍溪以上所說的，是說此至善的心之本體，是至誠的，是毋意、毋必、毋固、毋我的。通常有許多人以為我是「毋我」的，或以為我是「至誠」的。實際上，他真能「不勉而中，不思而得，從容中道」嗎？或者，他真能「相在爾室，尚不愧于屋漏」嗎？或者，他真能如天之無私覆，如地之無私載，如日月之無私照嗎？誠與無私，眾人皆以為能知其意義；實際上，能真知誠與無私之意義是什麼，卻是少之又少的。因為，若不真識得此無善無惡的心之本體，是不能真知「子絕四」及至誠至善之意義是什麼。孟子曰：

所惡於智者，為其鑿也。如智者，若禹之行水也，則無惡於智矣。禹之行水也，行其所無事也，如智者，亦行其所無事，則智亦大矣。（離婁下）

又曰：

君子深造之以道，欲其自得之也；自得之，則居之安；居之安，則資之深；資之深，則取之左右逢其原。故君子欲其自得之也。（同上）

孟子此所說的，是謂必須「自得之」或「行其所無事」，才真足以「深造之以道」與明人性之善。所謂「行其所無事」這就是「非有所矯揉造作而然者也」（朱子四書集註）；所謂「自得之」，這就是不假安排佈置。程子曰：「有安排佈置者，皆非自得也。然必潛心積慮，優游厭飫於其間，然後可以有得。若急迫求之，則是私己而已，終不足以得之也。」就程子此所說的，則知「行其所無事」或「不起意」，方是至善，方是真自得；若「起即爲妄」。起善意「是爲義襲」，「終不足以得之」。於是，我們應知無善無惡心之體，其意義究竟是什麼了。能明乎此，方能真知心之本體，亦方能真知良知與性善之意義。

無善無惡心之體一語，若作不正確的理解，亦是大有毛病的。夏樸齋問王塘南曰：「無善無惡心之體，於義云何？」塘南曰：「是也。」樸齋曰：「與性善之旨同乎？」塘南曰：「無善乃至善，亦無弗同也。」樸齋不以爲然，塘南亦不然樸齋。後塘南看大乘止觀，謂性空如鏡，妍來妍見，媸來媸見，因省曰：「然則性亦空寂，隨物善惡乎？此說大害道。」因此塘南對於無善無惡之說不復信從。我們認爲，塘南不贊成「隨物善惡」，這是很正確的；然對於無善無惡之說而理解爲隨物善惡則不正確。因爲心之體雖是無善無惡，心之知則是知善知惡。固然，龍溪四無之說，是謂心意知物本身皆無善惡；但是，龍溪並不否定良知之知善知惡。龍溪是認定「良知自有天則」的。因爲良知自有天則，所以良知之知善知惡，是自然而然的，是不假安排佈置的。不假安排佈置的知物善惡，與性空如鏡的隨物善惡，這是完全不同的。同時，若將無善無惡之說而誤解爲虛無主義，此亦是大害道的。宋明理學與佛教禪宗之言心言性，多有相通者。理學家爲什麼要反對釋氏之徒呢？因爲宋明理學不是虛無主義，而禪宗則容易遺棄人倫物理而成爲虛無主義者。所以，我們對於無善無惡心之體這句話，確應有正確的理解，否則，便成爲「此說大害道」了。王學末流之弊，原因當不單純；然而對無善無惡之說有誤解，這應是最主要的因素。

以上陳述的，其目的在說明此心之體，即是此不與惡相對之至善。然自明末清初以來，甚少有人能深明此義。蔣總統在「革命教育的基礎」中，對於無善無惡是爲至善之旨，卻有非常正確的闡釋。

蔣總統說：

> 陽明究竟話頭第一句，就是直指人心，原來是一個虛靈不昧的東西，就是要人不可以私意來安排一件事。如果你做事先存一個好善的心，或者一個惡惡的心；因為無論你是存心好善，或者存心惡惡，總不能不涉嫌到一個偏心，私見和主觀，……因而我以為最好就是拿古人所說的『廓然而大公，物來而順應』作這無善無惡是心之體的註解。

蔣總統此說是深獲陽明龍溪立言之立旨，亦是極爲簡要的說明了什麼是虛靈不昧而至善的人之本心。蔣總統對什麼是心之本來面目，曾從多方面予以描述，茲謹就「自勉四箴」與

「三種話頭」而說明蔣總統是怎樣的從各方面以說明什麼是心之本體。

第一、他所作的「自勉四箴」：

1.法天自強箴——中和位育，乾陽坤陰，至誠無息，主宰虛靈，天地合德，日月合明，主敬立極，克念作聖。

2.養天自樂箴——澹泊沖漠，本然自得，浩浩淵淵，鳶飛魚躍，優游涵泳，活活潑潑，忽忘勿助，時時體察。

3.畏天自修箴——不睹不聞，慎獨誠意，戰戰競競，莫現莫顯，研幾窮理，體仁集義，自反守約，克己復禮。

4.事天自安箴——存心養性，寓理帥氣，盡性知命，物我一體，不憂不懼，樂道順天，無聲無臭，於穆不已。

第二、他在革命教育的基礎中所指出的三種話頭：

1.天的話頭——不睹不聞，莫見莫隱，上帝鑒臨，於穆不已。

2.心的話頭——無聲無臭，惟虛惟微，至善至中，寓理帥氣。

3.樂的話頭——優游涵泳，鳶飛魚躍，樂道順天，活活潑潑。

此三種話頭與自勉四箴，皆是在說明什麼是心之本體及教人應如何以保任此本體。四箴與話頭中的天字，即心之本體的別稱；於是，我們應知，心之本體的相狀是什麼了（亦即是心之本來面目究竟是什麼了）。

最後我們仍須特為指陳者，本章所謂之心之本體，實祇是就心之功能與相狀而說明心究竟是什麼，亦就是說明了這靈明與妙用究竟是什麼？因此，本體一詞，在本章中並無「永恒不變之實體」的意味；不過，若說心之本體是此「永恒不變之實體」稱體之所有而所表現的一種作用之本來面目，則正是我們所欲表示的意義。至於這永恒不變的實體究竟是什麼呢？這是須留待下一篇中再詳作研究的。

第八章　心之修養工夫之分析

第一節　概　說

我們在以上各章所已研究的：第一，通常所謂之物質世界，其本來的樣子是無相的，然而確有事故發生。第二，通常所謂之心，當作為客觀之存在而加以研究時，實沒有「心」這樣的東西；不過，當分析環境對心之影響時，卻有心靈作用可說。這心靈作用之本來面目是什麼呢？這是我們在上一章中所已研究的。

我們如何才能認識心之本來面目呢？這當然要談到心之修養工夫了。我們且可藉心之修養工夫的陳述，以進一步的說明我們所謂的心之本來面目，確是一虛靈不昧的自在自為的存在，而決不是人之理解力所虛擬的。

第二節　心之修養工夫與人性之善惡

我們講心之修養工夫，首先研究的應是人性之善惡的問題。若人性是善的，則修養工夫在復其本然之善；若人性是惡的，則修養工夫便在於為善去惡的而創造一顆善心。在上一章中，我們曾指出性是心之本體，並肯定性是無善無惡之至善。不過，我們祇是從心之相狀與作用方面而說明此至善之心是什麼，我們並名此至善之心為性。若真能認識此至善之心，對於我們陳述的當然不會反對；然而有清一代，講考據訓詁之學而不反對上一章中所謂之性者，這是很少的。因此對於這一問題卻有再加討論之必要。

韓文公說：「性也者與生俱生也」，這和荀子所說的：「生之所以然者謂之性；性之和所生，精合感應，不事而自然謂之性」；或者，又如荀子所說的，「凡性者天之所就也，不可學，不可事……不可學不可事而在人者謂之性」，都沒有多大的區別。這就是說，韓退之對於性所下的定義，大體上是與荀子相同的。荀韓兩氏之說性，似是依據告子的「生之謂性」，說性是與生俱生，這不能說是完全的錯誤；不過，荀子與韓退之對於孟子學說，確是未能有進一步的理解。孟子說：「詩曰，天生蒸民，有物有則，民之秉彝，好是懿德。」照孟子的看法，性當然是與生俱生的；因為某物之所以為某物，必有其一定之法則；此某種物之所以為某物的一定之法則，當然是與某物俱生的；此與某物俱生而因之成為某物的一定之法則，則就是某物之性。朱子說：「有物必有法，如有耳目則有聰明之德，有父子則有慈孝之心，是民所秉執之常性也；故人之情，無不好此懿德者，以此觀之，則人性之善可見。」這是朱子對於孟子性善說之理解，這理解遠較荀子為正確。

我們不妨作進一步的研究：所謂某物之所以為某物，必有其一定之法則。這就是說，某一類事物，必須依照某理，方可成為某一類之事物。某一類之事物所必須依照於某理者：自其必須依照而言，則謂之命；自其因依照某理而得成為某一類事物而言，則謂之性。此所謂性，即宋儒所謂「性即理也」。因此，性，命，理三者，並無本質上的不同。照這種說法，則「天命之謂性」及「窮理盡性以至於命」，皆較為易於理解。因為就性即理而言，是某物完全依照某理而不違背，故得成爲某物；而且，此理是不可違背的。例如方的物，若違背方之理，則不得成爲方之物；所以方之理，既是方的物之性，亦是方的物之命。這就是說，性與命都不是神秘的，也不是不易理解的。再者，事物之性，既是其所必須依照之理而不能違背的，所以性是專一不變的。例如圓之性是「一中同長也」；又例如酸性或鹼性溶液，以石蕊液試之，遇酸性則爲紅色，遇鹼性則爲藍色。若一中而不同長，則不得謂之圓；遇石蕊試液而不成紅色，則不是酸；所以物之性應是專一不變的。就性之專一不變而言，說性是善的，似乎沒有不可以。因爲此專一不變之性，就圓之性對圓之物而言，是規定圓之物爲最好的圓之物；於是，我們說圓之性是圓之物的最善的，這應是不錯的。再就人之性而言，「則堯舜至於塗人，一也」，失此，則不得謂之爲人。孟子說：「故凡同類者，舉相似也。何獨至於人而疑之?聖人與我同類者。」這就是說，聖人既是人類最好的人，則聖人便是人類的標準；爲人類標準的聖人，其性既是善的，則凡是合乎人之標準的人，其性必皆是善的。孟子是以此爲論據而論證人性是善的，這當然是不錯的。因此，某些人之所以不善，實祇是某些人未能達到「人」的標準，當不足以論證人性是不善的。這就是說，我們實不能因某些圓之物不圓，而便肯定圓性是不圓的。

我們不妨略加檢討荀子性惡論所持的各項論據：第一，荀子說：「今人之性生而有好利焉，順是，故爭奪生而辭讓亡焉。生而有疾惡焉，順是，故殘賊生而忠信亡焉。生而有耳目之欲，有好聲色焉，順是，故淫亂生而禮義文理亡焉。然則從人之性，順人之情，必出於爭奪，合於犯分亂理而歸於暴；故必將有師法之化，禮義之道，然後出於辭讓，合於文理而歸於治；用此觀之，然則人之性惡明矣，其善者僞也。」照荀子的此種說法，是荀子以人之情當作人之性；這一點，韓文公是比荀子的理解爲透澈。在荀子性惡篇中，以人之情誤爲人之性，可舉出很多實例。第二，荀子說：「凡性者，天之就也，不可學，不可事。禮義者，聖人之所生也，人之所學而能，所事而成者也。不可學不可事而在人者謂之性。可學而能，可事而成之在人者謂之僞，是性僞之分也。今人之性，目可以見，耳可以聽。夫可以見之，明不離目；可以聽之，聰不離耳；目明而耳聰，不可學明矣。」照荀子此說，則耳之不聰，目之不明，當非耳目之本性，則人之不善，自亦非人之本性；而且，荀子祇知道「性之專一不變」，似乎是不可學不可事的；殊不知「還原」作用，亦是可稱之爲學爲事。例如，氫與氧化銅中的氧化合成水而使銅還原（$CuO+H_2 \rightarrow H_2O+Cu$）。假如氧化銅而無銅的本性，即令除去氧，亦不能還原爲銅。第三，荀子說：「凡所貴堯禹君子者，能化性，能起僞；僞起而生禮義。然則聖人之於禮義積僞也，亦陶埏而生之也。用此觀之，然則禮義積僞者，豈人之性也哉。」又曰：「積善而不息，則通於神明，參於天地矣；故聖人者，人之所積而致矣。」照荀子此說，性是可積而化的。這一方面和不可學不可事是一矛盾；另一方面，若所謂「能化性」之「化」，是「狀變而實無別，而爲異者謂之化，有化而無別謂之一實」（見荀子正名篇），則等於承認性善；而且，荀子所謂的「積僞」，較之老子所謂的「爲道日損」，是遠不如老子之精確而平實。第四，荀子說：「夫陶人埏埴而生瓦，然則瓦埴豈陶人之性也哉；工人斲木而生器，然則器木豈工人之性也哉？夫聖人之於禮義也，辟則陶埏而生之也。」這比譬真是不倫不類；因爲禮義之於聖人而譬之爲器木之於工人，是毫不相干的。至於荀子所舉的良劍良馬之例，則無異承認性是善的；因爲雖有「銜轡之制」，「鞭策之威」，「造父之馭」，若非良馬之材質，是不能日致千里的。這就是說，人必須「有性質美而化心辯知」，才能得賢師益友之薰陶，以「日進於仁義而不自知」。

以上是荀子性惡論所持的各項論據，其粗疏而不精審，我們當可概見。朱子說：「性，情，心，惟孟子說得好。」孟子論性，確遠較荀子爲精密。楊雄、韓愈、李翺等之言性，雖似乎都在推崇孟子，但都不及朱子對孟子理解之透澈。我們不妨再作較爲詳盡的說明。本來，從「性即理」來說，若此理是形而上的，則可以說是無善無惡的。上一章所引陽明所謂的「無善無惡心之禮」，即是從形而上的觀點來說的。但是，宋儒所謂的「性即理也」，姑無論其本意如何，是可以指此理在事物之中而言。這就是說，是可以從實際的觀點來說的。我們若從形而上的觀點，或者從本然的觀點來批評理，理是無可批評的。此本然之理，即是良知之天則；所以對於本然之理作批評，是另外沒有標準可用的。若自實際的觀點來說，理則是至善的。馮友蘭在其所著新理學中有非常透闢的說明。馮先生說：

> 自實際之觀點說，各類事物所依照之理，是其類事物之完全底典型，是我們所用以批評屬於其類之事物之標準。從每一類事物之觀點看，每一類事物所依照之理，皆是至善底。例如方底物所依照而以成為方者，即是方之理。從真際之觀點說，我們沒有什麼標準可以說方之理是善是惡；但從實際之觀點說，方之理乃一切方底物之完全底典型，乃我們所用以批評方底物之標準。我們說這個方底物很方或不很方，我們即是以

方之理為標準。所以從實際之觀點來說，理是至善底。所謂善者，即從一標準以說合乎此標準者之謂。從此標準說，合乎此標準者是善，則此標準即是至善。我們說一個很方底物好方，一個很兇底物好兇；如果很方底物是好方，很兇底物是好兇，則方之理即是至好底方，兇之理即是至好底兇。

從性即理來說，人性應是至善的，以上這一段確已說得非常清楚。這就是說，性雖是與生俱生的；但性並不是與生俱生的一個是善或惡的東西。我們必須瞭解，是沒有「性」這樣的一個東西，而祇是人之所以爲人是有此理而已。荀子言性之不如孟子的精確，這就是荀子對孟子「有物有則」之論據未能有清楚之理解。我們仍須作進一步說明的，即從人之所以能成爲人這一事實來說，人性亦應是至善的。達爾文的進化論，我們除了對於「生存競爭」之說未能完全贊同外，其所肯定的由無機物而有機物，由有機物而進化爲我們人類，這應是無可置疑的。再就進化論的最宜者生存的觀點來說，凡存在的都可以說是最適者。人爲萬物之靈，則人當然是最適者中之最適者。於是，我們便推論人性是至爲完善的，實無不可。不過，因爲人不僅是人，而且是物，是生物，是動物；所以凡是一般物，一般生物，一般動物所同有之性人亦必有之；因此，人不僅有此人之所以爲人的所獨有之性，亦且具有人之所以爲動物或生物的所同有之性。人之性的全部內容應是具有人之所以爲人之性並含有動物之性。但是，這祇是說，有人之性即有動物之性，有動物之性，則不必有人之性。於是，我們必須知道，人所含有動物之性，並不是人之所以爲人者，而祇是人亦是動物者。人是動物中最高級的動物，人是由動物進化而來的；那麼，即令人所具有的動物之性是一種惡性，亦不足依此而論證人性是惡的；這是性惡論者未能分辨清楚的。這就是說，人因所含有的動物之性而表現爲某種惡性，實祇是未能表現出人之所以爲人的標準，而表現出不是人之所以爲人之性的一種動物之性而已。孟子說：「若夫爲不善，非才之罪也。」又說：「求則得之，舍則失之，或相倍蓰而無算者，不能盡其才者也。」這就是說，若夫爲不善，實祇是未能表現出我們人類的真正本性。我們若深玩下孟告子篇，當可理解到孟子性善說確是非常精密而至當。

我們不妨再作進一步的分析：所謂善惡或好壞，實祇能從某一個標準來說的。例如從圓的標準，而說「一中同長」的圓是最善的圓，這是不錯的；然而若不從圓的標準來說此「一中同長」之圓性，則無所謂善不善；而且，從實際的觀點來說，所謂善惡或好壞，可能有正反相對的觀點。這就是說，從一標準看是善的，從另一標準看或是惡；從一標準看是惡的，從另一標準看或是善。莊子齊物論說：「民食芻豢，麋鹿食薦，蝍且甘帶，鴟鴉嗜鼠，四者孰知正味？」又說：「毛嬙麗姬，人之所美也，魚見之深入，鳥見之高飛，麋鹿見之決驟，四者熟知天下之正色哉？」秋水篇也說：「以道觀之，物無貴賤，以物觀之，自貴而相賤。」這就是說，我們若從實際事物的觀點看，則每一事物，皆各以其自己之所好爲標準而批評其他事物。這就是說，合乎其自己的所好者是善的，否則是惡的。不過，我們從人之所以爲人的觀點而討論人性善惡的問題，這雖是對一標準說的；但是，這是從人是有此良知良能而說的。這一方面固然是說明了人性應是善的；另一方面也是說明了人性確是善的。人之所以能成爲天地的或宇宙的心，其故亦在於此。

我們仍須辯明的，從站在人類的觀點來說，所謂人性之善惡，是從人類所謂之道德的觀點以說善惡，亦即此所謂善惡是道德的善惡。自孟荀以來之言性者，皆是就道德的觀點而言善惡。再從善惡的本質來說，此所謂善惡，是人類所立的道德的標準；人類能立此道德的標準，即人類是以道德爲善；所以從人類能立此道德的標準來看，人性應是善的；因爲若人性是惡的，人類是不能立此道德的標準。固然，某些人類社會，其所立的道德標準並不一定是善的；這祇是此一時代與此一社會的人類，有悖於人之所以爲人之理，而錯立了道德的標準；因此，我們亦不能據此而論證人性是不善的。我們認爲，人性即是人之所以爲人者，人之所以異於禽獸者。此人之所以爲人者，人之所以異於禽獸者；若用言語說出，即是人之定義。人之有社會，行道德，不能不說是人之所以異於禽獸者之一重要方面，所以在人之定義中，我們必須說人之有社會，行道德；因爲這就是人之定義的一部份的內容，亦即是人之理人之性的內容，這一點，即主張人性惡的荀子亦是承認的。荀子王制篇說：「水火有氣而無生，草木有生而無知，禽獸有知而無義；人有氣，有生，有知，亦且有義，故最爲天下貴也。」他在非相篇也說：「故人之所以爲人者，非特以其二足而無毛也，以其有辨也。夫禽獸有父子而無父子之親，有牝牡而無男女之別，故人道莫不有辨，辨莫大於分，分莫大於禮，禮莫大於聖王。」照荀子這兩段所說的人之所以爲人或人之所以異於禽獸者，是和孟子以及我們的觀點並無不同，而荀子竟主張性惡，卻真是自相矛盾。我們知道，孟荀爭辯的焦點，實就是荀子祇主張「生之謂性」，而孟子則認爲「有物有則」乃就是此與生俱生之性；所以孟子認爲人性是善的。照我們的看法，無論是從理論的或實際的觀點來說，人性皆是至善的；這是以上所已反覆辯明而無可置疑的。

人性既是至善的，則心之修養工夫，當然祇在復其本然之性，而不必另外去創造一個善。因此，心之修養工夫，應著重於「行其所無事」而不必矯揉造作。陽明的無善無惡是爲至善之說，亦是在教人祇須復其本然之善而不必另外去創造一個善。明末清初以來的許多學者，對於此義，多未了解，且作桀犬之吠，此所以有詳加辯明之必要。

第三節　心之修養工夫與盡性以窮理

心之修養工夫，既祇須復其本然之性，因此有人認爲心之修養工夫就是盡性而已，且認爲盡性即窮理。然照以上所辨說的看來，所謂盡性，實就是盡善。而且，就性即理來說，盡人之性，亦就是盡人之理。盡人之理，也可以說是從道德的觀點而說的。於是，若所謂窮理是指的窮天下的萬事萬物之理，則窮理與盡性不能說是一件事。至於中庸所謂的「能盡人之性，則能盡物之性」，實祇能解釋爲是盡性工作的程序或步驟；所以我們不能說，祇須盡己之性，便就是盡物之性。照我們的看法，所謂盡人之性，這就是盡善；至所謂盡物之性，則就是窮理。於是，我們祇能說，窮理應從盡性起，而盡性祇是窮理之始。若說盡性即是窮理，這是不正確的。

茲再進一步言之，中庸所謂的盡人之性，若不是指的盡人之善性，而是指的盡人之所有之性，則盡性可以說就是窮理。我們認爲，中庸第二十二章，實祇是從可能的觀點而說能盡其善性則是「可以與天地參」。但是，若謂「德無不實，故無人欲之私」，則便是能「知之無不明而處之無不當」，以論定盡性即窮理，卻是一種誤解。

不過，從佛教徒的觀點來說，盡性則就是窮理。在佛家經典中，無論何宗何教何派，大體都承認有一常恒不變之真心，爲一切現象之根本，所以佛教徒是以見性爲主。因爲照他們的看法，一切方法，不離自性；若能見性，則便已轉識成智，而無所不通。證悟真如本性的人，能無所不通，這是不可置信的。孟子曰：「知者無不知也，當務之爲急；仁者無不愛也，急親賢之爲務。堯舜之知，而不徧物，急先務也；堯舜之仁，不徧愛人，急親賢也。」（盡心下）若「無不知」之意義是當務之爲急，這於理無違。王陽明對此義，亦有所發揮。陽明先生曰：

聖人無所不知，只是知箇天理。無所不能，只是能箇天理。聖人本體明白，故事事知箇天理所在，便去盡箇天理。不是本體明後，卻於天下事物，都便知得，便做得來也。天下事物，如名物度數，草木鳥獸之類，不勝其煩。聖人須是本體明了，亦何緣能盡知得。但不必知的，聖人自不消求知；其所當知者，聖人自能問人。如子入太廟每事問之類。先儒謂雖知亦問，敬謹之至，此說不可通。聖人於禮樂名物，不必盡知，然他知得一箇天理，便自有許多節文度數出來，不知能問，亦即是天理節文所在。（見王陽明傳習錄下）

又曰：

堯命羲和，欽若昊天，曆象日月星辰，其重在於敬授人時也，舜在璿璣玉衡，其重在於以齊七政也。是皆汲汲然以仁民之心而行其養民之政。治曆明時之本，固在於此也。羲和曆數之學，臯契未必能之也，禹稷未必能之也。堯舜之知，是不偏物，雖堯舜亦未必能之也。（見傳習錄中）

陽明此所謂之本體，可以說是「心之本體」的簡稱。佛家對於「明本體」一事，亦名之爲見性。儒家中陸王一派之哲學家，雖亦認定心之本體爲性，如我們在上一章中所陳述者；然而陽明祇贊成盡性以窮理，而不贊成盡性即窮理，這是很顯然的。

再就陽明先生致良知之說加以檢討。據陽明先生年譜所載：「因念聖人處此，更有何道，忽中夜大悟格物致知之旨；寤寐中若有人語之者，不覺呼躍，從者皆驚；始知聖人之道，吾性自足，向之求理於事物者誤也。」我們可從兩方面而加以辯明：第一，若謂聖人，並不是神通廣大，法力無邊的佛陀；而祇是能盡人之所以爲人之道的達人；那麼，說聖人之道，是吾性自足，這是不錯的。照我們的看法，聖人之道的最基本的工夫，是在於能「止於至善」，並能「善推其所爲」；所以這是自性具足而無須外求的。若說聖人是無所不通的佛陀，這是大有問題的；因爲即令佛陀再世，亦未見得對於現代科學所窮究的「身外的自然律」都能窮通。這就是說，盡性與窮理，並不就是一件事。因此，對於「向之求理於事物者誤也」一語，不能誤以爲祇須盡性而不應窮理。第二，陽明先生之所以能在龍場悟道；固然是由於能夠：「乃爲石墩自誓曰，吾維俟命而已，日夜端居澄默，以求靜一，久之，胸中灑灑」，因而能大悟格物致知之旨。但是，陽明先生來龍場後：「自計得失榮辱，皆能超脫；惟生死一念，尙覺未化」；是則，陽明在悟道以前，祇有生死一念，尙覺未化。而且，陽明十八歲以後，即已謂聖人必可學而至；並能「日則隨衆課業，夜則搜取諸經子史讀之，多至夜分」；及至龍場悟道之前，實已博覽群書，出入釋老；也已備嘗艱辛，飽經患難。那麼，龍場之所以悟道，當不全是端居澄默，以求靜一的結果。這就是說，盡性的工夫，亦不全是由靜坐而盡之的。最低限度，陽明自己，即不是毫無「道問學」的工夫而便能悟道的。至於禪宗六祖惠能，不識文字，而能傳得黃梅衣鉢，這當然是難於理解的。但是，亦仍是「惠能一聞經語，心即開悟」；並且，仍須五祖爲之說金剛經，至「應無所住而生其心」，才能言下大悟。像惠能那樣的具有「無師之智」，亦必須先明其理，才能得見其性。我們人類，由於得自先天的遺傳不同，所以各人的秉賦有異。再加以環境的陶冶，因此各人的表現與成就也大有區別。惠能六祖所得自先天的遺傳及後天環境的陶冶與衆或有不同，所以他的成就亦與大衆有別。他雖不識文字；但心性之學，憑口授亦未嘗不可了悟。然而若因此便肯定•祇須靜坐以明心見性，便能無所不通，這當然是欺人之談。

又據陽明先生年譜所載：「先生始侍龍山公於京師，偏求考亭遺書讀之。一日，思先儒謂衆物必有表裡精粗，一草一木，皆涵至理；官署中多竹，即取竹格之，沈思其理不得，遂遇疾。」這是陽明先生二十一歲到二十五、六歲時的事；因此後來在龍場悟道後，便認爲「向之求理於事物者誤也」；於是乃教人以「致良知」的工夫爲主。照我們的看法，陽明因格竹子而致病，正足以證明盡性不就是窮理。因爲陽明之格竹子，是祇做了「沈思」或「內省」

的工夫，而未能應用科學的方法。假使陽明能應用近代的科學方法，以窮究竹子之理，雖不一定能「一旦豁然貫通」，但決不致因格竹子而致病，則是無可置疑的。再者，陽明在龍場悟道以後，他對於「身外的自然律」，未能具有現代科學家之知識，這是可以斷言的；否則，他應是可以發明近代科學上的一切重大的發明的。這就是說，盡性與窮理，確不就是一件事。陽明因格竹子不得其理，並因由於內省的工夫而得悟聖人之道，遂認爲物理不外吾心，而認爲「吾心之良知無有不自知者」。此所謂之知，非知識之知，而是指的德性之知；若不將德性之知與知識之知作明顯的區別，這確是認識上的一大錯誤。這就是說，善與惡，是可由吾心之良知知之，而且亦衹有吾心之良知知之的；至於萬事萬物之理，固亦待吾心之良知以知之，但並不是全賴「反求諸己」便能知之。因爲，欲能窮究某物之理，這是一科學的工作，科學重在實驗，不是單憑盡性則便能窮理的。

王陽明大學問說：「明明德者，立其天地萬物一體之體也，親民者，達其天地萬物之用也，故明明德必在於親民，而親民乃所以明其明德也。是故親吾之父，以及人之父，以及天下人之父；而後吾之仁，實與吾之父，人之父，與天下人之父，而爲一體矣。實與之爲一體，而後孝之明德始明矣。親吾之兄，以及人兄，以及天下人之兄；而後吾之仁，實與吾之兄，人之兄，與天下人之兄，而爲一體矣。實與之爲一體，而後弟之明德始明矣。君臣也，夫婦也，朋友也，以至於山川鬼神鳥獸草木也，莫不實有以親之，以達吾一體之仁；然後吾之明德始無不明，而真能以天地萬物爲一體矣。夫是之謂明明德於天下，是之謂家齊國治而天下平，是之謂盡性。」照陽明此說，則所謂盡性，不能說就是窮事物之理；因爲陽明只是站在社會與道德的觀點而說的。這就是說，陽明衹是站在人之所以爲人的觀點，而推究人我與物我的關係；所以他所謂之盡性，與窮理仍應是兩回事。但是，陽明卻認爲這既是盡性，也就是窮事物之理。自子思孟子以來，歷代儒者，亦大都持此種看法。此種看法或說法，並非完全於理不通，而衹是對於事物的意義未能分辨清楚。這就是說，盡己之性以達到聖人的境界而明明德於天下，固然也可以說是窮究了事物之理；但是，這衹是窮究了一部份事物之理。若因此更誤解爲盡性即窮理，這確是犯了以偏概全的毛病。宋明以來的道學家，對於科學的窮理工作之所以都是完全陌生的，即因爲犯了以偏概全的毛病。這就是說，急先務是不錯的，然其結果而致於不能推極吾之知識，則是大錯。至於佛教徒認爲能見性便能無所不通，而認爲盡性即窮理，這是一種神秘的觀點，亦缺乏哲學的價值。凡有理性者，皆是無法接受的。

我們認爲，盡某一類事物之性，便就是窮某一類事物之理，這是不錯的。但是，若說盡某一類事物之性便就是窮任何類事物之理，這確是一個錯誤。例如是善是惡，這衹需用我們的良知便能作公正的判斷；而愛因斯坦的相對論以及自然科學的許多理論，則不是全憑良知便能說明或證明，而是需要繁複的實驗與推理的。因此，我們可以說，宋明以來的道學家，大都犯了不知類的毛病。僅管陽明曾說「不知能問亦即是天理節文所在」，然而他總認爲除了學聖人外，便無其他學問。所以，大致說來，儒家爲學的工夫，衹是在盡人之所以爲人之性；於是，儒家的成就，也大致衹是屬於倫理方面的。至於佛教徒所希望見到的是本然之性，本然之性是寂靜無爲的。無爲而無不爲，這衹能說是有此可能，若以爲可能性就是現實性，這當然是錯誤的。

照以上所說，盡性與窮理，確是兩回事而不容混爲一談。因此，心之修養工夫的目的，若祇在於「正心」或復其本來面目，則祇需做盡性的工夫便可以了；若仍須窮究萬事萬物之理，則是另需一套窮理的工夫。自先秦以來之儒家，對於窮理工夫，皆極忽略，這不能說不是一種毛病，雖然這種毛病遠較佛家連倫常物理都一併遺棄之毛病爲小，卻不能說這是科學未能在中國發展的主要原因。因此，我們認爲心之修養工夫，固應以復其本然之善爲目的，而「先立乎其大者」以盡心知性的做修養的工夫；但是，存心養性而不窮理，實亦未能發揮此心之全體大用，所以我們認爲，最佳的心之修養工夫，應該是盡性以窮理，而決不是盡性即窮理。

誠然，佛教禪宗亦反對攏統禪，並認爲根本智易得，差別智難求。實際上，其所謂差別智，亦祇是「靈知之性歷歷」而已，與我們所謂之窮理，仍有本質上的不同。我們認爲，盡性是心之形而上的修養工夫，窮理則是心之形下的實踐。此所謂形上的修養工夫，亦就是澈上的工夫，是超感覺的，是以識得超感覺的心爲目的。此所謂形下的實踐，亦就是澈下的工夫，是不離人常物理的，是不離棄感官之知的。宋明以來儒者，固非是澈上而不澈下，尤以孔子的學說，大都是談的「下學」之學（孔子當然是「下學而上達」的）；但是，儒家把「下學」的範圍局限於德治或禮治的小圈子裡，實亦不能說是真的「澈下」。我們主張盡性以窮理，也就是要把澈上澈下的修養工夫，真做到「致廣大而盡精微」的地步。從純哲學的觀點來說，亦就是要使此超感覺的心與感覺的心能「顯微無間」的而發揮其全體大用。（此所謂「顯微無間」亦可解作人之本性能在萬事萬物中毫無滯礙的流行。）這或許是理想主義的，但決非烏託邦的。心之修養工夫，必須至於如此之理想，才真能「裁成天地之道，輔相萬物之宜」（周易泰掛大象），而達成「聖人成能」（易繫辭下傳）之目的。

第四節　心之修養工夫與窮理以盡性

現在我們須作進一步研究的，即：我們應如何以「盡性」呢？窮理以盡性，這便是我們的答案。

程伊川說：「窮理，盡性，至命，只是一事；纔窮理便盡性，纔盡性便至命。」伊川此說，我們是贊同的；不過，伊川此說，仍祇是站在學爲聖人的觀點而說的。照我們的看法，知某一事物，是十分依照某理，即可謂之窮理；若能窮某一事物所十分依照之理，則就是盡某一事物之性。盡性即窮理，或窮理即盡性；照我們的此種觀點來說，這是不錯的。但是，我們所謂的窮理或盡性，並不就是伊川所謂的窮理或盡性；若伊川所謂的窮理或盡性，是站在某一類事物的觀點而說的，則和我們的觀點並沒有不同。這就是說，窮某一類事物之理，則就是盡某一類事物之性。

現在我們應加辯明的，即是窮事物之理，是否便可以盡人之性。照王陽明的觀點來說，窮理是不能盡性的，因爲盡性工夫，是祇須求之於內，而不必求之於外的。下孟告子篇，關於內與外的問題，曾有較爲詳盡的辯論。但是，若認爲窮理與盡性都祇須求之於內，則就是十年面壁便能生慧的說法，是和我們的觀點完全不同的。朱子大學章句曾說：「所謂致知在格物者，言欲致吾之知，在即物而窮其理也。蓋人心之靈，莫不有知；而天下之物，莫不有理，惟於理有未窮，故其知有不盡也。是以大學始教，必使學者即凡天下之物，莫不因其已知之理而益窮之，以求至乎其極；至於用力之久，而一旦豁然貫通焉，則眾物之表裡精粗無不到，而吾心之全體大用無不明矣。此謂物格，此謂知之至也。」朱子此段話，固未必懇切週到；然其基本觀點，我們是完全贊同的。陽明之所以能在龍場悟道，照我們的看法，亦必是因窮理而一旦豁然貫通的結果。這就是說，窮理是可以盡性的。朱子對孟子所說：「盡其心者，知其性也；知其性，則知天矣」的註釋是：「心者人之神明所以具眾理而應萬事者也。性則心之所具之理，而又天理之所從以出者也。人有是心，莫非全體；然不窮理則有所蔽，而無以盡乎此心之量，故能極其心之全體而無不盡者，必能窮夫理而無不知者也。既知其理，則其所從出，亦不外是矣。以大學之序言之，知性則物格之謂，盡心則知至之謂也。」朱子此說，我們是大致同意的。至於朱子所說「性則心之所具之理」，這祇是說，性即心之理。在上一章中，有關心性問題，我們曾有較爲詳盡之辯說。因此，我們決不能說，性是具足了心所具之眾理，而祇須見性，便能全知眾理。我們必須弄清楚朱子之本意。所謂「性則心之所具之理」，實祇是指此能知之心所以能知天下之物之理而言。心能知眾理，這是誰也不會反對的。

再者，我們仍須分辯清楚的，就人之所以爲人來說，人性是至善的；但就人性所包含者而言，人之性是具有一切物之性的。因此，所謂盡性，實有二義：其一、指人之善性；其二、指盡人之所具有的一切物之理。宋明儒者所謂的盡性，大體上祇是以盡人之所以爲人的性爲主；而宋明儒者所謂的窮理，亦祇是窮其有助於盡人之性的理而已。從宋明儒者的哲學體系來說，我們不能說他們是不對的；但從我們的系統而言，則所謂盡性，應是指盡人之所具有的一切物之性；而且，若能盡人之所具有的一切物之性，亦必能盡人之所以爲人之性。我們認爲，若眞能盡人之所具有的一切物之性，則和儒家所謂的盡心知性並無多大區別。因爲人之性既是具有一切物之性，而人之心又是能知此所具有的一切物之性；所以此心能知，是此性具足，猶如枝葉花實，是種子即已具足，而並不是外鑠。固然，此性是具足衆理而毋須外求；但是，「不窮理則有所蔽」；所以我們認爲不窮理是不能盡性的。因此，我們對於朱子的以知性爲物格，以盡心爲知至，是非常贊同的。

從朱子的觀點來說，儒家所謂的盡心知性和佛家所謂的明心見性，實有本質上的不同。因爲佛家的明心見性，從其目的來說，是在於使學佛者能認識心之本體；從其方法來說，則完全以內省的方法爲主。儒家雖也注重內省的工夫，但對於事物之本末先後，仍是注意窮究。大學說：「物有本末，事有終始，知所先後，則近道矣。」無論此所謂事物，其意義究竟是指的什麼；然而儒家確是基於「有物有則」之認識，而主張「即物窮理」的。我們認爲儒家與佛家的最大不同，即佛家認爲能認識心之本體，則便是知道萬法；而儒家則認爲「能窮夫理而無不知」，即便是「極其心之全體而無不盡」。我們必須弄清楚，「極其心之全體而無不盡」，是和佛家所謂之「神即是物，物即是心，心亦是神」的觀點完全不同的。因此，所謂物格，固可以說是格去物慾，但不就是格去物慾。我們可以這樣的說，格去物慾，祇是做了「明」的工作；因爲此心不明，是不足以言「知」的。上章中我們曾引大學所說的：「心不在焉，視而不見，聽而不聞，食而不知其味」，這就是說，此心不明，即不足以言知。苟子也說：「心不使焉，則白黑在前而目不見，雷鼓在側而耳不聞」，足見必須此心淸明，才能格物致知。但是，若以爲此心能虛靈不昧，便是知至，實亦是妄見。因爲「身外的自然律」，是必須依賴即物窮理的工夫才能知其究竟，而不是全憑內省的工夫，便能無所不知的。我們必須記住，盡人之所以爲人之性，以及盡心知性或明心見性，皆祇是學爲聖人的工作，而不就是窮理的工作；窮理的工作，是有一定之程序或步驟的。照朱子的看法，應能「履其事」，才真是窮其理的。朱子說：「盡心知性而知天，所以造其理也；存心養性以事天，所以履其事；不知其理，固不能履其事；然徒造其理而不履其事，則亦無以有諸己矣。」照朱子此說，盡心知性而知天，固然就是窮理；但必須存心養性以事天，才真是窮理。這就是說，窮理以致知，當然是在於格物；而所謂格物，固可以說是格去物慾；但必須「窮至事物之理，欲其極處無不到」，才真能稱之爲格物。儒家之盡心知性，既就是格物致知；而儒家之格物致知，也就是即物窮理；於是，則知儒家之盡心知性，決不是全憑內省的工夫，而顯然的主張先窮究「身外的自然律」或即物而窮其理，然後再回頭來領悟「內在的生命法」。中庸說：「自誠明，謂之性；自明誠，謂之教；誠則明矣，明則誠矣。」我們認爲，窮究「身外的自然律」或即物而窮其理，以領悟「內在的生命法」，這就是自明而誠；而且，自誠明，既然就是性，則盡性的工作，應是自明而誠的，所謂「回頭是岸」，最好應作如此講。這也就是說，必須先窮理，然後才可以盡性。愛因斯坦說：「將來最大的發明，總跳不出道德社會和精神生活的範圍；因爲我們對於科學，既已走上了身外的自然律，就應當再回頭來去尋找我們那內在的生命法。」愛斯因坦此說，我們是完全贊成的。照此種說法，則將來的最大發明，應該是窮理以盡性，俾能領悟生命之真諦及其正確的規律。這和易說卦傳所說的「窮理盡性以至於命」，或孟子所說的盡心知性以知天，都沒有多大的區別。不過，儒家即物窮理的工作或對於「身外的自然律」的窮究，祇是極其粗疏的「仰則觀象於天，俯則觀法於地」，所以難免有「蔽」；但因能審慎的「擬諸其形容，象其物宜」；所以大體上對於「內在的生命法」，仍有較爲精確的理解。這就是說，儒家即物窮理的工作，就是盡性的工作；從哲學的觀點來說，儒家的此種認識，是大致不錯的。

荀子解蔽篇說：「凡觀物有疑，中心不定，則外物不清；吾慮不清，則未可定然否也。冥冥而行者，見寢石以爲伏虎也，見植林以爲後人也，冥冥蔽其明也。醉者越百步之溝，以爲蹞步之澮也；俯而出城門，以爲小之閨也，酒亂其神也。」這就是說，我們觀物，必須神志清明，而不能如酒醉者因「酒亂其神」，這說法是不錯的。但是，若以爲祇須神志清明，便能運用經驗而不致有所「蔽」，這是有問題的。實際上經驗的獲得，仍須從「履其事」而獲得的。例如「從山上望牛者若羊，而求羊者不下牽也」，我們之所以知道是「遠蔽其大」，必仍是靠我們有「遠蔽其大」的經驗。這就是說，「觀物」或窮理的工作，決非全憑內省的工夫而毋須實際的經驗。而且，我們認爲窮理的工夫，是必須按部就班，循序漸進。所謂行遠必自邇，登高必自卑，即是此意。這就是說，祇有由於經驗的積慮，久而久之才能一旦豁然貫通而不致有所「蔽」。當然，我們也承認，無論學爲聖人，或窮究「身外的自然律」，都必須神志清明與專心致志。大學有說：「知止而后有定，定而后能靜，靜而后能安，安而后能慮，慮而后能得。」朱子說：「止者所當止之地，即至善之所在也，知之則志有定向。

靜謂心不妄動，安謂所處而安，慮謂慮事精詳，得謂得其所止。」這就是說，必須此心如此清明與專心致志，才可以「慮而后能得」。王龍溪所謂「良知自有天則」，亦就是指此心能自然而然的慮事精詳與得其所止而言。此決不是空空洞洞的思慮。而祇是說，我們即物窮理時，必須注意如此的心法而已。也就是說，必須用如此的「內心思慮法」，才能得知「身外的自然律」；然而欲能得知「身外的自然律」，仍是必須「履其事」的。

儒家的即物窮理當非窮究「身外的自然律」；但是，若能得知「身外的自然律」而又能「反求諸己」的以窮究物我與人我之關係，則必能「止於至善」。孟子說：「存其心，養其性，所以事天也；殀壽不貳，修身以俟之，所以立命也。」事天與立命，是基於「身外的自然律」，而知其所止的。朱子說：「知止爲始，能得爲終。」照我們的看法，若從道德的觀點來說，知止即是能得，因爲若能「鍥而不舍」的止於至善之境，這就是能得。陽明先生知行合一之說，也就是認爲知止與能得是合一的。若從即物窮理的觀點來說，知止也可以說就是能得。近人胡適之先生所謂的「大膽的假設與小心的求證」，我們是不能以假設當作知止，而必須證明此假設無誤，才可謂之知止。這就是說，知止與能得確是合一的。但是，我們並不反對定靜安慮得的過程。這就是說，從止於至善之境以應事物，仍必須注重定靜安慮得的心法過程，然後才能「得其所止」的。照這樣說來，儒家即物窮理的工作，其終極的目的，在明明德於天下；其基本的工夫，則在止於至善。陸象山所謂「先立乎其大者」，應是指止於至善而言。鵝湖之會，象山先生說：「易簡工夫終久大，支離事業竟浮沉」；若謂祇須先立乎其大者，而不必即物窮理；並因而認定即物窮理爲支離的事業，這不僅誤解了朱子，也就是誤解了象山。我們認爲，「致良知」與「先立乎其大者」，皆祇是孔子所謂的「而立」與「不惑」；由「不惑」而至於「知天命」，以及「從心所欲不踰距」，仍須一番「養性」與窮理的工夫，所以並不祇是「致良知」與「先立乎其大者」，便已能窮理。而且，「知止」或「不惑」，也必是「物格而後知至」的。因此，學爲聖人或即物窮理的工作，應以知止爲最基本的目的。荀子解蔽篇說：「求可以知物之理，而無所疑止之，則沒世窮年不能偏也；其所以貫理焉，雖億萬已不足以浹萬物之變，與愚者若一；學老身長子而與愚者若一，猶不知錯，夫是之謂妄人；故學也者，固學止之也；惡乎止之，曰止諸至足；曷謂至足，曰聖也；聖也者，盡倫者也；王也者，盡制者也；兩盡者，足以爲天下極矣；故學者以聖王爲師。」照荀子此說，學而不知止，是可以謂之爲支離的事業。茲再進一步言之，所謂知止，是指知其極。學爲聖人，是學爲人之極；學明王道，是學爲治之極；學爲窮理，是學爲知理之極。能知理之極，也就是明聖王之道；所以知止，也可以說就是盡性。再其次，我們認爲理就是極；能知此極限之理，而「順受其正」，這就是窮理盡性以至於命；所以我們認爲窮理是可以盡性性（但不是窮理就是盡性）。至於中庸所謂的「能盡人之性，則能盡物之性」，我們之所以理解爲窮理應從盡性起，這是指「知止」然後「能得」而言的。於是，我們必須分辨清楚，若窮理的工作是在「止於至善」，則窮理是以盡性爲目的；因爲此所謂盡性，即是指盡人之所以爲人之性而言。若窮理的工作，是在「明明德於天下」，則窮理應從盡性起；因爲必須「知止」，然後才可以「善推其所爲」。照這樣說來，窮理與盡性，是可以相輔相成；而且必須相輔相成，才真能窮理與盡性。

第五節　心之修養工夫與合外內之道

照以上所述，則知盡性與窮理，雖不就是一件事；然而此兩者是相輔相成的；所以，即物窮理與內省的工作，亦應是相輔相成的。於是，我們應該理解到大學所謂的「物格而後知至，知至而後意誠，意誠而後心正」，與「知止而後能定，定而后能靜，靜而后能安，安而后能慮，慮而后能得」，亦應是相輔相成的。這就是說，我們應當知道，格至誠正，是窮理以盡性的程序；定靜安慮得，則是盡性以窮理的方法；因此，內省與外求，確是廢一不可的。

王陽明說：「得魚而忘筌，醪盡而糟粕棄之。魚醪之未得，而曰是筌與糟粕也，魚與醪終不可得矣。五經聖人之學具焉，然自其已聞者而言之，其於道，亦筌與糟粕耳。竊嘗怪夫世之儒者，求魚於筌，而謂糟粕之爲醪也。」祇知求魚於筌，或竟以糟粕爲醪，這確是不對的；但是，若謂無須以筌求魚，或者說醪不必從糟粕中求之，這亦是一種誤解。我們認爲，因窮究「身外的自然律」，或即物窮理而所獲得的知識，在未能「一旦豁然貫通」以前，實祇是一種零碎的而無多大價值的知識；或者，實就是一種支離的事業。所以知識的追求，若不以明乎道爲目的，而祇是對前人的文字求理解，這可以說不是「善知識」。但是，若蔑視一切知識，而認爲無須從糟粕中求醪，這確是一種不通的說法；因爲任何的醪，必皆是由糟粕釀造而成。照這樣說來，我們必須先求之於外，以格物致知；然後再又能「先立乎其大者」，俾內省而有得，這才可以說是善學。所以祇求之於外而不省之於內；或祇省之於內而不求之於外，皆是不對的。至少就我個人的體驗而言，我們的心物合一論的哲學之所以能建立，乃由於不斷的內省與外求的結果。我們可以這樣的說，不內省，是不會懷疑，亦不會求「止諸至足」；所謂「小疑則小悟」，「大疑則大悟」，這完全要靠內省的工夫。但是，若不求之於外，則必於事理不明；而對於外在的世界，必不會有正確的理解。對於外在的世界無正確的理解，或者，於事理不明，而欲於內省方面有進境，亦是難若登天的。

在這裡，我們仍須略作說明的，即朱陸同異之辯，或尊王而抑朱，或尊朱而抑王，皆是無謂的爭論；因為陸王雖似乎有所偏執，實亦是救治學者瑣碎之病，祇有極端的發展王學，以成為一種野狐禪，這才是真正的錯誤。中庸說：「君子尊德性而道問學，致廣大而盡精微，極高明而道中庸，溫故而知新，敦厚以崇禮。」朱子說：「尊德性所以存心而極乎道體之大也，道問學所以致知而盡乎道體之細也，二者修德凝道之大端也。不以一毫私意自蔽，不以一毫私欲自累，涵泳乎其所已知，敦篤乎其所已能，此皆存心之屬也。析理則不使有毫釐之差，處事則不使有過不及之謬，理義則日知其所未知，節文則日謹其所未謹，此皆致知之屬也。蓋非存心無以致知，而存心者又不可以不致知；故此五句，大小相資，首尾相應，聖賢所示入德之方莫詳於此，學者宜盡心焉。」這是朱子對於尊德性與道問學這幾句話的註釋，我們認為是非常精當的。由此，也足見朱子之治學，決不是支離碎破而是「合外內之道」的。我們可以這樣的說，凡站在程朱立場而全部反對陸王，或站在陸王立場而完全反對朱子，這都不是真正的治學的態度，亦很難有純熟的心之修養工夫。因為求知而不以明明德為目的，則可以說就是不知「知止」；欲明明德而不從明達事理入手，則決不會「有得於心」。禪宗六祖惠能亦說：「自心既無所攀緣善惡，不可沈空守寂，即須廣學多聞。」由此，我們應已知道，必須內省與外求合一，盡性與窮理合一；然後才能至知，也然後才能明明德。

我們仍須略作說明的，即窮理盡性以至於命，或盡心知性以知天，是儒家哲學認識論的綱領；格致誠正，是儒家明明德之程序；定靜安慮得是儒家即物窮理之心法；而「博學之，審問之，愼思之，明辨之，篤行之」，以及「尊德性而道問學」等，則是儒家明明德之方法。這就是說，儒家哲學雖以明明德爲主，但儒家決不是蔑視知識的。孔子「入太廟，每事問」，以及孔子所謂「不學詩，無以言」，「不學禮，無以立」，「多識於鳥獸草木之名」，「多見而識之」，「好仁不好學，其蔽也愚」，「我非生而知之者，好古敏以求之者也」等，皆足以證明儒家是重視知識的。不過，儒家對於知識的追求，是以「聞道」爲目的，而孔子是尤其反對「其蔽也蕩」的。這就是說，儒家所追求知識的目的，是在於理解此理之極則，並能「一以貫之」；也就是說，儒家所追求的，是在於能求得「根本的原理」，並希望能應用到各方面都能成功。從哲學觀點來說，這是不錯的。而且，儒家求知的最終目的，是在於「統治自己」，並因而明明德於天下，以達成「成己」的目的。所以儒家是以求知與明明德並重的。中庸曰：「誠者，非自成己而已也，所以成物也；成己仁也，成物知也，性之德也，合外內之道也，故時措之宜也。」胡適之先生批評我國歷史上許多高僧，燃指以供佛，是錯用了方法；從儒家成己成物的觀點來說，胡先生此種批評是不錯的。同樣的，若祇注重知識的追求，而忽略身心的修養，這也是不對的。所以我們反對盡性即窮理之說，且主張窮理以盡性；因爲我們欲獲得「眞正的知識」，這是應有的最基本的認識；也就是說，我們既不能偏重於內省的工夫，更不宜祇求之於外。

第六節 心之修養工夫的一般方法

至於談到心之修養工夫的一般方法，這就是內省的或盡性的方法；事實上，這亦是心之修養的最基本的工夫。我們既已理解了心之修養工夫，是在於復其本然之善；而且，爲真能復其本然之善，是應該窮理以盡性；爲發揮此心之全體大用，尤應該盡性以窮理。此所以必須「合內外之道」，才真足以表現此「性之德也」。當然，如何窮理，這也是屬於心之修養工夫的方法；然而窮理是向外用功的，我們認爲這是心之理性的活動，這擬於下章中加以研究。關於心之本身的修養的方法，實就是盡性之方法，也可以說就是去人欲以正人心，或就是正人心以明道心之方法，茲特分述於次：

第一，正人心以明道心

此所謂人心，即上一章所謂感覺的心。感覺的心而得其正者即是道心。道心即本心。此亦惺惺亦寂寂之本心，中庸名之爲喜怒哀樂之未發。中庸曰：「喜怒哀樂之未發，謂之中；發而皆中節，謂之和。中也者，天下之大本也；和也者，天下之達道也。致中和，天地位焉，萬物育焉。」許多人對於儒家所謂之中，無真正之理解。他們以爲中就是不偏。中何以是不偏呢？他們以爲就是不左不右，或不過與不及。如何才能不左不右，無「過與不及」呢？例如兩人因事起爭執，使兩方都讓步，這就是得中嗎？儒家所謂之中，其義決非如此。若儒家所謂之中，其義果是如此，則儒家便是今日的中立主義者，這是對儒家莫大的侮辱。欲識得儒家所謂之中是什麼？這就是欲識得心之本來面目是什麼。若識得本心，則知本心才真是

「中」。因為本心之寂然不動，所以是喜怒哀樂之未發；此未發並非「無記」，所以是「寂而常照」，而能發而中節，或感而遂通天下之故。所以儒家所謂之中，是心之修養工夫所達成的一種境界。這境界是超喜怒哀樂的，也可以說，就是超感覺的。至於如何才能達成此境界呢？照儒家的觀點，則是欲能去人慾以正人心。人慾是人心之不得其正者。如何才能正人心呢？這就是要能得「中」。如何才能得「中」呢？陽明與其弟子陸澄的一段問答，極有參考之價值。

曰：澄於中字之義尚未明。曰：此須自心體會出來，非言語所能喻，中只是天理。曰：何者為天理？曰：去得人欲，便識天理。曰：天理何以謂之中？曰：無所偏倚。曰：無所偏倚，是何等氣象？曰：如明鏡然，全體瑩徹，略無纖塵染著。曰：偏倚是有所染著。如著在好色好利好名等項上，方見得偏倚。若未發時，美色名利，皆未相著，何以便知其有偏倚？曰：雖未相著，然平日好色好利好名之心，原未嘗無；既未嘗無，即謂之有；既謂之有，則亦不可謂無偏倚。譬之病瘧之人，雖有時不發，而病根不曾除，則亦不得純謂之無病之人矣。須是平日好色好利好名等項一應私心，掃除蕩滌，無復纖毫留滯，而此心全體廓然，純是天理，方可謂之喜怒哀樂未發之中，方是天下之大本。

這一段是教人如何去人慾以存天理，是再懇切沒有的。我個人嘗認為，「私」這個字，有極其深奧的意義。即有極其粗大之私，有極其細微之私。欲去盡私心，雖極纖細之私心亦必須去掉才可。蓋粗大之私，嘗由細微之私漸積而成；而極細微之私，非有大智慧，不足明其根源，所以實具有奧義。此亦是天理之所以難明，天下大本之所以難得。我們讀陸澄與陽明之問答，應該知工夫之要領所在了。

第二，去妄見以顯真和

去妄見，即上文所謂之去人慾。去盡人慾，可達到「全體廓然，純是天理」的境界。若能去妄見，則真知必顯；而且，若知何者是妄見，必識得何者是真知。真知之顯，亦即人慾之滅，道心之明，亦即妄見之去。王陽明認爲能知「過與不及」即是良知，良知之知必是真知。許多人以爲知「過與不及」是很容易的事。所謂知之非艱，行之維艱，即以爲無「過與不及」之真知是很容易知道的。實際上，能知道過與不及，是極不簡單的事。一方面，必須得人心之正；因爲凡得人心之正者，或是從人之本心所發出者，其所知的必皆是真的。另一方面，必須合內外之道；因爲若不親履其事，既不足以擴充人之知識，亦不能實證所知之孰真孰假。

有人認爲，若真知果是必須得人心之正者，則真知應就是善知識。然而科學上的顛撲不破的真理，這當然是真知，卻不能說就是善的。我們認爲，心之本體之知，是無所謂善與不善。此無所謂善與不善，即是至善。此義在上一章中已有辯說。例如科學之知，是無所謂善不善。因此可以說，科學之知皆是至善的。至於人類利用科學之知以殺人，此非科學之知的本身是危害人類，乃是人類利用科學以危害人類，其罪惡當不在科學。因此我們仍然可以說，凡所知的若是真的，則必是至善的。至於惡人運用真知以殺人；乃惡人當知道真知之時，雖不失人心之正；當其運用真知之時，必已失去人心之正。此所以惡人之爲惡，必是妄見掩滅了真知，而不是真知之本身有惡。我們更認爲，若不是得人心之正，科學上的顛撲不破的真理是不能發現的。科學家雖有一種心之自主的活動，卻缺少一種心之自覺的活動。這就是說，科學家雖能自主的以窮究外在的自然律，卻甚少人能對於此自主的心之活動的本身有一種自覺。也就是說，多數科學家並不自覺到他自己已得人心之正。他們如有此自覺，他們便能一齊俱澈而獲得了陽明所謂之良知，也就是真能窮理以盡性。愛因斯坦在其晚年，承認在「大千宇宙中有超人的理性力的存在」（見宇宙與愛因斯坦一書），即是他已由不自覺的心之自主的活動而漸漸的有一種心之自覺的活動的萌芽，也可以說就是一種開悟，開悟是心之自覺的開始，心之真正的自覺，便到了中庸所謂之「中」的境界，也便是獲得了「天下之大本」。總之，真知無不善，這是無可置擬的。至於知之所以有善惡，乃人心之知有真有妄。凡不知其妄而誤以爲真，或明知其妄而故以爲真，則必是「過與不及」而不能「中」，亦即是不正或不善。我們欲修養此心而至於至善之境，去妄見以顯真知，亦是極重要的用功方法。

第三，明本體以重實踐

此所謂之本體，乃指心之本來面目而言。我們認爲，若真能明得本體，則必能識得真知，此所以應從本原上用功夫，以實踐篤行的去盡妄見或人慾。儒家與佛家雖同樣的主張在本原上用功夫，其目的則可以說完全不同。佛家以生滅爲人慾之主因，以無明爲生死之總因；於是，乃用觀照工夫，以觀照無明之起處而斷之。所以佛家在本原上用功夫的目的旨在斷惑，亦旨在「破象顯體」或「逆還證體」而保任之。儒家用功的目的，則與此完全不同。儒家是主張「順受其正」。儒家雖也肯定此本體是寂無而動有的，即亦寂寂亦惺惺的；然而儒家則重視此寂寂而惺惺者（佛家則重視此惺惺而寂寂者），亦即是重視此動有者；而且，儒家以此動有者稱其所有的生生不已的大化之流行而名之曰「仁」，所以儒家主張「知命」而「順受」之。儒家所謂之命，非通常所謂之命運，乃指大化之流行是不容已者而言；所以儒家所謂之命，是指的天理或天命。因其如此，所以儒家主張在日用間而識得此體之仁以實踐之。即以論語而言，其所說的，雖皆是教人應如何從人常日用方面躬行實踐；實際上，亦就是教人應如何從本原上用功夫。此孔子之所以答門弟子之問仁而有各種不同的答案。這就是說，此本體之仁，須自家體會得，才能如有源之水，流而不息；故不能預先立一個規矩，定一個格式。但是，亦不是無支節或節文可尋。固然，誠如陽明所說的：「良知只是一箇天理自然明覺發見處，只是一箇真誠惻坦，便是他本體；故致此良知之真誠惻坦以事親，便是孝；致此良知之真誠惻坦以從兄，便是弟。」但是，若真能孝弟，亦便是已致得此真誠惻坦之良知。前者是本體即工夫，後者是工夫即本體，所以儒家是以「誠意」而正其心；亦即是以「不愧屋漏」的「慎獨」的工夫，而在人常日用方面之躬行實踐，而因之以洞達本體。明儒史玉池曾謂，樊遲問仁，是問夫子求本體，夫子卻教他在「居處恭，執事敬，與人忠」等方面做工夫。是因爲「本體即工夫」，「工夫即本體」；「是仁與恭敬忠原是一體，如何分得開」。史氏是確能懂得程子「徹上徹下」之深意的。這就是說，若能徹下，則必能徹上，也就是說，若能在人常日用方面用真工夫，則便能明真本體。陽明所謂「不離日用常行內，直造先天未畫前」，其意亦是如此。照這樣說來，若現代科學家，而能本其窮究「外在的自然律」之真誠，再回過頭來體悟「內在的生命法」，是很可能如禪宗六祖，聞他人誦金剛經而頓悟。這就是說，若能識得真知，而又能在本原上用功夫，是可以於言下立即悟入而自明或自證的以洞達宇宙的本體。愛因斯坦在晚年能有一種開悟，亦必是有一種自明或自證之工夫。今之談中西文化合流者，必明乎此，才不致雜揉比附，而真能會通中西文化之真精神。儒家所主張的「順受其正」，亦須於此等處致意而識得儒家所謂之正即是中，亦即是真與善之別名；於是，才知道儒家精神，確是不違背進化的原理，而又確能去人慾以明道心。

第四，應責志而求自覺

我們認爲，欲真能識得本體而獲得真知，確是應該在人常日用方面去躬行實踐的；然而躬行實踐的最吃緊處，則在於能責志而求自覺。明儒鄒聚所說：「今日錯解良知作善念。不知知此念善是良知，知此念惡亦是良知，知此無善念無惡念也是良知，常知便是必有事焉。其不知者，非是你良知不知，卻是你志氣昏惰了。古人有言曰：清明在躬，志氣如神。豈有不自知的，只緣清明不在躬耳。你只去責志，如一毫私欲之萌，只責此志不立，則私欲便退聽，所以陽明先生責志之說最妙。」鄒氏此說，是謂真知之不顯，乃志氣的昏惰，當然不能有自覺；因此，能責志而求自覺，這應是顯真知，去人欲，明本體的下手之處。我們必須一摑一掌血，一棒一條痕，而痛自針砭的以志於學，才不致志氣昏惰而真能自覺。

第五，時戒懼以崇夾持

欲真能自覺而又此志無稍懈，是必須時存戒慎恐懼之心，而能絲毫不爽的以體察自己的過失。明儒聶雙江說：「才覺無過，便是包藏禍心。故時時見過，時時改過，便是江漢以濯，秋陽以暴。夫子只要改過，鄉愿只要無過。機械變詐之巧，蓋其機心過熟，久而安之。其始也生於一念之無恥。其究也習而熟之，充然無復廉恥之色，放僻邪侈，無所不爲，無所用其恥也。」我們認爲，人欲之成，確是「生於一念之無恥」。欲能除此一念之無恥，惟有時存戒愼恐懼之心；因爲戒愼恐懼，乃誠意之最先決條件。所以有許多人，其生活起居，雖能中規中矩，而數十年如一日，然而由於缺乏戒愼恐懼之誠，以致其一切的修養工夫，皆祇是作僞。且因爲不自覺其乃是作僞；於是，便祇見到別人有過，而深覺自己無過。一念之無恥，而終至放僻邪侈，無所不爲，其故即在於此。再者，有些深造有得之士，其知或已悟入本體，然因缺乏戒愼恐懼之誠，而予智自雄，終至成爲無恥之徒者，亦數見不鮮。孔子曰：「知及之，仁不能守之。」仁之所以不能守之，即由於不能戒愼恐懼；此曾子已知其將死，才敢說「而今而後，吾知免夫」。由此可見「人心惟危，道心惟微」之說，確具有至理。因爲道心確是難明，人欲確是難去，而人心之惟危，是誠如物理學上所謂之「不穩平衡」。至於如何才能保持戒愼恐懼之誠？我們認爲，須崇夾持而忌自驕自滿。孔子曰：「君子有三畏，畏天命，畏大人，畏聖人之言。」這是說，我們應知所當畏，而以之夾持自己。又孔子告子貢曰：「工欲善其事，必先利其器。居是邦也，事其大夫之賢者，友其士之仁者。」這是說，我們應以良師益友，而以之夾持自己。陽明先生說：「始吾登堂，每有賞罰，不敢肆，常恐有愧諸君。比與諸君相對，久之，尙覺前此賞罰猶未也，於是思求眞過以改之。直至登堂行事，與諸君相對時無少增損，方始心安。此即諸君之助，固不必事事煩口齒也。」（見王陽明年譜卷二）這是陽明以「恐有愧」學生來夾持自己。能夠不自驕自滿而時時注意夾持自己，則必能戒慎恐懼而時時求己過，亦必能知之真而行之切；於是，則必能人慾日減而道心日明。今之人，凡居高位，享大名者，是很少能注意夾持自己的；此所以墮入千重迷霧而不自覺。至於有些深造有得之士，自以爲「一了百了」，而不知證體之後，還有大事在，此亦是學陽明而未能真懂得陽明者。「知及之，仁不能守之」，終於離道心日遠而墮入千重迷霧，這真是非常可惜的。

以上係就心之修養工夫的一般方法而加以考察。這雖然是屬於內省的工夫，卻因不離日用常行，而使此本心之知能在個人生活方面，籍生活內容之日益豐富與日益創新以源源的顯現爲新知，這就是「合內外之道」。我們認爲，此知之本體是至神而無所知的，所以必須在人常日用中因「感而遂通天下之故」的才能顯現爲知，以上所述的各種方法皆是在個人生活方面實踐的方法。我們更必須勇悍精進，如箭射空，箭箭相承，上達雲脣，終無殞退的在人常日用中實踐，才真能使此知之本體，因精進不已而顯發無窮，應物無礙。須知精進不已，即是創新不已；創新不已，即是此知之本體稱其所有而源源不竭的呈現。此所以我們的心之修養工夫，固不應離去人常日用，卻應特重內省的工夫而返本。返本之學（即明本體之學），初則以人之修養的工夫，順天而自強（即天行健君子自強不息之義），久則即人而天，純亦不已，而達成聖人成能之目的。這即是儒家「順受其正」的真義，亦即是去人慾，顯真知，正人心，明本體的最切實的修養方法。這種修養方法，是心之自覺的活動所不可缺少的。這與宗教式的體驗是極其相似，然終因毫釐之差，其間相距，卻又不可以道理計。愛因斯坦曾說：「宇宙的宗教式的體驗是科學研究的最強烈的最高尙的源泉。」本章所研究的，即是最正確的通向這個源泉的要領與力法。

第九章　心之理性活動之分析

第一節　概　說

我們認爲，心之理性的活動，即心之自主的活動，這是區別機械作用與心靈活動之唯一的因素。當然，機械作用並不一定違反理性；然而機械作用絕非自主的，則可以斷言。因此，我們所說的心之理性的活動，是指心之自主的活動。我們認爲，心之自覺的活動必是自主的；心之自主的活動，則不一定是自覺的。若心之理性的活動是不自覺的，則屬於科學的層次；若心之理性的活動是自覺的，則就是屬於哲學層次的思考活動。本章對於心之理性活動之研究，是從哲學的層次而對於心之理性活動的本身加以研究，必如此，才可以盡心之全體大用，這亦是心之分析所應作的一種工作。

第二節　心之理性活動與良知之自有天則

首先要研究的，即心之理性活動的根源究竟是什麼？

我們此所謂之心，當然是指未失去其本來面目之真心而言。對此真心之自覺的活動，若拘於真心保任之修養工夫，這便是佛教徒，尤其是禪宗門下所窮年兀兀而努力不懈的；若實踐於人常日用之間，這便是儒家最大的願望。至於科學家，卻不一定有心之自覺的活動；然其心之活動必是自主的，而且必是合乎理性的。此合乎理性的心之自主的活動，雖不一定是自覺的，亦必是此真心之不自覺的活動。我們可以這樣的說，離去真心，是沒有心之理性的活動。心之理性活動固與機械作用有別，亦與侔造化之功的習氣有本質上的不同。

照上文所說，則真心當然是理性活動之根源。這是從理性活動之本質而說的。若從理性活動之作用而言，則心之理性活動是一種能思考或有意識的活動。禪宗門下認識真心的要領，因爲是「離心意識參」，所以他們便棄絕意識而不顧。我們認爲，心之理性活動，即是藉意識以概念而對於世界作判斷的活動。離棄意識，便喪失了世界，此所以佛教徒沉空滯寂而不能自拔。誠然，感官之知或感官的世界，多是隨順軀殼起念，或爲物所化而「不得其正」者；然而若主觀的棄絕此外在的世界，而住於「乃至無意識界」，此亦不是真能「得個休息處」。不過，佛門弟子，他們總是以棄絕意識爲先務。因此，佛教徒是不容許有心之理性的活動。這是宋明理學與佛教哲學最不相同之處。爲明斯義，且藉以較爲清楚的認識理性活動之根源，茲特將王龍溪的「意識解」錄之於左：

予贈麟陽趙子有意象識神之說，或者未達，請究其義。予曰，人心莫不有知，古今聖愚所同具。直心以動，自見天則，德性之知也。泥於意識，始乖始離。夫心本寂然，意則其應感之跡；知本渾然，識則其分別之影。萬慾起於意，萬緣生於識。意勝則心劣，識顯則知隱。故聖學之要，莫先於絕意去識。絕意非無意也，去識非無識也。意統於心，心為之主，則意為誠意，非意象之紛紜矣；識根於知，知為之主，則識為默識，非識神之恍惚矣。譬之明鏡照物，體本虛而妍媸自辨，所謂天則也。若有影跡留於中，虛明之體，反為所蔽，所謂意識也。孔門之學，顏子有不善未嘗不知，知之未嘗復行，此德性之知，謂之屢空，空其意識不遠之復也。子貢多學而億中，以學為識，以聞為知，意識累之也，此古今學術毫釐之辨也。知此則知先師致良知之旨，惟在復其心體之本然，一洗後儒支離之習，雖愚昧得之，可以立躋聖地，千聖之秘藏也。所幸良知在人，千古一日，譬之古鑒，翳於塵沙，明本未嘗忘，一念自反，即得本心，存乎其人也。（王龍溪語錄卷八）

照龍溪此說，我們當可以看出：第一，宋明理學確與佛學不同。因爲佛學是要「乃至無意識界」，理學雖也主張絕意去識，然而卻仍然認定非是無意無識。第二，理學家確也是受了佛家的影響。因爲以虛明之體反爲所蔽爲意識，這便是佛家的思想。或許這祇是王龍溪的個人之見。不過，宋明儒者是恪遵先秦儒者以「毋自欺」爲誠意之旨，以擴充德性之知爲認識之要領，所以他們對於非德性之知的意識，是一律主張棄絕的。儘管王陽明認爲「知得一個天理，便有許多節文度數出來」；然而其所謂「節文度數」，亦祇是德性之知實踐於人常日用而已。這就是說，儒家是以擴充德性之知爲爲學做人之主，佛家則認爲德性之知亦是不必要的。這與我們所欲研究的心之理性活動當然都不相同。不過，我們所謂之心之理性活動，亦即陽明所謂之節文度數的不限於德性之知，而是遍及於萬事萬物者。這一方面是說，我們所謂之理性活動是以天理爲根源；一方面也是說，我們所謂之理性活動，既是藉意識而以概念對於世界作判斷的活動，亦是此虛明之體（即心之本體）稱其所有的且是不容已的而顯現為新知，此當然不是障蔽此虛明之體者，而是此虛明之體的成就其自身之偉大。我們的哲學固然是承繼宋明理學者，宋明理學家亦似是自覺到「聖人成能」之偉大精神，然因受佛學之影響太多，對於心之理性活動實未能有真正的認識。

再者，所謂良知自有天則，其究極的意義，亦祇是指媸妍自辨而言。我們認爲，媸妍自辨，純是從價值的觀點而說的。心之理性活動，應兼具真僞自辨與媸妍自辨這兩種功能，才真是「心之全體大用無不明」。所以我們認爲，良知之天則，應是包括真僞自辨與媸妍自辨這兩重意義，而決不是局限於德性之知這一方面。這就是說，心之理性活動，既是道德的，也是認識的。宋明儒者，祇重視德性之知而忽視認識之知，故雖有即物窮理之理想，而終未能在即物而窮其理，此所以理學未能發展爲現代的科學。至於有些現代的學者，祇重視科學之知而忽視德性之知，其結果常難免於物化，而遺失了自己的本性，這當然是一種時代病。我們研究心之理性活動，一方面應直透理性的根源而有此心之自覺；一方面應知良知之天則是包含善惡與真僞兩方面的。於是，才不致有偏失之病。我們討論心之本來面目及心之修養工夫時，對於直透理性的根源，已有較爲詳盡的陳述，現在則就純理性的活動而作較爲簡要的探討。

第三節　心之理性活動與語言文字之關係

人之理性活動之所以能形成人之知識，除了此虛明之體是不容已的作稱其所有的顯現外，人能利用語言文字，應是最重要的因素之一。

通常說來，沒有語言文字，是不能說出或寫出命題，也不能有我們所謂的哲學。這說法是不錯的。若說沒有語言文字便沒有知識，這就可能有問題了。我們認爲，人類和禽獸比較確有許多的優點。例如，人類能穿著服裝，能利用各種器具，能利用火，能從事耕種等；但比這些爲更重要的，應是人類能用語言文字，以表達意思與紀錄其活動的經過。不過，有些禽獸，雖不能說出或寫出命題，卻能以鳴聲或動作而表達其判斷。在洞庭湖濱，每於冬夜，有成群的野鴨，棲宿在可以避風的淺水中。據說，當群鴨入睡後，失去配偶的孤鴨，則擔任守夜的責任。獵者係以點火引發的舊式獵槍作爲射擊的工具。射擊之前，必點火而不引發者數次。孤鴨每見火光，即驚呼報警，群鴨則驚起飛散，飛散後因見別無動靜，乃復降落原處，迅即入睡。於是者數次後，若孤鴨再有報警之情事，則群鴨必圍啄之，以示懲罰。嗣後孤鴨雖見火光，亦不敢驚叫報警，獵者乃利用此時予以射擊，故所獲必豐。就此一事例而言，禽獸是具有判斷作用的，至少某些禽類是如此。同樣的，獸類能具有判斷作用的亦復不少。黑猩猩連接兩條棍子以取得香蕉，即是一種判斷的作用。因此，沒有語言的禽獸，我們實不能肯定的說是完全沒有知識。例如孤鴨見火光而驚叫，可以說是在表示「我們會遭受攻擊」或「有人會攻擊我們」等意思；雖然牠是不能如此清楚的說出來，卻仍是可以表示類似的意思而爲所有的野鴨所知悉，這當然是無可置疑的。所以，知識實祇是程度上的問題，而語言文字祇是較以聲調或動作來表達意思的方法爲方便而已。

但從另一方面來說，沒有語言文字，即就是沒有我們所謂的知識。例如生來就聾而啞的人，他若是沒有學習聾啞的文字，則既不會說會聽，也不會讀會寫。若全人類都是這樣的啞吧，則大家都祇能用聳肩搖頭，作手勢來表示意思。我們試略一思考，則知用聳肩之類的動作來作公開演講，應是令人非常討厭而不能吸引觀眾。黑猩猩之所以不如人類的進步，沒有語言文字，可能是最主要的原因。再者，當我們見到樹時，我們會說「這是樹」；但聾啞的人見到樹時，他不可能想到這叫做樹；他必是根據自己的經驗，而想到這是可以用作「燃料」的，這是可以用之作成「器具」的；此所謂「燃料」「器具」等，還是我們的說法。一個聾啞的人，要表示「樹」的意義與用途，必須要用手指指燃燒中的木材，或指指室內的用具，還須用手表示砍伐的動作，曝晒的過程，以及用手表示樹之形狀與樹是栽植的，或是從土壤中生長出來的等等複雜而難懂的動作。於是，我們不難想像到，聾啞的人，是沒有我們所謂的普通名詞或我們所謂之共相的觀念，這是可以斷言的。固然，當一個人應用普通名詞時，我們不能證明他是否在思想共相。我們知道，除非哲學家，他是不一定以普通名詞而思之爲共相的。但是，語言文字的最大功用，則是因爲能表示共相。這就是說，人之所以優於啞吧動物；即是啞吧動物，不能以語言文字表示事物的共相而形成一觀念的世界；我們人類則能利用語言文字爲工具而經過我們的腦筋以抽象化外在世界的事物。也就是說，姑無論我們是否在思想共相，但我們所思想的，除特殊的事物外，必就是共相。這應是無可置疑的。羅素在其哲學大綱第四章中曾說：「有人以爲普通的名詞，例如人、貓、三角形等，是表明共相的。這種問題是柏拉圖而至於今的哲學家們所喋喋聲辯的。究竟有沒有共相？如果有的話，究竟是就那一點上說？這些都是形而上學的問題，無須乎和語言文字的問題混在一起。關於共相，我們目前所要討論的唯一的論點，就是：一個人正當的應用普通的名詞，並不能證明他能夠思想共相。人們往往以爲正當的應用一個類似人字的名詞，可以證明我們一定能夠應用和這字相等的人之抽象觀念，這完全是一個錯誤。」他接著又說：「所以，我們無須假定我們能夠獲悟共相，雖然我們能夠正當的應用普通的語字。」從一般人應用語言文字的情形來說，羅素的見解並無錯誤；但是，我們卻不能說，人貓三角形等不是表明「共相」。這就是說，一般人雖不一定能夠獲悟共相；但不能說，當一個人應用普通名詞時，他所表示的不是共相；即令他不懂得，普通名詞就是表示共相。例如我們說「蛇」，固然不一定是表示「共相」；但不能說「蛇」字不是表示「共相」；所以，儘管我們不一定能獲悟「共相」；而我們之所以能獲悟「共相」，則是由於有語言文字，這應不錯的。而且，因爲我們能用語言文字，所以我們才有較爲高深的知識，這是非常顯然的。一個聾啞的人，從佛家的觀點來說，他是可以澈悟究竟的問題而成佛；但是，即令他已獲知問題的究竟與具有高深的智慧，他若不用語言文字，則仍是不能表示出我們所謂之人之知識，這也是非常顯然的。

我們認爲，語言文字，是可以有助於我們的記憶，以幫助我們加深印象的。據我個人的觀察，雞與貓的記憶都是非常差的，而狗的記憶則較爲良好。我們可以說，狗之所以有較爲良好的記憶，乃因狗的嗅覺較爲靈敏，且能利用嗅覺以幫助記憶；至於雞與貓，則是未能利用任何種官能以幫助其記憶的。一般說來，語言文字，是幫助記憶的最好的工具。例如我們和一個人初見面時，我對自己記：「這個人有圓而大的眼睛，長而濃的眉毛，大而直的鼻子，肩寬，背圓，高個子，留有仁丹鬍子」等等；在幾個月之內，我大致總可以記得這幾個字，而會用這幾個字以認識這個人。即就這一點來說，這是任何動物都趕不上我們人類的。所以我們人類能利用自己的印象或記憶，以增廣我們的見聞而形成豐富的知識，這也是非常顯然的。至於我們人類之所以能說能聽能寫，以及能記憶，能形成印象等，除了大部份是屬於物理學，生理學，心理學等方面的問題外，則是此能知之心與此生理的結構合作而表現爲此等等的活動，之所以如此，我們在下一篇中將詳爲辨說。至於有關物理學，生理學，心理學等純科學方面的問題，從哲學的觀點來說，我們是無須詳爲解析的。

現在，我們須作進一步討論的，乃我們人類，既已有語言文字，所以能說出或寫出命題；也就是說，因爲有語言文字，所以我們能寫出或說出整個的句子，以表示完整的意義。我們並不反對，我們之所以能說整個的句子，是由於學習的結果；若所謂學習，祇是完全的模仿或祇是學得的反應，則不爲我們所贊同。例如我的小女兒，在兩歲半時，他曾說：「瞌睡來了，我就要睡覺了；瞌睡跑了，我就醒來了。」他常會說類此的語句。此種語句的形式，無疑的是模仿大人的口吻；而所表示的意思，則是她自己的體驗。這就是說，兩三歲的小孩，說一整個的句子時，亦多少會運用悟性的作用。又例如我鄰舍的兩歲小女孩，她仍不會說完整的句子；我曾問她：「吃過飯了沒？」她回答說：「過」。又曾問她：「爸爸媽媽在家嗎？」她說：「家」。她常用一個單字以答覆他人的問話，而能恰當的表示一個完整的意義以爲他人所瞭解。這就是說，人類利用語言文字；若祇用行爲主義的觀點，是無法說得清楚的。我們不妨說得更爲明白一點，即我們所問的「吃過飯了沒？」兩歲大的小孩會回答說「過」，或者會以「飯」「吃」等單字回答，或點點頭等，諸如此類的回答，無論是恰當或不恰當，皆是自覺自主的。此所謂自覺，是指對事物之自覺，非是心之自覺。這和狗見肉流涎或聞音叉流涎的制約反應，無論如何是不完全相同的。因此，我們可以無須論究語言文字是如何產生的；也無須論究利用語言文字時有關生理學與心理學等各方面的問題；而特須注意的，則是應如何才能將外在世界用語言文字描寫出來，且不致爲語言文字所誤。所以，當我們作一判斷或說一命題時，必須注意語句之真假。通常說來，一個語句所述說的，若能具有印證，符合，互譯等等條件，則這個語句便就是真的。不過，從哲學的觀點來說，所有從常識觀點而說的語句都不是真的。我覺得羅素在哲學大綱第二十三章中有一段說得很好，羅素說：

> 我說：「我坐在桌子之旁。」其實我應當說：「某個事點之流裡頭的一個事點，在一種方式中有因果的關聯，而使整個的系列人和一個事點之流裡頭在另一種方式之中有因果關聯而有某種空間形狀稱為桌子的一個事點，有空間的關係。」我所以不這樣說的原因，是因為我的生命太短促；但是如果我是一個真正的哲學家的話，那麼我就應當這樣說。

我們暫且撇開這個問題不談；因爲「我坐在桌子之旁」的這類經驗語句，還是可以說得真的。至於儒家所謂的「仁」或「道」，則是很難可以用語言文字或符號來表示其真正的意義。這就是說，用語言文字或符號所表示的某些意義，有時是無法說得或寫得恰如其所應表示之意義的。禪宗主張不立文字，直指本性，即因語言文字，不能確切的表明禪宗所主張的最高真理，亦可能是爲反對當時的駢體文與注疏癖而發。照這樣說來，沒有語言文字，固不能說明我們所謂的知識；然而用語言文字以表示我們所謂的知識時，除了應注意語言文字的用法以求能正確的表示其意義外；而且，用語言文字所表示的知識，有時也祇是如數學中無理數的近似值而已。因爲此所謂知識，乃是指哲學的知識而言，而哲學有時是對於不可思議者之思議，對於不可言說者之言說；故以語言文字而表示此不可思議與不可言說之對象，是祇能求其近似的。禪宗主張證悟，從這種觀點來說，確是不錯的。再者，禪宗爲避免用語言文字表示真理時所容易發生的誤解，乃採取類似辯證法的方法以表示其所謂的真理。六祖惠能曾說：「若有人問汝義，問有將無對，問無將有對，問凡以聖對，問聖以凡對。二者相因，生中道義。如一問一對，餘問一依此作，即不失理也。設有人問，何名爲暗？答云，明是因，暗是緣。明沒則暗，以明顯暗，以暗顯明，來去相因，成中道義。餘問悉皆如此。」六祖此說，雖類似黑格爾的辯證法；但和辯證法所謂「對立的統一」是完全不同的。我們認爲，此所謂「以明顯暗，以暗顯明」，固然是著重在說明「來去相因」之理；但是，也可以解釋爲「1.41」與「1.42」，既皆不是「2」的平方根，也可以說都是「2」的平方根；因爲「2」開平方是沒有正確的答數而祇能有由人加以規定的近似值。這就是說，當我們以語言文字來表示無理之理時，是祇能基於「來去相因」的原理而「以明顯暗，以暗顯明」的；若因此便認爲是「對立的統一」，這當然是一非常明顯的錯誤。

照這樣說來，我們寫出或說出一整個的句子以表示一意義時，特應注意勿爲語言文字所誤。一般說來，數學以符號所表示的知識，大體上是很正確的；但是，若說「2=1.4142131」

是真的完全相等，則是一非常明顯的錯誤。這就是說，凡寫出的真理，無論用何種符號，有時也祇能是極其近似的。因此，我們欲瞭解某一問題的究竟，有時是不能祇注意字面的意義而是要靠心領神會才能有得於心。莊子所謂「得意忘言」，其意義也就是如此。

第四節　心之理性活動與正名知名之關係

以語言文字或符號而表示哲學知識時，既有其不可避免的缺點；於是，我們除了應瞭解凡不能用語言文字或符號所能完全表達的意義，當其用語言文字或符號表達時，我們決不能誤認為是完全正確的。釋迦牟尼的盲人摸象之喻，固在說明有認識上的某種缺陷時是不能見到象之全體；亦可以說，沒有見過象的人是無法從語言文字或符號所表示的而能見到如真的見到了象；但是，某些對於象的極其近似的描述，我們卻不能說此所極其近似的描述不是在描述象。因此，我們固須瞭解語言文字或符號的缺陷，然而對於語言文字或符號的功用，亦須有正確的認識。這就是說，我們特應研究，如何才能極其正確的運用語言文字。因此，我們對於正名與知名的問題，確有加以辨說之必要。此所謂正名與知名，與西方哲學家所謂之概念範疇是大體上相同的。

論語子路第十三有云：「子路曰：衛君待子而為政，子將奚先。子曰：必也正名乎。子路曰：有時哉，子之迂也，奚其正。子曰：野哉由也，君子於其所不知，蓋闕如也。名不正，則言不順；言不順則事不成；事不成，則禮樂不興；禮樂不興，則刑罰不中；刑罰不中，則民無所措手足。故君子名之必可言也，言之必可行也。君子於其言，無所苟而已矣。」此一段子路與孔子的問答，雖祇是討論政治問題；但從「名不正，則言不順」，及「君子名之必可言也」，「君子於其言，無所苟而已矣」等這幾句話看來，則語言文字之所以能作爲大家通用的表示意思的工具，乃由於先能正名以使名當其實，所以正名的工作，是使用語言文字的最基本的工作；因此，我們運用語言文字時，應先注意名實是否相當，然後我們寫出或說出的才能「無所苟」。

周秦諸子如鄧析子尹文子公孫龍子等所謂名家，對於正名工作的基本認識，大體上都是不錯的。例如尹文子說：「無名，故大道無稱」；公孫龍子說：「物莫非指」等。這都是說，天地萬物，皆是人爲之正名的；實和老子所謂「有名萬物之母」是完全相同。同時，公孫龍子曾說：「且白馬非馬，乃仲尼之所取。龍聞楚王張繁弱之弓，載忘歸之矢，以射蛟兕於雲夢之圃，而喪其弓，左右請求之，王曰止，楚人遺弓，楚人得之，又何求乎？仲尼聞之曰，楚王仁義，而未遂也，亦曰人亡弓，人得之而已，何必楚；若此，仲尼異楚人於所謂人。」照公孫龍子的這一段話看來，則孔子所謂的正名，是無論從本體論或認識論來說，必都有其完整的體系；不過，我們須從其政治思想或人生觀中才能瞭解其哲學體系。這也可以說，先秦諸子學說，大都是以其自己的哲學體系爲基礎而推演其政治理論。

我們認爲正名乃知識之始。人類之所以能有清晰的觀念，以及能利用語言文字以表達自己的意思，實由於有此名當其實的別名與共名；否則，我們雖能發出聲音以表示意思，亦祇是鳥鳴啾啾與蟲聲唧唧而已；而且，人類所具有的經驗，亦必祇是所養成的某些習慣。這就是說，人類的正名工作，確能使類似習慣的經驗，經過悟性的作用，而形成我們的知識。照這樣說來，正名工作，確是非常重要的。荀子正名篇說：

今聖王沒，名守慢，奇辭起，名實亂，是非之形不明，則雖守法之吏，誦數之儒，亦皆亂也。若有王者起，必將有循於舊名，有作於新名，然則所為有名與，所緣有同異與，制名之樞要，不可不察也。異形離心，交喻異物，名實玄紐，貴賤不明，同異不別；如是則志必有不喻之患，而事必有困廢之禍；故知者為之分別，制名以指實，上以明貴賤，下以辨同異；貴賤明，同異別；如是則志無不喻之患，事無困廢之禍，此所以為有名也。然則何緣而以同異，曰緣天官。凡同類同情者，其天官之意物也同，故比方之疑似而通，是所以共其約名以相期也。形體色理以目異，聲音清濁調竽奇聲以耳異，甘苦鹹淡辛辣奇味以口異，香臭芬鬱腥臊洒酸奇臭以鼻異，疾養滄熱滑鈹輕重以形體異，說故喜怒哀樂愛惡欲以心異。心有徵知，徵知則緣耳而知聲可也，緣目而知形可也；然而徵知必將待天官之當簿其類然後可也。五官簿之而不知，心徵之而無說，則人莫不然謂之不知，此所緣而以同異也，然後隨而命之；同則同之，異則異之；單足以喻則單，單不足以喻則兼，單與兼無所相避則共，雖共不為害矣。知異實者之異名也，故使異實者莫不異名也，不可亂也，猶使異實者莫不同名也；故萬物雖眾，有時而欲徧舉之，故謂之物；物也者，大共名也；推而共之，共則有共，至於無共，然後止。有時而欲徧舉之，故謂之鳥獸；鳥獸也者，大別名也；推而別之，別則有別，至於無別，然後止。名無固宜約之以命，約定俗成謂之宜，異於約則謂之不宜。

名無固實，約之以命實，約定俗成謂之實名，名有固善，經易而不拂，謂之善名。物有同狀而異所者，有異狀而同所者，可別也。狀同而為異所者，雖可合，謂之二實，狀變而實無別，而為異者謂之化，有化而無別謂之一實，此事之所以稽實定數也，此制名之樞要也；後王之成名，不可不察也。

關於荀子的政治理論，我們並不贊同，在這裡，亦不擬予以討論。至於荀子所闡述的「制名之樞要」，則是大體不錯的。我們願作較爲詳盡的討論與說明：第一，就荀子所說的，「心有徵知，徵知則緣耳而知聲可也，緣目而知形可也，然而徵知必將待天官之當簿其類然後可也」這幾句話看來；所謂客觀的存在，當不外乎形色，聲音，香臭，味，與身體所能感觸的熱冷輕重等各類而已。而此能知之心，則依各種感官所感覺的以產生喜怒哀樂愛惡欲等各種意識。這和佛家的五根六塵之說，可以說是大體相同。在第五章第六節中，我們分析心靈現象時，亦有類此之說法。這就是說，眼耳鼻舌身，對於外在的世界，既已分門別類的將其像記賬的一樣的記載下來，然後此能知之心便「徵之」；「心徵之而無說，則人莫不然謂之不知」；心徵之而欲有說，則須從分別同異開始，並「隨而命之」，這就是正名工作的第一步。第二，因爲「五官簿之而不知，心徵之而無說」，所以要「隨而命之」，而「命之」的方法，則就是「同則同之，異則異之」，並且用「單」，「兼」，「共」等方法，而分門別類的制成大共名與大別名以偏舉萬物。第三，於是，我們便知道「名無固宜」，而皆是「約之以命」，也皆是「約定俗成」的結果。照這樣說來，則所謂「我」「你」或「桌子」等，都祇是「約定俗成」的「實名」，因此，我說，「我坐在桌子之旁」，實祇是基於「約成定俗成」之宜，而表示有此種空間關係。這就是說，所有經驗的語句瞭解；若瞭解祇是爲了方便而基於「約定俗成」之宜的一種方便的說法，則所有經驗語句，仍然是不錯的；不過，哲學家對於經驗語句的理解，必是依據其自己的哲學體系而有不同之理解。第四，通常所謂的「名」，既皆是「約定俗成」的；所以我們必須遵守「同一律」及從另一方面而運用「排中律」或「矛盾律」以固定指涉；因此，對於「用名以亂名」，「用實以亂名」，「用名以亂實」之「邪說辟言」，我們在運用語言文字時，是應該首先弄清楚而加以避免。

在這裡我們必須指出的，即從我們的哲學體系來說，我們所謂之心物，是和常識的或「約定俗成」的意義不盡相同；而且，我們認爲常識的觀點有些是完全的錯誤，這是前文已有陳述，並已尋根究底的以弄清楚經驗語句所表示的究竟是什麼一回事。不過，我們對於「我坐在桌子之旁」這句話，祇要不誤解爲「我這個物體坐在桌子這個物體之旁」，我們便可以很滿意而無須加以解析了。所以我們說一經驗語句時，自可不必過於在語言文字方面，作嚴格的推敲。惟應該嚴格遵守的，就是不能亂名實，而所說的或寫的務必求其真實。用荀子的觀點來說，這就是要能「知名」。荀子說：

> 實不喻然後命，命不喻然後期，期不喻然後說，說不喻然後辨；故期命辨說也者，用之大文也，而王業之始也。名聞而實喻、名之用也，累而成文，名之麗也；用麗俱得，謂之知名。名也者，所以期累實也；辭也者兼異實之名，以論一意也；辨說也者，不

異實名，以喻動靜之道也。期命也者，辨說之用也；辨說也者，心之象道也；心也者，道之工宰也；道也者，治之經理也。心合於道，說合於心，辭合於說。正名而期，質請而喻，辨異而不過，推類而不悖。聽則合文，辨則盡故；以正道而辨姦，猶引繩以持曲直，是故邪說不能亂，百家無所竄。

以上是荀子所謂的「聖人之辨說」，接著荀子又指出士君子的辨說，是「以仁心說，以學心聽，以公心辨，不動乎眾人之非譽，不治觀者之耳目，不賂貴者之權勢，不利傳辟者之辭，故能處道而不貳，吐而不奪，利而不流，貴公正而賤鄙爭。」關於荀子所謂的士君子之辨說，就是要我們在辨說時，必是「心合於道，說合於心，辭合於說」，而不能違背我們的良知，以曲說阿世。這當然是我們運用語言文字以說出或寫出我們的道理時所最宜遵守的。至於運用語言文字所最須講求的技術，則就是要能「知名」，要能「用麗俱得」。此所謂「用」，即是「實不喻然後命，命不喻然後期」，亦即是要以期命辨說。所以荀子說：「期命也者，辨說之用也」。至於此所謂「麗」，則就是累積「期命」或「單兼共」而所制之名以成為文；也就是用「兼異實之名以論一意」而成為我們所謂的句子，或是荀子所謂的「辭」。因此，此所謂「麗」，也就是荀子所謂的辨說。至於辨說的目的，則就是「不異實名，以喻動靜之道」。在這裡我們必須陳述的：第一，荀子之所以以期命辨說，乃荀子是以期明命，以說明期，以辨明說；也就是以「名」與「辭」而說明事物的關係。第二，用現在的觀點來說，以「辭」明「名」，則就是用一個句子，以解釋一個名詞或概念的含義。這就是說，荀子所謂的辨說，是具有現在所謂的「下定義」的意義；而荀子下定義的方法，則就是「兼異實之名以論一意」。第三，辨說的目的，既在於以「辭」明「名」或「比喻動靜之道」，則辨說之功用，不僅在使「名聞而實喻」，亦且可以「喻是非之理」。第四，照以上所分析的看來，則荀子所謂的正名與知名，即在於說明如何才能正確的作一判斷或說一命題。我們認爲，用荀子的制名之樞要及期命辨說之原則，是可以正確的作一判斷或說一命題的。也就是說，用荀子的原則，是可以滿足印證，符合，互譯等條件而將一語句說真。當然，此所謂真，祇是指可經驗的語句而言的。

在這裡我們仍須略作說明的，當我們作一判斷或說一命題時，似乎必須注意文法或造句法。我們認爲，荀子所謂的知名，就是講的造句法；不過，這和文法上的造句法是不完全相同的；因爲，當我們說一命題時，固須注意文法的形式與規律；但不祇是注意文法的形式與規律，便可以正確的說一命題。因爲邏輯上所謂的命題，是不包括驚嘆，詢問，命令，或祈禱式的語句；而且，某些非經補充便不能明白地說出真或假的句子，也將不能表達命題。一個命題可能用許多的句子寫出，可以從它的非真即假，非疑即信即知的性能而辨認出來；所以命題雖也是句子，但不是所有的句子都是命題，這當然是我們應該分辨清楚的。

第五節　心之理性活動與思想方法之關係

從邏輯觀點來說，經驗語句的真假與邏輯推論的對錯，是不可混爲一談的。這就是說，當我們說一經驗語句時，若能滿足印證，符合，互譯等條件，則這個語句便是真的。也就是說，當我們說一經驗語句時，是用不著推理的。但是，從哲學觀點來說，當我們說任何一經驗語句時，必皆是是推理的結果。我們非常贊成羅素所說的「一切的符號都是依靠於實際的歸納作用」這一句話。我們認爲，語言與文字，都是表達思想的一種工具或符號。有人說，說話是思想的一種「化身」，文字是說話的一種「化身」；說話是用聲音代替一個沒有聲音的思想，文字是用形狀代替一個沒有形狀的語言。此說雖不爲我們完全贊同；但是，若沒有語言文字和其他類似的可以表達思想的符號，則我們能思之能，是等於被禁錮而無從表達，更無從建立嚴密的思想體系。就以上各章我們所已辨說的看來，這是不難懂得的。然而我們之所以能運用各種符號，則「都是依靠於實際的歸納作用」；或者說，都是依靠於一種理性化的作用；即令此所謂的理性化的作用，祇是一種事後的理由；也就是說，此所謂的歸納作用，實祇是生理上的推理，只有後來的思考才能夠使我們覺得有這個推理；但是，我們便因此而認定一個經驗語句的真，實就是一個實際推理的對，這應是不錯的。我們也不是認爲經驗語句的真假與邏輯推論的對錯之不能混爲一談是不對的；因爲從邏輯的觀點來說，若將經驗語句的真假與邏輯推論的對錯混爲一談，是容易發生邏輯推論的錯誤而不自覺的。這就是說，我們亦是不應該將邏輯規律與哲學觀點混爲一談。我們之所以認爲任何的經驗語句，必皆是一種歸納作用，這是從哲學觀點，就經驗語句的本質而言的。我說：「這是桌子」；我之所以能說「這是桌子」，必是基於我之「這是桌子」的認識而後才能說「這是桌子」。一個不知「這是桌子」的嬰兒，是不會說「這是桌子」。我最小的兒子，當一歲多的時候，他不知道說「饅頭」，而稱呼饅頭爲「胖胖」；因爲饅頭的形式和我們鄰居叫作「胖胖」的小孩的臉型很相似；這雖然是一個錯誤的歸納推理；但任何嬰兒之所以能稱呼饅頭爲饅頭，必皆是歸納推理的結果。近來才發展的大腦神經學，對於許多天生盲目的經過外科手術才開始取得視覺的人有詳細的觀察與報告。據他們報告，視覺的開始，非常痛苦，除去亂七八糟的各種光線和各種顏色之外，他們分別不出各種形狀，必須經過好幾個星期，才能將一個三角形和一個四方形分辨出來。這些人有經過多年還不能習慣於視覺的。他們說：「用眼睛看不如用手來摸好多了」。這些報告給我們指示了一個重要的事實，即是我們人類的任何認識，無一不是經過一個很長期的訓練而產生的一種理性化的歸納作用。因此，當我們見到所有的桌子而能說「這是桌子」，這必然就是一種歸納作用。

基於以上的分析，有幾點是必須陳述的：第一，荀子所謂的「正名」，當然是歸納推理的結果；因爲我們之所以能「正名」而說出之，必是經過了歸納作用的；而且，荀子所謂的分別同異及「單兼共」或「期命」等制名之樞要，也就是以事物的特徵爲標準而所作的分類與歸類，這當然是一種理性化的作用。第二，再就荀子所謂的「知名」而言，是多少具有近代語意學的思考的。我們若能嚴格的遵守荀子的法則，大體上是不致於犯語意含混模稜兩可之毛病。第三，照這樣說來，我們要將一經驗語句說真，是必須學習邏輯規律暨近代語意學的語言規範，然後才能將較爲原始的歸納作用，發展而爲近代的科學方法。第四，我們認爲，熟知了邏輯規律暨近代語意學的規範，是能很正確的說出或寫出我們所謂的哲學的；但是，並不是祇要熟知了邏輯規律暨近代語意學的語言規範，便就是懂得了我們所謂的哲學。從我們的哲學體系來說，「無」是可以有「有」的；因爲從愛因斯坦所說的宇宙是有限的但是無邊的而推論「有」是在「無」中，這於理無違；而且，「無」之中何以有「有」，亦是我們在第二篇中已詳爲辨說的。但是這種說法，卻並不爲現代的形式邏輯所許可。照這樣說來，我們的哲學，當然不就是邏輯學或近代的語意學；因此，若說我們的哲學是無意義，那祇能說是沒有理解到我們哲學的意義。我們是應該儘可能的遵照邏輯規律與語意學的語言規範而辨說我們的哲學，俾我們的哲學能易於爲人所理解；但是，這並不是說，我們是應該放棄我們的哲學體系。

就我們的系統來說，「無」是可以生出「有」的；但我們並不是說「無」就是「有」。我們認爲A是A，這是不錯的；若認爲A祇能是A，則是我們不贊成的；所以我們認爲A是可以爲非A。於是，我們是不能從祇講存在或現象的邏輯的推論形式而推演我們的哲學體系。不過，我們並不是不贊成歸納推理或演繹推理，而祇是說，是不必爲邏輯的形式所束縛。所以我們在討論語言與文字時而特別指出語言文字的缺陷，其意義亦即在於此。

我們之所以不反對演繹推理與歸納推理，這是從實際的或存在的觀點而說的，亦即是從現象的觀點而說的。羅素說：「我們可以這樣去分別平常的歸納和演繹，若前者是用一個符號去做兩個不同事物的符號，後者是用兩個不同的符號去做同一事物的符號。」我們認爲，「用兩個不同的符號去做同一事物的符號」是和荀子所謂的「兼異實之名以論一意」的含義大致相同；不過，此所謂的演繹，我們是稱之爲析理的。因爲「用兩個不同的符號去做同一事物的符號」則就是析理。例如「乾元亨利貞」，則就是以元亨利貞而分析出乾所具之理。再者，我們所謂的析理，是不採用邏輯的形式；此種不採用邏輯形式的析理，必是經過歸納的作用，而是分析與歸納分不開的。胡適之先生於四十一年二月八日在臺灣省立師範學院講杜威哲學時曾說：「所以杜威先生的邏輯也可以叫作實驗的邏輯，歷史的邏輯，歷史的邏輯這個名詞太不好解釋，我叫牠作祖孫的邏輯。這種邏輯先注重來源；有來源，有出路，有歸宿；根據人生，應付環境，創造智慧。這種思想方法，也可以說是一科學的實驗。真正科學實驗的方法，不完全是歸納，也不完全是演繹，而是時時刻刻有歸納，時時刻刻有演繹的。把形式去掉來解決問題，拿發生困難作來源，拿解決問題作歸宿，這是新的邏輯。」我們無意說「析理」是一種新的邏輯，而祇是說，我們中國哲學所謂的「尊德性而道問學，致廣大而盡精微，極高明而道中庸，溫故而知新，敦厚以崇禮」，是要「極乎道體之大」與「盡乎道體之細」，是要「不以一毫私意自蔽，不以一毫私欲自累，涵泳乎其所已知，敦篤乎其所已能」；而且是要「析理則不使毫釐之差，處事則不使有過不及之謬，理義則日知其未知，節文則日謹其所未謹」，俾能達到「質諸鬼神而無疑，百世以俟聖人而不惑」的知天與知人。這就是說，我們對於人物之性或理，是要能「巨細精粗無毫髮之不盡」而「知之無不明」；能如此，則我們所遭遇的困難與問題，應是沒有不能解決的。不過，我們中國哲學的思想方法，對於問題的解決，不是以困難作來源，而是以「建諸天地而不悖」為目的。這就是說，我們中國哲學的思想方法，是以「贊天地之化育」為目的，並從誠意，正心，修身的實踐過程中，以析理而盡人物之性。照這樣說來，則知我們中國哲學確是不注重從「論證的形式」以推知事物之理而祇是基於解蔽去惑的心得，以分析事物所具之理的；所以我們中國哲學的求知過程，實就是一實踐的過程。也就是說，我們中國哲學是先立乎其大者，而後從反求諸己的實踐過程中以致知。於是，我們當然可以說，正統的中國哲學是富於實證精神的。不過，此所謂的實證精神應是和杜威的實證哲學不盡相同；然而也並不是不能相容的。

我們認為，凡從實踐過程中以致知的，必是不注重推論的形式，亦必是歸納與演繹並用的。我們可以這樣的說，凡從實踐過程中所獲得的知識且係以命題說出或寫出的必就是析理；之所以能得到此種知識，必都是歸納推理的結果。這就是說，我們之所以能用兩個不同的符號去做同一事物的符號，必是先能用一個符號去做兩個不同事物的符號；此說雖未必全真，但大抵是不錯的。這是我們對於推理與知識的一種較為基本的理解。

在這裡我們仍須作進一步說明的，即我們中國哲學的思想方法，是以析理而獲得知識，以推類而推廣知識；而且，我們中國哲學所謂的類推，實就是歸納推理中的類比推理。羅素在其哲學大綱第二十五章中曾說：「舉出一些術語是很有用處的。假定我們要在歸納之中去找出一個贊同『凡有F性質的東西都有f的性質』這個通則的概然性；我們可以稱這個通則為g，假定我們已經觀察許多F和f同來的例子，而沒有不同來的例子。這些例子也可以有其他的共同點；這種共同特性的總量可以稱為統共的積極類推，已知的共同特性的總量，可以稱為已知的積極類推。屬於一部份而不屬於全體例子的特性可以稱為消極的類推，它的總數可以稱為統共的消極類推，而其已知的可以稱為已知的消極類推。如果要歸納強有力，我們就得盡最高的可能去縮小積極的類推。」假如我們所理解的是不錯的，則科學的歸納推理，是要增大「消極的類推」。這就是說，是要「屬於一部份而不屬於全體例子的特性」增大，這樣才能使「歸納強有力」。據此而論，我們中國哲學所謂的類推，是遠不若如此之嚴密；

也可以說，是不若如此之正當的。不過，我們中國哲學所謂的推類，大體上仍是不錯的。第一，我們中國哲學認為此森羅萬象的宇宙，是類聚而群分的。例如易繫辭說：「方以類聚，物以群分，吉凶生矣。」這就是說，因其是類聚而群分的，所以「順所同則吉，乖所趨則凶」。此所謂「順所同」，則就是推類；不過，此所謂推類，祇是求心安而理得。因其如此，所以我們中國哲學的推類，是一種不大嚴密的類推。但從另一方面來說，我們要真能心安而理得，則必須如朱子所說的「學者於此究其精微之蘊而又推類以盡其餘」。照朱子此說，是一方面要「析理則不使有毫釐之差」，一方面要推類而「知無不盡」。若真能做到「析理則不使有毫釐之差」，則推類必將是大體不錯。第二，易繫辭有一段是講述推類的，茲引述於下：

> 古者包犧氏之王天下也。仰則觀象於天，俯則觀法於地，觀鳥獸之文與地之宜；近取諸身，遠取諸物；於是始作八卦，以通神明之德，以類萬物之情。
>
> 作結繩而為罔罟，以佃以漁，蓋取諸離。
>
> 包犧氏沒，神農氏作，斲木為耜，揉木為耒，耒耨之利，以教天下，蓋取諸益。
>
> 日中為市，致天下之民，聚天下之貨，交易而退，各得其所，蓋取諸噬嗑。
>
> 神農氏沒，黃帝堯舜氏作，通其變，使民不倦，神而化之，使民宜之；易窮則變，變則通，通則久，是以自天祐之，吉旡不利。黃帝堯舜垂衣裳而天下治，蓋取諸乾坤。
>
> 刳木為舟，剡木為楫；舟楫之利，以濟不通，致遠以利天下，蓋取諸渙。
>
> 服牛乘馬，引重致遠以利天下，蓋取諸隨。

重門擊柝以待暴客，蓋取諸豫。
斷木為杵，掘地為臼，臼杵之利，萬民以濟，蓋取諸小過。
弦木為弧，剡木為矢，弧矢之利，以威天下，蓋取諸睽。
上古穴居而野處，後世聖人易之以宮室，上棟大宇，以待風雨，蓋取諸大壯。
古之葬者，厚衣之以薪，葬之中野，不封不樹，喪期無數，後世聖人易以棺椁，蓋取諸大過。
上古結繩而治，後世聖人易之以書契，百官以治，萬民以察，蓋取諸夬。

以上所述，從歷史的觀點來說，是大有問題的；但從推類的觀點來說，則確可以看出周易一書，是「類萬物之情」而「通神明之德」；因爲周易一書，是以通天地的變化之道而類推爲人道之標準。從邏輯觀點來說，周易此種推類，實祇是常識層次的歸納推理，然而以之從天道而言人道，並用「修己」的工夫而體認出人道與天道的關聯，且以之建立其哲學的體系；從哲學觀點來說，我們實不能說是不正當的。有些哲學家，他們不著意於「致廣大而盡精微」，而祇是在邏輯規律內或科學方法內兜圈子，而祇是著意於技術或方法，而自命爲科學的哲學家，我們認爲這實是對哲學的一種誤解。當然，我們並不是不敬佩他們在邏輯上或科學上的成就。

照以上所陳述的看來，我們當然可以理解到，任何知識的獲得，必都是經過了推理的過程；因此，我們必須熟知推理的規律，以使我們所說出的或寫出的知識是完全正確的。但是，若拘泥於推理的規律，並認定A祇能是A而不能是非A，這是我們不贊同的。不過，若說A就是非A，這也是我們不贊同的。我們認爲，A與非A或有與無，在時間上與空間上都是有關聯的，這是我們在第二篇中已詳爲辨說的。因此，當我們思議與言說這存在的與非存在的關聯時，我們是不應被侷限於以辨說存在與存在的關聯爲目的的這種邏輯規律。但是，我們並不是說這種邏輯是不對的。我們祇是說，要我們的推理是完全正當的，則必須不祇是理解到存在的與存在的是如何關聯的，而且要理解到存在的與非存在的是如何關聯的。這就是要有一種形而上學的體認。因爲辯證法所謂之對立的統一，這祇有在形而上的層次內才可以說是真的。於是，在思想方法上我們也應該識得本心。於是，我們的知識才不致像盲人摸象一樣，而認定象的一部份即是象的全體。這就是說，我們固須從歸納推理與演繹推理以獲得知識；然而我們的知識，則不能祇是存在的與存在的相關聯的知識，亦即不祇是屬於現象層次的知識。

第六節　心之理性活動與知識之眞僞

我們可以這樣的說，我們的知識，實就是用語言文字的結構去陳述外在的事實的結構。因此，知識的眞僞，實就是用語言文字，或符號陳述的是否爲外在的事實的結構。我們認爲，若是根據一個已知的造句法而將含有已知的意義的語言文字結合在一起，那麼，我們就可以用某種外在的事實去定它的眞僞。例如有人說「早晨曾經下雨」，我們便可以回想一下，記記或看看早上是否下雨。「早晨」這些字和「下雨」或「不下雨」這些字是聯結著的，只要看一看其中的那一個發現出來，我們便能判斷所謂「早上曾經下雨」是真或僞。又例如有人說「燈滅了」的時候，而我們仍能看見「燈在發亮」的話，我就判斷他的話是僞的；因爲我的覺察和「燈在發亮」這些字是聯結著的。照這樣說來，凡所寫出的或說出的命題，若是和記憶及覺察相符的話，我們就認它是真的，這就是通常所用的直接的方法去判定有關過去和現在的命題是否真的。至於用間接的方法以判定他人所說的是否爲真，則是屬於推理的範圍。例如我們問他人去火車站的路，他說錯了，我因而未能趕上火車，乃推理他所說的是錯的；但是，當我們尚未證明他所說的是錯誤之時，我們仍然是信以爲真的。這就是說，通常所認爲的真，實祇是信以爲真的真。我的故鄉，柳樹遍地皆是。但是我們那個地方的人，卻叫柳樹爲楊樹，後來我在外鄉再看到楊柳時，聽他人叫葉子細長的爲柳樹，叫葉子圓而大的爲楊樹，與我在家鄉時所說的恰好相反。起初我是相信別人錯了的。這就是說，通常所謂的真假對錯；尤其屬於未來的期望而尚未被證實的，更可能祇是一種主觀的信仰。

當然，我們知道，最真實的事實，是物理科學所根據的能爲許多人所觀察的公開的事實。例如一個現象被攝在相片上面，許多人都能夠視察這張相片。又如量一件東西，不但許多人可以在場，而且他人也能夠同樣去做。這就是說，物理事實的公共性，當然不能說是一個人的主觀的信仰。但是，太陽繞地球而行，在哥白尼以前，我們不能說不是公共性的；因此，公共性的事實與公共性的信仰，有時也是很難分辨清楚的。照這樣說來。人們往往是以公共性的信仰而誤認爲是公共性的事實。所以，所謂公共性的事實，有時也未必就是真的，因此，通常所謂的真，必是基於其所知所信。

有人認爲，凡能實證的知識必是真的知識。這當然也是有此種認爲的人的一種信仰。此所認爲的，其概然性是很高的；但是，此種觀點則極易引起誤解，因爲照這樣說來，則凡是不能實證的哲學知識必就是僞的知識。從某種觀點來說，哲學所思所辯的對象，既是對於不可思議者之思議，對於不可言說者之言說，則哲學知識之不可實證，似乎是無可置疑的。實際上，這祇是對於哲學的一種誤解；而且也是對於「實證」一詞的效用有著過份誇大的信仰。我們認爲，凡能實證的知識必是真的知識，是不能倒轉爲凡真的知識，必皆是能實證的知識。如果說，我們的知識，必須是能拿出實際的或事實上的證據而後才能說是真的，則此種說法是有困難的。例如我說「我有牙痛」，無牙痛經驗的人，當然不能真的知道牙齒是如何痛的；而且，旁人也不一定真的知道我的牙齒是否在痛。但是，我若不說我有牙痛，醫生的檢查是不一定能知道我的牙齒是否確實在痛。因爲有牙痛的徵候，是不一定就會有牙痛。於是，我所說的牙痛，也可能是僞的。所以，我說我有牙痛有時不能算是一事實上的證據；因爲嚴格說來，必須是可對照的或者是可實驗的，這才能算是可實證的。固然牙齒之是否在痛，亦似乎是可試驗的；但是，決不能如物理化學的實驗來得真實，則是可斷言的。因此，所謂真的知識必皆是能實證的知識；除非此所謂的實證，不是指的純物理上的實證外，則此種說法是有困難的。這就是說，所謂可實證的，有時也祇是可推理的。

從形式邏輯規律來說，有不能函蘊無。這就是說，「無」中不能有「有」。但是，從我們在第二篇中所已辨說的看來，「有」確是存在於「無」之中。我們雖然拿不出事實的證據，也不能實驗出「無」可生「有」；然而若對於現代物理學以及天文學等科學所告訴我們的關於存在的實際的樣子，作理智的而毫無成見的思考，則便能體認出我們的推論是不錯的。因此，凡過份相信形式邏輯規律或過份相信拿證據來的，其所認識的，從某種觀點說雖是不錯的；但從另一種觀點說，則是有困難的。例如有不能函蘊無，至少是不能解釋這有限的宇宙爲什麼是無邊的。

我們認爲，如牙痛必須親身經歷的知識，大體上是要靠證悟的。兩個有牙痛經驗的人，祇要一方面說出牙痛時的感覺，另一方便能體會到他是有牙痛的。有些哲學上的知識，亦是祇能靠「證悟」得來的。我們可以舉一個禪宗所謂的「證悟」的例子以說明之：

昔時瑯琊覺禪師有一女弟子就其學參禪；瑯琊禪師叫他參「隨他去」三字；這女子依而行之不稍懈怠。一日家中起火，這女子說「隨他去」；又一日他的兒子掉在水中，傍人叫她，她也說「隨他去」。她確能「萬緣放下，依教行之」。又一日在家中炸油條，其夫在燒火，她將麵條向鍋中一拋，炸聲一響，當下悟「道」，即將油鍋向地下一倒，拍手而笑，其夫以為瘋了，罵曰：「你如此作什麼，不是瘋了嗎」？他仍然說：「隨他去」。她即往覺禪師處求證。覺禪師為之證明，已成聖果。

諸如此類的公案，在禪宗史上是不可勝記的。即令完全是捏造的，但是這也可說明，此女子所悟之「道」，仍是有人爲之證明。這就是說，未可實證的哲學知識，決對不能是胡說亂道，而是有同樣了悟的人可以爲之證明的。此種證明，我們可以名之爲「心證」；能夠心證的知識，也就是一種真的知識。王陽明的在龍場悟道，是類似禪宗所謂的「證悟」，也就是程朱所謂的「而一旦豁然貫通」。嚴格的說來，必是「豁然貫通」了的知識，才能說是完全真正的知識。任何一位思想成熟的科學家，在他的思想領域內，他所知所信的必都是「豁然貫通」了而不祇是死記公式或熟知推論的形式。至於如何才能「一旦豁然貫通」，則就是窮理與盡性的結果。至於如何才能窮理以盡性，或盡性以窮理，這是在上一章中已詳爲辨說的。總之，知識之真僞，不完全以證據的有無爲條件。凡屬於現象界的知識，似乎必須以證據的有無爲判別真僞的條件。我們認爲，這可能祇是必需的條件，而不是充足的條件。什麼是決定知識真僞之充足條件呢？這應該是理性活動之本身。我們已引用過黃宗羲所說的，「心無本體，工夫所至，即其本體」的話。這意思是說，心之認識活動，是可以分爲若干層次的。同樣的，心之理性活動，亦可以分爲若干層次。我們欲能知無不盡，首要者應該是理性活動之本身，這是「致廣大而盡精微」之必需條件。有此條件，我們才不致囿於某種小知小見。小知小見，常足以亂真。蓋夏蟲語冰，何能正確？此所以理性活動之本身，是知識真僞之充足條件。同時，所謂證據，亦不應局限於感性的層次。這也是盡心之全體大用所不可忽視的。

心性之義既明，在下一篇中，我們便應講心物之合一了。

第四篇　心物之合一

依以上兩篇所作之分析，則知通常所謂之物，祇是確有事故發生，通常所謂之心，祇是確有靈明與妙用可說。對於靈明與妙用之各方面，在上一篇中，也已作了較爲詳盡的研究。因此，對於心與物之意義，我們應已有較爲清楚的理解。現在乃可進而研究心物何以是合一的。這便是本篇研究之目的。

第十章　心物二者本合為一

第一節　概　說

就我們對於物與心所作之研究：第一，這存在的大而無外之本相，我們是可以名之爲「無」，即無各種特性及一切的「有」；至於這存在之小而無內的本相，則祇是確有事故發生。第二，通常所謂之心靈，實與通常所謂之物質並無本質的區別；不過，心靈作用與機械作用確有不同。至於這兩者之所以不同，乃心靈作用是自主的。此自主之心靈作用，其本來面目與通常所謂之物的本來面目亦是相同的。即心與物之本來面目，皆與佛家所謂之「無所住心」相同。因此，心與物之不同，非是其本來面目之不同，而是就此發生之事故名之爲物，就此靈明與妙用名之爲心。

這事故何以會發生呢？即這宇宙泡表面何以會發生事故呢？同樣的，這與物質沒有本質上區別的心靈作用何以會具有靈明與妙用呢？爲回答此等問題，我們對於在第二篇中所已提及的有限，無限，以及有關存在的各種問題有進一步加以考察之必要，並因而說明宇宙的本體確是心物合一的。

第二節　由無限而有限或由無極而太極

我們認爲，有，無，或有限，無限，以及心之本體等術語，都是直觀，而不是概念。康德認爲，我們的觀念有兩種：一是表象唯一的，直接的，當前的對象，這就是直觀；一是表象許多對象所共有的標幟，這就是概念。直觀是直接的；概念是由抽象得來的。直觀是單數的，唯一的，而概念卻爲普遍的觀念。概念是經驗事物的直觀裡抽出來的，概念之於直觀，猶部份之於全體。準此，則知有無或有限無限等觀念是與邏輯的概念有別的。而且，我們所講的直觀，是指超感性的直觀而言。例如對無限之體認，是祇能以超感性的直觀或直覺才可能有此體認。在第三篇裡我們之所以講心之修養工夫，即在於指明應如何才能獲得此超感性的直觀。

假如你能獲得此超感性的直觀，你便知道「無所住心」，及無限是什麼。你能知道無限是什麼，則便知我們對於「物之分析」的真正意義，也便知道由無限而有限，或由無極而太極，確是顚撲不破的眞理。

照我們在第三章所已研究的，此無限即宇宙的本體。因其如此，所以這存在的宇宙是由無而有，或由無限而有限。此何以故？第一，如我們在第三章中所已研究的，此存在的本體是無相的。所謂無相的，其義亦就是無方所，無特性，無形相，而了無痕跡與無可限制（覆按第三章第五節）；但是這仍然是一種「有」。這種「有」須從「無」才能體認其意義。這種「有」是可以叫作「無」。實際上，也的的確確是「無」，而且，必須無日常經驗上所謂之「有」的觀念或意識（即離棄感官之知）才能體味到此所謂之「有」。黑格爾很懂得這一點，他在其論理學中曾說：「當有純粹無確定性，有才是無。」（論理學第八十七節）黑格爾稱這種有爲「純有」。這種純有，佛徒則稱之爲「眞空妙有」，亦稱之爲佛性。禪宗六祖惠能曾說：「吾有一物，無頭無尾，無名無字，無背無面，諸人還識否？」當時在座的荷澤禪師曾說：「是諸佛之本源，神會之佛性。」這種純有，老子則稱之爲無名，亦稱之爲道。老子說：「無名天地之始，有名萬物之母。」又說：「有物混成，先天地生。寂兮廖兮，獨立不改，周行而不殆，可以爲天下母。吾不知其名，字之曰道，強爲之名曰有。」（有人依老子「有物混成」之說，派定老子為唯物論者，這真是笑話。老子所謂之物與唯物論者所謂之物真是風馬牛不相及。）這種純有，儒家則名之爲太極。先秦儒者，固甚少這一方面的闡揚，然而我們稱這種純有爲儒家之太極，實頗相吻合。下文我們談到太極時，便知此義不差。這種純有，亦即是康德所謂之物自體。這種純有，是不能以感官之知認知，而且亦不合乎形式邏輯學者所謂之邏輯；因爲眞空妙有之說，講形式邏輯的學者，絕對無法理解其是正確而無錯誤。這種純有，因爲是無限的，所以是有限的根源；因爲無限雖是「無」，卻因其無一定之特性，故反而能具有任何之特性，而成爲一切「有」之根本。以邏輯的概念思考，極不易闡明此義。

第二，傳統的說法，我們若能體認出「無限」究竟是個什麼樣子，則可以說就是「悟道」或認識了自己的本來面目。這就是說，要真能認識「無限」是什麼，照傳統的看法，是必須在大澈大悟之後才真能體認出來。關於這一點，前文已有論及。現在我們須指出的，即我們所謂的由無限而有限，亦即濂溪先生所謂的「無極而太極」。這就是說，我們所謂的無限就是無極，我們所謂的有限就是太極。太極究竟是什麼？這裡我們暫不擬加以解釋；而且，我們所謂的太極和濂溪先生所謂的太極，可能祇是大體上相同而不會完全相同。因爲我們所謂的太極，是既可以代表這存在的宇宙，亦可以作爲原子或「事點」的代表；這是和宋明儒者的觀點不完全相同的，以後我們當詳作解釋。

第三，我們仍須作進一步陳述的，即無極爲什麼可以「而」太極，或有限爲什麼可以從無限變出來。就宇宙或存在之實際的樣子來說，這有限空間確是存在於無限虛空之中，而且，我們所謂的空間，實就是存在之所以爲存在的形式。這意義是，在這「無之海中」；因爲有此空間的形式，所以才能表現而爲我們所謂的宇宙或存在。至於我們所謂的時間，乃是表示存在是有此過程；因爲任何的存在，是不能無過程的；所以時間是輔助空間而表現其爲存在的。照這樣說來，無限之所以能變爲有限，乃因爲無限雖是「無」，但能以運動而表現爲一定之形式，並表現出事件發生的可能秩序；於是，便表現了我們所謂的存在。這就是說，從宇宙的本體而言，固無時空可說；從現象而言，則時空卻是存在之所以爲存在的最主要的要素。誠然，究極言之，時空祇是用以說世界者，而非是世界真有所謂時間與空間，而且存在之所以爲存在，其要素亦不祇是如此；然而就存在之形式而言，時空卻是最主要的要素。

第四，我們仍須陳述的，即我們雖認爲無限是可以變爲或表現爲有限；但是，我們並不完全贊同有就是無，或有限就是無限的說法。因爲本體與所表現的是可以不同一的，卻亦是不一亦不二的。即就化學變化而言，生成物質，當已不是反應物質。若生成物質就是反應物質，這是不能叫作已發生化學變化。但是，若就生成物質的要素而言，則與反應物質不二。於是，我們所謂的無限變成有限，實類似化學變化；此所謂類似化學變化，當然不是說就是化學變化。化學變化是此一物質變爲彼此一物質；而無限變爲有限，則是由無特性變爲有特性，由無相變爲有相。

第五，通常一般人，對於由無變有，總是不大瞭解的。黑格爾在其論理學第八十八節中曾說：「成或變成這個命題，也就是有向無推移，無又向有推移的命題，是個很正確的命題。但是另有一種命題，和這個命題是正反對的。這個反對的命題又怎樣說呢？它主張無不能產生任何東西，又主張某種東西只能由某種東西產生出來。這個反對的命題，是一種汎神論的，物質永久不變的命題。古人曾有這樣的信仰，認爲無不能產生任何東西，又認爲某種東西只能由某種東西產生出來。這個命題已經破壞了成或變成那個命題。因爲產生的和被產生的，本是一而二二而一的。無不能產生任何東西，某種東西只能由某種東西產生出來的這一命題，是抽象的悟性同一的命題。直到今日，還有人不認識它是汎神論的基礎理論，不認識它是古人發揮殆盡的殘餘。這些人真可算得是太天真太不懂得反省的人物了。」黑格爾認爲無可以變成有，有可以變成無。這是他也已看到了存在的本然的樣子，所以才能有此種正確觀點。不過，黑格爾基於「走向自己的對立方」的觀點，而認爲有就是無，無就是有，這是我們未便苟同的。黑格爾是只見到可變之變，而未能見到變中之不變的。黑格爾的觀點，當然是較「某種東西只能由某種東西產生出來」的觀點爲透澈。我們認爲，某種東西只能由某種東西產生出來的觀點，也就是連續不斷的無窮盡的觀點。基於這種觀點所推演而成的理論，當然認爲宇宙是神造的。因爲當人們依照因果律倒退的手續，無窮的追溯上去而對最後的究竟無適當的解釋時，那便祇有說，這是神之恩賜。於是，我們放棄相續無窮盡的觀點，如在第二篇中所陳述的應是絕對正確的。而且我們所謂的無限，雖仍然是一種古老的「無極而太極」的觀點；但是，從現代科學所能告訴我們的存在的實際的樣子來說，我們的此種理解應是不錯的。

以上五點，是我們基於宇宙的本來面目是無相的而論定這森羅萬象的宇宙，確是由無而有的。這種宇宙觀，是清晰而毫不不含混。這種宇宙觀是本於其本體哲學而所作的推論，與自然主義的哲學以及以形式邏輯爲基礎的哲學皆是不同的。誠然，這種宇宙觀，與佛教徒所斷言的，此無限虛空之所以能變爲有限存在的本性，即是我們人類的心靈或諸佛之本性，似乎相同。但是，若認爲真是相同，則是完全的誤解。因爲我們的哲學是認定宇宙的本體是心物合一的。在對於宇宙的本體何以是心物合一的，尙未作詳盡的說明以前，我們擬對於有關的兩個問題先作簡要的辨說。

第一，即唯物辯證論者所謂的思想三律問題。我們認爲，矛盾統一或對立者同一，從超感性的直觀來說這是不錯的。我們所謂之太極即是有無或對立者之同一。此在下文將詳說。然而這必是超時空而不在時空形式內的。若從可經驗的實在性或感性範圍的現象而論，則無疑是一謬說。因爲我們決不能將A可爲非A而認爲就是矛盾的統一。這種謬說最大的困難，是對於張三是人而又不是人不可能有正當的解釋，同時也易於使人的思想陷於混亂，使許多人習於說假話而不以爲恥。

再就所謂質量互變而言，是謂自然界之量與形式的變化即是質的變化，質的變化即是量與形式的變化，並認爲這是不可分的。質量是否互變，此說是有困難的，這可能是質能互變之誤解。我們姑不論其正確與否，然而質量互變與矛盾統一是屬於兩個思想層次的問題。即質量互變是屬於現象界者，矛盾統一是屬於本體界者。將本體界的觀念施之於現象界，這就是不知類。我們亦可不論黑格爾的辯證法是否完全正確，然而馬克斯將黑格爾的唯心論與費爾巴哈的唯物論硬拼在一起，這當然易於發生不能自圓其說的困難。關於否定之否定的問題，這就是數學上負負得正之應用。負負得正，在數字的演算時，爲不可缺少的觀念；然而應用於純思想的層面，實祇是文字的遊戲而已。

第二，即朱陸「無極而太極」之爭的問題。這問題在第七章中已有論及，現在擬作較詳盡的說明。按無極而太極之爭，陸氏兄弟梭山與象山，以周子太極圖說言無極而太極與通書不類，因通書言太極不言無極。易大傳亦只言太極，不言無極。若於太極上加無極二字，乃蔽於老氏之學。無極二字，出於老子知其雄章。又老子首章言無名天地之始，有名萬物之母，亦無極而太極之旨。象山更認爲，即令「周先生錯認太極別爲一物，故著無極二字以明之。」

「則宜於詩言上天之載，而于下贊之曰無聲無臭可也。」（見象山答朱子辯太極圖說第一書）朱子則不贊成陸氏兄弟之意見，而認爲，孔子贊易，自太極以下，未言無極也，周子言之若干，此實見太極之真體，則知不言者不爲少，而言之者不爲多矣。又曰：「夫無極而太極，猶曰莫之爲而爲莫之致而至，又如曰無爲之爲，皆語勢之當然，非謂別有一物也。（向見欽夫有此說，嘗疑其贅，今乃正使得著，方知欽夫之慮遠也。）其意則固若曰，非如皇極民極屋極之有方所形象，而但有理之至極耳。若曉此意，則于聖門有何違判而不肯道乎。上天之載，是就有中說無；無極而太極，是就無中說有。若實見得，即說有說無，或先或後，都無妨礙。今必如此拘泥，強生分別，曾爲不尙空言，專務事實，而反如此乎。」又曰：「老氏之言有無，以有無爲二；周子之言有無以有無爲一。正如南北水火之相反。」（見朱子答象山辯太極圖說書）朱子既贊成「以有無爲一」，故雖主張理先氣後，似是主張有一「理」的世界與一「氣」的世界，即有一「無」的世界與有一「有」的世界，但在本質上朱子是主張理氣不分或理氣合一的。關於理氣先後之問題，朱子曾說：「此本無先後之可言，然必欲推其所從來，則須說先有是理。」（見語類卷一）何以說先有是理呢？因爲「理未嘗離乎氣。然理形而上者，氣形而下者，自形而上下言，豈無先後？」（同上）此理是什麼呢？「太極只是個極好至善的道理。」（語類卷九十四）因此，朱子所謂的太極，乃是形上的非是形下的。其所謂無極而太極，乃形上世界裡的問題，非謂無極爲一世界，太極爲一世界，其理至明，其「以有無爲一」亦非藉詞掩飾者。至於陸象山之不贊成無極而太極，其意蓋謂太極既是形而上者，實不必「疊床上之床」，而與老氏之說雷同。照這樣說來，朱陸所謂之太極，皆是形而上者。至於朱陸之爭，非是如馮友蘭所說的：「象山哲學中，只有一在時空之世界，則對於所謂『無形而有理』者，自根本不能承認。」（馮著中國哲學史第二篇第十四章）因為象山認為太極即是「無形而有理者」，而不必再說無極而太極，而祇須如詩經所說的「上天之載，無聲無臭」。然則朱陸為什麼會起爭執呢？實祇是對於宇宙之本體有不同之體認而已，也仍然夾有意氣之爭。象山赴荊門任所之前，意氣雖仍然未消盡，但亦不似早時之氣盛。朱子也多少接受了象山的意見，而著重其「有無為一」及「理未嘗離乎氣」的觀點。

這個問題，當然是中國哲學史上最重要的一個問題，待我們將宇宙的本體何以是心物合一的交待清楚後，這一問題也自然明白了。我們特須陳述者，即我們研究中國哲學，必須對於中國哲學的本體論有體會，才不致像馮友蘭的不能把握問題的本質，而將本體界的問題當作現象界的問題。我們之所以特將唯物辯證法的思想三律及無極而太極之爭的這兩個問題提出來，即我們不要把純直觀的（即超感性的直觀）觀念與純邏輯的概念混為一談；因為講本體哲學，這是最應避免的。

第三節　太極、理氣、陰陽、與動靜

對於無極而太極之意義，以上既已作了較詳盡的辨說，現在乃可進而論究理氣陰陽與太極之關係。因為照以上所述，則知所謂由無限而有限或由無極而太極，其意是謂這太極即無極。固然，有限不能是無限，因為這為理性所不許可；然而太極是無聲臭可言，無地位可頓放，則並非有背於理。這就是說，我們所謂之無相的本體是可以名之為太極，或者說即是太極。太極究竟是什麼呢？在未回答這問題以前，對於與太極有關之理氣，陰陽與動靜等觀念，自宜先加以理解。

首先，我們願說明「氣」是什麼？

此所謂氣，即宋儒周程張朱等所謂之氣。小程子特名之爲「真元之氣」。這當不是通常所謂的氣體之氣，而祇是一純直觀的觀念。不過，我們亦不能說，此所謂氣，是不能演進而成爲通常的氣體之氣。小程子曰：「真元之氣，氣之所由生。」這就是說，通常所謂的氣體之氣，即是由此所謂氣而生成的。因此，我們對於此所謂氣，有詳加辯說之必要。

照馮友蘭的看法，此所謂氣，即是「絕對底料」。他在其所著新理學中曾說：「此所謂料，我們名之曰氣；此所謂絕對底料，我們名之曰真元之氣，有時亦簡稱曰氣。上文謂絕對底料，不可名狀，不可言說，不可思議，今何以名之爲買特，名之爲氣？對於此問我們答：氣所以不可名狀，不可言說，不可思議者，因其無性也。我們對一件事物，若有所思議，即是對之作判斷；若對之有所言說，則即是對之作命題，對之作判斷或命題，即是將此事作爲主辭，而將其所有之性，提出一個或數個以爲客辭。氣既無性，故不能對之作任何判斷，說任何命題，亦即不能對之有任何思議，任何名狀，任何言說。但我們雖不能對之作判斷，作命題，卻不妨爲起一名，如爲一件事物起一墨經所謂私名然。」馮先生又說：「在我們底系統中，氣完全是一邏輯底觀念，其所指既不是理，亦不是一種實際底事物。一種實際底事物，是我們所謂氣依照理而成者。主張所謂理氣說者，其所說氣，應該是如此。但在中國哲學史中，已往主張理氣說者，對於氣，皆未能有如此淸楚底見解。」我們對於馮先生此所說的，有幾點須加以辯明：第一，馮先生所謂「絕對底料」，是謂「今試隨便取一物，用思將其所有之性，一一分析；又試用思將其所有之性，一一抽去，其所餘不能抽去者，即其絕對底料。」什麼是不能抽去的，馮先生並未說明；而且，這完全是從邏輯觀點講的。照這說法而究極言之，則我們若抽去存在的所有之性，（即連「氣」亦一併抽去）則所謂「絕對的」應是「無」而不是「氣」。於是，黑格爾說：「絕對者是無」，這命題才是對的。第二，我們雖不妨為「絕對的」起一「私名」；但是，絕對者之私名，必須是絕對的；而氣則不能是絕對的。尤其馮先生所謂的「買特」（matter），更不能說是「絕對的」。物或料之所以不能是絕對的，這是我們在第二篇中已詳為辨說的。第三，將物之物性抽去而仍稱之為物，則所稱之者為「非物之物」。此則應名之為心，而不宜名之為氣。因此，若謂「絕對底料」是氣，到不如說「絕對底料」是心。這就是說，馮先生所謂的「絕對底料」是買特或真元之氣，這祇能說是馮先生的哲學。第四，如謂「若無絕對底料，則無以說明何以實際底物之能成為實際」。此說雖不無理由；但是，卻不能說「真元之氣，就是太極」。而且，即令「真元之氣是絕對底料」，亦不能說「絕對底料」就是絕對的。即以馮先生所謂「氣依照理」而言，此「絕對底料」仍是另有絕對的理與之相對待。而且，「絕對底料」亦不能是無限或無極；因為若「絕對底料」是無極，則存在亦必是無極。這或許是馮先生未能看清楚的。馮先生之所以未能看清楚，乃是他祇知以形式邏輯或唯物論的觀點來講中國哲學所謂之氣，而不知此所謂氣非是邏輯的概念，乃是純直觀的觀念。

照以上所說的看來，氣不能是無性的。此所謂氣，實就是太極能動的特性，作太極性的動，乃有是氣之生。至於是氣之成爲存在，則在動極而靜之後，所凝聚而成的。若尚未凝聚而成，則祇能說有此事實的可能。此事實的可能我們特名之爲「天能」。因此，我們於對太極，是祇能理解爲無動無靜而又是可動可靜之存在。若說太極是一種無動無靜，非心非物而又是心是物，能動能靜之「太素」，這雖是未嘗不可以；但是，卻決對不能將此所謂「太素」理解爲買特或質料，而且也不能理解爲祇是氣或元氣；因爲氣或元素，必是具有一陰一陽之特性的。這點以後仍將詳說。至於我們所謂的作太極性的動，這就是說太極能動的特性，其動也則是太極性的；所謂太極性的，則是可理解爲最大的限度或最高的標準，這在以後我們亦將詳爲辨說。

現在我們可進而論究孟子所謂的「浩然之氣」，是否即「真元之氣」或「氣」。我們認爲孟子所謂浩然之氣，是謂人對於其所稟受的氣或真元之氣的領悟，所以須使之合乎道與義，並應以直養之。照孟子的看法，志是「氣之帥也」，氣是「體之充也」。因此，孟子此所謂的氣，似乎即我們所的精神，而孟子所謂的志，則可以說是一種心靈活動。於是，我們對於孟子所謂的浩然之氣，可以有一極爲清楚的理解。即孟子認爲若能專一其志而帥養其精神，以至於「氣壹」的境界，這就是養成了浩然之氣。所以孟子所謂的浩然之氣，祇是精神修養所達到的一種境界。此種境界，亦即是一種具有大無畏精神之意境或心理狀態。照這樣說來，孟子所謂的浩然之氣，雖不能說就是「真元之氣」或「氣」；但可以說必是自覺其與「真元之氣」或「氣」相融合。所以浩然之氣是至大至剛而塞於天地之間的。

基於以上的解析：第一，氣或真元之氣，確不祇是一邏輯的觀念，因爲氣或真元之氣，即是原始之存在。第二，就氣或真元之氣是存在而言，無論是氣之始生或氣之已成，必是動中有靜或靜中有動。若純然的動或純然的靜，則仍是不能成爲存在。此所以宋明理學家多以陰陽二者爲氣。我們認爲，純然的動，則可以說是氣之始生，也就是我們所謂之質能合作的能。動藏於靜，則可以說是氣之已成，也就是我們所謂之質能合作的質。氣或真元之氣，亦必是質能合作而所成爲的存在。第三，純然的動是可謂之爲「天能」，亦即非量之量的能量。這雖是一純直觀的觀念，亦可以是邏輯的概念；不過，這祇能是一種非存在。這可能是馮友蘭誤以爲真元之氣無性的主要原因。但是，此純然的動必有一與之相對待的純然的靜；所以純然的動亦不能是絕對的。第四，就形而上之理言，是可以說祇有此理；若就形而下之理言，則動之有其固定的形式也就是理。我們認爲，動有其固定的形式，這就是動中有靜，或靜可藏動，也就是存在之所以爲存在之理。易擊辭曰：「一陰一陽之謂道」；此所謂道，即我們所謂的理。朱子說：「陰陽迭運者氣也，其理則所謂道。」照朱子此說，則氣是理之運行，理是氣所依照。也就是說，氣不依照理，則氣便不能成爲存在；理不依據氣，則理便無從顯示；所以理與氣必是合一的。

然則「理」又是什麼呢？我們必須記住，氣或真元之氣，乃是太極能動的特性，作太極性的動，而有是氣之生。此氣必須與理會合後，才有最原始之存在。此所謂的理，究竟是什麼呢？我們說理就是道。因爲從此氣之運行而言，此運行之理就是道。換言之，理之過程便是道。朱子所說的「所以爲是器之理者則道也」，「太極只是個極好至善的道理」等等，都應作如是理解。不過，朱子有時亦認爲道比理是高一層。例如朱子說：「惟道無對。」又說：

「道者，兼體用，該隱費而言也。」我們認爲，道既是兼體用，該隱費而言的，則道就是理與氣的合一。不過，照易繫辭所說的「形而上者謂之道」，則此所謂道，似乎祇能是一純直觀的觀念。我們可以這樣的說，太極的能動能靜之特性而作太極性的一動一靜，這就是道；至於動中有靜或靜可藏動，這就是理。照這樣說來，道就是在最大限度之內或最標準之下的一動一靜，而此一動一靜之道則就是理。這是我們對於道與理所作的一個區別，也因而對於「理」有了最基本的理解。

又照朱子的看法，道就是「事物當然之理」，這說法是不錯的。但是我們必須理解爲是如陰電子而祇能如此如此的繞陽電子運行這才是對的。道既是事物當然之理，則理便是事物之當然；所以我們所謂的理，可以說即是實際事物的所以然之故及其當然之則。於是，我們當可以說，質能合作或心物合一，乃存在的所以然之故，亦即是存在的當然之則。又例如方的物，必須依照方之理，始可是方的，而且，必須完全依照方之理，始可完全是方的。這就是說，方之理即是一切方的物之當然的標準，亦即是方的物之所以然之故。程伊川說：「天下物皆可以理照，有物必有則，一物須有一理，」小程子此所謂的理，亦即是我們所謂的理。

照以上所說，則我們所謂的理，可以說是在事物之中；因爲某物之所以爲某物，必是具有某物之理始可以爲某物。例如方的物，必是具有方之理始可以是方的；若一物而不四邊四角都相等，這當然便不能叫作方的物。於是我們是可以從方之物以觀察方之理；所以方之理雖祇是可思的，但亦並不是不可檢證的。這就是說，理與事，是可以用我們的知覺統攝之；而且，理必是在事中的。因其如此，所以我們能「即物而窮其理」；亦能知「天下之物，莫不有理」。朱子說：「做出那事，便是這裡有那裡。凡天地生出那物，便是那裡有那理。」又語錄云：「問枯槁之物亦有性是如何？曰，是，他合當有此理；故曰，天下無性外之物。因行階云，磚階便有磚階之理。因坐云，竹椅便有竹椅之理。」又云：「問，理是人物同得於天者，如物之無情者亦有理容？曰：固是有理。如舟只可行之於水，車只可行之於陸。」照朱子此說，則天下事物，無論是人為的或天然的，皆必有其所以然之故及其當然之則。這就是說，天下之事物，必皆是有理的；而理與事亦必是合一的。認為理事或理氣必是合一的，清初諸大儒亦有此類似的見解。

但是，我們所謂的理，也可以說是不在事物之中。例如方之所以為方之理，其所謂方，是可以不在實際事物之中的。這就是說，即令無方的物，亦不就是無方的理。此不僅是說，方祇是一抽象的概念；而且是說，此抽象的方之概念，亦可以是一先驗的存在。朱子說：「形而上者，無形無影是此理。」又說：「無極而太極，不是說有個事物光輝輝地在那裡。只是說當初皆無一物，只有此理而已。」又說：「若在理上看，則雖未有物已有物之理。然亦但有其理而已，未嘗實有是物也。」照朱子此說，此無形無影之理，確是在事物之先的。但是，王船山則認為是先有事物，然後始有此理。船山在其所著周易外傳中曾說：「天下惟器而已。道者，器之道；器者，不可謂之道之器也。無其道則無其器，人類能言之。雖然苟具其器矣，豈患無道哉。」李恕谷在其所著論語傳註問中亦說：「夫事有條理曰理，即在事中。今曰理在事上，是理別為一物矣。天事曰天理，人事曰人理，物事曰物理。詩曰，有物有則，離事物何所為理乎。」清初大儒如黃梨洲顏習齋戴東原等，大體上都認為「氣外無理」。我們認爲，「氣外無理」之說，其主要的論據，似是認爲「理」祇能是抽象的，而不能是本然的。又例如船山所說的：「洪荒無揖讓之道，唐虞無弔伐之道，漢唐無今日之道，則今日無他年之道者多矣。未有弓矢而無射道，未有車馬而無御道」等，這就是說「事外無理」，而「理」則祇能從事物中發現的；因其如此，所以「理」祇能是抽象的概念。實際上，船山所謂的「未有弓矢而無射道」等，此說雖是不錯的；但是，若說弓矢之理與射道是一先驗的存在，即：「但有其理而已，未嘗實有是物也。」這也不能說是不對的。我們認爲，弓矢之發明，實祇是發明弓矢之理而依之以作出弓矢而已。又例如我們以磚瓦木石而建築一房屋，磚瓦木石雖爲必需，但亦必先有房屋之概念或形式然後才能用此磚瓦木石以建築此房屋。若無此房屋之概念或形式，是不能造成此形下之器的房屋，這理由是非常顯然的。所以我們決不能說，此房屋之概念或形式，祇能是實際房屋之抽象。因此我們所謂的「理不在事物之中」，實亦於理無違；而且從本然的觀點來說，理是不在事物之中的。

此從本然的觀點而說的不在事物之中的理，即是形而上之理；此形而上之理，是無形無影的。我們可以這樣的說，「方」是一抽象的概念，是一切方的物所必須依照的；至於方之所以爲方之理，則不祇是抽象的，而且是本然的。所謂是本然的，這就是說，從本然的觀點而言，若能依照如此如此的理，則便能成爲如此如此的存在；同樣的，若能依照如彼如彼的理，亦便能成爲如彼如彼的存在。所以從本然的觀點而言，此本然之理雖是無形無影；但卻是一切有形有影之概念所必須依照，而可以說就是一種應該的可能。二程遺書有云：「天理云者，這一箇道理，更有甚窮已。不爲堯存，不爲桀亡。人得之者，故大行不加，窮居不損。

這上頭來，更怎生說得存亡加減。是佗元無少欠，百理俱備。」此所謂「百理俱備」和佛教經典所謂的「自性具足」，其含義應無多大區別。因為程子所謂的天理，實就是太極之本性。本性既是「自性具足」，所以是「百理俱備」。這就是「天理之本然」，而不是如邏輯學家所謂的本然之理祇是一個邏輯的概念。但是，「百理俱備」與「理在天下祇是一個」亦並不矛盾。二程遺書又云：「理在天下只是一箇，故推至四海而準。須是質諸天地，考諸三王不易之理。」此所謂「不易之理」，其意義是說，此俱備之百理，皆是「不易」的。例如方的物是有方的理，此方的理在方的物中時，是表現此方的物之所以為方而非「不方」；故方的物是祇有方之理，而不能有「不方」之理。所以方之理，就方的物而言，必是「推至四海而準」的。從這種觀點來說，此本然的方之理也是絕對的。

照朱子的看法，氣是形而下的，祇有理才是形而上的。朱子說：「理未嘗離乎氣。然理形而上者，氣形而下者。自形而上下言，豈無先後。」小程子亦說：「一陰一陽之謂道。道非陰陽也，所以一陰一陽者道也。」又說：「離了陰陽便無道；所以陰陽者是道也。氣是形而下者，道是形而上者。」照此種說法，是謂「有此理後，方有此氣」。因此，理氣雖是合一的；但是，理卻在氣之先。朱子認為「蓋氣則能凝結造作；理卻無情意，無計度，無造作。只此氣凝聚處，理便在其中。且如天地間人物草木鳥獸，其生也莫不有種，定不會無種子白地生出一個物事。」「理無氣則無掛搭處。」總之，程朱認為理是形而上的，氣是形而下的。太極是理，陰陽是氣；所以是太極生兩儀。

但從另一種觀點來說，則似乎又是理後氣先。即就此形下之氣所具有之理與氣而言，理是此器之形式，氣是此器之質料。氣必須依器之形式才能成爲器，此形式就是理。某一形式必須有此質料以完成其形式，此質料就是氣。照此種說法，氣是始而理是成，氣是先而理是後。這是就此氣而完成此形式之過程而說的。王船山所謂的「天地間只理與氣；氣載理而以秩序乎氣」，亦似是就此種過程而說的。其他如顏習齋所謂的「蓋氣即理之氣，理即氣之理」；劉念臺所謂的「氣即理也」，「理即氣之理，斷然不在氣先，不在氣外」等，皆認爲氣爲宇宙之根本；不過，劉念臺是承接陽明學說而講的。這就是說，理後之說，是可以從唯心論或唯物論這兩方面都說得通的。

我們認爲，就此器之所以爲此器來說，則是氣依能量之理而成爲能，氣依質量之理而成爲質；然後再由能與質的合作而成爲器。這就是說，就存在之所以爲存在而言，不僅是質能合作，亦且是理氣合一。至於理氣之先後問題，我們則認爲此形上之理確是先於形下之器；因爲我們認爲此形上之理，不祇是從具體的物件中單提出其特性之某一面，而且是本然的；不過，我們卻認爲此形下之氣亦可以是形而上的。我們雖不贊成馮友蘭的真元之氣是無性的或是絕對的此種觀點；但是，我們卻認爲此氣在未成爲此氣以前，是可叫作「天能」或非氣之氣。此非氣之氣與此形上之理當然是不可分的。然而此理與氣實亦是兩個互相對待的觀念。我們認爲，除了無或無極是沒有任何特性；而且也就是「絕對的」外，其餘則祇有太極始可以說是絕對的。太極何以是絕對的，容下再說；但是，太極雖是有性而卻可以說是無性。因此，我們卻可以說太極既是宇宙的本體，也是以無極爲其「私名」。

照濂溪先生太極圖說所說，太極之一動一靜，即便是生陽生陰，所以陰陽二氣，是以太極爲本。朱子亦說：「太極，形而上之道也；陰陽，形而下之器也。是以自其著者而觀之，則動靜不同時，陰陽不同位，而太極無不在焉。自其微者而觀之，則冲穆無朕，而動靜陰陽之理，已悉具於其中矣。」照這樣說來，雖然「太極只是個極好至善的道理」，而不是「有個物事光輝輝地在那裡」；但「太極是陰陽五行之理皆有，不是空的物事」；而且「有理便有氣」，「理未嘗離乎氣」。此理與氣「本無先後之可言」；不過，當陰陽二氣未生成以前，因「氣不結聚」所以「理亦無所附著」，而祇能說此理是形而上的。然而此不結聚之氣，我們卻可以說是一種「天能」或非氣之氣；於是，我們確可以說，太極是具有形上之理與氣的。就太極是形而上的而言，則太極是無性的；就太極之能生兩儀而言，則太極必是有性的；而且，此形上之理，應是以形上之氣，「作餡子模樣」，所以太極才可以事實上的能生兩儀。這就是說，此形上之理氣亦必是合一的。此合一的形而上的理與氣，即通常所謂的道，亦即是我們所謂的太極。

再者，此形而下之器必是由陰陽二氣生成的。陰陽二氣之所以能生成「器」或「象」，必不離乎理。所以此形下之器亦必是理氣合一的。而且，此形下之器所具有之理與氣，實可以名之爲形式與質料，然而在本質上，亦就是形而上之理與氣；所以理與氣應都有形上形下之分，而形上之理氣是先於形下之形式與資料。因此，所謂理氣的先後問題，實就是形上形下之先後問題，而不是理與氣或氣與理之先後問題。朱子因認爲祇有形上之理而無形上之氣，所以朱子認爲理在氣先。清初許多儒者，因認爲無形上之理與氣，而且祇就此質料所完成此形式之過程來論述，所以是認爲理在氣後。因爲觀點的不同，所以有不同的結論；實際上，此兩種觀點，都不能是完全正確的。總之，此形上之理氣的合一就是道；此形下之理氣的合一就是器；而且，此形下之理氣與此形上之理氣應是顯微無間的。因此，我們所謂的太極，既可以是道，亦可以是器，所以此形上與形下亦必是合一的。

關於形上與形下必是合一的，下文將再作詳說，現在擬說明陰陽動靜究竟是什麼？

所謂陰陽，照馮友蘭在新理中學所說的，祇是兩個相對待的邏輯觀念。他認為這兩個觀念並不確指任何實際的事物，而卻可指任何實際的相對待的事物。從現象界來說，馮先生所說的可能沒有錯誤；然而此非中國哲學中陰陽二字之本義。就易繫辭與說卦傳中所講的陰陽二字看來，朱子對陰陽兩字的理解是很正確的。朱子說：「道之體用不外乎陰陽，而其所以然者，則未嘗倚於陰陽也。」（繫辭上傳第五章註）朱子此說是謂陰陽為氣，「而其所以然」之理，「則未嘗倚於」氣。所謂未嘗倚於氣，是否完全正確，可置勿論；然而以陰陽為氣，則是宋明儒者共同承認的。王陽明曾說：「周子靜極復動之說，苟不善觀，亦未免有病。蓋其意從太極動而生陽，靜而生陰說來。太極生生之理，妙用無息，而常體不易。太極之生生，即陰陽之生生。就其生生之中，指其妙用無息者謂之動，謂之陽之生生，非謂動而生陽也；指其常體不易者而謂之靜，謂之陰之生生，非謂靜而生陰也。若果靜而後生陰，動而後生陽，則陰陽動靜，截然各自為一物矣。陰陽一氣也，一氣屈伸而為陰陽；動靜一理也，一理隱顯而為動靜。春夏可以為陽為動，而未嘗無陰與靜也；秋冬可以為陰為靜，而未嘗無陽與動也。春夏此不息，秋冬此不息，皆可謂之陽，謂之動也；春夏此常體，秋冬此常體，皆可謂之陰，謂之靜也。」又說：「真陰之精，即真陽之氣之母；真陽之氣，即真陰之精之父；陰根陽，陽根陰，亦非有二也。」（見陽明傳習錄）依陽明此說：第一，陽明亦認定「陰陽一氣也」，他們太抵是根據濂溪先生「二氣交感」之說而認定陰陽是氣。第二，陽明是明白的認定動靜是理。但照太極圖說所說的，「太極動而生陽，動極而靜，靜而生陰」，則亦可說動是氣，靜是理。不過，我們對於陰陽動靜，不宜有拘泥的看法。太極圖所說的，「一動一靜，互為其根，分陰分陽，兩儀立焉」，以及上文所引陽明教人應如何「善觀」之各點，我們若能善加體會，則知陰陽動靜，其真義應該是什麼。第三，我們認為，陰陽動靜以及理氣等觀念，皆不是邏輯的概念，而是純直觀的觀念，因為這些觀念，皆是直就宇宙的本體而加以言說者。第四，照以上所說，則宇宙的本體應是理氣合一的。此理有動靜，此氣有陰陽；氣依動之理而伸是陽，依靜之理而屈是陰。然進一步言之，則陰陽是「互為其根」的。易繫辭曰：「夫乾，其靜也專，其動也直，是以大生焉；夫坤，其靜也翕，其動也闢，是以廣生焉。」乾就是陽物，坤就是陰物。乾坤之中各有動靜，亦即陰陽亦各有動靜。我們若能善觀之，則知陰陽各有動靜與陽動陰靜之說並非不相容，所以我們不能將陰陽動靜視為邏輯的概念。因為若視為邏輯的概念，則陰陽各有動靜與陽動陰靜之說便相互排斥而不能相容。第五，這也是進一步的說明了宇宙的本體何以是「有無為一」的。

第四節　太極之傳統意義與現代所謂之事點

現在我們可以進而研究太極究竟是什麼了。就以上所已陳述者看來，太極是可以代表這存在的宇宙，亦可以作為原子或事點的代表；而且，我們也可以說，太極是代表陰陽合一或質能合一之存在。從濂溪先生太極圖看來，太極是陰陽同一之體。至於太極之意義，應作如何解釋，我們願在此作較爲詳盡的說明。

本來所謂太，是可以有各種意義的。例如通常所謂的太空，此太字是有「大之極也」或「全部」的意義。又例如古時皇帝之父稱爲太上皇，或俗稱祖父之祖父爲太祖父，此太字是含有最高之意義。又例如列子所說：「太易者未見氣也，太初者氣之始也，太始者形之始也，太素者質之始也。」此太字是含有原始的意味。至於極字則大致可分爲兩義：一是標準之義，如洪範所謂「惟皇作極」。又如從前廟堂頌聖謂「建中立極」，皆是用極之標準這一意義。一是極限之義，即郭象在莊子逍遙遊註中所謂的「物各有性，性各有極。」此所謂標準或極限，亦就是理。至於象山釋極爲「中」，就字義而言，則不正確，若從純直觀的觀念而言，則並非不可。

我們認爲，每一事物對於其所必須依照之理，無論就極之任何一義來說，均是該物之極。例如方之理固是方之物之標準，亦就是極限方的物。一般說來，必須是合於方的標準，始是完全的方；若是完全的方，亦就是方之極限；所謂方之無可再方，固是就此極限說的，亦是就方之一定的標準說的。所以無論就極之任何一義來說，極就是理。於是，所謂太極，是可以釋作最高的原理或最初的原理；也可以說是此理之全體。這祇是就太極是道理的極致而說的。朱子對於太極的看法，則大致於下所述，朱子說：

事事物物，皆有個極，是道理極致。……總天地萬物之理，便是太極。太極本無名，只是個表德。

太極只是個極好至善的道理。……周子所謂太極，是天地人物萬善至好的表德。

太極是五行陰陽之理皆有，不是空的物事。

太極無方所，無形體，無地位可頓放。

太極，形而上之道也；陰陽，形而下之器也……。

太極只是天地萬物之理。在天地言，則天地中有太極；在萬物言，則萬物中各有太極。

人人有一太極，物物有一太極。

言萬個是一個，一個是萬個。蓋統體是一太極。然又一物各具一太極。

本只是一太極，而萬物各有稟受，又自各全具一太極耳。如月在天，只一而已。及散在江湖，則隨處而見，不可謂月已分也。

照以上所說，有幾點是值得注意的：第一，太極本無此名，只是個表德；所以太極是純直觀的，或者就是無。第二，太極是陰陽五行之理皆有；所以是有。第三，太極本只是一個，而物物各有一太極。於是太極應是代表有與無或陰與陽之統一，而且是一切存在之代表。我們是贊同朱子此說的。又朱子答陸子靜書中有云：「周子所以謂之無極，正以其無方所，無形狀；以爲在物之前，而未嘗不立於有物之後；以爲在陰陽之外，而未嘗不行乎陰陽之中；以爲貫通全體，無乎不載，則又初無聲臭影響之可言也。」照朱子此說，則太極就是無極。因爲朱子既認爲太極是形而上的，而且是一物一太極；所以「在物之前，而未嘗不立於有物之後」；於是，則太極必是絕對的，所以我們認爲無極是太極之「私名」。又照小程子所說的「一陰一陽之謂道。道非陰陽，所以一陰一陽者道也」這幾句話看來，則太極便是所以一陰一陽的。我們和程朱學說亦有不同。我們認爲太極之所以能一陰一陽，不祇是有此理，而且是有此能一陰一陽的「天能」或非氣之氣的形上之氣。此所謂形上之氣，是就其事實的有此可能而言；程朱所謂之形上之理，是就其應該的有此可能而言。我們認爲祇有應該的可能而無事實的可能，仍然是不能一陰一陽的。當然，有應該的可能，便似乎有事實的可能；但是，必須是這二者的合一，這可能才是真的可能。因此，程朱所謂的道或太極，必是指其有應該的與事實的可能才算正確。不過，程朱似乎認爲凡是應該的必就是事實的，此所以朱子主張理先氣後之說。這和某些人認爲凡是事實的必就是應該的，是同樣的犯了尊此而抑彼的毛病。照這樣說來，此形而上之道或太極，必是代表這由無而有的過程是有此事實的與應該的可能，所以道或太極，必是理氣合一的。這就是說，此無極雖是無，卻在事實上而能有太極性之一動一靜或一陰一陽；因此，我們認爲，除了如程朱所謂的形而上之理外，仍應是有此形上之氣；此所謂氣，祇是就其事實上是有此可能而言。再者，我們仍須辨說的，即就形而上言，太極就是無極；周易不言無極而祇言太極，是可以作如此解釋。但就形而下言，則太極就是一切存在的代表。所謂一物一太極，是可以作如此解釋。至於太極何以既可以是形而上的而又可以是形而下的？乃因爲形而下之器，實祇是形而上之道的可能性已變爲現實性。這就是說，形而下之器的現實性，即是形而上之道的可能性已成爲事實上的可能；所以形而下之器在本質上就是形而上之道。形而上之道既就是太極，所以形而下之器也可以說就是太極；於是，我們當可以說，太極亦就是形上與形下的合一；不過，就形而上言，太極不是「有個物事光輝輝地在那裡」。

太極既是形上與形下之合一；所以太極即是表示由無而有的一種過程。濂溪先生所謂的「無極而太極」亦在說明太極即是此由無而有的過程。我們必須從過程的觀點以觀察太極。因爲無此過程，則便是無極而不太極，也便是靜而不動。靜而不動，則是動靜之理無從顯示，而太極也無從體察。例如事點的存在，是表示能發散能力的一塊地帶。當此地帶發散能力時，便構成事點；當此地帶不發散能力時，便無從體察事點的存在；所以事點的存在，是從過程而體察其存在的。照這樣說來，我們當可以作於下的解析：第一，凡存在的必是太極性的；此所謂太極性的，亦就是說，凡實際的存在，即是應該的存在。第二，凡存在的既是事實上所必須依據的與形式上所必須依照的理與氣之合一；所以理與氣之現實性就是存在，而理與氣之可能性就是非存在。第三，我們對於非存在之體認，乃是基於對存在之體認的一種超理性化的作用。所謂超理性化的作用，即是超感性的直觀。此種超理性化的作用，雖非理性的能力所可達到，然而並非完全不與理性相合。第四，這就是說，我們祇須從過程的觀點，便能體察出什麼是非存在；而且，亦能體察出由非存在而存在的本然之理即太極。照這樣說來，太極既可以代表有；而且，亦可以代表是由無而有的一種過程。我們對於太極必須作如是理解，才能對於濂溪先生所謂的「無極而太極」以及易繫辭「是故易有太極」這一段始可有正確的理解。再者，我們之所以從過程的觀點而體察太極，亦就是從大全的觀點而體察太極。我們知道，凡所謂全者，應是等於有加無或正加負。例如：「a + -a = 1」此所謂「一」，即我們所謂的大全，和形式邏輯所謂的「全」或「論宇」（Universe of discourse）是大體相同的。照邏輯學的看法，a與非a二者合共構成一個「論宇」；若用范恩（Vean）圖解法，則可以以下圖表示之。我們認爲a與非a，固可以以方形或矩形表示之；但是，這祇是說，這存在的a類以外，仍有存在的非a類。若從究極的意味來說，即這存在的以外仍有非存在。非存在是沒有一定的界域的。我們所謂的大全，是從究極的意味而說的。當然我們是不妨假定有這樣的一種討論界域；但是，我們必須理解到，這祇是爲了辨說的方便而所假定的一種界域。這就是說，我們所謂的大全，仍須從究極的意味而認爲是有與無之合一。照這樣說來，我們之所以須從大全的觀點而體察太極，也因爲大全就是太極。於是，我們也可以說，大全實亦是一種過程。張橫渠說：「兩不立，則一不可見，一不可見，則兩之用息。兩體者，虛實也，動靜也，聚散也，清濁也，其究一而已。」又說：「有兩則有一，是太極也。……一物兩體，其太極之謂歟？」橫渠先生所理解的太極，雖不一定就是我們所謂的太極；但是，此所謂「兩不立，則一不可見」，亦是從過程或大全的觀點來理解太極的。我們認爲，宋代理學家如周程朱張諸先生對太極之理解，雖間有不盡相同之處，但大致上總是從下述的觀點而理解太極，並以之建立其哲學的體系。第一，他們大都認爲太極是無，因爲凡存在的，並沒有太極這樣的一個東西；但是，太極雖是無，卻是以陰陽二氣爲用。這就是說，太極之「無」是藉陰陽二氣而成爲「有」；然而這形而下的陰陽二氣，則又是以形而上的太極爲體。第二，朱子則認爲形而上的太極祇是理，祇是當然或應該如此，

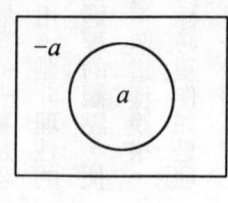

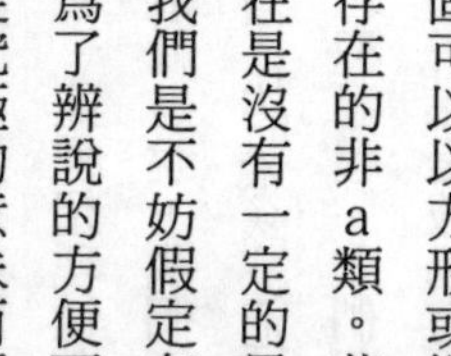

祇是爲後天之氣所必須依照；但是我們則認爲太極仍應是事實上可如此，仍應是後天之氣所必須依據的。朱子雖也看到此點，但朱子則是將所必須依據的與所必須依照的都叫作理，這是我們未能同意的。第三，他們是以月印萬川作喻而說明「萬個是一個」；這一方面是說太極是一大全，一方面也是說「理一而分殊」。關於「理一而分殊」，容後再作較詳盡的辨說。

照以上所說，太極究竟是什麼？或者太極究應作如何解釋，確已是非常清楚。不過，我們必須從以上所已述及的各種觀點而理解太極，這理解才是不錯的。否則，若祇從任何一種觀點以理解太極，則必會有盲人摸象之誤解。現在我們願對於「理一而分殊」之說，作較爲詳盡的說明。我們認爲，「理一而分殊」亦就是「一物一太極」。所謂「一物一太極」，即是物之所以爲物，除必須在事實上有所依據外，仍須依照太極之理而不能違。這就是說，若不依照其所必須依照的太極之理，則亦不能在事實上有所依據而不能成其爲物；也就是說，若沒有此理與氣，則便沒有所謂「物」的存在。任何的存在，必皆是此理依此氣或此氣依此理而成。我們所謂的理氣合一，其義即是如此。至於所謂「理一而分殊」或許有人會說，天下決不祇是一個理。例如方之理與圓之理，不僅不相同，而且是不能相同的。此可以分成兩方面來說：第一，方之理與圓之理誠然是不能相同的；但是，方必依方之準則才能成爲方，圓必須依圓之準則才能成爲圓；所以天下雖可有各種不同的方或圓的物體，而方或圓之理則祇有一個；所謂「月印萬川」或「理在天下祇是一個」，其義亦即是如此。第二，就存在之所以爲存在而言，存在是必須依存在之準則才能成爲存在。無論是方或圓，若是存在的，則此方或彼圓，皆必須依存在之準則而不能稍違；所以理在天下雖是很眾的，但從其究極的意味說，則「理在天下祇是一個」；然而，我們若從大全的觀點來看，則太極是可以具有衆理，也或者是「總天地萬物之理」；因其如此，所以是「理一而分殊」的。我們不妨依實際的存在而舉例以明之。即就存在的牛與馬而言，其爲牛爲馬之理雖不完全相同；然而牛馬皆屬動物，動物皆屬生物，生物皆是物，物皆是原子組成，原子皆是質能合作或陰陽合德的結果；所以牛馬之不同，祇是殊相之不同，而不是共相之不同。太極可以說是一大共相，也或者說是一最高的原理；所以太極既可以是一切存在的總代表，亦是一物各具一太極。

朱子西銘註云：「西銘之作，意蓋如此。程子以爲明理一而分殊，可謂一言以蔽之矣。蓋以乾爲父，以坤爲母，有生之類，無物不然，此所謂理一也。而人物之生，血脈之屬，各親其親，各子其子，則其分亦安得而不殊哉。一統而萬殊，則雖天下一家，中國一人，而不流於兼愛之弊。萬殊而一貫，則雖親疏異情，貴賤異等，而不牿於爲我之私。」朱子這一段話，是依人事以說明理一而分殊的。朱子此所謂的理一而分殊，也就是一事一太極的最好的註腳。

以上是我們對於太極的理解。我們所謂的太極，從形而上言，即是道；從形而下言，也就是器。孟子說：「規距，方圓之至也；聖人，人倫之至也。」此所謂至，即可以當極字解。朱子說：「規矩盡所以爲方圓之理，猶聖人盡所以爲人之道。」所以「方圓之至」的器，其所具之理（須知器之理是不能離乎氣）即是道，也就是我們所謂的太極。

我們所謂的太極，何以可作爲原子或事點的代表呢？

所謂事點，即是陰電子對陽電子有一運動（詳第四章）。基於此義，則事點就是太極，所以我們認爲太極可作原子或事點的代表。這是就事點所具之一動一靜之理而言的。（陰電子對陽動子有一運動，即陰電子是動而陽電子是靜，這和中國哲學所謂之陰陽，其義雖不同，然而其一動一靜之理則無不同。）若就事點之本身而言，則事點不能說是太極；因爲事點必須於一片一刻中得之，而太極則應於整個時間中得之。這就是說，事點是抽象的，是一邏輯的概念，而太極則是超感官的直覺，是純直觀的觀念。也就是說，事點是原子的抽象，而太極則是事點之流。因此，我們所謂的太極，其意義是與傳統所謂之太極相同，雖可以作爲事點的代表，但不能說就是事點。

第五節　太極與心物之合一

太極之義既明，現在乃可進而說明太極與心物的關係。

因爲我們認爲，這宇宙的本體，其本來的樣子是無相的；然而並非沒有事故發生，所以我們認爲，這宇宙的本體是一由無而有的過程。即由無限而有限或由無極而太極。如何識得這過程呢？這必須要用超感性的直觀，亦可名之爲純直觀。這就是要以本心才能識得宇宙的本體。宇宙何以會有這個過程呢？因爲是事實上有此過程。如何有此過程呢？這過程是一由無而有的存在。即這過程不祇是事實上的存在而是一由無而有的存在。我們是以太極代表這整個的過程。因其如此，所以太極既是非存在亦是存在。這與黑格爾所說的「有和無的真理是這兩者的統一」很相符合。當然，這宇宙的由無而有的整個的過程，我們亦可以爲之另取一個名字。我們之所以仍然名之爲太極，因爲中國哲學中太極一詞之義是大體上與我們所欲表達的相合，所以乃沿用太極之名。照我們所謂的太極看來，朱陸之爭是多餘的。我們所謂的太極，從過程言，是有與無的合一，亦即形上與形下的合一，本體與現象的合一。從內容言，是理與氣的合一，即理是氣之形式與條理，氣是理之表現與依據。因此，理無氣是不能表現而爲形式與條理，氣無理是不能表現而爲事件或存在；所以理必須在事實上有所依據才能成爲理，氣必須在形式上有所依照才能成爲氣。理與氣是必須合一的。而且，從形而上言，因其是無相的，此似乎是一理的世界；然而若果是有此理，亦即是事實上有此理，或者是事實上可能有此理，則此理的世界雖「只是個淨潔空濶的世界」而「無形跡」，必仍然是實有此理。這就是說，此所謂理，非是一抽象的邏輯的概念，而是純直觀的觀念。此觀念的本身，即唯心論者所謂之心。也就是說，離去心便沒有理。而且，此所謂心，實際上即是心物合一的，因爲此所謂心必是一事實上的心。不過，若是形而上的心，則祇能名之曰「天能」，即此氣雖尙未存在而是一種非存在之存在，然必將有此事實的可能而爲存在。此天能與此理（可名之為天理）亦必是合一的，即形而上之理與氣必是合一的。（此所謂天能與橫渠在正蒙中所謂之天能，其義不同。）再就形而下言，此現象的世界似乎是一物質的世界；然而就我們所已研究的結果，此所發生之事故，絕非一般人所認爲的祇是物質，而是質能合作的結果；而且，此能與質之合一，亦就是形式與質料之合一。詳言之，即「能」依某種形式而成爲某種形式之質量，質依其本身之物理結構而表現爲一種功能。能與質確是不可分的。此能與質之不可分，亦就是理與氣之不可分，亦即此能與質之合一實就是此形上之理與氣的合一已成爲形而下之存在。（形而上之氣為天能，形而下之氣為質能，宋儒所謂之氣，實兼有形上形下之意味，我們也同意此種主張。）

即以構成通常所謂之物質的原子而言，其所以能動，應是此質料或氣之功用，而陰電子繞陽電子運動，則就是理之表現。於是，則知質能合一實就是理氣合一，也就是說明了形下與形上確是合一的。更就理之動靜與氣之陰陽而言，所謂理之動靜即氣之動靜。換言之，即氣是有此動靜之理。氣何以會有此動靜之理，乃因爲氣有陰陽。周易繫辭下傳曰：「乾陽物也，坤陰物也。」上傳曰：「夫乾，其靜也專，其動也直，是以大生焉；夫坤，其靜也翕，其動也闢，是以廣生焉。」通常說來，是陽動而陰靜；依繫辭此所說的看來，則陰陽亦各有動靜。此何以故？因爲氣是一，而有動靜之理，所以有陰陽；然陰陽既是氣，所以亦皆有動靜之理。本此而靜觀太極，陰陽，理氣，動靜，形上與形下，則知此宇宙的本體——太極，確就是理氣，動靜，陰陽，形上與形下之合一。這種合一何以就是心與物的合一呢？即以我們所謂之事點而言，一般說來，乃陰電子對陽電子有一運動。何以有這一運動？我們認爲，即此氣之功用而表現爲理之運行。就運行之有一固定的形式或條理而言，這就是通常所謂之物質或事點。就功用之本身而言，亦即此氣之所以能運行而言，這就是通常所謂之精神或心靈。照這樣說來，運動與形式或精神與物質確都是不可分的。也就是說，心與物確是不可分的。爲進一步的闡明此義，特引拙作「孔孟仁學原論」有關本體之論述於左：

我們認為，欲能說明什麼是本體，須對於「體用一原」及「稱體顯用」之說，有簡要的說明。所謂「體用一原」或「稱體顯用」，這意義是說，用是稱體之所有而有的；也就是說，用是體之現顯。熊十力先生所謂之大海水顯現為眾漚（見熊著新唯識論），這譬喻是很好的。這就是說，這宇宙萬象或一切的存在，皆是此體稱其所有的呈現。因為用是稱體而顯現的；而且，事實上是已如此的顯現為用（即事實上是有我們通常所謂之存在），所以此體必是事實上有顯現為如此之用的可能。照這樣說來，我們當可以說，此體是有顯現為如此之用的可能。然則此體是如何顯現為用呢？照繫辭所說「是故易有太極」這一段看來，則此體必是由無而有，由微而著，由隱而顯的以顯現為用的；因此，我們當可以說，此體必是至寂而善動，至無而妙有的。寂無，可以說是體之本然；動有，可以說是體之妙用。本然不可思議，妙用有可形容。就此體之不可思議及有可形容者而言，此體必是寂無而動有的。佛教徒即是以此寂無而動有之作用名之曰心或本心。永嘉大師所形容的，馬祖令百丈識得的，皆祇是指此寂無而動有之本體而言。然而若將此寂無而動有之本體名之曰心，則是一顯然的錯誤。因為就此體是事實上有顯現為如此之用的可能而言，則此體不僅是能依照的，亦且是能依據的。此所謂能依照的，即宋明理學諸大師所謂之理，禪宗諸大師所謂之心或本心，我們特名之為天命，是謂本體乃天然的具有此種命令。此所謂能依據的，即宋明理學諸大師所謂之氣，熊十力先生所謂之功能，我們特名之為天能，是謂本體乃天然的具有此種功能。就本體是天然的具有此種命令而言，我們說本體之顯現為用，不是盲目的；因其不是盲目的，所以本體是有知的；此本體之知即是心或本心。就本體是天然的具有此種功能而言，我們說本體之顯現為用不是虛假的；因其不是虛假的，所以本體是實踐的，此本體之實踐即是行，亦可名之為物。陽明先生的知行合一之說，須從此等處理解，才比較真切。這就是說，本體是知與行的合一，亦就是心與物的合一；而且，本體之行，是就其所應該行的而恒行不已。易曰：「天行健」，其意義亦應是如此。但是，我們仍須作進一步陳述的，即是此恒行而有知之本體，當其顯現為用時，必有一陰一陽之兩種勢用現起；此一陰一陽之兩種勢用，乃顯現為分殊的包羅萬象的存在。於是，我們當可以說，此分殊的大用，亦祇是此有知而恒行的本體，是表現為一陰一陽之兩種勢用。為易於明白起見，我們特就原子之所以為原子而簡略的說明之。凡對現代物理學稍有認識者，則知原子之所以為原子，乃是陰電子而繞核子運動；或者說，乃是陽電子的靜勢與陰電子的動勢的合一，姑不論此種動勢是一種波動或是依軌道而運動。這就說，此本體之顯現為用，亦祇是顯現了此一陰一陽的兩種勢用而已。這就是存在的本相，也就是馬祖要搊百丈鼻孔的原因。不過，禪宗是以存在之本相名之曰心，我們卻認為是心與物的合一。蓋我們是以此健進的陽之勢用名之曰心，是以此收凝的陰之勢用名之曰物。此勢用本是一，但當其顯現為存在時，則有心與物之現象可說。至此，我們應知，通常所謂之心物，不是實有某種東西而可單獨的名之為心或物者。蓋我們離去收凝的陰之勢用即看不到健進的陽之勢用；同樣的，我們若離去健進的陽之勢用，亦便不能看到收凝的陰之勢用。我們實可以說，健進的勢用是收凝的勢用之發揚，收凝的勢用則是健進的勢用之凝聚。本體是有此健進的與收凝的勢用之可能而已。我們之所以說心物是合一的，其故即在於此。同時，此心與物雖都不是實在的，但此心物合一之體及其所顯現之用必都是實在的。蓋我們若承認本體是實在的，則此稱體而顯現之用亦必是實在的。這是我們和禪宗諸大師之說有根本不相同的地方。不過，他們對於此本然之知的描述，亦即是對本心的描述，仍是大致不錯的。我們仍須略為陳述的，就形而上言，此體是凝聚的與發揚之勢用合一，亦即是理與氣的合一；所以我們說本體是可依據的而又是可依照的。若就形而下言，則此本體的發揚的勢用是顯現為能，此凝聚的勢用是顯現為質；所以此能與質亦必是合一的。相對論者認為能質可以互變，其故當在如此。照這樣說來，則通常所謂之人心，實祇是此本體的發揚的勢用因凝聚的作用而現顯為質量，並由於能量與質量的合作以形成一種物理結構，此種物理結構所產生的一種具有本然之知的能量形式而能主於中以應於外的，則就是人心；此所謂之人心，亦就是人之本心。陽明先生之所以說「心一也」，應是指此種具有本然之知的能量形式而言。於是，什麼是心或本心，我們應已是非常明白了。若真能明乎此，則依據行為心理學派而說人類的知識祇是由刺激到反應的整個歷程的一個特徵，是不足以為唯物論張目的。因為人類之知，雖不是別有一種單獨存在的心所發生的一種作用，然而此種作用則是此本體之知藉我們的官能而顯現的。若真能明乎此，則心理學上許多未能圓滿解答的問題都可迎刃而解了。（見「孔孟仁學原論」甲、導論，二、心是什麼。）

照以上所述，則知我們所謂之本體是恒行而有知的；因其如此，所以是心物合一的。此心物合一之本體，從其是形而上者言，與唯心論者所謂之心相似（亦可能與形而上的唯物論者所謂之物相似），因爲此是無方所無地位可頓放的；但是，此不是虛假的，亦不是抽象的，而是可實踐的，即有知而恒行的，所以是心物合一的。於是，我們也知道了，唯心論者何以將此心物合一之本體而誤以爲心了。再從其是形而下者言，即此形上的本體是顯現爲形下之大用而言，既沒有單獨存在的物質，亦沒有單獨存在的精神，這是在第二三兩篇中已詳爲辯說而無可置疑的。有人認爲，新近由於二百吋直徑的巨大望遠鏡的使用，曾於一九五一年發見一個宇宙集團，速度大到每秒三十萬八千哩（超過光速五分之一），用天文學所謂的距離漸增率來計算，它們當在三億八千萬光年以外。這就是說，這個宇宙的光，已在三億八千萬年前出發，直到現代才走到我們這裡。那麼，我們所見到的這個宇宙的光，可以說祇是一團鬼影；而且，光是能的一種形式，和我們所謂的精神，應是沒有本質上的不同；於是，非物質的事點，應是可以單獨存在的。但是，此種觀點，我們卻是無法贊同。因爲就光能之所以爲光能來說，亦必是此氣依此理而後始可成爲光能，所以光能的量子仍是具有相當之質量。再者，此三億八千萬光年外的宇宙，在今日可能已不存在；然而，此一團鬼影的光能，則仍是這宇宙的整個過程的一部份；而且，此光能之所以能被察覺，亦必是經過一連串的物理學的程序；否則，亦仍是不能察覺其爲存在。所以，任何的存在，必皆是理氣合一或質能合一的結果。於是，我們所謂的沒有單獨的精神或物質的存在，確是不錯的。也就是說，無論從存在的實際的樣子或存在的本然的樣子來說，心與物都是不可分的。

或者有人會說，我們人類及一切有知之物，說是心物合一的，這似乎無可爭辯；但是，無知覺之物，何從而有心？我們認爲，持此種看法的，仍是對於我們的系統未能完全瞭解。

我們認爲，根本上是沒有心與物這樣的東西；但是，凡存在的卻必是心與物的合一；而且，沒有知覺之物固可以無心，但不能無性。從陸象山王陽明的觀點來說，性即是理，亦即是心；但從朱子的觀點來說，性是心之未發。這就是說，沒有知覺之物，雖然是沒有我們人類所能表現的靈明之心；但是，我們卻不能說，無知之物的本性和我們人類的本性是有不同。實際上，祇是物理結構的不同，所以其所表現的功能有不同而已。這是在上篇中已詳爲辯說的。而且，性既是理，一物亦都有一必須依照之理；所以任何事物，必皆有性。事物之性，因是其所必須依照之理；所以性也是專一不變的，而可以說就是「天命」。孟子道性善，從性是專一不變這一點來說，確是不錯的。此專一不變之性，亦即是事物之所以爲事物之理；因此，我們雖不能說性就是心，卻可以說，性是心之理。這就是說，凡存在的本性，若與此氣會合，則是可以演進爲我們人類的心靈。也就是說，人類的心靈，祇是存在的本性所表現的一種功能。中庸又說：「喜怒哀樂之未發，謂之中；發而皆中節，謂之和。中也者，天下之大本也；和也者，天下之達道也。致中和，天地位焉，萬物育焉。」此所謂中，既是指情之未發，則就是性；此所謂致中和，則就是盡心以順性命之理；而且，從認識的觀點來說，離去性命之理，則便已無所謂盡心的；所以朱子認爲盡心就是知性。總之，性雖然不是心，但是，無性則不能有心；所以心是性所表現的。照我們的系統來說，凡是存在的都可以說是性所表現的；所以我們認爲心與物都是性所表現的。因此，就無知之物所具有之本性而言，我們雖不能說無知之物確是有心；但是卻可以說，無知之物仍是具有心之所以爲心之理。這和果實之具有枝幹花葉之理，是同樣的有其應該的與事實的可能。爲易於明瞭起見，茲特依我們的哲學體系而以圖示之於左：

（太極演變體系圖）

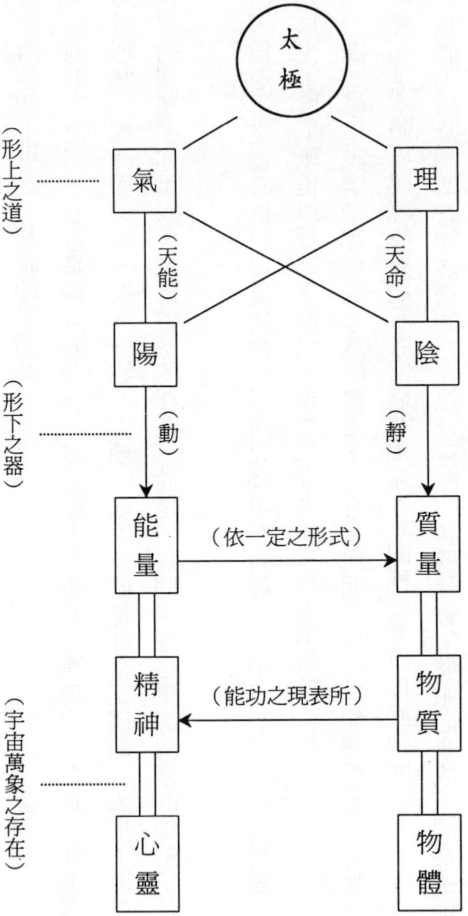

圖例說明：一、「—」表示含有之義，如太極含有理氣，氣含有陰陽等。

二、「→」表示就是之義，如陽氣依照能動之理就是能量，能量「依一定之形式」就是質量，物質「所表現之功能」就是精神等。

三、「‖」表示演進之義，如能量可演進為精神等。

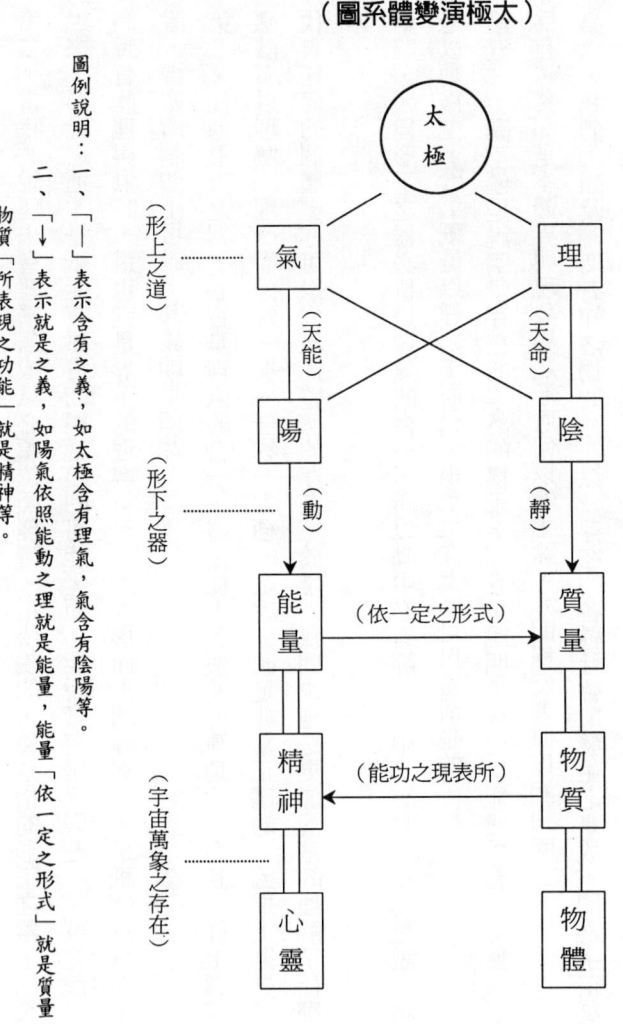

依上圖所示：第一，所謂理氣先後的問題，是一不成問題的問題；於是從本然的或究竟的觀點來說，我們既不能說精神較物質爲根本，亦不能說物質較精神爲根本，這是非常顯然的。

第二，當我們說理未嘗離乎氣或氣必須依照理時，這所說的，便是指的形下之器了。嚴格的說來，形上之道，是祇能有事實的與應該的可能，而不能說實有是氣與理。這就是說，當我們說有此理與氣時，這也就是形下的理與氣了；所以形而上的理與氣，是祇能意會而不能言說。禪宗所謂的不可說，其義即是如此。

第三，任何形下之器，必皆是理氣的合一，這是從上圖便看得清楚的，而且，從上圖我們更應該可以理解「理一而分殊」與「一物一太極」之說，確是非常正確的，因爲上圖是既可以代表任何的個體，亦可以代表此整個的存在。於是，我們也應是更加清楚的理解了什麼是太極。

第四，因爲形下之器必皆是理氣的合一，所以動中必有靜，靜中必有動。這就是說，陽氣祇是以動爲主，陰氣祇是以靜爲主而已；這也是從上圖可以看清楚的。

第五，上圖不僅是說明了存在的本然的樣子，亦且是說明了無何以能變爲有。這無何以能變爲有，實即是本體界與現象界之矛盾何以能化除，亦即相反者何以能相成。

第六，我們人類及一切有知之物的存在以及存在的各種社會所發生之事故，即爲宇宙萬象之存在。能與質或陰與陽之存在，即爲形下之器的的存在，亦即是各種元素之存在。太極與理氣，則爲形上之道的存在。所以此一切的存在，是可以如上圖而分爲三個階段：第一階段爲本體界；第二，三兩階段爲現象界，亦可名之爲用。

第七，我們所謂的心物合一的存在，若祇是就現象界而言，則祇能指我們人類及一切有知之物的存在現象。不過此現象界之心物合一的現象，確與質能合一或理氣合一，是一氣貫串，一理貫通。

第八，若理氣是不存在的，則太極便是無極；若理氣是存在的，則存在的便是太極。我們之所以須從各種觀點以體察太極，其故即在如此；這也是從上圖便可以看得清楚的。

第九，從上圖我們當然可以看出能量依一定之形式就是質量；至於能量之所以能依一定之形式，則是此以動爲主之陽氣，因含有此理，故必須依照此理而表現爲一定之形式，這一面是說，理在物而爲性，一方面也是說，必須陰陽合德才能有我們所謂的質量的存在；而且，有機物之本性，雖可理解爲精神或心靈；但就物之所以爲物而言，乃此本性能凝結此氣而成爲質量。因此，若祇說性是心之理，這仍是見得不真切的。

第十，我們所謂的形上之理，其意義是說，當無極而太極時，是有此應該的可能，亦即是古人所謂的天命。我們所謂的形上之氣，其意義是說，當無極而太極時，是有此事實的可能，亦即是我們所謂的非量之量的能量或「天能」。所以我們所謂的氣雖也可以說是真元之氣；但和小程子或馮友蘭所謂的真元之氣，其意義是不完全相同，這也是由上圖可以看得清楚的。

照以上所說，我們所謂的心物合一，是和佛家所謂的即心即物即神之觀點完全不同；亦和宋明以來的儒者所主張的理氣合一或心物合一之說不完全相同；而且，古人對於理氣或心物之認識，亦未能有我們如此清楚的見解。總之，我們是認爲理與氣，質與能，或心與物皆是不可分的；而且，是可以太極代表此心物合一之過程。照我們的系統來說，雖不能說凡存在的皆是心物合一的；但是，就能量之能演進爲精神，質量之能演進爲物質來說，我們亦不能說不是心物合一的。而且，物質或精神之不能單獨存在，這是我們已一再的詳爲辯說明白而應無「不喻」；而且從上圖也可以看得非常清楚。

第六節　心物二者本合爲一

照我們所已經辯明者而言，心物二者確是本合爲一的。此與　孫中山先生所謂之精神與物質「二者本合爲一」之旨趣完全相同，亦與　蔣總統所謂「宇宙的本體，應是心物合一的」，更是完全吻合。至於我們之所以認爲心物確是合一而不可分的理論依據；就已上各章所已陳述者，大致可歸納爲以下幾點。第一，凡存在的是沒有單獨存在的物，亦沒有單獨存在的精神或心靈；第二，凡存在的，皆是動靜合一，陰陽合德，或質能合作的結果；而質就是物質，能之能知覺的就是心靈；第三，從究竟的意義來說，這存在的亦不是物質較精神爲根本，或精神較物質爲根本，而祇是這「無之海」中是有此事實的與應該的可能；第四，這存在是由無而有的，這由無而有的過程，我們是稱之爲「無極而太極」，而且是以太極代表此過程的；因此，太極亦是此形上之理與氣，以及形下之能與質或心與物的代表；第五，這存在的由無而有的過程，雖是由微而著，由簡而繁，但仍是此貞元之氣依此本然之理而一氣貫串，一理貫通的，因此，我們是從形而上的理氣合一而推論形而下的心與物亦必是合一的。這就是說，我們人類以及我們人類的心靈，寔祇是理氣合一或質能合作而不斷的創造與演化的結果。因此，我們寔祇能得到「心物合一」的結論。至於我們之所以能得如此的結論，乃本於以上各章所作之分析而祇能得出於此的結論。

再者，我們雖不反對達爾文的進化論，但對於「生存競爭」之說，則是未能同意。我們認爲，此適者之所以能成爲適者，就個體而言，則是質能合作而不斷的創造與演化的結果；就群體而言，則是由於能平衡互斥之力而凝聚在一起。我們當然可以理解到，若質子與質子互斥之力而無中子能成爲緩衝的地帶以使其平衡，則各種元素必不能生成，也當然不會有此一切的存在。再就我們人類而言，人類之所以能成爲最適者的存在，乃由人類有此「發而皆中節」的本性；即此理與此氣會合後而秩序乎氣，以使此氣表現爲精神或心靈時，能依「天命」或「天理」而自覺自主的己立立人，己達達人。這就是說，人類當不是由於無限制的互相競爭，才能成爲最適者的存在。即其他下等動物，亦莫不是因互助合作，才能生存。達爾文在「物種原始之生存競爭」這一章曾說：「今於此當預言予之用此名詞，乃依比喻之廣義，包容生物之彼此依賴，且包容（是為更重要者）其子孫之發育，而不僅關於其個體之生活。就二犬類言之，若在凶年，其彼此競爭以得食物及生活之事乃可真見。一植物之在沙漠者，雖可云其賴濕氣以得生活，惟可云彼乃抵抗亢旱，以爲生活之競爭。一植物每年生子實達千數，其能長成之平均數，乃不過一子實，可云是乃與同種及他種植物已鋪滿地面者競爭。寄生樹之生活，乃依賴蘋果及少數他樹。就其廣義言，彼乃與此等樹競爭。」達爾文又說：「其引誘鳥類來採食以傳播其子實，可云是與他種生果之植物競爭。」這就是達爾文生存競爭一詞之主要意義。我們固不必完全反對他這種說法；但是，若把依賴也一律視爲競爭，這確是一種誤解。不過，我們卻不必反對達爾文的進化論。從進化論的系統來說，存在之動物，約分爲十群，亦稱十門，每門各有其特殊之構造模式，且又可分爲若干群體，謂之綱；每綱各有其特殊之點，又可分爲目；每目亦有其相異之處，又分爲科；科分爲屬；屬分爲種；種分爲亞種與變種。我們人類，是屬於脊椎動物門，哺乳綱，靈長目，人科。其進化程序，可用一樹形表示之。這和易繫辭所謂的太極生兩儀，兩儀生四象，四象生八卦的系統，是同樣的由簡而繁的。這就是說，我們中國哲學，也是從進化的觀點而建立其宇宙論的綱領的。而且，邵康節的「伏羲八卦次序」圖及「伏羲六十四卦次序」圖，也是可以樹形表示之。再者進化的觀點，亦可以用內涵與外延的關係來說明之。就我們人類來說，人科是較脊椎動物門，哺乳綱，靈長目的外延爲小的，亦即是愈進化，其外延亦愈小。至就人科之內涵而言，則是包括目綱門之所有特點；所謂「人身爲活動之博物院」。也就是說愈進化，其外延愈小，其內涵則愈大，前所謂「由微而著」，「由簡而繁」，亦都是就其內含來說的。因此，所謂進化，可以說祇是增加存在之內含而已。不過，我們的觀點，可能仍和達爾文的觀點有不相同的地方。這就是說，所謂增加存在的內含，一方面固可以說是進化，一方面也可以說是存在的本性已發展而表現爲較高的形式。就一株樹來說，生機暢旺，花葉茂盛的樹枝，應是和樹根沒有本質上的不同。我們所謂的一理貫通與一氣貫串，其意亦即是如此。因爲照我們的系統來說，太極是以無極爲體，兩儀是以太極爲體，四象是以兩儀爲體，八卦是以四象爲體的。這就是說，無極而太極，必是無極而含有太極；太極生兩儀，必是太極而含有兩儀；兩儀生四象，必是兩儀而含有四象；四象生八卦，必是四象而含有八掛。於是，我們說無極便含有八掛之可能性，實無不可。這和樹根之含有花葉果實而不會爲人反對應是一樣的。因此，「無」確是一切有的本體。也就是說，一切的有，都是從「無」而來，也都是從一個祖先而來，這應是不錯的。一切的有，既都是從一個共同的祖先而演化來的；則此心物合一的人類，也必是漸漸演化而來。所以此心物合一之有機體，必是從無機物演化而來。因此，我們說無機物亦是心物合一的，從邏輯而言，這是沒有不可以的。照這樣說來，宋儒「理一而分殊」之說，確是不錯的。

照以上的分析，則我們所謂的「無」，雖是無量無相而無一切的特性；但是，此所謂無性，衹能是指其性未表現而爲存在而言。因此，此所謂無性，亦可謂之爲「無所不能」。我們認爲，衹要有應該的與事實的可能，便能「無所不能」。實際上，所謂「無所不能」，從其究竟的意義來說，亦衹是有應該的與事實的可能而已，亦衹是有此理氣合一，或心物合一之過程而已。總之，無之所以能變爲有，或無機物之所以能進化爲有機物，必是此「無」已具有「有」之本性，也必是此無機物已具有有機物之本性。佛家所謂的「自性具足」，很可以解釋爲我們人類之所以能演化爲我們人類，實乃「自性具足」之故；而此具足之自性，當其演化爲存在時，則必是心物合一的，此所以我們亦不宜將「自性」解釋爲心靈。因爲此所謂「自性」即是心物合一的。

總之，這存在的雖衹是一由無而有由有而無的過程；但此所謂無，是一真實的有；而且，這存在的事點，或這心物合一的存在，亦確是真實的存在；而且是繼續不斷的進化以成爲最適者之存在。我們人類，當然是存在的最適者；也可以說，是比較最適宜的表現了此具足之自性，而成爲最完美的心物合一的存在。

第十一章 心物合一與天人合一

第一節 概說

我們認為，宇宙觀是可分為科學的宇宙觀，哲學的宇宙觀，或宗教的宇宙觀。宗教的宇宙觀是一信仰系統，科學的宇宙觀是一認識系統，哲學的宇宙觀則應兩者兼而有之。宗教的宇宙觀我們可以不談。所謂科學的宇宙觀，或許有人認為這名詞不能成立；不過，凡依一套科學的方法或程序以窮究宇宙的起源，演變的過程，以及其現在的狀況，未來的變化等等，即可名之為科學的宇宙觀，是純知識的。至於哲學的宇宙觀，大體上應是本於其哲學的本體論而對於宇宙有一系統的認識。因對於本體的認識，有時非全是知識的；然其超理性的認識，祇是理性認識之至於「而一旦豁然貫通」，而「圓融無礙」，而有一清清楚楚的認識與信仰，所以是知識與信仰兩者兼而有之。我們應知道，任何一個說出或寫出的宇宙系統必都是一認識系統。這並不是說，這認識系統是虛擬的，祇是觀念而不是事實；而是說，因認識的不同，所以有不同的宇宙系統。例如科學的宇宙系統與哲學的宇宙系統便不相同。有些哲學家，認為對於一株樹或其他類此的認識很可能不相同。實際上，祇要沒有生理上的缺陷，對於樹或竹子之類的實際事物之認識，應無多大的不同。人們之以竹稱君子，以松號大夫，這並不是對於樹或竹子的本身有不同的認識，而是對其有了不同的欣賞態度。植物學家的認識與一般人也會不同，因爲這是有了與眾不同的研究態度。我們對於欣賞的態度可以不談。祇就研究的態度而言，這當然是知識程度的不同。即不同的知識程度，是會有不同的認識系統。黃宗羲所說的「心無本體，工夫所至，即其本體」，其意義實就是說，思想層次的不同或知識程度的不同，其認識系統便當然不同了。因此，各種不同的宇宙系統，實都是不同的認識系統。任何一種宇宙觀，無疑的祇是對於宇宙的一種看法。至於這看法之真僞或優劣，若屬於哲學層次的，自應以能否說出宇宙的本來面目及此本來面目的演化過程爲衡量的標準。上一章所研究的，是宇宙的本來面目究竟是什麼？現在則應研究這本來面目，即宇宙的本體，是如何的演化而爲這森羅萬象的存在，並因而以建立我們的宇宙觀。

第二節　心物合一與天人合一

我們認爲，就存在之過程而言，這存在是由無而有的；就存在的形式而言，這存在是陰點子繞陽電子而運動；就存在之內容而言，這存在是質量與能量之合作。因此，此所謂存在，實祇是這由無而有由有而無之整個過程中有此一動一靜之運動能表現爲質能合作之事點的存在；此所謂森羅萬象的外在世界，在本質上，實祇是一系系的事點之流。這一動一靜之運動是真實的，這整個過程亦並非如佛家所認爲的全是幻象。

若認爲這整個的過程全是幻象，則祇有本體論可說，而無宇宙論可說。佛家破象顯體（即空一切現象以認識心之本體），原是獲得超感覺認識之最直捷的方法；若因此而認定一切現象皆是幻象，祇執著於寂無之本體而無視於存在之宇宙，則當然沒有宇宙論可說。這是一切虛無主義的根源。我常將虛無主義分爲惡性的與良性的兩種。佛教徒的沉空滯寂，可說是一種良性的虛無主義，因其視世間之「有」爲幻象而逃避現實遁入空門，其影響並不太惡劣。至於以否定一切傳統爲主的虛無主義，從表面上看來，似與佛教徒之沉空滯寂不相干；然若能作進一步考察，則知否定傳統，實即視一切「有」爲幻象之惡性的轉化作用。這就是說，良性的虛無主義，當其轉化爲惡性的虛無主義時，常會由主觀的逃避現實而轉化爲積極的否定現實。逃避現實與否定現實，在本質上原無不同。誠然，許多否定現實的虛無主義者，並不一定有佛教徒式的破象顯體之自覺；但是，祇有本體論可說而無宇宙論可說，是一切虛無主義的根源則爲無可置疑者。照這樣說來，認定這整個的過程全是幻象，其病不祇是沉空滯寂，而且會發生其他的不良影響。

我們固不認爲這整個的過程全是幻象。但是，亦不是說，這整個的過程就是如常人之感官所感覺者。我們認爲，這外在世界，可因感覺器官與所持觀點之不同，而形成各種不同的觀念世界。這就是各種不同的宇宙系統之所以形成。至於我們的宇宙系統究竟是什麼呢？簡略的說來，此即是我們所謂之宇宙本體演化爲宇宙大用之整個過程的認識與說明，亦即是對於道與器之全體的認識與說明。

我們認爲，就宇宙本體演化爲宇宙大用之整個過程的內容來說，它是心物合一的。這就是說，除心物之合一外別無內容。若就這整個過程之本身而言，它是體用一原的。這就是說，離了本體便無大用，離了大用亦無本體。至於這宇宙本體何以是心物合一的，在上一章中我們已有較爲詳盡的說明；而且，關於這本體何以會顯現爲大用，亦就是何以會演化爲這森羅萬象的存在，在上一章中我們講無極而太極時，也已有簡略的說明。

我們認爲，這宇宙是由無而有的。何以是由無而有的？依我們對於「物」與「心」之分析，則知是祇能由無而有的。何以會由無而有的？因爲是體用一原或天人合一而也是不容已的。至於是如何的由無而有，亦即，是如何的由本體而顯現爲大用？則因爲是體用一原，顯微無間的。照這樣說來，「體用一原」，確是我們宇宙論的最基本的觀念。

在上一章中，我們爲了說明「心與物確是不可分的」，曾對於「體用一原」及「稱體顯用」之說有簡要的說明。此簡要的說明乃肯定了宇宙的本體是心物合一的。所謂宇宙的本體是心物合一的，這意義是說，當宇宙的本體顯現爲宇宙的大用時，是有心與物之現象可說。不過，此所謂心與物之現象，分析至最後時，並非有心或物這樣的東西，而祇是有事故發生與妙用可說。也就是說，此所發生之事故，是有知而恒行的。因此，我們便祇能得出心物合一的結論。再者，吾人「總括宇宙現象，要不外物質與精神二者。」這就是說，森羅萬象的宇宙，亦祇有心與物這兩種現象而已；而且，這兩種現象在本質上亦是相輔爲用，不可分離的。於是，我們當可體會到，此本體與現象，確皆是心物合一的。誠然，屬於本體界的心物與屬於現象界的心物，其義並不完全相同。而且，現象界如人，動物，植物，礦物等，有些固皆有心物之現象可說，有些則不一定如人類一樣有明顯之心物現象可說。但是，就上章中的「太極演變體系圖」所示者看來，則我們說宇宙的本體與宇宙的大用皆是心物合一的，其意義亦極爲明白。這亦是說明了「體用一原」，「理一分殊」的正確意義是什麼。很顯然的，此所謂「原」與此所謂「理」即是指的心物之合一。

因為此體與用皆是心物合一的，所以是體用一原的。體用一原之義，若能施之於天人之際，其意義即為天人合一。於是，我們所謂之天人合一，與董仲舒所謂之「人副天數」是完全不同的。春秋繁露人副天數第五十六有云：

人足病，喉痺起，則地氣上為雲雨，而象亦應之也。天地之符，陰陽之副，常設於身，身猶天也。數與之相參，故命與之相連也。天以終歲之數，成人之身，故小節三百六十六，副日數也，大節十二分，副月數也。內有五藏，副五行也，外有四肢，副四時數也。乍視乍瞑，副晝夜也，乍剛乍柔，副冬夏也，乍哀乍樂，副陰陽也。心有計慮，副度數也，行有倫理，副天地也。此皆暗慮著身，與人俱生，比而偶之，弇合于其可數也。

董氏此說，實穿鑿附會，毫無道理，然而自漢以來，有許多人嘗本於董仲舒的此種理論，而推衍其天人合一之怪論。若不能體會「體用一原」之理，同時又缺乏現代人的科學常識，董氏之怪論而能為人所信服，亦不足為怪。

再者，我們所謂之天人合一，因是本於體用一原之義，所以是一氣貫串，一理貫通，而又顯微無間，由無而有，由體而用，由天而人的，以成為此森羅萬象之宇宙。陳明水曾問陽明白：「伊川說到體用一原，顯微無間處，門人已說是泄天機。先生致知之說，莫亦泄天機太甚否？」（見陽明傳習錄）由此已可見體用一原與致良知之說，為當時學者所敬服之程度。

這當然是宋明理學家的大貢獻。這一方面是揚棄了董仲舒的以人副天的宇宙論而建立了新的宇宙論。這新的宇宙論是使易繫辭「是故易有太極」這一段獲得了新的意義。關於這一點容後再作較詳盡的辨說。在這裡特須陳述者，即宋明理學家的此一貢獻，在另一方面是揚棄了佛家的以現象爲夢幻泡影之偏見。熊十力所著新唯識論，固不必全爲佛家思想；但是，對於體用這兩個概念，則可以說完全是佛家的。新唯識論第五章功能上有曰：「在本章開端，關於體用兩字的意義還須申說一番。此本前章所屢用的名詞，而其間義蘊尚有未及委細剖白處，所以補陳於此。用者，作用或功用之謂。這種作用或功用的本身只是一種動勢，(亦名勢用。)而不是具有實在性或固定性的東西。易言之，用，是根本沒有自性。如果用有自性，他就是獨立存在的實有的東西。就不可於用之外再找什麼本體。」又說：

體者，對用而得名。但體，是舉其自身全現為分殊的大用。所以，說他是用的本體。絕不是超脫於用之外而獨存的東西。因為體，就是用底本體，所以不可離用去覓體。

又新唯識論開宗名義第一章名宗有曰：

本心無對。先形氣而自存。先者，謂其超越乎形氣也，非時間義。自存在，非依他而存故，本絕待故。是其至無而妙有也，則常偏現為一切物，而遂凴物以顯。由本無形相，說為至無。其成用也，即偏現為一切物，而遂凴之以顯。是謂至無而妙有。故本心乃夐然無待。體物而不物於物者也。體物者，謂其為一切物之實體，而無有一物得遺之以成其為物者也。不物於物者，此心能御物而不役於物也。真實理體，無方無相。雖成物而用之以自表現。然畢竟恒如其性，不可物化也。此心即吾人與萬物之真極，其復何疑。（真極，即本體之異語。）

熊先生此所說的，有幾點須加以辯明：第一，以心爲吾人與萬物之本體，此是唯心論。僅管熊先生曾說：「我們在這裡，把物的現象（亦云法相）和心的現象（亦云法性）看做是稱體顯現的大用之兩方面。所以，心和物根本沒有差別，也都不是實在的東西。」（見新唯識論功能上）此似是心物合一論；然因「明宗」章對「本心」一概念所作之種種解釋看來，熊先生毫無疑問的是唯心論者。

第二，熊先生在原儒一書中，對乾元一概念曾特加強調。我記得他所說的（因手頭無此書）與張惠言所說的是大致相同的。張惠言本於虞翻對繫傳「是故易有太極」這一段的注釋，而認定有一不與坤相對待之乾元，即乾元是超乾坤的。張惠言曾作如左之圖以明此義。

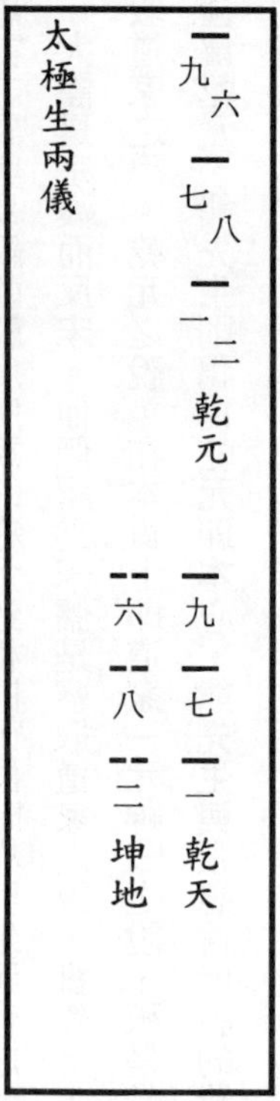

張惠言之說與易緯乾鑿度所說的亦大致相同，同時亦與朱元育之參同契注完全相同。清儒治易，大體是宗漢而反宋。他們認為宋儒是竊取道家之說。實際上，如張惠言毛大可輩，無不竊取道家之說。乾元之說，在本質上即道家「元神」之說，祇是借用乾彖所謂之乾元，而以太極為乾元。熊先生則認為乾元即本心。熊先生與張惠言所說的雖不一定都相同，但他們所說的意義實並無多大出入。這也是進一步的說明了熊先生之所以是唯心論者，他可能佛道兩家的影響都有；同時也更是明白了他的唯心論之主旨是什麼？

第三，熊先生一方面說，體是舉其自身全現為分殊的大用，一方面又說，用是根本沒有自性。同時，一方面說，此無方無相之真實理體——即本心，是徧現為一切物；一方面又說，心與物都不是實在的東西。我覺得熊先生確有些概念不清。誠然，從形而上言，這不是一概念的世界。但是，當體是舉其自身全現為分殊的大用，則此用必以此體為自性，何能說，用是根本沒有自性。新唯識論曾以麻與繩而比喻體與用。我們說繩是以麻之自性為自性，此當然於理無違。若說用根本沒有自性，這是大有問體的。即令是刻就用上說，亦不能說是完全正確。因為此體與用或形上與形下是一氣貫串，一理貫通的。雖有內在的矛盾，卻決非兩截（可覆按上章中的「太極演變體系圖」）。依「用根本沒有自性」之說，則體與用是必然的成為兩截。

第四，熊先生為什麼會有如此的主張呢？這就是因為他「是贊同印度佛家的見解，主張一切法，都是刹那滅。怎樣叫做刹那滅呢？即凡法，於是一刹那頃，纔生，即於此一刹那頃便滅。」（見新唯識論第四章）他又說：「從前印度佛家，他們把一切心的現象和物的現象，都稱名曰行。行字的涵義有二；一遷流義，二相狀義。他們以爲一切心和物的現象，是時時刻刻在變遷著，流行著。……所以說遷流義。然而心和物，雖都是遷流不住的，但亦有相狀詐現，好似電光，在他那一閃一閃的過程中，非不詐現其相，所以說相狀義。物的相狀，是可感知的。心的相狀，不可感知，而是可以自覺察的。因爲心和物，具有上述的兩義，故都名爲行。這個命名，是很對的。我們亦採用此名。」（同上）他此說是肯定心和物的現象都是刹那刹那詐現的。誠然，他認爲「大用流行，這是無可呵毀的。」（同上）他對於佛家「於一切行而說無常，隱存呵毀」，他「卻絕無這種意思」。但是，他的刹那刹那詐現之說，既與「諸行無常的旨趣，是很相通的」，雖在主觀上不贊同佛家的以一切現象爲夢幻泡影之偏見，在本質上卻仍然承襲了佛家的思想。

我們爲什麼要特別的引用熊先生之說而加以分析批判呢？第一，對於體用這兩個概念，藉此而有進一步的認識；第二，對於佛教徒之以「有」爲幻象，藉此而有較爲明白的理解；第三，熊先生的「稱體顯用」之說，雖很允當，其結果卻將體用說成兩截，便成大錯。惟我們仍須加以陳述的，即我們並不完全反對佛家的「遷流」與「相狀」之說。論語子罕篇：「子在川上曰，逝者如斯夫，不舍晝夜。」此即是佛家的「遷流」說。又赫拉克里特（Heraclite）曾說：「人不能兩次入同一的河流，亦不能兩次在同一狀況中觸及可以消滅的實體，因爲它是以其變化之敏活與迅速而重新分散與聯合，接近與離開。」（見法人梭羅文 Manrice Solovine 所輯赫拉克里特「哲學思想集」上海辛墾書店版，此與本書第七章第二節所轉引羅素所引述的，是大致相同的。）這也與佛家的「遷流」說相同。不過，儒家是認爲，「天何言哉！四時行焉，百物生焉，天何言哉！」（論語陽貨篇）又認為，「天行健，君子以自強不息。」（易乾卦大象）這與佛家的「諸行無常」之說有本質上的不同。因為佛家所見者是一剎那生剎那滅的遷流，儒家所見者則是「日新之謂盛德，生生之謂易。」（易繫辭上傳）佛家所見者是詐現之相狀，儒家所見者則是「夫微之顯，誠之不可揜如此夫。」（中庸第十六章）這就是說，佛家及熊十力皆認為祇有本體是真實無妄的，凡現象皆是虛幻不實的。儒家則認為這真實之本體，是顯現為真實之宇宙與人生。此宇宙與人生，誠是變動不居的；然而變動不居，非是剎那剎那生滅，乃是「剛柔相易」；非是諸行無常，乃是「上下無常」；非是相狀之詐現，乃是「周流六虛」。所以是「生生之謂易」。唐玄奘上唐太宗疏中曾說：「六爻探賾，拘於生滅之場；百物正名，未涉真如之境。」玄奘此語，是譏孔子未證體。殊不知儒家所見者不是生滅而是生生。生生亦可名之為轉化。所謂「轉化」，用現代的觀念來說，即是化學變化或質能互變，儒家則謂之「上下無常，剛柔相易，不可為典要，唯變所適。」（繫辭下傳第八章）照這樣說來，儒家雖不反對佛家的「遷流」與「相狀」之說；但是，儒家所認定之「遷流」，乃是此永恒的真實本體之自身的遷流，而非是剎那剎那之生滅的遷流。再者，熊十力在新唯識論明宗章曾說：「本體就是吾人固有的性智。吾人必須內部生活淨化和發展時，這個智才顯發的。到了性智顯發的時發，自然內外渾融（即是無所謂內我和外物的分界）。冥冥自證，無對待相。（此智的自識，是能所不分的。所以是絕對的。）即依靠著這個智的作用去察別事物，也覺得現前一物莫非至真至善。換句話說，即是於一切物，不復起滯礙想，謂此物，便是一一的呆板的物。而祇見為隨在都是真理顯現。到此境界，現前相對的宇宙，即是絕對的真實。不更欣求所謂寂滅的境地。

（寂滅二字，即印度佛家所謂涅槃的意思。後仿此。）現前千變萬動的，即是大寂滅的。大寂滅的，即是現前千變萬動的。不要厭離現前千變萬動的宇宙而別求寂滅。也不要淪溺在現前千變萬動的宇宙而失掉了寂滅境地。本論底宗極，只是如此的。」熊先生此說，雖似有超佛入儒之意，卻仍未脫佛家的宗旨。第一，他是以心爲本體，而不認爲本體是心物合一的。在原儒一書中，他曾說：「心物皆本體固有之妙用，貌對峙而實統一，名相反而實相成。心物二者，不可缺一；缺其一，即不可成用。故未可曰：從無始時，唯獨有心；亦未可曰：從無始時，唯獨有物。偉哉造化，不可執一端以測。易大傳曰：觀其會道，則心不孤行，物非獨在，斯理甚明矣。」原儒中此說是很正確的。但是，如前文已引述過的，他又肯定有一超心物之心——乾元，並認定本心常偏現爲一切物，則與原儒此說是顯然的不一致。而且，其所謂「本體就是吾人固有的性智」，實應說爲，心之本體就是吾人固有的性智。不說心之本體而祇說本體，這就是以心之本體作爲宇宙的本體。王陽明大致亦有如此之見解（請覆按第八章第三節）。可見王陽明與熊十力都未能超脫佛家影響。吾人歸納熊十力的觀點，他大致是認定，這本心或心之本體即是物之本體。物這一現象與心這現象是不可缺一的，若缺一則不能成爲用或現象。於是，便形成了唯心的本體論與心物合一的宇宙論。我們則認爲，這本體與現象皆是心物合一的，所以我們是確立了心物合一的本體論與天人合一的宇宙論。因爲這本體是心物合一的，這宇宙是天人合一或體用一原的，所以這宇宙也是心物合一的。我們的心物合一論的「宗極」只是如此。第二，熊先生認爲，到了性智顯發的時候，則現前相對的宇宙，即是絕對的真實。現前千變萬動的，即是大寂滅的，大寂滅的，即是現前千變萬動的。這仍然是佛家的思想。同時，所謂大寂滅的與千變萬動的，究竟是什麼呢？在佛家看來，即是性智之顯發。佛家是祇見到顯發之性智，（即我們在第七章所講的心之本來面目。）而沒有自覺到此顯發之性智，祇是此永恒不變之實體，稱體之所有而表現的一種作用之本來面目。固然，此永恒不變之實體與此心之本來面目是不二的，卻亦不一；因爲此心之本來面目祇是心之本體，而永恒不變之實體則是心物合一的，此心之本來面目，是可自證的。（人祇要能獲得超感覺的心，即是自證了心之本來面目。）此永恒不變之實體，則是祇能「合內外之道」而得之。此即是，當吾人自證得此心之本體後，即是證得了此本體之心，此本體之心雖不就是此本體，然而祇要我們能體味到此本體之心是至真實的，「不僅是能依照的，亦且是能依據的」（覆按上一章第五節）則我們便能推理出此本體究竟是什麼。此本體之相狀與佛家所謂之本心的相狀是完全相同的。（亦可能就是佛家以本心為本體之根源。）其不同者，即是此不是心而是心物合一的。何以必是心物合一的，即因爲它是有知而恒行的，是既可依照的，亦可依據的。因爲它的相狀與本心的相狀是完全相同的，所以它必是大寂滅的，必是喜怒哀樂之未發的。此一方面可從本心之自證而推理以出之，一方面也與第二篇所作之分析一致。於是，我們應體悟到此心物合一的永恒不變之實體究竟是什麼了。此當然與佛家所謂之本體是不完全相同，卻亦不異。因其是不完全相同，所以我們不僅看到此顯發之性智，而且也看到了（即以心自觀而又出之以推理），此具有顯發之性智的永恒不變之實體，其相狀固然是大寂滅的與千變萬動者之統一（亦可說是矛盾的統一，矛盾的統一，於此種境界才真有意義，上章第二節對此已有辨說）；但是，卻是「顯諸仁，藏諸用，鼓萬物而不與聖人同憂，盛德大業至矣哉。」（繫辭上傳第五章）因此，吾人必須體認到，孔子之所以講仁，孟子之所以道性善，較之沉空滯寂之佛家，是見得深遠得多了。宋代理學家，因佛家思想之刺激，得能進一步以認識先秦儒家的此一至深微之奧義，並能發揚而光大之，此實是中國的文藝復興，其功誠不可泯滅。有人認宋儒所講的玄學不及佛學高深，此是不知道佛家祇知道此大寂滅的，即是千變萬化的，此千變萬化的，即是大寂滅的；而宋明理學家，卻超出了此種境界之外，而識得了此大寂滅的與千變萬化的，即是生生不已之化機，也即是永恒不變之實體所顯現之萬物一體之仁，而成就了此永恒不變之實體的「盛德大業」。熊十力在原儒中是有見及此的。在新唯識論中則是很顯然的未能超脫佛家的影響。吾人認爲，不能深入佛學而超脫之，是不能夢見宋明理學，若門外人而妄詆理學，更祇是夢囈。討論至此，似已超出了我們所欲討論的範圍以外；但是，我們爲使心物合一與天人合一之義蘊得能表露無遺，所以不惜篇幅，徵引有關佛學之思想而反覆辨說之，以表達心物合一的本體論與天人合一的宇宙論，是與佛學有同有不同的。

在這裡仍須略加陳述者，即前文所已提及的佛家破象顯體之說，實祇是一種認識心之本體的方法。爲認識心之本體，或爲達明心見性的境地，這方法是不錯的。若認識心之本體後，而滯於本體，而不知達用，而認爲凡現象皆是虛妄，這在人生觀上是遺世而獨立的，在認識上是既主觀而又愚昧的。熊十力本於佛家的思想而大張其刹那詐現之說，在本質上是誤以破象顯體之心法而施之於對現前宇宙之認識，所以他祇看到了生滅，而沒有看到此生生不已祇是此永恒之本體的自身變化；而且，此種變化，是本體爲成就他自己（也就是為顯現它自己）的一種過程，這過程是真實無妄，是確有事故發生，而決非如夢幻泡影。至於本體是如何的以成就它自己，則就是前文所已陳述的「體用一原，顯微無間」。以上我們對於體用兩字的意義以及其有關的許多問題，作了較爲詳盡的討論，在下一節中，我們擬就「體用一原，顯微無間」之義，作較爲具體的說明。

第三節　從太極圖與先天圖而作進一步之說明

一、太極圖與太極圖說

A、太極圖

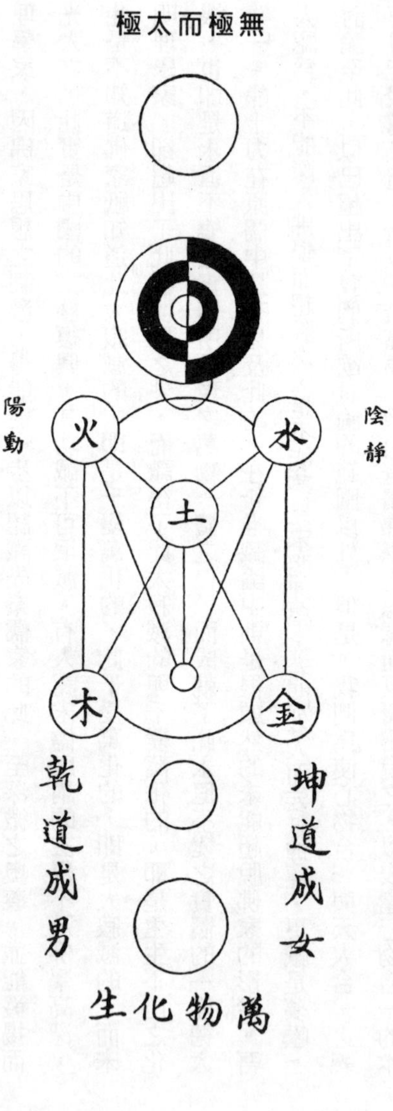

B、太極圖說

「無極而太極。太極動而生陽。動極而靜，靜而生陰。靜極復動。一動一靜，互爲其根。分陰分陽，兩儀立焉。陽變陰合，而生水火木金土。五氣順布，四時行焉。五行一陰陽也，陰陽一太極也，太極本無極也。五行之生也，各一其性。無極之真，二五之精，妙合而凝，乾道成男，坤道成女，二氣交感，化生萬物，萬物生生而變化無窮焉。惟人也得其秀而最靈。形既生矣，神發知矣，五性感動而善惡分，萬事出矣。聖人定之以中正仁義而主靜，（自註云，無欲故靜。）立人極焉。故聖人與天地合其德，日月合其明，四時合其序，鬼神合其吉兇。君子修之吉，小人悖之兇。故曰，立天之道曰陰與陽，立地之道曰柔與剛，立人之道曰仁與義。又曰，原始反終，故知生死之說。大哉易也，斯其至矣。」

C、朱子之註釋

朱子曰：「○此所謂無極而太極也，所以動而陽，靜而陰之本體也。（達按：朱子此語吃緊。所以動而陽靜而陰，其意即謂為什麼會動而陽靜而陰。為什麼會如此呢？本體就會如此。）然非有以離乎陰陽也。（達按：陰陽非本體，然離了陰陽即無本體。此語決不矛盾，須識得此語不矛盾，方識得本體非陰陽而又不離陰陽之真義。）即陰陽而指其本體，不離乎陰陽而爲言耳。◎此○之動而陽靜而陰也。中○者，其本體也，◐者，陽之動也，○之用所以行也。◑者，陰之靜也，○之體所以立也，◐者◑之根也。◑者◐之根也。（達按：此與存在決定思維或思維決定存在之說皆不同。）……五行一陰陽，五殊二實，無餘欠也。陰陽一太極，精粗本末，無彼此也。太極本無極，上天之載，無聲無臭也。五行之生，各一其性，氣殊質異，各一其○，無假借也。☋此無極二五，所以妙合而無間也。○乾男坤女，以氣化者言也，各一其性，而男女一太極也。○萬物化生，以形化者言也，各一其性，而萬物一太極也。……」

朱子又曰：「太極之有動靜，是天命之流行也。」「其動也，誠之通也。……其靜也，誠之復也。」「蓋太極者，本然之妙也；動靜者，所乘之機也。」

「不言無極，則太極同於一物，而不足爲萬化之根；不言太極，則無極淪於空寂，而不能爲萬化之根。只此一句，便見其下語精密，微妙無窮。」

「動靜陰陽，皆是形而下者，然動亦太極之動，靜亦太極之靜，但動靜非太極耳。」「陰陽只是一氣，陰氣流行即爲陽，陽氣凝聚即爲陰，非其有物相對也。」「無極而太極，太極本無極，則非無極之後，別生太極，而太極之上，先有無極也。」「無極而太極，而無極之中，萬象森列，不可謂之無矣。太極本無極，則太極之體，沖漠無朕，不可謂之有矣。」

D、幾點必要之說明

第一，太極雖是顯示出陰陽五行及乾男坤女，化生萬物之現象，但在本質上只是太極本身稱其所有的將自己表現出來，而不是像父母生出子女的另外生出一些物事。明乎此，則真是理解了太極圖的意義，也對於朱子所謂之各種意義皆可瞭解。

第二，太極本身雖是顯現了「萬象森列」，若究其實而言，則只是動靜與陰陽而已，亦只是一氣而已。此氣是什麼呢？只是「沖漠無朕，不可謂之有」，亦只是「天命之流行」而已。若以氣當作唯物論者之物看待！則是完全誤解；因爲此所謂氣亦即是心物合一的，此可從上章中之太極演變體系圖而獲知其究竟。

第三，太極圖與上章之太極演變體系圖，在形式上雖不完全相同，在本質上則無二致。此一方面可以說，太極演變體系圖之內容，較合於現代人所理解之宇宙現象；一方面也可以說，太極演變體系圖是太極圖之批判的修正（即揚棄了舊式的五行之說而代之現代的質與能的觀念）。於是，我們不僅是進一步的說明了太極演變體系圖之意義，也是進一步的說明了太極圖之意義是什麼。

第四，太極是體，陰陽是用（五行及乾男坤女，化生萬物，當然都是用），從太極圖及太極圖說應是很清楚的可以看出體用一原顯微無間之意義是什麼了。此是天人合一的宇宙論之最正確的發展。此一宇宙系統是最能說出宇宙的本來面目或本然的樣子及此本來面目的演化過程是什麼了，我們當然認爲這宇宙觀是最優越的。

第五，這宇宙的本體，是如何的演化而爲這森羅萬象的存在呢？依太極圖及太極圖說，以及朱子之註釋，則知宇宙的本體是稱其所有的而顯現爲森羅萬象之存在，所以本體與現象是體用一原顯微無間，亦即宇宙的本體是顯微無間的而演化爲萬象。至於何以會如此呢？這就是天命流行而一動一靜，一陰一陽之結果。此說是否可信呢？從第二篇的物之分析，第三篇的心之分析，及上一章太極演變體系圖之有關的闡釋，當知此說非誣。

第六，因爲宇宙的本體是心物合一的，又因爲是體用一原顯微無間的，所以天人合一的宇宙論即是心物合一的宇宙論。於是，我們所講的心物合一論，既是從本體論講的，也是從宇宙論講的。如果對於我們以上各章所作之分析有真正之理解，則知此說亦不誣。凡從常識的或素樸的觀點所提出的反對意見，我們亦可以不作答，因爲不從我們的思想層次來批判我們，祇是對我們的誤解，當然用不著作答。

以上是依太極圖與太極圖說而說明了體用一原顯微無間之義是什麼，也是進一步的闡明了心物合一的本體論與天人合一的宇宙論，其意義究竟是什麼。

二、先天圓圖與先天橫圖

A、先天圓圖

先天圓圖分爲小圓圖與大圓圖。小圓圖亦稱伏羲八卦方位，大圓圖亦稱六十四卦方位。

茲特將小圓圖錄之於左：

伏羲八卦方位

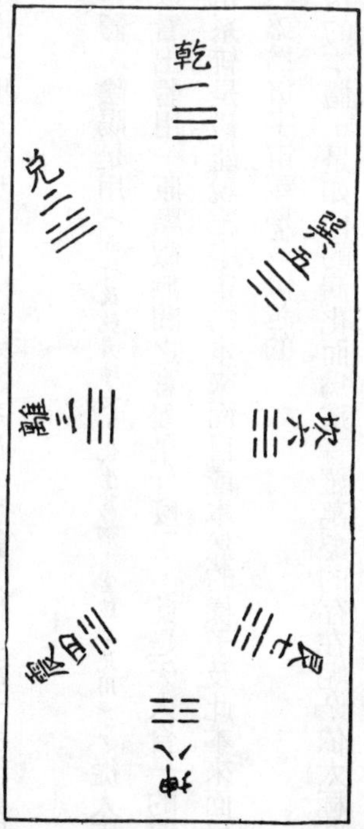

B、先天橫圖

先天橫圖分爲小橫圖與大橫圖。小橫圖亦稱伏羲八卦次序，大橫圖亦稱六十四卦次序。

茲將小橫圖錄之於左：

伏羲八卦次序圖

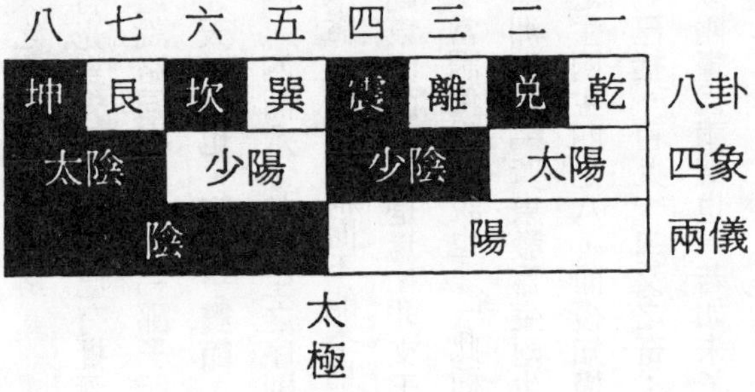

C、朱子之註釋

第一，朱子對小圓圖之註釋曰：「說卦傳曰，天地定位，山澤通氣，雷風相薄，水火不相射，八卦相錯。數往者順，如來者逆。邵子曰：乾南，坤北，離東，坎西，震東北，兌東南，巽西南，艮西北。自震至乾爲順，自巽自坤爲逆，後六十四卦方位倣此。」

第二，朱子對大圓圖之註釋曰：「伏羲四圖，其說皆出邵氏。蓋邵氏得之李之才挺之，挺之得之穆修伯長，伯長得之華山希夷先生陳摶圖南者，所謂先天之學也。此圖圓布者，乾盡午中，坤盡子中，離盡卯中，坎盡酉中。……」

第三，朱子對小橫圖之註釋曰：「繫辭傳曰，易有太極，是生兩儀，兩儀生四象，四象生八卦。邵子曰，一分爲二，二分爲四，四分爲八也。……」又啓蒙曰：「太極之判，始生一奇一耦，而爲一畫者，二，是爲兩儀，其數則陽一而陰二，在圖書則奇耦是也。兩儀之上，各生一奇一耦，而爲二畫者，四，是爲四象。其位則太陽一，少陰二，少陽三，太陰四。其數則太陽九，少陰八，少陽七，太陰六。……」

第四，朱子對大橫圖之註釋曰：「前八卦次序圖，即繫辭傳，所謂八掛成列者。此圖，即其所謂因而重之者也。故下三畫，即前圖之八卦，上三畫，則各以其序重之，而下卦，因亦各衍爲八也。若逐爻漸生，則邵子所謂八分爲十六，十六分爲三十二，三十二分爲六十四者，尤見法象，自然之妙。」

D、對先天之學的批評與誤解

第一，歸有光對先天之學也已有批評。歸氏曰：「要其旨不叛於聖人，然不可爲作易之本。」與歸氏之說略同者，爲：「邵子所據，大傳之文也。大傳易有太極節，先天掛序也；天地定位章，先天卦位也，帝出乎震節，文王卦位也。曰，此邵子謂之云耳。夫易之法，自一而兩，兩而四，四而八，其相生之序則然也。八卦之象，莫著於八物。天地也，山澤也，雷風水火也。八者，不求爲耦而不能不爲耦者也。帝之出入，傳固已詳之矣，以八卦配四時。夫以爲四時，則東南西北繫是焉，非文王易置之而有此位也。總之，圖與傳雖無乖刺，然必因傳爲此圖，不當謂傳爲圖說也。」此種批評，是承認先天之學的哲學上價值。

第二，黃梨洲曰：「黃東發言生兩生四生八，易有之矣，生十六，生三十二，易有之否耶？某則據易之生兩生四生八，而復知橫圖之非也。易有太極是生兩儀，所謂一陰一陽者是也。其一陽也，已括一百九十二爻之奇；其一陰也，已括一百九十二爻之耦。以三百八十四畫爲兩儀，非以兩畫爲兩儀也。若如朱子以第一爻而言，則一陰一陽之所生者，各止三十二支，而初爻以上之奇耦，又待此三十二爻以生。陰陽者氣也，爻者質也，一落於爻，已有定位，焉能以此位生彼位哉？兩儀生四象，所謂老陽老陰少陽少陰是也。乾爲老陽，坤爲老陰，震坎艮爲少陽，巽離兌爲少陰。三奇☰者，老陽之象，三耦☷者，老陰之象，一奇二耦☳☵☶者，少陽之象，一耦二奇☴☲☱者，少陰之象，是三畫八卦，即四象也。故曰，八卦成列，象在其中矣。八卦以象告，此質之經文而無疑者也。又曰，易有四象，所以示也。又曰，彖者，言乎象者也。今觀彖傳必發明二卦之德，則象之爲三畫八卦明矣。是故四象之中，以一卦爲一象者，乾坤是也，以三卦爲一象者，震坎艮與巽離兌是也。必如康節均二卦爲一象，乾離坎坤於四象之位得矣，兌之爲老陽，震之爲少陰，巽之爲少陽，艮之爲老陰，無乃離越乎。……」梨洲對先天之學的批評，已全屬誤解。清儒倡乾坤生六子之說者，亦可能受了梨洲的影響。

第三，所謂乾坤生六子之說，是以說卦傳第十章爲依據的。說卦傳曰：「乾天也，故稱乎父；坤地也，故稱乎母。震一索而得男，故謂之長男；巽一索而得女，故謂之長女；坎再索而得男，故謂之中男；離再索而得女，故謂之中女；艮三索而得男，故謂之少男；兌三索而得女，故謂之少女。」又虞翻對「是故易有太極」這一段之注曰：「兩儀謂乾坤也。乾二五之坤成坎離震兌。震春兌秋坎冬離夏，故兩儀生四象。乾二五之坤，則生震坎艮，坤二五之乾，則生巽離兌，故四象生八卦。」清儒張惠言等，大體上是綜合說卦傳第十章及虞翻之說而倡乾坤生六子之說。其意蓋謂太極生乾坤，乾坤然後生六子，以成八卦。至於太極何以會生乾坤呢？這就是前文已提及的，他認爲有一不與乾坤對待之乾元。於是，乃由乾元而生乾坤。此說甚爲彆扭，較之先天之學的圓融無滯礙，實不可同日而語。只要不存門戶之見，此兩說之優劣，是顯而易見。

第四，清儒毛奇齡，他是極力反對先天之學的。他說先天之圖，其誤有八：(一)畫繁，意謂大橫圖之畫數是太不憚煩矣。(二)四五無名，意謂第四爻與第五爻（即八分為十六，十六分為三十二之第四與第五層），不能付與適當之名稱。(三)三六無住法，意謂三畫而止，便可名之爲八卦；至止於六，則是什麼理由呢？（達按：止於六，乃名之為六十四卦也。）(四)不因，意謂八卦成列，因而重之，今一連畫去，便無所因了。（達按：先天之學，與因而重之說，亦非不相容者。實質上，先天之學，旨在說明，六十四卦雖眾，陰陽可以盡之。也就是找出了此森羅萬象的本來面目而已。說它「不因」，它確是不落因果的，因為八卦或六十四卦之生成，不是一種因果關係；但是，卻亦不昧因果，因為由太極而兩儀四象八卦以至六十四卦，亦並非「不因」者。此中奧義，毛大可卻未能理會得。）(五)父母子女並生，意謂乾坤與六子並生。(六)子先母，女先男，少先長，意謂坤母第八在最後，少女兌又緊接在乾父之後爲最先。（達按：(五)與(六)是以樸素的或後天之學的觀點來談先天之學，其格格不入是理有固然。）(七)卦位不合，意謂小圓圖之卦位與說卦傳第五章之卦位不合。（達按：先天小圓圖雖與第五章不合，但與第三章之義吻合。）(八)，卦數杜撰無據，意謂乾一兌二離三震四之數係杜撰者。毛大可認爲，先天之學，「具此八誤，而以爲伏羲畫卦次第如是，不可通矣。」凡反對先天之學者，其議論大抵不外於此。這是對先天之學的最嚴重的誤解。

E、幾點必要之說明

第一，據說周子太極圖與邵子先天圖皆傳自陳圖南，其傳授系統於下：

陳圖南—種放　穆修—李挺之—邵天叟—邵堯夫（先天圖）
壽涯—周濂溪（太極圖）

因此，太極圖與先天圖雖有形式上之不同，亦即是雖有表達方式之不同，實無本質上之不同。因爲先天橫圖是以黑白而表示天地萬物可以陰陽盡之。即：除陰陽之外沒有太極；除陰陽之外，亦非另有天地萬物。小橫圖與大橫圖是以黑白而表示體用一原顯微無間之義，其表達之方式，實較周子太極圖「尤見法象，自然之妙也。」

第二，先天小圓圖，是謂這太極自身所顯現之八卦，則有「天地定位，山澤通氣，雷風相薄，水火不相射，八卦相錯」之現象。小圓圖是表達了太極所顯現的各種現象，如周子太極圖中之水火木金土；至於橫圖則是顯示了這些現象是如何生成的。周子太極圖是以一個圖而表達了橫圖與圓圖所欲表達之意義。若不配上「太極圖說」，則遠不如橫圖與圓圖之易於使人明白。朱子答袁樞有云：「黑白之位，亦非古法，但以奇耦爲之，終不粲然，今欲易曉，固不若黑白之了了心目間也。圓圖即以序規而圓之，方圖以此割而疊之。」依朱子此說，則知先天圖確是使人易曉的。

第三，明儒來瞿塘，曾畫有「先天八卦次序圖」，這即是以奇（「⚊」）耦（「⚋」）代替先天小橫圖之黑白，並使其「次序」之顯示較爲突出，茲特將該圖列之於左：

來瞿塘先天八卦次序圖

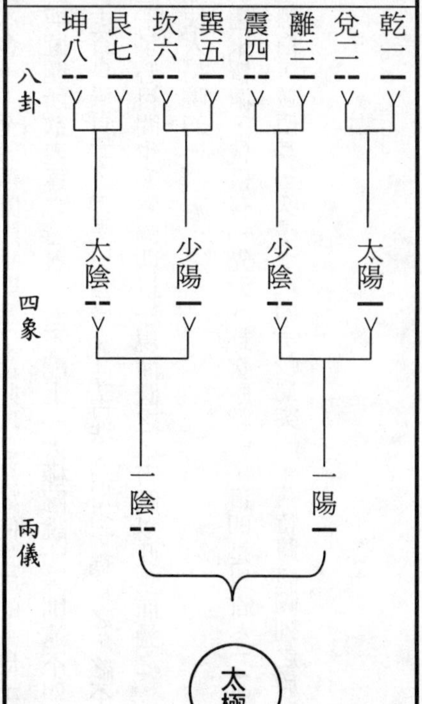

吾人可將此圖與小橫圖合併觀之，此圖之奇耦，即小橫圖之黑白。(奇耦黑白，皆是代表陰陽者。)此圖之第一層，爲一奇一耦(即一白一黑)，稱之爲兩儀；第二層，爲兩奇兩耦(即兩白兩黑)，稱之爲四象。什麼是四象呢?必須要弄清楚，四象不只是指第二層之兩奇兩耦而言，而是合第一層之一奇一耦(即一陽一陰)與第二層之二奇二耦(即二陽二陰)，以成爲太陽「⚌」(即第一層之一陽與所生之第二層的一陽「⚊」合之稱為太陽)，少陰「⚍」(即第一層之一陽與所生之第二層的一陰「⚋」合之稱為少陰)，少陽「⚎」(即第一層之一陰與所生之第二層的一陽「⚊」合之稱為少陽)，太陰「⚏」(即第一層之一陰與所生之第二層的一陰「⚋」合之稱為太陰)，這才是四象。同樣的，乾一兌二離三震四巽五坎六艮七坤八之八卦，亦是合第一第二第三等三層而成之的，即第一層之一陽「⚊」，與第二層之一陽「⚊」，與第三層之一陽「⚊」，合之而爲☰；第一層之一陽與第二層之一陽，第三層之一陰，合之而爲兌卦。此乾兌之生成，觀下圖應可了然無疑，至其他六卦之生成，則可依此類推之。

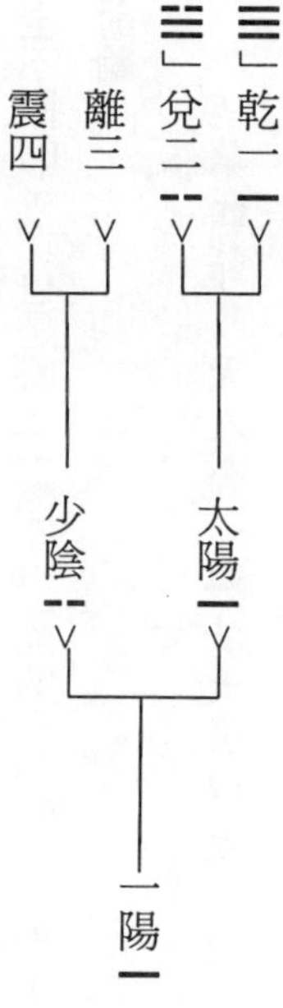

吾人仍須加以說明者，即：來氏之次序圖，對於八卦是如何生存的，較之小橫圖，是易於使人瞭解；不過，對於體用一原，顯微無間之義，則不若小橫圖的「尤見法象自然之妙」。

第四，我們爲什麼要不厭其煩的將先天之學加以詳述呢？照以上所述，則知所謂先天之學，即我們中國哲學的形上學。中國哲學的形上學與西方哲學之重知識的形上學是不同的。中國哲學的形上學是要人體悟到，此森羅萬物的宇宙，在本質上祇是一陰一陽的。此一陰一陽之道（道即是太極，用我們的觀點來說，即是心物合一的），是體用一原顯微無間的而顯現爲宇宙萬象之存在。先天之學，既可很恰當的表示此一意義，亦能很恰當的表示：「是故易有太極，是生兩儀，兩儀生四象，四象生八卦」的這一宇宙論的意義。同時，因爲先天之學是形而上學的，所以它所肯定的是超感性的，而不是感性範圍內的。毛奇齡以父子母女並生等感性範圍類之事而批評先天之學，此可謂之不知類。淸儒反先天之學者之淺薄，亦於此可以概見。至於黃宗羲之反先天之學，亦多牽強，玆不具論。

第五，綜結以上對於太極圖及先天之學的解析，則知「體用一原」這一觀念，可以明確的說明這宇宙的本體是如何的演化而爲這森羅萬象的存在。這雖是形而上學的，卻並不與現代的科學相衝突；而且，我們可以斷言，不論科學的理論如何變，這心物合一的本體論與天人合一的宇宙論，是始終不會與更新的科學的理論相衝突的。這當然是要對以上之太極圖及先天之學能有正確而透澈之認識，且真能了然而毫無疑義，才會符合我們所斷言的。同時，照以上對於太極圖及先天之學的解析，我們應是更加淸楚的認識了儒佛之不同究竟何在了。這就是說，當我們闡明了這宇宙的本體應是心物合一的這一意義之後，再本於體用一原之義，而論定這宇宙，亦「必須從心物合一論上，才能得到正確的理解」。這與佛家的如夢幻泡影之說是完全不同的，這也是將上一節所討論的「心物合一與天人合一」的問題作了更爲詳盡而具體的討論。

第四節　天人合一與法天道以立人道

我們已本於「體用一原，顯微無間」之義，而對於「天人合一」的觀念，作了較爲詳盡之解析。這是揚棄了董仲舒的「天是一大天，人是一小天」的擬似之說，而建立了一極爲正確的宇宙論。這是合乎易繫辭「是故易有太極」這一段之意義而無疑義的。當我們確立了心物合一的本體論之後，是應確立其宇宙論的。以上兩節之解析，深能符合我們的此一目的。

祇要真能明白我們以上兩節所說的意義，則知我們的努力是沒有白費的。不過，以上祇是從心物合一的觀點以說宇宙，現在則是從心物合一的觀點以說人生。關於有關人生之各方面的問題，我們將於下一篇詳說之外，在這裡則祇擬說明我們應如何的法天道以立人道。

首先應說明的，即什麼是天道？照「形而上者謂之道，形而下者謂之器」的觀點來說，如果講的是形而上學，則所講的就是道。說得確定一點，則是形而上學所講之理便是道。什麼是形而上學所講之理呢？本論以上所講過的都是形而上學之理。雖然以上各章，我們常以科學的態度而對於心與物加以分析；但是，我們分析的目的，旨在說明此形上之理是什麼；所以，我們說本論所講的都是形上之理，實於理無違。若不本於我們的此種論點，而隨意認定本論的某些陳述才是形上之理，這是決對與我們的原意相反。再者，依上一章的太極演變體系圖看來，則形上之理的內容應包括些什麼，照說應容易明白而不致有疑義；不過，我們對於太極，理氣，天命，天能，以及陰陽動靜等觀念是什麼，若祇作世俗的理解，則仍然不會認識到此形上之理是什麼。這就是說，道是不可以世俗之見來猜度與言說。

照上章第三節所講，及太極演變體系圖所示者看來，此形上之理與氣的合一就是道。因此，只就道之理言，道就是理。不過，道之理不是抽象的，亦即不是爲了言說的方便，而從具體的物件中單提出其特性之某一面，使之成爲一共相，以表示一客觀的義理。這並不是說，道不是一客觀的義理；而是說，道不是一抽象的客觀的義理。於是，我們當知，道不是一邏輯的概念，而是一直觀的觀念。老子道德經曰：「道可道，非常道。」因爲道不是一邏輯的概念，所以道是不可言說的。照這樣說來，道是不像理一樣的可以講的。不過，若所謂之理，不是純粹的抽象，而是一種作用，即此所謂之理即是道。然則此作用是什麼呢？此作用可以說是「純有」它自己的實踐。「純有」祇是一種「有」，所以與「無」同義；又因爲是一種作用，而且此種作用是「純有」它自己的實踐，所以必於理無違。我們說：「道之理不是抽象的」，其義實就是說，道是無違於理的。此無違於理之道，實與太極或本體同義，這是我們對於不可言說之道的一種言說。

我們仍須指陳者，即：通常所謂之理是與道有區別的。第一，依太極演變體系圖所示，我們當可以說，此形下之器，乃形上之道而稱其所有的以表現爲存在；因此，任何的存在，可以說即是道之存在。道是無所不在的，道即是眾理之大全。而且，此無所不在之道，即是此由無而有與由有而無之全部過程，亦即是由「無極而太極」且由太極復歸無極之全部過程，所以道是貫通無與有，或無極與太極之全體而無所不在的，這是道與理之區別者一。第二，程子曾說：「惟道無對。」道之所以無對，因爲它是無所不在的，它是眾理之大全。此爲眾理之大全而無對之道，它的本身雖是無對的，卻可以有善有惡，正如太極不與陰陽相對而可以有陰陽。至於理，它一方面是與氣相對的，一方面則祇能是善的。例如我們在第八章第二節曾說圓之理乃圓之物的最善者，這即是說明了理祇能是善的。這是道與理之區別者二。第三，一般說來，某物之所以成爲某物是理；某物之所以爲某物之理是性；某物之所以爲某物而必須依照於某理是命；依照某物之理以成爲某物則是道。道是依照理的；命是就其必須依照於理而言的；性是此理之當然；而理則是就其所以然而言的。道命性理四者，可以說沒有本質上的不同。惟因道是依照理的，所以道與理仍是有區別的，此其三。第四，就依照某物之理以成爲某物便是道之這一意義來說，道就是路，也就是依照理而實踐之一個過程。例如孔子說：「君子務本，本立而道生，孝悌也者，其爲人之本歟？」這就是是，孝悌乃人在做人方面所應行的最基本的路。朱子也說：「日用事物之間，莫不各有當行之路，是則所謂道也。」以當行的路爲道，在實質上，道必是很眾的；而且某人所行的，必祇是屬於某人的主觀態度所認爲之當行的路。韓愈說：「仁與義爲定名，道與德爲虛位；故道有君子小人，而德有凶有吉。」韓愈此說，固不必全真；然從道之實質上的意義來說，韓愈所說的卻是很正確的。照這樣說來，道雖是依照理的，然在實質上，道與理仍是有區別的，此其四。

以上是說明了道的各種含義以及道與理的區別。照以上所說，則依禽獸之理以行之的是禽獸之道，依人之理以行之的是人道，依天之理以行之的當然就是天道。天命則是天道所必須依照而不能違背的。然則什麼是「天」呢？我們中國人對於「天」的觀念，確是含混不清的；因爲中國人所說的「天」，是含有實體的意味，也似乎是指的超時間的獨立體；但是，若我們所說的「天」，是指的時空統一體，則此所謂「天」便就宇宙。我們中國人所說的「天」，似乎是含有宇宙的意味。這就是說，我們中國人觀念中的宇宙，是「博厚」，「高明」，而「於穆不已」的。實際上，「宇宙是有限的」的，這是我們在第三章中便已詳爲辯明；所以我們說我們中國人對於天的觀念是含混不清的。再者，我們中國人所說的「天」，雖似乎是含有宇宙的意味；但我們中國人所謂的宇宙，則是指天與地之全體並包括古往今來而言的。因此，我們中國人所說的「天」，其意義是很難確定的。不過，我們從儒家對於「天」的各種象徵性的說法，也未嘗不可瞭解「天」的各種含義。中庸曰：

誠者，天之道也。

又曰：

唯天下至誠，為能盡其性；能盡其性，則能盡人之性；能盡人之性，則能盡物之性；能盡物之性，則可以贊天地之化育；可以贊天地之化育，則可以與天地參矣。

又曰：

故至誠無息，不息則久，久則徵，徵則悠遠，悠遠則博厚，博厚則高明。博厚，所以載物也；高明，所以覆物也；悠久，所以成物也。博厚配地，高明配天，悠久無疆。如此者，不見而章，不動而變，無為而成。天地之道，可一言而盡也，其為物不貳，則其生物不測。

又曰：

辟如天地之無不持載，無不覆幬；辟如四時之錯行，如日月之代明；萬物並育而不相害，道並行而不相悖；小德川流，大德敦化，此天地之所以為大也。

又曰：

溥博如天。

又曰：

肫肫其仁，淵淵其淵，浩浩其天。

以上是儒家對於「天」的看法；其他如「天地不仁，以萬物爲芻狗」，「天之道，損有餘而補不足」，「天得一以清，地得一以寧」等，則是道家對於「天」的看法。道家對於「天」的看法，是和儒家的看法不相同的；可以說，道家是比較把「天」神化了的。綜合儒家對於「天」的各種看法，儒家認爲「天」是至誠無私的，是化育無窮的，是兼收並蓄的，是溥博而淵靜的，是一成不變而又變化無窮的。天地的此等特性，儒家是稱之爲天道。從儒家所謂的天道看來，則天道便就是我們對於宇宙或自然而有一主觀的態度。照我們的系統來說，若是依宇宙的或自然之理而行之則便是天道。至於什麼是宇宙的或自然之理，凡儒家與道家對於「天」之各種看法，都可以說是宇宙的或自然之理；因此「天之理」或「天之道」，亦都是很眾的。不過我們若能瞭解可以貫通宇宙全體之理及依此理而行之的道是什麼？則我們便已很正確的認識了天道。儒家認爲「誠」是可以貫通宇宙全體的；所以中庸曰：「誠者，天之道也。」實際上「誠」不是一種過程，所以不能說「誠」是天道；然而就其能「不勉而中，不思而得，從容中道」而言，則「誠」卻可以說就是天道。因此，儒家所謂的「誠」，是指「真實無妄」而行之的；不過，這仍祇是從天道的「真實無妄」這一方面而言的。我們認爲，太極之理是可以貫通宇宙的全體，且是代表這宇宙的生成或化育的整個過程的；所以，必須依太極之理而行之，才能說是天道。至於太極究竟是什麼，這是我們在前文已詳爲辨說的。若我們能理解「太極是陰陽同一之體」，則我們便知易繫辭所謂「一陰一陽之謂道」的道即是天道。這就是說，我們所謂天道，即是指「一陰一陽」的變化過程而言；此所謂「一陰一陽」的變化過程，是可以代表一切的過程；我們說天道就是真理，即是基於此種觀點而說的。這就是說，此「一陰一陽」的天道，既是任何存在的變化過程，所以天道是普遍而永恒的真理；因此，所謂永恒的真理乃是「無常」的。也就是說，此森羅萬象的宇宙，是可以用「一陰一陽」的變化過程而盡之。但是，這不是說，辯證法所謂的「對立的統一」就完全是對的；這祇是說，天道是一由無而有與由有而無的循環。所以我們不能說有就是無，無就是有；而祇能說有是可以爲無，無是可以爲有。因此，就存在而言，任何的存在，雖祇是一過程，雖都是「無常」的；但就此天道之全而言，則天道是「無常」而有常的。我們中國人所說的「天理循環」，這就是指天道的有常而言的。於是，我們必須認識此無常中的有常，而且，自覺此有常是無常的，我們才是真的理解了什麼是天道，什麼是普遍而永恒的真理。

我們知道，所謂的天道，實際上是指的天地之道，亦就是宇宙的或自然之理。人既是天地中之一小部份，所以人道應就是天道。這說法大體是不錯的，惟須詳作辨說，以免有所誤解。

我們認爲，由太極而兩儀而四象而八卦，這是宇宙萬有生成與變化的全部過程，亦就是天道而人道的過程。易繫辭所謂「是故易有太極」這一段，從哲學的宇宙論來說，這是宇宙論的綱領；從認識的觀點來說，亦是由天道而人道的最有系統的說明。因爲此一由無而有的「化育」過程，從存在的觀點而言，固是由微而著，由隱而顯的發展；然而從認識的觀點而言，亦就是觀念上的逐步而深入的分析。我們認爲，太極可以說就是能力發散的中心，兩儀就是兩組不同的微粒體，四象則是此等微粒體中所含有的更爲微小的不相同的微粒體，至於八卦，則是代表由不相同的微粒體所組成的各種元素或存在的萬事萬物。這就是說，此一由無而有的「化育」過程，即是從無限的本體到有限的宇宙的存在的全部過程。所以，此存在的外在世界，是可以用由太極而兩儀而四象而八卦的程序以表示之。也就是說，此外在的世界，是可以用一套語言文字或符號而表示之。這用一套語言文字或符號所表示的外在世界，即爲我們人類的知識。我們人類的知識，若是對此「一陰一陽」的變化過程有深切而詳確的理解，則就是認識了天道。若是基於這宇宙的或自然之理，而理解了人生的究竟，則就是認識了人道。照這樣說來，我們所信仰的人生之道，實就是我們對於天道之認識。於是，我們說人道就是天道，自爲理論所許可。

照以上所說的看來，我們欲能很精確的認識人道，也就是要能很精確的認識天道。從天道的「化育」的全部過程而言，此「一陰一陽」即是天道；從「一陰一陽」的變化規律而言，則天道是無常而有常的。因此，我們欲能很精確的認識人道，即是欲能自覺此天道的無常，而理解此無常的天道，仍有其一定的規律。中庸一書，乃是說明什麼是天道，然後再從而推論什麼是人道的。但是，該書所說的天道，不是從天道的規律而說的。如中庸第二十二章所說的，與其說那就是天道，到不如說那是窮究天道的程序或方法。至於周易一書，雖是基於天道的變化的規律而推演人道；但是，我們祇能從易傳及宋人的某些解釋而窺知其究竟，通常說來，「⚊」與「⚋」這兩個符號，在一卦之中是叫作爻。「爻也者，效此者也」，所以爻就是象。我們認爲，周易一書，即是欲以象而表示出萬事萬物的變化所必須依照之各種公式。我們的觀點，可能與一般人對於周易的解釋不完全相同，但亦並非完全不相同的。茲特依據邵康節伏羲四圖作爲我們立論的依據，而將先天的或天道的循環變化的公式，以圖示之於左：

天道循環變化圖

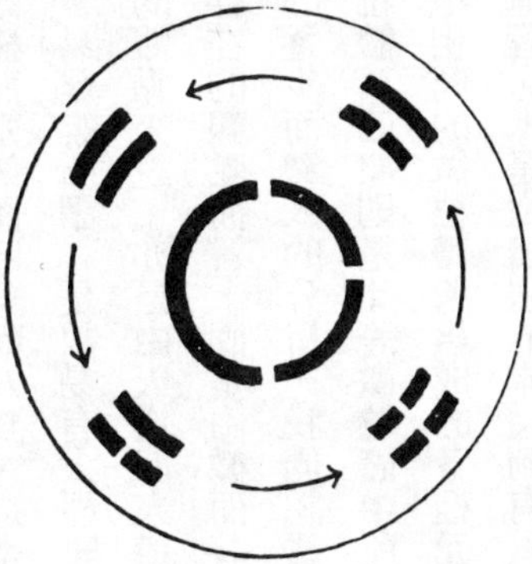

圖例說明：

一、⚋代表陰，⚊代表陽。

二、⚍代表少陽，⚌代表太陽，⚎代表少陰，⚏代表太陰。

三、↓代表變化及變化的趨向。

上圖在基本原理上，是依據邵子「伏羲八卦次序圖」而畫成的。邵子所理解的先天八卦，大體是不錯的；至於邵子有無錯誤，容後再為辨說；惟此處應加陳述的，即馮友蘭先生在其所著新理學中，對於「⚎」「⚍」這兩個符號所表示之意義，與邵子有相反之意見，這確是馮先生的錯誤；但其以⚎，⚌，⚍，⚏這四個符號而代表成盛衰毀，或成住壞空這四個階段，卻是我們所贊成的。這就是說，此由無而有與由有而無的天道，若作更為詳盡的分析，是可分為由成而盛而衰而毀與由毀而成的各個階段的。再者，若以上圖中的老陽合陽觀之則成乾，以少陰合陽觀之則成兌，以少陽合陽觀之則成離，以老陰合陽觀之則成震；然後再以老陽合陰觀之則成巽，以少陰合陰觀之則成坎，以少陽合陰觀之則成艮，以老陰合陰觀之則成坤。這是和邵子先天八卦順序完全相同的。這就是說，八卦是兩儀與四象的排列組合而形成的。再者，就上圖所示的變化趨向而言，這是可以說凡存在的皆是由成而盛而衰而毀的；然而若就上圖所示的先天八卦形成的順序而以曲線聯之，則可聯成為「∞」(無窮大)。這當然可以說，先天八卦是代表了無窮大的成盛衰毀；或者說，成盛衰毀的循環變化是無窮無盡的。於是，我們便可以說，此一成盛衰毀的變化程序，即是任何存在的變化程序；任何存在的個體，皆是不能違背或逃出此一天道循環變化的公式。

茲再作進一步的分析：此一天道循環變化的公式，既可以普遍的適用，則我們所謂的人道，自亦不能超出此一公式所表現的規律。不過，此一公式，祇是表示任何類事物之「化育」過程；至於此一類事物與彼一類事物之關係以及某一類事物在成與盛與住的階段，如何才能永盛或久住，則不是此一公式所能說明的。於是，則我們所謂的人道，應是既不違反天道的此等規律，亦須另有一套公式或規律；所謂從天道而講人道，其意義應是如此。因此，我們應進而說明八卦及六十四卦之意義與作用，俾能瞭解周易的各種公式。照馮友蘭先生在其所著新理學中所說的「八卦以下，即無可說」的觀點來說，八卦和六十四卦既不可以盡天下之變，則八卦和六十四卦是可以不說的；而且，許多人對於由太極而兩儀而四象而八卦之生成法，也是不大瞭解的。所以我們對於八卦及六十四卦之生成，亦有詳加以說明之必要。

我們已指出過，八卦是由兩儀與四象的排列組合而成的。於是我們便可以說，從太極之全而言，太極「不是說有個事物光輝輝地在那裡」，而是祇有此理；但從太極之理，表現在事物方面而言，則太極所生之兩儀四象，是可以排列組合而成爲八卦及六十四卦。這就是說，此存在的萬事萬物，皆祇是太極之理，依一定之規律而所生的變化。至於此太極之理，何以能有此變化，這是我們在上一章中已詳爲辨說的。易繫辭曰：「知變化之道者，其知神之所爲乎」？我們所應知的變化之道：第一是爲什麼有變化；第二是如何在變化。前者是上一章所已研究的；後者是現在應加研究的。我們已知道，變化是有規律的。其最基本的規律，爲由無而有，由有而無；若作進一步的分析，則是由成而盛而衰而毀。這是可以作更爲精詳的分析的；而且，是可以從各種角度，依各種方法，作各種有系統的分析的。所謂「仁者見之謂之仁，知者見之謂之知」，即是此意。就八卦與六十四卦之生成而言，我們固可以說是兩儀與四象組合而成的；也可以說是由兩儀排列與組合而成的。若說是兩儀與四象組合而成的，依代數學的排列及組合之原理，可列成於下之算式：

(1) $mn = 2 \times 4 = 8$ …………（即兩儀與四象每次各取一個而組成八卦）

(2) $m^r n^r = 2^2 \times 4^2 = 64$………（即兩儀與四象每次各取兩個而組合與排列成六十四卦）

若說是兩儀的組合與排列而成的，則依代數學排列及組合之原理，可列成於下之算式：

(1) $n^r = 2^2 = 4$ ……………（即每次取兩儀兩個而排列成四象）

(2) $n^r = 2^3 = 8$ ……………（即每次取兩儀三個而排列成八卦）

(3) $n^r = 2^6 = 64$……………（即每次取兩儀六個而排列成六十四卦）

易繫辭曰：「八卦成列，象在中矣；因而重之，爻在其中矣。」若說六十四卦是因八卦而重之的，亦可列成於下之算式：

$n^r = 8^2 = 64$…………（即八卦每次取兩卦而排列成六十四卦）

以上的八卦及六十四卦之各種生成法，皆是不錯的；因爲皆是於理可通，而是可以有見仁見智之不同的。不過，有幾點是我們仍須說明的：第一，馮友蘭所謂的「八卦以下，即無可說」，乃是馮先生未能理解由太極而兩儀而四象而八卦而六十四卦的「法象自然之妙」及其一定不移之理如我們在以上所研究者。第二，邵子對於「法象自然之妙」，雖有極爲正確的理解，但邵子所謂的八卦分爲十六卦，十六卦分爲三十二卦，三十二卦分爲六十四卦；此種「加一倍法」，可以說是完全的錯誤；因爲就「自然之妙」，而作一縱的發展體系來考察；這當然可以說，是「一分爲二，二分爲四，四分爲八」的「加一倍」的由簡而繁的。但是，若就「一分爲二」而所形成的成盛衰毀而言，此必是表示事物之類是有如此的變化；而事物之類，亦祇是在如此的變化中才能表示出來的。這就是說，我們固然不能從不變的觀點來看事事物物，亦不能不理解到這祇是存在的事物之類的變化；而事物之類，則是基於一定不移之理而在變化中形成的。我們之所以從各種觀點而討論八卦及六十四卦的生成法，也就是說，八卦及六十四卦既不是任意組合而成，所以必是依一定之規律組合而成；而且是可以合於數學原理而不誤。第三，我們擬對於老子的「道生一，一生二，二生三，三生萬物」之說，順便的予以考究。我們認爲，老子所謂的「道」即無極，「一」即太極。「二」即兩儀，「三」即四象。「三」何以說即是四象？因爲老子所謂的「三」，應是指太極的「一」與兩儀的「二」合而爲「三」。這就是說，一若分爲二，其結果就是三；於是，若任何的一分爲二，則就是三。任何的一若分爲二，則就是一動一靜，一陰一陽；也就是一質一能，一心一物。所謂「一陰一陽之謂道」，實就是說，存在之道，即是一分爲二而一陰一陽的結果。照這樣說來，我們固可以說，四象是由兩儀排列組合而成；也可以說，四象是太極與兩儀組合的結果。就邵子「伏羲八卦次序」或「伏羲六十四卦次序」圖來說，我們是很可能誤解太極爲一陽儀；實際上，太極既可以說是陽儀，亦可以說是陰儀。我們之所以說「太極是陰陽同一之體」；這即是說，太極本身即是一陰一陽的。周易之不言無極，乃是因爲「太極本無極也」；因此，我們也可以說「兩儀本太極也」。於是，我們說四象乃太極與兩儀組合的結果，其意亦是說，四象乃兩儀排列組合而成的；所以我們說老子所謂的「三」即是四象，而萬物則是在此變化的四象中才能形成的。第四，在此成盛衰毀的四象的變化中所形成的萬事萬物應有各種不相同的種類；因爲事物之類雖是無窮無盡，但就其性質來說，是無不可以用八卦作符號而代表之的。凡讀過說卦傳的人便知我們所說的確是不錯。第五，四象或八卦雖是由兩儀排列組合而成的；而兩儀也可以說是一真一假；但是，我們決不能說八卦與假然推理(Hypothetical inference)的真假圖表，如 TTT, TTF, TFT, TFF, FTT, FTF, FFT, FFF 等，是有類似的或相同的意義；因爲八卦雖是事物之類的代表，然而八卦亦祇是代表任何類事物之理。這一方面是說，萬事萬物是應有如此不相同之種類，一方面也是說，任何類事物，亦是可以有如此不相同的表現而成爲存在。至於假然推理的真假圖表，則祇是兩個，三個或幾個語句的真假可能排列；所以真假圖表，祇是爲了推理的方便；而八卦則是一種意象或哲學的範疇；而且，從形式邏輯的規律來說，「如果P是真的而q是假的，則$P \supset q$便整個是假的」；但從周易哲學觀點來說，則一陰一陽或一真一假，卻正足以表示其爲存在。這就是說，就事物之全部過程而言，真與假或正與反卻是可以統一的。例如「$a + \bar{a} = 1$」；所謂「一」，必是包含A與非A；而「一」才是可以表示這存在的整個過程的。我們之所以說唯物辯證法是不完全對的，實祇是辯證法是僅從變化的觀點而論究事物存在的規律。這就是說，我們是必須認識此變中的不變，而理解到A雖是可以爲非A，但當A是A時，仍然必是A。必須作如是的理解，我們才真能理解由太極而兩儀而四象而八卦而六十四卦的意義。以上我們是辨說了八卦及六十四卦的生成以及八卦的真正含義。八卦是祇能代表事物之類的性質。至於此一類事物與彼一類事物之關係，則並不是八卦所能表示的；所以我們要能瞭解各類事物之間的關係，是必須進而論究六十四卦的含義與性質。我們認爲，「因而重之」後的六十四卦，可以說是由天道循環變化的公式所推演出來的六十四個公式。用軍事術語來說，則就是六十四個想定。人道雖眾，若能對此六十四個公式完全瞭解，且能舉一反三的運用與實踐，則必能解蔽去惑而具有真正的智慧，亦必能最真確的認識天道變化的規律。孔子說：「假我數年，卒以學易，可以無大過矣。」孔子雖祇是從修養角度而論易；然而我們欲能正確的從天道而講人道，是應該「卒以學易」而真能理解六十四卦的含義與性質。

我們認爲，邵康節的「伏羲六十四卦次序」或「伏羲六十四卦方位」圖，確是深得自然之妙用，而且似在用一個公式以統一此六十四個公式的。邵子「加一倍法」的解釋，容有不當；然而我們從邵子「伏羲六十四卦方位圓圖」，確可以認識天道的更爲周詳的變化規律，

十二辟卦圓圖

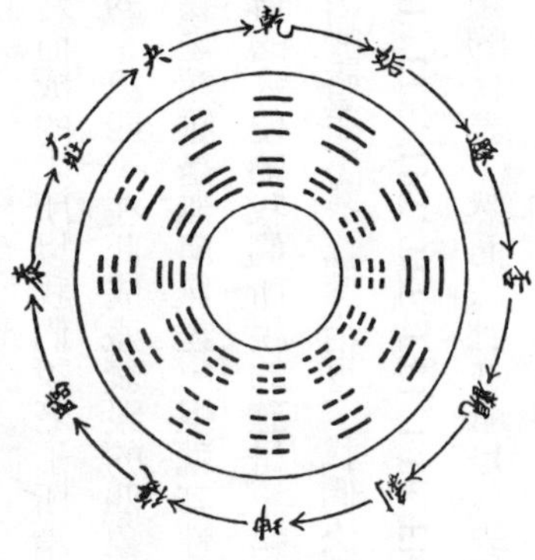

爲節省篇幅，我們祇依十二辟卦之次序，作十二辟卦圓圖於上。

此十二辟卦，係在邵子六十四卦方位圓圖中依序取出者。馮友蘭先生認爲「此十二卦中間之間隔距離，並不一律，此則無可解說者」，朱子「亦嘗如此理會來，而未得其說」。我們認爲，此十二辟卦，在伏羲六十四卦圓圖中，其間隔距離之所以不一律，正足以顯示此本然之理，係在雜亂無章或多式多樣中而有其如十二辟卦圓圖所表現的變化規律。這一方面是說，任何類的事物，是皆不能違背或逃出此一變化的規律；一方面也是說，此變化的規律，在自然界是可以有緩有急而並不是一式一樣的。因其如此，所以周易哲學雖認爲天道變化是有規律的，但不是宿命論或機械論的；所以「伏羲六十四卦方位圓圖」雖是由「天道循環變化圖」推衍出來的，但並不是如「天道循環變化圖」的無疏密或緩急之分。所以我們認爲天道是無常而有常；所以我們認爲天道變化規律雖是可以用一個公式表示，但是除了此成盛衰毀的規律是不變的外，我們卻不贊同祇能用一個規律以論究此存在的萬事萬物。從方法的觀點而言，我們是基於批判的態度而論究各種方法的體系。我們之所以對形式邏輯與辯證法都加以批判，乃是我們認爲用此等方法，是祇能從某一種角度以論究存在。

以上我們是說明了天道的規律是什麼？我們從天道而講人道時，即可依此一套公式或規律而另立一套適合於人道的公式或規律。這一套公式或規律應如何建立呢？我們認爲馮友蘭先生在新理學中所說的大體是不錯的。馮先生說：

一切事物之存在，皆經上圖所表示之十二階段。此十二階段，可謂之一週。此圖所表示之公式，可講為周律，亦即是天道。

以上大體用易傳中之名詞，以說我們所見之道。老子中亦有與此相類之意思。若用老子中之名詞說，則一事物之本身如圖中乾卦所表示的，名曰正；其與此相反，如圖中坤卦所表示的，名曰反。老子說：「正言若反」（七十八章），正乃與反相對者。繼乎反而又為正，名曰復。老子亦重復，它說：「萬物並作，吾以觀復」（十六章）。老子與易傳有一共同意思，即所謂「物極則反」。一事物如發展至其極，例如一事物如發展至圖中之乾卦所表示之階段，則即將變為其反。但若變至圖中坤卦所表示之階段，則又將變為其反之反，反之反即復。

一切底事物，永遠照此週律，變化不已。此即是大化流行。此亦即是道。易繫辭說：「盛德大業，至矣哉。富有之謂大業，日新之謂盛德。」此即所以頌道者。道包羅一切事物，所以謂之富有；道體即是大化流行，所以謂之日新。

道家對於道體之日新，有深切底認識，上文已說。不過道家所注意，僅宇宙之實際方面，所以僅說變而不說不變。易傳雖未有意地注意於宇宙之不變方面，但以為事物之變化有規律可尋，故亦承認變之中有不變者。易傳說：「天地之道貞夫一者也」（繫辭）。一為多中之一，即變中之不變。舊說以為周易之易，有簡易，變易，不易三義。變易即變，不易即不變，簡易即執不變以說變。易傳雖未明顯地有意地如此說，然亦可說有此意也。

宇宙間之事物，依照上述週律，時時生滅，時時變化，此即是道體之日新。道體之日新，可從四種觀點觀之。因所從觀之觀點不同，所以其所見亦不同。易傳說：「仁者見之謂之仁，智者見之謂智，百姓日用而不知，故君子之道鮮矣」（繫辭）。所謂四種觀點者：一，從類之觀點，以觀其類中之實際底分子之生滅；如從此觀點看，則道體之日新是循環底。二，從理之觀點，以觀其實例之趨於完全或不完全：如從此觀點看，則道體之日新是進退底。三，從宇宙之觀點，以觀其實際底分子之類之增加或減少；如從此觀點看，則道體之日新是損益底。四，從個體之觀點，以觀其自一類入於另一類之程序；如從此觀點看，則道體之日新是變通底。

馮先生所謂的四種觀點以及以上所說的，皆是從變的觀點而說的，也可以說是在講辯證法。就十二辟卦圓圖所給予我們的啓示，或從天道的變化的規律而言，我們是可以有此不同的觀點，也是可以辯證法的原理而說明此種變化的規律。但是我們必須理解到，此十二辟卦圓圖或伏羲六十四卦方位圓圖，皆祇是表示此形上之理與氣，是可以有如此的內容或可以有如此的變化。這就是說，從形而上的觀點而言，這有與無可以說是統一的；而且，這由無而有與由有而無的變化，也可以說是「反之反」或是「否定之否定」。這種觀點所給予我們人類的啓示，則就是我們人類必須是「日新其德」，才可以適應天道的變化規律。然而我們所需「日新」的，卻並不是這循環變化的天道，而應是人生之道，對人生之道的正確的理解，這就是德。欲能有德於心，是必須能「止於至善」。周易六十四卦，可以說是從知識方面而指陳了「止於至善」的方法。例如乾卦，則是陳述一個人遭遇何種環境時，便應該採取何種態度，才可以無咎的而實踐人生的正道。所謂「潛龍勿用」，所謂「利見大人」，所謂「君子終日乾乾」，這都是從各種不同的環境而非常明確的指陳了適應的方法。又例如明夷，從其卦象而言，是「內文明而外柔順」，所以有文王蒙大難之義，而必至「九三」，才能「得其大首」。若此卦初爻變而成爲「止乎內而順乎外」，則便是「卑而不可踰」之謙；若二爻變，則便是「內陽而外陰，內健而外順，內君子而外小人」之泰。這就是說，六十四卦，皆是依自然之象而論人事，也就是從天道而講人道。再者，我們若從全的觀點看，則周易六十四卦與伏羲六十四卦（此二者之不同，衹是排列的次序有不同）皆是一整體。從整體或全的觀點看，誠然可以說是對立的統一；但是，若從人道的觀點而言，則是以此變中之不變爲基點，而論究其相互的關係。以辯證法而辨說存在時之所以會發生人是人而又不是人的笑話，乃是講辯證法者，將「個別的就是全體的」這一形而上的概念，應用到存在方面，而認爲樹木就是森林。我們認爲，從形而上的觀點而言，說兩儀就是太極，或有就是無，這當然是可以的；而且，從存在的整個過程而言，也是可以如此說的。然而這所講的是天道而不是人道。我們若祇從這種觀點而講人道，則人道是無意義的；若以這種觀點而講存在，則存在亦是無意義的。因爲我們若祇看到「方生方死，方死方生，方可方不可，方不可方可，因是因非，因非因是」之整個過程，則我們是可以說，這整個的人生或存在是無意義的。所以，我們所講的人道，應是從無意義的存在的整個過程而論究其所可有的意義。一切的真知識，都是從無意義而賦予以正確的意義。於是，我們若祇從辯證法的觀點而論究這存在的事物，是可能弄得意義不明，或甚至成爲戲論。照這樣說來，我們固可以從辯證法的觀點而看八卦或六十四卦之生成，以及其變化的規律，並因而論究此卦與彼卦的關係；但是，當我們從卦象而講人道時，我們是祇能「取諸乾坤」，「取諸夬」，「取諸渙」，或取諸任何其他的卦，且從不變的觀點以論究每一卦中此爻與彼爻的關係，或每一爻在卦中所具有的實際的意義。例如乾之初九與九五，其意義是完全不同的。之所以不同，乃因卦之意義，爻之位置與性質，以及應爻之意義與性質之不同而有區別。這就是說，從六十四卦之全體而言，這六十四卦是在一週律中變化；但就每一卦而言，則便是這「方有方無」的循環變化中所表示的某一特殊事例或某一類事物有各種可能的發展或變化；而此種發展或變化，則是因相關事物的影響及其本身性質之不同而不同。照這樣說來，當我們「取諸乾坤」或取諸其他的任何卦時，我們是從每一特殊事例而論究其普遍的意義：所以六十四卦，即是由六十四個不相同的「個案」而「類萬物之情」的以爲人道的典範。不過，這祇是告訴我們因人因事因時因地之不同而有不同的發展或變化而已；也祇是告訴我們某一類事物是有某種關係而已。因此，我們亦不能從形式邏輯的觀點而看六十四卦；但是，亦不能說周易六十四卦是反邏輯的。這就是說，我們是祇能從哲學的觀點以論究六十四卦的意義，並因而使我們理解到，我們除了「日新其德」的以求「止於至善」，俾能正確的從天道而講人道外，是並無某一一成不變的規律或法則而以之作爲講人道的準繩。

以上我們是從天道的變化規律而論述了什麼是人道。這一方面是進一步的說明了「天人合一」哲學的意義，一方面也是說明了，我們應如何的本於「天人合一」的哲學以法天之道而立人之道。上文已指陳了，我們是不能祇從某一觀點而講人道的。因此，我們祇有「日新其德」的以求「止於至善」。所謂「日新其德」，即是要不斷的解蔽去惑且身體力行的以求「無大過」而「止於至善」；所謂「止於至善」，即是要如黃鳥之「止於丘隅」，父之止於慈，子之止於孝，或論事物的最正確的關係而止知之。照這樣說來，「日新其德」，是立人道的知與行的要領；「止於至善」，是立人道的知與行的目的。從天道之變化無常而言，其變化是日新而無所終止的。周易之所以終之以未濟，也就是說，此森羅萬象的宇宙，其變化是無窮無盡的。至於立人道之目的，則在「止於至善」，所以我們雖是從天道而講人道；然而我們立人道的目的，則是反天道的。中庸所謂的「贊天地之化育」，若不是從反天道的觀點而立論，則不能謂之爲「贊天地之化育」，而祇能謂之爲自然的奴隸。不過，我們所謂的反天道是與逆天行事的觀點不同的。通常所謂的逆天行事，一方面固是指不可爲而爲之，另一方面也是指不基於「止於至善」的原則而違反人道；所以，我們所謂的反天道，祇是從變化無常的天道中而發現其有常的規律，俾能擇善而從之，以求無論在致知與修身方面都能「無大過」。

我們要能擇善而從之，或要能「止於至善」的而「擇善固執」。照傳統的說法，則便是要能「執中」；所謂「人心唯危，道心唯微，唯精唯一，允執厥中」，這就是教人如何才能「止於至善」的方法。我們認爲，此所謂「中」，從究竟的觀點而言，即喜怒哀樂之未發；從現象界而言，是可以分兩方面講：第一，中就是讀去聲的「中」，如射擊之命中；程子所謂的不偏之謂中亦即是此意；所以「執中」不是手段而是應達成之目的。第二，中既是目的，則中就是一，所以「執中」不是折中而是基於「止於至善」之目的以擇一至善而從之。照這樣說來，若能「執中」，則必是能「止於至善」；因此，「執中」是一件非常困難的工夫。孔子說：「擇乎中庸而不能朞月守也」。又說：「中庸不可能也」。許多人反對中庸之道，祇是對中庸一詞缺乏認識的緣故。同時，我們仍須說明的，中既然就是一，則執一是否就是「執中」？孟子曰：「執中無權，猶執一也」，執中與執一，我們也認爲是不同的；而且，我們認爲孟子的這種說法確是非常恰當的。例如一個天秤，這「一個天秤」就是一，其水平樑的中點才是中；又例如一塊石頭，這「一塊石頭」就是一，其重心才是中；所以「執中」是執一而加以權衡的結果。因此，「執中」確是非常困難的事。因爲，我們是生活於化育無窮的宇宙之中，我們主觀的心境與客觀的環境都是變動不居的。這就是說，我們所執的非一成不變之中而是變化無窮的中；在變化無窮的情境中，能「永執厥中」，當然是非常困難的。這就是說，「止於至善」，確是一件不容易的事。「止於至善」，因其是一件不容易的事，所以祇有日新其德，才可以「止於至善」；關於這一點，仍有詳加辨說之必要。

大學的釋止於至善這一章說：「詩云，穆穆文王，於緝熙敬止；爲人君，止於仁；爲人臣，止於敬；爲人子，止於孝；爲人父，止於慈；與國人交，止於信。」此仁慈孝敬與信五者，乃文王之美德；亦文王之所止，無非至善。朱子章句說：「五者乃其目之大者也；學者於此究竟精微之蘊而又推類以盡其餘，則於天下之事，皆有以知其所止而無疑矣。」從哲學觀點說，「知止」或「止於至善」，應該不祇是純道德的。實際上，在道德上能「止於至善」，亦必是「致知」的結果；所以朱子主張依此五者再「究其精微之蘊而又推類以盡其餘」。通常說來，「天下之事」，欲都能「推類以盡其餘」，這似乎是不可能的；所謂「吾生有涯，而知也無涯」。這即是說，「天下之事」，是窮畢生之力不能盡的。反對朱子的人，常認爲朱子致知的工夫，實衹是支離的事業。我們認爲，天下之事，是皆有其所當止之至善的。無論是窮理致知，或立身處世，其所知之的與行之的，必皆有其所當止之至善。因此，欲能「止於至善」，必先知其所當止之至善；能知其所當止之至善，而又能「推類以盡其餘」，「則於天下之事，皆有以知其所止而無疑」的。從周易推類方法來說，周易六十四卦，其所言說的，當然都是歸納推理的結果；而每一卦或每一卦的每一爻，則都是演繹推理的前提。不過，我們中國人並無嚴密的演繹推理形式，而衹是將每一卦或每一爻作爲特殊的事例，以之作爲相類似的事例之應用。我們中國人，是認爲如此便可以「盡其餘」的。亦因其缺乏嚴密的歸納推理方法，此所以科學方法未能在我國有充分的發展。然而從哲學致知的方法來說，我們中國人或朱子的見解並無不妥。因爲從哲學觀點而肯定凡A止於B，如父止於慈，子止於孝，潛龍止於勿用，我們當然不能說是不妥的。我們認爲，儒家以「止於至善」而使其能「擇乎中庸」，這就是中庸之道的最基本的意義，也就是從天道而講人道的最正確的方法；而且，所謂「止於至善」，固必須著眼於知與行的技術或方法；然而若衹著眼於技術或方法，亦是不能「止於至善」的。這就是說，所謂「止於至善」，應是貫通天道與人道而無有不善的；所以「止於至善」是從哲學觀點而說的。因爲若從科學觀點來說，則科學所追求的，衹是從純技術的或方法的觀點以考慮其是否能貫通全體而無不真；若從哲學觀點來說，則所謂「止於至善」，不衹是求真，亦且是求善；所以「止於至善」，不是純知識的問題，而應是日新其德。我們認爲，哲學所探求的眞正知識，應是以合乎道德的標準爲目的。這就是，雖然在科學上這知識是真的，但是，若不合乎道德的標準，亦必不是無有不善的知識。例如核子物理學家對於核子武器的知識，這知識雖是真的；但從哲學觀點說，因其不一定是善的；所以哲學家對於科學上的此種知識，則因其不能貫通天道與人道而不能謂之爲哲學上的真知識。這就是說，哲學上的真知識，乃在於認識天道的變化的規律，而體認出「內在的生命法」。照這樣說來，哲學上的真知識，亦決不是反科學的；因爲科學上的真知識，是可以幫助我們瞭解「外在的自然律」，俾能進而瞭解本然之理，以建立我們的哲學體系。這就是說，哲學知識，是應該以科學的方法求得真，然後再從哲學觀點，以把握其真與善。

我們認爲，人若能識得心之本體，則就是此心靈之窗已完全打開；人類的心靈之窗，若能完全打開，則必能通體透明而毫無所蔽；若能毫無所蔽，則必能知之真而行之善。我們認爲，有些核子物理學家，他們必是祇知逐物而不知內省；否則，他們決不會製造核子武器以危害人類，更不會爲專制政體作間諜而成爲奴役人類的幫兇。這就是說，若能毫無所蔽，則必能「止於至善」；若能「止於至善」，則對於本然之理或天道變化的規律知之必真；對於本然之理或天道變化的規律知之若真，則必能「順受其正」而不違反人道。所以人道雖是反天道的，但祇是因「知命」而趨吉避兇或存善去惡的以「順受其正」。此種能「順受其正」而合乎人道的真與善的知識，照王陽明的說法，即是人類的良知之發現；所謂「知善知惡是良知」。這也就是說，人類是具有此種知善知惡之良知的。此種知善知惡之良知，實就是人類的本性；所以人類是可以認識本然而貫通天道的以「止於至善」。

人性既可以認識本然而貫通天道的以「止於至善」，則人性是合乎我們所謂的人道。我們所謂的人道，即是知天道而順受其正；所謂順受其正，即爲「盡其道」而無所遺憾。孟子說：「是故知命者，不立乎巖牆之下」；「不立乎巖牆之下」，這就是「盡其道」之一例；若由此「而又推類以盡其餘」，亦可以說即是「修身以俟之」之意。我們認爲，從成盛衰毀的天道而言，則物極必反，這是無可規避的；但是，若能具有真知灼見以擇善而從之，則必能「盡其道而死」；「盡其道而死」，固就是順受其正，亦就是趨吉避兇或存善去惡的而克盡人道。照這樣說來，所謂日新其德而「止於至善」，則就是人道，亦就是法天道的變化規律而避其凶以趨其吉，或存其善以去其惡。我們人類既具有知善知惡之良知，自當爲善去惡的以「盡其道」。至於列子楊朱篇所謂的「彼二兇雖惡之所歸，樂以至終，亦同歸於死矣」；然而「肆情於傾宮，縱欲於長夜」，「恣耳目之所娛，窮意慮之所爲」，此等生活，是否就是快樂，這是很難肯定的。但是，彼桀紂二兇，未能以其知善知惡之良知而爲善去惡的以克盡人道，則是可以斷言的。又如公孫穆之對於「鄉有處子之娥姣者，必賄而招之，媒而挑之，必獲而後已」的行爲，亦是喪失良知而違反人性的。這就是說，凡違反人性的，即是違反人道而不依人之理以行之；若能依人之理以行之，則就是人道；所以我們說，人性是合乎我們所謂的人道。

照以上所說，我們所謂的人道，即是人之理。我們所謂的天道，即是自然之理；若祇就天道的變化規律而言，則就是本然之理。至於我們之所以探究天道與人道，乃在於認識這本然或自然之理，而自覺到人之理所應有的內容；我們之所以能自覺到人之理所應有的內容，乃在於能認識天道的內容；我們之所以能認識天道的內容或存在的本然的樣子，乃在於能窮理與盡性的結果。我們是從追問「天地何所窮際」開始，然後再尋根究底的以認識本然之理，並自覺到人之理的內容，而建立我們的哲學體系。用馮友蘭先生的話來說，這就是「最哲學底哲學」。至於此本然之理是什麼？以及如何才能認識或說出寫出此本然之理，這是我們在以上各章中已詳為辨說的。至於如何才能「盡其道」的以發揚人性，除了我們所已辨說的外，大學上亦是說得非常透澈。大學說：「詩云：瞻彼淇澳，菉竹猗猗，有斐君子，如切如磋，如琢如磨，瑟兮僩兮，赫兮喧兮，有斐君子，終不可諠兮；如切如磋者，道學也；如琢如磨者，自修也；瑟兮僩兮者，恂慄也；赫兮喧兮者，威儀也；有斐君子，終不可諠兮者，道盛德至善，民之不能忘也。」照大學所說的這一段話看來，我們欲能至於「道盛德至善」的境地，則惟有兢兢業業的以「如切如磋，如琢如磨」的「道學」與「自修」。這就是說，日新其德的以「止於至善」，是必須致知與修身並重。所以，我們欲能認識此一合乎人性的人道，實祇有致知與明明德並重，俾能識得本心而完全打開我們的心靈之窗以至於通體透明的毫無所蔽的境地。必須如此，我們才能真的瞭解周易一書所告訴我們的人道，且能窮理盡性以至於命。

第五節　心物合一與天人合一之另一意義

我們已說明了：這宇宙的本體是如何的演化為宇宙的大用；並因而說明了我們應如何的法天道以立人道。但是，我們仍須特為說明的，即：從認識論的觀點，這天人合一與心物合一之意義應是什麼？

一般說來，心是能知，心所知之事物則是所知。這就是說，能知與所知，是截然不同的兩件事。此說若真，則心物合一論的認識論是不能建立的。誠然，我們分析心靈與環境的關係時，已說明了主觀與客觀必是合一的（請覆按第六章）；但是，那祇是從現象的層次而說的；而且，那也不能說明能所不分之義。茲爲說明能所不分之義，仍須從本體界而略作說明。

佛教徒認爲，此心無形無影，故不屬有；有作用可見，故不屬無。心不是一切事物，故與一切事物不是一個；一切事物，皆不離於心，故心與一切事物，不是兩個。此說並不錯誤，卻易引起誤解，故須稍作說明：第一，照我們所已研究的，我們是說明了這宇宙的本體及其所顯現之大用皆是心物合一的。何以皆是心物合一的？因爲是體用一原顯微無間。這就是說，體用是不二；不過，體之微與用之顯，實亦非一；所以體用不一亦不二。佛教徒以體爲心，以事物爲用，所以心與事物是不一亦不二。第二，心物不一亦不二，這是不錯的，以心爲體，以物爲用，則不爲我們所贊同。照我們的哲學來說，此本體是心物合一的；因其是心物合一的，而心又是能知，物又是所知；故心物合一，即是能所合一。這就是說，從心物合一的本體論而講認識論，則心之所知，即是自了自識。不過，此所謂之心，是直指心之本來面目而說的。此本來面目之心，可以說是本體之功用。本體的功用實不外乎知與行，所以本體之知，當其所知的是本體自己時，其知之內容，亦祇是知道了「知自己」而已；因爲本體的內容，除了恒行而有知外，是別無內容的。於是，我們說本體之知或心之本體是自了自識，此義應已非常明白了。第三，因爲心之本體是自了自識的，所以心外無物或心物不二之說，其義不差。這就是說，心與一切事物不是兩個的意義，祇有從心物合一的本體論而講認識論時，其意義才是正確的。也就是說，一切事物，皆不離於心之說，亦祇有從心物合一的本體論而講認識論才真有意義。

王陽明說：「天地鬼神萬物離卻我的靈明便沒有天地鬼神萬物」，若從唯心論的觀點去理解，實不能自圓其說；若基於心物合一的本體論而講認識論，則於理無違。因此，心物合一的認識論，不僅是可以建立的，而且是可以澄清對於陽明哲學的誤解。

關於能所不分之義，更願從唯識論的觀點而略作說明。唯識論以眼耳鼻舌身意末那阿賴耶等稱爲八識，而以第八識爲本體。第八識即阿賴耶識，亦稱藏識。（第六章第五節心靈現象概要圖中所列之藏意識，雖不必與第八識同義，然亦不與現代心理所謂之潛意識同義，讀者宜善為區別其同異。）成唯識論云：「初能變識，大小乘教，名阿賴耶。此識具有能藏所藏執藏義故。」默如和尙所撰「八識規矩頌筆記」，對於能藏所藏執藏三者，曾有一段很淺顯的解釋。默如說：「我曾手指著竹林寺後的夾山酬答了汪培齡老秀才的詢問道，我們遠眼看下去，不下數十萬顆的楓葉，把整個的夾山嶺全都佈滿了。在山嶺望楓樹來說，山嶺是生產個別赤楓使他繁榮肥茁起來的；山是能藏，楓葉當然是叫做所藏。在楓葉望山嶺來說，楓葉是蔭覆了整個的夾山山嶺，那怕太陽的光線也沒法穿進去的；那麼，楓是能藏，山嶺卻爲其所藏了。倘再有個守山的人，堅執楓嶺而爲己有，甚至不容別人來插足玩賞，那就很是符合了執藏的態度了。」默如並撰一圖以明之。

默如所撰賴耶自相譬喻圖

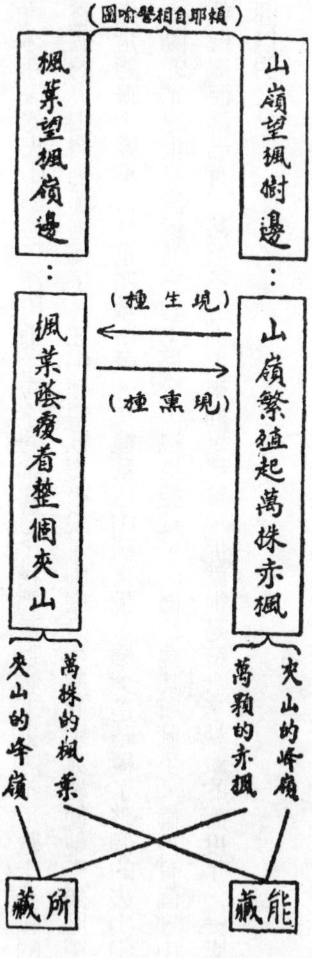

默如此圖，乃表明了「心」之自相是什麼？他是以夾山的萬株楓葉來譬喻能所不分之義。他認爲能所祇是相對的說法而不是絕對的說法。此說是否真能代表唯識論的觀點，我們可姑置勿論；不過，默如認爲能藏與所藏，在本質上並無不同，祇因看法的不同而有異，卻不爲無見。我們祇要不執著默如之見，確可幫助我們理解到能所何以是不分的。

吾人仍須略作說明者，即唯識論者是主張「種子」之說。他們認爲，阿賴耶識之所以能起現行諸作用，是因爲有種子作依據，此即「識」是「能持」，「種子」是「所持」，此非唯心論而類似多元論。我們的哲學是與唯識論不同的。我們認識，從本體界來說，因爲是心物合一的，所以本體自身既是能知，也是所知；於是，我們說心外無物或心物不二，皆爲理論所許可。祇要我們能對以上各章所研究的而能心知其意，則知此義確是不差，若從現象界來說，則並非無人我或物我之分；因此，我是能知，而人物祇是所知。唯識論者認爲此所謂「我」，乃「執藏」而已，是應該斥破的。我們則認爲，除了應該從「我」而識得本體外，仍須不否定「我」之存在，所以我們贊成宋儒「一物一太極」之說。（此所謂物，乃心物合一之物，非唯物論之物，讀者於此等處，切勿故作誤解。）我們認爲，這宇宙的本體以及宇宙萬象之每一個體（即所謂「我」），皆可以太極代表之。宇宙萬象之個體雖至繁多，每一個體之形式亦極不一致，如我們在第四章所已研究的，這宇宙萬象皆是陰電子繞陽電子的快速旋轉所形成的一系系的事點之流；那麼，將宇宙萬象之每一個體皆以太極代表之，並非於理不合。同樣的，宇宙的本體既是心物合一的，則宇宙萬象之每一個體亦是心物合一的自亦於理無違。本章第二節與第三節，即是較爲詳盡的發揮了此義。基於此義：第一，我們應能自覺到，這宇宙萬象與本體之關係是什麼？（這是我們不贊成突創唯物論或突創進化論之主要原因。）第二，我們乃可進一步的從認識的觀點而說明人與天（自然）之關係了。

人與天既皆可以太極代表之，則天與人必皆是依太極之理而存在；因此，天與人必不是兩個而祇是一個。天人合一之說，即可依此理而明之。這亦是以上所已陳述過的。基於此理，我們也可以說，天是自然之流，人是自然之流中的浪花；浪花與水，不二亦不一。這一方面是說，在自然之巨流中，人固是渺小而微不足道者，卻因這自然之流中的浪花，能有心之自覺，且能自覺的以成己成物；所以在另一方面說，人卻是天地之心。在上一節中，我們已說明，人是應該法天的。人道應就是形而上的天道之實際的應用。同時，「人法天」與「人是天地之心」，其義亦是相通的。因爲人之所以能法天，必是人有此「知天」之能；人有此知天之能而又法之，說「人是天地之心」，自爲理論所許可。在第七章中我們所講的宇宙的心，實質上也就是天地的心。自人觀之，天道是有規律可言的；自天本身言之，天是「無情意，無計度，無造作」的自然而然的。這就是說，就天之所以爲天而言，天是無知的，祇有我們人類，因有此能知之心而爲此身之主，故能知天知地，知人知自，而成爲天地之心。人既是天地之心，則心物合一就是天人合一。再者，人既是天地之心，則人是能知，天地是所知。即：人是意識者，天地是被意識者；故從認識論的觀點而講心物合一，即是意識與對象或存在與思維之合一。

吾人仍須指陳者，此所謂之天地，若是直指宇宙之本體而言的，則此所謂之天人合一，便是能知與所知之合一；若以天地爲外在之自然現象，則此所謂之天人合一，固即是意識與對象或存在與思維之合一，實亦是能知與所知之合一。因此，能所合一，是可以從形上或形下，亦即是可以從本體界或現象界來說的。從本體界講能所之合一，此即前文所謂之心之自了自識；從現象界而講能所合一或心物合一，除第六章及第九章已有辨說外，我們可以這樣的說，凡正確的認識，必是心物合一的；凡不正確的認識，則心與物便不能合一。例如角者吾知其爲牛，鬃者吾知其爲馬，若所知者果爲牛馬，則心與物是合一的；若所知者不是牛馬，或竟然以鹿作馬，則心與物便不能謂之合一。所以從認識的觀點而講心物是否合一，可以說是認識正確與否的問題。至於我們的認識如何才能正確，在第三篇中我們已有較爲詳盡之辨說。總之，從現象界言，能知與所知是可以合一的；不過，這應是一純認識論的問題，未能一一論列。若從本體界言，能知與所知確是不分的。此所謂之能所不分，亦即是理與氣，知與行之不分。欲深明此義，必須識得心之本來面目是什麼。我們可以這樣的說，凡真的識得了「心之自覺」是什麼者，是真知能所確是不分，心物確是合一的。因此，心物合一的認識論確是可以建立的。這也是我們講心物合一與天人合一時所必需認識到的。

第六節　人之仁心仁性之自覺

我們仍須指陳的，即：我們所研究的究竟是研究了什麼呢？第一，我們已從物與心之分析，而說明了心與物之不同，非是其本來面目之不同，祇是這宇宙的本體所顯現之現象不同。這宇宙本體是心物合一的。何以是合一的？是如何合一的？這都是我們所已研究的。而且，我們曾本於「體用一原」之義，說明了宇宙本體，演化為宇宙大用之整個過程的內容亦全是心物合一的。這就是說，我們不僅是闡明了心物合一的本體論，也同時闡明了心物合一的宇宙論；而且，心物合一的認識也並非不可建立的。這是我們所已研究的主要內容。這主要的內容是含攝形上之道與形下之器的全體。對於我們所研究的，祇要不望文生義或漫不經心的而發生誤解，或故意加以曲解，則知我們所研究的，確為一屬於哲學的真理之見，亦確可以經得起懷疑方法的考驗。不過，此所謂經得起懷疑方法的考驗，是遠離「常識的異議」及超越自然科學之研究方法而須要經過一番「反身而誠」的「內省」工夫。

第二，我們認為，哲學是心之自覺的活動。這自覺的心，即是心之本體。人若有此「心之本體」的自覺，即是認識了人之本來面目，也就是認識了真人。這真人之本來面目是無善無惡的。這真人之良知是知善知惡的。從真人之本來面目來說，它除了是亦惺惺亦寂寂的事點之流的龐大而複雜的體系外，可以說沒有其他的內容。佛家以保任此亦惺惺亦寂寂者爲人之最崇高之目的，而不知亦惺惺亦寂寂者是自有其天則，且是「不容已」的而又「純亦不已」的以成人之能。這就是說，我們以上所研究的，除說明了心物合一論的哲學爲無可置疑之真理外，同時也使我們認識了「人」究竟是什麼?從佛教徒看來，祇有心之本體是真實的，人則是虛幻的；所以佛門弟子多喜沉空滯寂。我們認爲，欲識得心之本體，自須破象顯體。也就是說，欲識得人之本來面目，自須遺世而獨立的以掃去人所習得的影響，才可以見到真人；見到了真人，固是見到了心之本來面目（這是心之自了自識），也就是見到宇宙的本來面目（這是由推理而得）。在第二篇與第三篇中，我們分析心與物時，亦是本於破象顯體之義，而作了「破」的工作；但是，許多人於破盡之後，除見到空無外，常別無所得。這就是禪宗門下所謂之死了沒有活。破象顯體是需要大死大活的。據我們看來，佛門弟子多於大死之後而再見靈光時，便以此爲足。殊不知，大死之後真的活起來，必是見到儒家所謂之仁心仁性。從本體言之，本體「只是個淨潔空濶的世界」而「本來無一物」；但是，本體必是自給自足（即自性具足）而當下現成的且是無有不善的自在自爲的存在。我們認爲，人這一物理結構與其所具有之心靈，皆是這存在本性所表現之功能。這一方面是說，這本體既是真實的，則其所顯現之功能必皆不是虛幻的；因此，不祇是心之本體是真實的，「人」亦必是真實的。另一方面也是說，「人」之所以是真實的，全在於人能有此「心之本體」的自覺。人自覺到了「心之本體」，也就是見到了真人。真人不是虛幻的而是絕對真實的。這是我們天人合一的宇宙論與佛家不同的地方。即佛家祇見到了這自覺的當下現成的心，而不知此具有自覺之心者已是一當下現成的找回了人之本來面目的真人。這即是佛家祇見到了心而沒有見到了人，我們則是見到了這身心合一之真人。我們的哲學是本於心物合一與天人合一之義，而認定人是天地之心，所以是人本主義的。這是繼承了自孔子以來的儒家的人文精神而使之發揚光大。

第三，吾人仍須作進一步陳述者，通常所謂之人，乃現象界之一種現象。自現象言之，人與環境是有間隔的，亦就是人與人或人與物皆有一空間之關係，於是便有人我或物我之分。若自本體言之，則人與一切現象，皆本體稱其所有之呈現；故通於本體，即通於一切。所謂一即一切，一切即一，其義即是於此。人如何可通於本體呢？乃因爲人可以有此當下現成的心之本體的自覺；所以此自覺的心，既屬於人自己，亦通於他人；既能成己，亦能成物。圓融無礙，息息相通；純亦不已，大正至中。此不僅可融銷個人與社會組織之對立，亦可融銷人與物之對立。人我或人物之對立既皆可融銷，則自可「不偏於心，亦不偏於物」，而融銷了唯心與唯物之爭。可見當下現成的心之本體的自覺，是「心物一體論」或「心物合一論」哲學最先決的條件；沒有心之本體的自覺，是不能見到「以天地萬物爲一體」之真人，而祇能見到「人」乃現象界之一種現象。心物之分，人我之別，皆爲不能超脫現象界之結果。蔣總統在「革命教育的基礎」講詞中曾說：

> 故良知只是天理，所以陽明說「心即理」。這心就只是個是非之心，只是一個隨他發見流行處，當下具足，更無去來，不須假借，不容增減。所謂昭明靈覺，不慮而知的

天理，這亦就是天，我今特續一句說「心即天」。

又說：

具有此仁義禮智之明德（良知）的，方得稱之為人。

蔣總統此所謂之「人」，即前文所謂之真人。凡找回了人之本來面目的真人，因有心之本體的自覺；而且，性是心之本體（覆按第七章第七節），性是無有不善的；所以真人必是具有良知或仁心仁性。對於儒家所謂之仁心仁性，唐君毅在所著「中國人文精神之發展」一書中，曾有透澈之說明。唐先生說：

除此以外，無論上窮碧落，下達黃泉，行盡天下路，讀盡古今書，受盡人間苦，更無處可發現一銷融人己天人之對立，而一以貫之物事可得。此物事看似簡單，而其蘊藏則無窮盡。任你才智之士，如何懷疑，如何在思想上翻騰，最後還要回到此個物事，才能安身立命，而可仰不愧於天，俯不怍於人，內不蔽於己，外不溺於物，而使人成為天地人之三才之中，以頂天立地而樹人極。而要說此仁心仁性之體相，則又正是至虛而又至實。自其超越性言即至虛。此中可無天無地，無己無人，只是一片靈光朗照。但此又不似存在主義所面對之虛無。因此中並無怖慄感。存在主義之面對虛無生怖慄感，只是此心此性在沉霾幽谷，而出谷時之震撼感。而由此心此性之現實呈露，則他又是涵天蓋地，成己成人，精神四達並流，天地人己，一齊俱在這兒，並莫有歧途可走。如走了歧途，或偏於天神，或偏於大自然，或徇人喪己，或私己忘人，則他亦能隨時矯其所過，而補其所不及。故他乃是至虛而又至實，便不同於存在主義以有無虛實相對之論。

唐先生此說，固祇是說明了「此仁心仁性之體相」是什麼？實亦是說明了此真人是什麼？此真人不祇是至善的，亦且是至偉大的。人祇要不「走了歧途」，或者祇要沒有「過與不及」，這便是獲得了「心之本體」的自覺。凡自覺到心之本體者，他必是有人之仁心仁性之自覺的。他是「天地人己，一齊俱在這兒」而與「千聖同堂」的。於是他除了是「靈知之性歷歷」外，也必是真的獲得了「大無畏精神」或「浩然之氣」。儒家所謂之三達德——智仁勇，皆必須有心之本體的自覺者才真能有得於心。因此，凡自覺到心之本體者：第一，他必不迷失（智）；第二，他必是真誠怛惻（仁或至善）；第三，他必無恐懼或怖慄感（勇）。這是可親身體驗到的一種心理狀態。存在主義者未能親歷到此種心理境界，所以便對「無」而生怖慄感。

我對於存在主義缺乏真正的研究。大約在民國四十五年以後，才片斷的看過一些有關存在主義的理論；因此，我們的哲學，即令有與存在主義相同之處，卻絕未受存在主義哲學的影響；而且，我們所體驗到的「無」，與存在主義所體驗到的「無」，雖有些相似，亦可能是完全不同的。唐君毅在「中國人文精神之發展」中曾說：「然存在主義者欲人上不依歸上帝，下不依歸自然，外不徇人，內不自役，而不著四邊，以體驗無之結果，雖使人一時得自覺爲絕對自由之主體；然此主體又爲四顧無依，而不能安於其位者。於是對無之怖慄感生，而不能不出無入有。」唐先生此說，是否完全正確，我們可姑置勿論，惟特須指陳者：第一，凡體驗到「無」者，他不僅「上不依歸上帝，下不依歸自然，外不徇人，內不自役，而不著四邊」；而且是無古無今，無內無外，卻又「是一片靈光朗照」，「精神四達並流」。至此境界，便是古往今來，「天地人己，一齊俱在這兒」；所以這至「無」的，亦是至真實的。（凡獲得無所住心或心之本來面目者，便是至此境界，可覆按第二，三兩篇而深玩之。）第二，凡體驗到「無」者，不僅是體驗了什麼是真實者（能體驗到什麼是至真實者，即是體驗了至可靠之「依歸」者，而自然的有一種浩然之氣），亦且能體驗到什麼是大自在或絕對的自由。絕對的自由，其義究竟是什麼呢？它就是「當下具足」或「當下現成」。王龍谿以「流行即是主宰」而發明當下現成或絕對的自由之真義，這是極懇切周到的。黃宗羲卻批評他是「懸崖撒手，茫無把柄」，可見所謂絕對的自由，在有些人看來，亦是一件可怖的事。黃宗羲很有些像唐君毅先生筆底下的存在主義者。第三，存在主義者認爲「存在先於本質」，這亦足證明他們未真的體驗到「無」究竟是什麼？我們認爲，「無」仍然是一種存在。佛教徒稱這種存在爲「真空妙有」卻是很恰當的。當這屬於本體界的「無」顯現而爲現象界的「有」時，它是一齊呈現的。當然，我們並不反對進化之說。我們的意思是說，此「當下具足，更無去來，不須假借，不容增減」之自性，是稱其所有的而一齊呈現的顯現爲宇宙之萬象。萬象的變化，是容許有進化之跡象可言；但決非如突創進化論者所認定的，是在時空基線上，由物質突創生命，由生命突創心靈。因此，存在與本質，實無先後之可言；所以「存在先於本質」之說並不見得真有意義。

依以上所述，則知繼承了與發揚光大了儒家人文精神的心物合一論的哲學，與現代的存在主義的哲學是不完全相同的。因我們所體驗到的心之本體或「無」，如第二篇與第三篇所研究者，是存在主義者所未能體驗到的。

第四，我們所研究的，除了將反共抗俄基本論中所講的「民生哲學最主要之點」如本體論與宇宙論等，已從學術的觀點，作了較為詳盡闡明外；同時，因為對於宇宙本體與人之本心的體會，使我們認識了這身心合一之真人。從現象言，人與本體不一；從本心之通於本體而是能所不分而言，人與本體不二。這就是說，人是能秉承本體之性而完成本體之德；所以人是偉大的。人之偉大，是指其具有此仁心仁性而言，非是指科學人之能製造工具而言。吾人此說之意義，旨在區別真人不是科學人，而不是對科學人有所褒貶。這也是說明了，我們的哲學是與科學有區別的。　蔣總統曾說：「哲學是窮理，修身，正德之學」。這是極其允當的。因為照我們所已研究的看來，若不從修身正德入手，是不足以窮我們的哲學所須窮究之理。誠然，凡說出或寫出的哲學，它必然的是屬於認知之範圍，亦即應該是一種學術；但是，若祇從純思辨的去理解，或者若祇從文字方面去求認識，是不足以窺知我們哲學的究竟。我們的哲學因是本於「反身而誠」所得之真理之見，所以亦須從「反身而誠」的加以體會。「反身而誠」的工夫，是「窮理，修身，正德」三者不可或缺的。

有人認為，西方傳統的形上學均屬體系哲學，貌似堂皇，實則乾枯蔽陋；而且，體系哲學把具體真實的個人埋藏於普遍抽象的客體中，使個人與體系一樣的成為閉塞而停滯的僵死物，所以體系哲學在今日已爲人所共棄。此說是否正確，我們可姑置勿論。不過，我們的哲學，雖也擴及於形而上的領域，卻與西方傳統的形上學是完全不同的。此種不同，也可能因爲西方傳統的形上學祇著重於窮理，而我們的哲學，雖也著重於窮理，然而窮理之目的，則在於找回人之本來面目。同時，我們所找回之真人，雖也是一普遍化的人，但因不是抽象的而是至善的，所以不僅不是空洞的僵死物，而是一活潑潑的純亦不已的，且是一日新其德的裁成天地之道與輔相萬物之宜者。再者，此未受後天習氣薰染之真人，其知之未發，是靈知之性歷歷而無有不善；當其已發，若未失本心之正，則自己所體驗者，爲一團祥和之氣，爲清明在躬而志氣如神，爲至大至剛而毫無所餒；當其接應事物時，必是「不勉而中，不思而得，從容中道」而「左右逢源」的以成人之能。所以哲學的心物合一論所找回之真人，既不是封閉固陋沉空滯寂之活的死人，亦不是一抽象化或形式化的空洞的僵死物。我們所找回之真人，與尼采所見之超人，沙特所見之有「作嘔」感覺的人，亦是完全不同的，存在主義者，雖有「人」之自覺，卻因走了歧路，而未能認識此仁心仁性，所以存在主義的哲學是與我們的哲學不相同的。

我們的哲學，是從心物合一論上而認識了宇宙的本體，及宇宙大用之整個過程的內容，並因而認識了人之本來面目及人之真正價值；至於應如何從心物合一論上，以闡明這真人對於人生問題所應有之認識，則是現在所面臨的問題，在下一篇中，我們將講心物與人生有關之各個問題。

第五篇　心物與人生

我們既已從心物合一論上而認識了宇宙的本體，及宇宙大用之整個過程的內容，並因而認識了人之本來面目及人之真正價值；因此，有關心物與人生之各個問題，是本篇所應該研究的。

第十二章　從「心物合一」論道德與藝術

第一節　概　說

我們所謂之心，是不外於物的；因此，我們所謂之心，雖不能從「東西」的觀念去想像它（意即不能把心當作一個東西，而如第三篇中所詳為陳述者），卻並非抽象而空洞的概念。這就是說，我們所謂之心，不祇是可以依照的，而且是可實踐的。而且，就我們所謂之心之本來面目來說，它是「粹然至善」的。因此，凡非迷失本心之知，必是善知識；凡善知識，必是真而不妄的。（關於知識之真妄，請覆按第九章第六節。）

我們認為，凡非迷失本心之真知，若屬於人與人之倫常關係的，則必是道德的；若屬於美之創造作用，則就是藝術。道德與藝術，即是「粹然至善」的「發而皆中節」之本心在人常日用之間的實踐活動或美之創造作用。道德、藝術與科學，雖然皆是人之精神活動；但是，科學所追求的，祇在於認識外在的自然律，而道德與藝術的活動，必是獲知內在的生命法後而實踐於人常日用之間，或表現爲美之創造作用。所以道德與藝術，必皆是超科學的。這不是說，是反科學的。這是從心物合一論的哲學而指陳了道德與藝術的本質，以下各節將更進一步的說明道德與藝術之意義以及其與人生之關係。

第二節　道德之意義及其內容

我們認爲，凡非迷失本心之真知，即是良知。良知即是人之仁心仁性之自覺，它是自有天則的。此良知之天則而表現於人常日用之間者，即道德之所以爲道德。良知之天則，即道德所依之理。道德之理，應是亘萬古而常新的。若就道德之內容而言，道德常以社會的風尙爲標準，所以道德亦是社會的產物。因此，道德的內容應是有所損益而並非一成不變。

就道德之理說，此理若表現爲知識方面的，則就是哲學；此理若表現爲意志方面的則就是道德。我們認爲，若是道德的必是知行合一的；因爲知識的目的是著重於真理之追求，而道德的目的則著重在實踐。所以道德雖不是哲學，但可以是哲學的；因爲道德之理，亦即是哲學之理。於是，若我們的精神活動，祇是著重於此貫通天道的本然之理的追求，則其所獲得的知識，即我們所謂的哲學；若我們的精神活動，是依此本然之理而實踐之，則就是我們所謂的道德。我們所謂的道德，也可以說，即是將哲學之理，應用於道德方面，或者是應用於人類的行爲方面。

所謂將哲學之理應用於道德方面，這就是道德哲學；所以道德雖常是社會的產物；或者說，道德雖常是以社會的風尙爲標準；但是，道德哲學則是超社會的與超時代的。所以，我們是應以道德哲學而批評某一時代或某一社會所謂的道德或不道德。

照我們的看法，人道是應以天道爲標準；或者說，人道是貫通天道而無有不善。此貫通天道而無有不善的人道，若以之作爲道德的標準，則此種標準的道德必是超社會的或是超時代的。因爲此貫通天道而無有不善的人道，必是人所認爲的真理或人所認爲的應走的路；而此所謂的真理或路，若以之作爲我們的生活標準時，則就是「率性」的工夫，亦就是將我們的哲學知識作行爲方面的實踐。我們所謂的道德哲學，其意義是可以作如此理解。我們認爲，人類行爲，可分爲道德的與不道德的兩方面；亦即是可分爲善與惡兩方面。故凡是合於道德哲學的行爲必是善的，凡是不合於道德哲學的行爲必是不善的。有些人以爲人類的行爲或生活可以是「非道德」的，例如飲食男女，他們認爲是「非道德」的。馮友蘭先生即持此種看法。我們認爲，單就吃飯或男女交合來說，這似乎是「非道德」的；但飲食男女之事，是無法將其孤立起來而不牽涉到善與惡這兩方面。我們中國人稱夫婦之性行爲爲敦倫。這就是說，夫婦交合，雖似乎是無所謂道德或不道德；但就其能增強夫婦之情愛而言，則就是道德的。又例如吃飯問題，雖似乎與道德無關；但飯之可不可以吃則爲一道德問題卻是很顯然的。所謂不食嗟來，這似乎是過於斤斤計較；然而予人飲食而又以惡劣的態度對待之，實就是不道德的。因此，我們認爲，人類的行爲或生活，是祇能分爲善與惡兩方面，而不能有非善非惡的這一方面。

從禪宗或王陽明的觀點來說，此心之本體是無善無惡的，實際上，這是從未有此意識之前而立論的。我們認爲，無我們人類的意識，這當然可以說是無善無惡；但是，當我們有此意識，亦即是當我們有此「心」時，我們便會有善與惡的觀念。陽明所謂的「有善有惡意之動」，這說法是不錯的。這就是說，我們人類的意念之動，若不是善的，便就是惡的。所以我們人類，除了至於無意識之狀態外，絕無「非道德」的這種意識，亦絕無「非道德」的行爲或生活。因爲我們人類的意識或行爲，是祇能有合理的與不合理的之分，而不能既不是合理的，亦不是不合理的。

照以上的說法，人類的生活或行爲，是祇能分爲道德的與不道德的這兩方面。所以道德哲學的任務，乃在推演此貫通天道而無有不善的人道以作爲道德的標準。但是，人是社會的動物。人是不能脫離社會而單獨存在。因此，人所建立的道德標準，是必須會受社會風尚的影響。所以，從道德的最高的標準來說，應是以本心之自覺而「止於至善」爲道德的最高標準；但就實際上而能爲大多數人所遵行的道德的標準來說，則不一定是至善的。這就是說，道德的最高標準雖是永遠不變的；而通常所謂的道德或不道德，其標準則是不大十分確定。

在滿清及其以前的時代，男人作忠臣，女人作節婦，都算是一種最大的道德行爲；但在民國初年，許多人以爲作忠臣是爲一姓作奴隸，作節婦是爲一人作犧牲，所以忠臣或節婦之行爲，都可以說是不道德的。忠臣與節婦之行爲，究竟是道德的或是不道德的，我們是不能依某一社會制度或某一社會的風尚而作爲評定之標準；因爲社會的風尚常會矯枉過正，而社會制度，在過去來說，大部份都祇是爲了統治者之統治方便而已。

民族主義第六講中曾說：「前幾天我到鄉下進了一所祠堂，走到最後進的一間廳堂去休息，看見右邊有一個孝字，左邊便一無所有，我想從前一定有個忠字。像這些景象，我看見了的不止一次，有許多祠堂或家廟，都是一樣的。不過我前幾天所看見的孝字，是特別的大，左邊所拆去的痕跡還是很新鮮。推究那個拆去的行爲，不知道是鄉下人自己做的，或者是我們所駐的士兵做的；但是我從前看到許多祠堂廟宇沒有駐過兵，都把忠字拆去了。由此便可見現在一般人民的思想以爲到了民國，便可以不講忠字。以爲從前講忠字，是對於君的，如所謂忠君，現在民國沒有君主，忠字便可以不用，所以便把他拆去。這種理論，實在是誤解；因爲在國家之內，君主可以不要，忠字是不能不要的。如果說忠字可以不要，試問我們有沒有國呢？我們的忠字可不可以用之於國呢？我們到現在說忠於君，固然是不可以，說忠於民是可不可呢？忠於事又是可不可呢？我們做一件事，總要始終不渝，做到成功；如果做不成功，就把性命去犧牲，亦所不惜，這便是忠。」這是孫中山先生因一般人對於忠字的誤解而所作的非常明白的辨說。由此，可見社會的風尚確會因誤解或趨向時髦而矯枉過正。再者，在此一社會制度之下與在彼一社會制度之下的同樣行爲是可能有道德與不道德之分的。例如國際共產主義者以攻訐他人的陰私爲最道德的行爲，即與民主國家尊重他人的秘密是正相反的。所以在某一社會制度之下所謂的道德或不道德，其標準是不大十分確定的。不過，若以自覺之心或良知之天則爲衡量的標準，則所謂道德或不道德，其標準亦是很容易確定的。

馮友蘭先生在其所著新理學第五章中曾說：「我們說有一種社會，有另一種社會。我們承認社會有許多種，此一點於上文已說。此一點亦是我們與朱子一大不同之處。我們以爲有社會，有某某種社會；猶之有馬，有某某種馬，如白馬黃馬等。有社會之理及其所規定之基本規律，有某某種社會之理及其所規定之基本規律。社會之理及其所規定之基本規律，是凡社會中之分子所皆必須依照者，無論某社會是何種社會。某種社會之理及其所規定之基本規律，則只某種社會中之分子依照之。所以在某種社會內之分子之行爲之合乎其社會之理所規定之基本規律者，自此種社會看是道德底。但此種行爲，不必合乎另一種社會之理所規定之基本規律，或且與之相反。所以自另一種社會之觀點看，此種行爲又似乎是不道德底，或至少是非道德底。」馮先生此所說的，大體上是我們所贊同，而且在前面也已詳爲陳述。但是，若因此便推論出「道德底事，可以是不道德底；可以有不道德底道德」，則不爲我們所贊同。即以盜跖之團體或社會而言，這是一假仁假義之不道德的社會。所以「能成大盜」之盜跖，雖似乎有聖、勇、義、知、仁等五種美德；然而就「止於至善」的觀點來說，或者就聖勇義知仁之正確的意義來說，我們是不能說妄意室中之藏是聖，入先是男，出後是義，知可否是知，分均是仁，當然亦不能說盜跖的這種行爲是道德的。因此，我們實祇能說，盜跖因習於詐僞，而僞裝爲仁義道德的以實踐其爲盜之道。這不能說是「不道德底道德」。再就水滸所描寫的梁山泊這一類黑社會而言，其中之分子，雖似乎是重義輕利；然而打家劫舍，殺人越貨，即及時雨宋公明，亦屢次幾乎被橫行霸道或謀財害命者送掉性命。此等黑社會之不道德，亦是非常明顯的。固然就盜跖社會之所以爲盜跖社會之理而言，盜跖社會所規定之基本規律，在盜跖社會而言是善的或是道德的。但是，這祇能說是盜跖社會對道德的誤解或曲解，而不能說是一種「不道德底道德」。因爲，就一個具有心之自覺的真人而言，盜跖社會之道，皆祇能說是不道德的。所以，我們是應該以人之所以爲人之理爲標準而評判某種團體的人羣或社會究竟是道德的或是不道德的。我們認爲，白馬之白或黃馬之黃，固無所謂善不善；但是，此一白或黃之馬與彼一白或黃之馬，則是有善惡或優劣可言的。此一社會與彼一社會之分，是此一白或黃之馬與彼一白或黃之馬之分，而不是抽象的白與黃之分。因此，就我們的心物合一論的哲學來說，由於我們有人之仁心仁性之自覺，所以我們是應該以良知之天則，作爲一定之標準而評判某一社會是道德的或是不道德的。

照以上所說，則某一社會是道德的或是不道德的，若以「止於至善」或人之所以爲人之理而所應該作的爲標準來衡量，這亦是極其容易辨別的。於是，我們可以評判說謊的社會是不道德的。因爲待人以誠信或對父母尊長應盡孝悌之道，這都是人所應該作的。例如某一領導階層，基於策略的觀點，雖是贊成說謊；但是，他們的部屬若對他們說謊，亦必是違反了他們社會之理所規定之基本規律而認爲是不道德的。這就是說，誠與信的本身，在任何社會制度之下，都不能說是不道德的。再就孝與悌而言，任何人必是認爲他們自己的子女與後輩應該對他們自己盡孝悌之道（他們決不會鼓勵他們自己的兒子殺他們自己），這才是道德的；因此，鼓勵兒子殺老子之不道德這是非常顯然的。我們認爲，被壓迫的奴隸，爲推翻其殘暴的統治者而迫不得已的作有限度的說謊，這是未嘗不可以的。若以「文過飾非」或「集非成是」爲革命的道德，這祇能說是以詐術爲道德，其禍必是無窮。至於鼓勵兒子殺老子，則更是違反人之所以爲人之理。若革命的道德，是可以違反人之所以爲人之理；則此所謂革命的道德，不是人的革命的道德。從人的觀點來說，這當然是不道德的。而且即令某一社會，是完全照柏拉圖的共和國實現了。這就是說，人類已無父子之親了。然而後輩對於尊長，仍然應盡孝悌之道，這亦是無可置疑的；所以我對於所謂革命道德或階級立場，若不是處於得已，那就是不道德的。

照以上所說，某種社會雖然是有某種社會的道德；但是，其所謂道德，是否爲無有不善的；或者，是否合乎道德的標準，這是不難分辨的。因此，吾人立身處世，無論是生活在何種社會制度之下；若能以人所應該作的，或以「止於至善」爲行爲的標準，則我們決不會爲社會風尚所屈服，而必能表現出獨往獨來的意志。我們中國人所謂的有道之士，是都能表現出一種獨往獨來的精神，而決不會屈服於某種政治制度所導演而成的或某種社會心理所演變而成的某種社會的風尚。這當然不是魯迅所謂的「阿Q精神」。像「阿Q」那一類型的人，是不足以語此的。但是，我們仍須說明的，即特立獨行之士，雖有改造社會風尚之志，卻無反對社會制度的企圖。因此，他們可以「素其位而行」，可以「和而不流」，可以「遯世不見知而不悔」。不過，他們祇是「窮則獨善其身」或不「阿諛取好」而已；若有機會，他們仍然會作「兼善天下」的打算，且是「知其不可爲而爲之」的「貫澈始終」。這是我們中國知識份子之傳統精神。也就是說，我們中國知識份子的以「止於至善」爲最高標準的道德修養，是表現在此等處所。至於像屈原那樣的牢騷滿腹，其忠愛國家之情雖是可嘉；而且，固亦含有戒勸之意；然本於詩人忠厚之旨而言，其道德修養仍是不夠的。（再版時謹按：王船先生註離騷，對屈子評價至高。伯達此實妄議古人，特誌之以見吾過。）

照以上所說，則我們所謂的道德，是以「止於至善」爲最高的標準，而「自強不息」的以日新其德。此種「自強不息」的日新其德的工夫，若真能達到「從心所欲不踰距」的「止於至善」的境地，則便已有通常所謂的聖人的修養工夫。關於聖人，我們留待以後再講。這裡須特別指出的，我們固不能說，缺乏修養的人即是不道德的人；但是，能「止於至善」的人，必是有高深的道德修養，則是無可置疑的。因此，我們也可以說，道德問題，亦就是修養問題；所以講道德而忽視修養的工夫，則其所講的必是假的道德；假的道德，即是不道德的。

從道德的觀點而談修養，這就修身。一般說來，能修其身者，必已能修其心。修心是修身的基礎。不過，修心與修身仍是有區別的。儒家是以誠意正心爲修身的基礎，以禮爲修身的標準，以忠恕爲修身的最基本的工夫。我們認爲，若不以誠意正心爲修身的基礎，則決不會有合於忠恕之道的實踐工夫，亦決不會達成「止於至善」的道德標準。這就是說，凡未能將自己的私心摒除淨盡而稍有作僞的，即令雖偶然的會完全忘我而有一種「悟道」的心理狀態或意境，然亦祇是空中樓閣而已。朱子曰：「蓋心體之明有所未盡，則其所發，必有不能實用其力而苟焉以自欺者；然或已明而不謹乎此，則其所明又非己有而無以爲進德之基。」宋儒之著重「慎獨」，這確是修身的基礎。至於儒家所謂的禮，因其是行爲的標準，所以也就是道德修養的標準。儒家所謂的禮之內容，這是應從知識觀點而評判其是應該的或是不應該的。再就道德修養的方法來說，則是「制於外，所以養其中」；然果能「養其中」，則必能「由乎中而應乎外」。因此，我們認爲道德的修養必是合外內之道。此合外內之道的道德修養，最簡便而又最切實際的，便是忠恕二字；所以忠恕是修身最基本的工夫。中庸說：「忠恕違道不遠，施諸己而不願，亦勿施於人。」照一般人看來，修養工夫是很難得的。有些人常視道德的修養爲畏途。又有些人卻祇著重於「制於外」的細微末節，而特別注重日常生活的起居飲食或應對進退之道，未能正心誠意的以「養其中」，所以便成爲僞善之徒的假道德。實際上，祇要能「盡己」的而不斷的自我反省以做到自己所不願受之的亦勿施之於他人，這就是實踐了忠恕之道，也就是有一種非常實在的道德修養。照這樣說來，修養工夫，亦並不是很難的。我們認爲，祇要能實實在在的以對待自己的而作爲對待他人的標準，且能基於「責己嚴，責人寬」的原則而講求忠恕之道，這就是儒家的學爲聖人之道，也就是儒家所謂之道德的最基本的內容。上論有云：「子曰：參乎吾道一以貫之。曾子曰：唯。子出門人問曰，何謂也？曾子曰，夫子之道，忠恕而已矣。」程子對這一段的解釋是說：「以己及物仁也，推己及物恕也，違道不遠是也。忠恕一以貫之，忠者天道，恕者人道；忠者無妄，恕者所以行乎忠也；忠者體，恕者用，大本達道也。」照程子此所說的看來，我們若能以恕行忠，這就是實踐了「夫子之道」；所以忠恕不祇是道德的最基本的內容，亦且是道德的最高標準或就是我們所當止之至善。我們認爲，若能本此一個盡己而不自欺的忠字且又能以恕行之而不妄，這是可以貫通道德的全部內容。所以，凡是道德的行爲，必皆是以不愧屋漏而忠誠不自欺爲基本，亦應是以心之修養工夫，如第八章所講的爲基本。同時，道德的修養，是應見之於立身行事之效驗方面；所以道德的修養，既必是身心合一的，也必是知行合一的。

我們仍須作進一步陳述的，即中庸所謂的三達德，其意義亦有詳爲辨說之必要。中庸曰：

「天下之達道五，所以行之者三。曰，君臣也，父子也，夫婦也，昆弟也，朋友之交也，五者，天下之達道也。知仁勇三者，天下之達德也，所以行之者一也。」這一段話的意思是說，我們是應該以知仁勇之三達德爲行爲的基礎，俾對於立身行事或辭受取予之間，皆能「一以貫之」的而不違乎道。我們認爲，此知仁勇之三達德，之所以是「一以貫之」的，是可以從各種觀點而予以解釋：第一，此知仁勇之三達德，是可以以仁爲中心而形成三位一體的道德範疇；所謂仁者必有勇，仁者必有知；這足見知與勇是必須以仁爲中心。中庸曰：「修身以道，修道以仁」，也足見用「仁」便可以完成道德的修養。第二，仁字之含義，雖可以從各種觀點而加以解釋，但仁與忠恕，實無本質上的區別。朱子曰：「盡己之謂忠，推己之謂恕。」若真能盡己而推己及人則就是仁。因爲「仁者人也」，仁就是以人之道待人，也就是以待自己的待他人，這當然就是忠恕。所以仁與忠恕是沒有多大的區別。這就是說，知仁勇三者，亦是可以以忠而「一以貫之」的。第三，就知識觀點來說，此知仁勇之三達德，亦是可以以知爲中心而三位一體的。因爲智者必是知之真。知之真，則既不會欺騙自己，亦不會受外界的炫惑。不惑是可以不憂不懼，而不憂則是仁，不懼則是勇，所以仁與勇，亦是可以以知爲中心的。我們認爲，真能不欺騙自己確是最容易而又最難的一種道德修養。凡真肯用心反省的人，大體上都可以有此體驗；所以，真能不欺騙自己的人，必是學貫天人而具有一種真的知識，此即佛家所謂的善知識。也就是說，道德問題，亦即一知識問題。宋襄公不鼓不成列以及不重傷，不擒二毛，我們不能說宋襄公不是以仁待人。但是，這卻是一種愚蠢的行爲。因此，知「仁」亦確是不容易的。孫中山先生所說的「知難行易」以及陽明所說的「知行合一」，從此種觀點說，亦都是很正確的。第四，再就行爲觀點來說，知仁勇三者亦可以以勇爲中心而三位一體的。因爲知仁而不能行之，即可以說不是真的知仁。而且，當其勇足以行仁時，必已是知仁的，所以知仁勇之三達德，亦是可以以勇而「一以貫之」的。

照以上所說，知仁勇之三達德，是可以相互的而「一以貫之」，亦可以用誠與忠恕而「一以貫之」。這就是說，用誠與忠恕或知仁勇三者，是都可以貫通道德之全部內容。我們認爲，從道德觀點說，所謂道，即是人與人之間所應該有的正常的關係；所謂德，即是能認識此正常的關係而敢於以恕行之無妄。所以忠恕是道德修養的最基本的修養工夫，而知仁勇則是道德修養的所須達成的三個綱目。我們可以這樣的說，任何意義的道德，都可以納入知仁勇三大類。例如孟子所講的義，即是行仁而得當的意思。我們可以這樣的說，忠臣與節婦，若能基於仁而行之得當，則亦是一大的道德。即以忠臣而言，有些忠臣是希望致君於堯舜。在君主時代，能以忠於道而忠於君，我們不能說這是不道德的；否則，此「止於至善」的道德理想，便無法普及於社會。自孔子以來的中國知識份子，凡能忠於其自己之「止於至善」的理想的，必都具有此種與人爲善的心情，以積極的參加社會活動。即令生逢亂世，亦毫不作避世之想。當然，有許多的人，祇是爲升官發財而與君主合作的。但是，凡能忠於其自己之理想而又具有高深道德修養的中國知識份子，必對於人類的罪惡，都具有一種不妥協的精神。即令在表面上是說「臣罪當誅」而「天王聖明」；然而在骨子裡，亦祇是爲求實現其救世之理想，而對於所必須與之合作的君主所應有的一種禮貌而已。所以，無論從何種角度來說，我們亦不能說作忠臣是不道德的。我們認爲，所謂是道德的或是不道德的，有時固須就事論事；然而最主要的，則應視其是否「以仁存心」，亦即是能否有人之仁心仁性之自覺。孟子說：「人能充無欲害人之心，而仁不可勝用也；人能充無穿窬之心，而義不可勝用也；人能充無受爾汝之實，無所往而不爲義也。士未可以言而言，是以言餂之也；可以言而不言，是以不言餂之也；是皆穿窬之類也。」這就是說，有人之仁心仁性之自覺者，是必能充無穿窬之心與充無欲害人之心的。照孟子此所說的看來，則知我們是應該怎樣的以辨別什麼是道德的，什麼是不道德的。總之，凡能身心合一或知行合一者，必能融消心與物或人與己之對立，而體現人之心物合一之自覺的本性，使自己成爲真人。莊子曰：「且有真人而後有真知。」(大宗師) 真人自不會迷失本心，也當然不會有違於道德。

第三節　藝術之意義及其價值

我們認爲，舊說所謂的道，即我們所謂的哲學；舊說所謂之道德，即是對於哲學之理有真正的心得且能行之無妄而始終不渝，所以舊說所謂的道德與我們所謂的道德，在本質上是完全相同的。至於舊說所謂的技，即是現代所謂的藝術。不過，就藝術一詞之廣義來說，藝與技是沒有區別的；若就其狹義而言，則技巧與藝術，仍是有區別的。莊子養生主說：「臣之所好者道也，進乎技矣。」嚴格的說來，技而進乎道，這才是真正的藝術。

通常說來，哲學是講理的，故能使人知；而藝術則不是講理的，但能使人覺。我們常說：「我覺得舒服或不舒服。」我們現在所謂的「使人覺」的覺，正是此義。依此義說來，藝術與哲學是不相同的。因爲哲學所着重者是懂得或貫通，藝術所着重者是使人有實感。本來實際的事物才是可感覺的。但藝術能以一種方法，以可感覺者表示不可感覺者；而且，使人於欣賞此可感覺者時，亦彷彿見其不可感覺者。白居易琵琶行有云：「轉軸撥弦三兩聲，未成曲調先有情；絃絃掩抑聲聲思，似訴生平不得志；低眉信手續續彈，說盡心中無限事；輕攏漫撚抹復挑，初爲霓裳後六么；大絃嘈嘈如急雨，小弦切切如私語；嘈嘈切切錯雜彈，大珠小珠落玉盤；間關鶯語花底滑，幽咽流泉水下灘，水泉冷澀絃凝絕，凝絕不通聲暫歇；別有幽愁闇恨生，此時無聲勝有聲。」這是白居易從可感覺的琵琶聲而彷彿見此商人婦之情感以及琵琶聲所表示的各種心境。我們所謂的以可感覺者表示不可感覺者正是此意。杜甫丹青引亦說：「凌煙功臣少顏色，將軍下筆開生面；良相頭上進賢冠，猛將腰間大羽箭；褒公鄂公毛髮動，英姿颯爽猶酣戰。先帝天馬玉花驄，畫山如山貌不同；是日牽來赤墀下，迥立閶闔生長風；詔謂將軍拂絹素，意匠慘澹經營中，斯須九重真龍出，一洗萬古凡馬空。」這是杜甫描寫曹霸之「將軍善畫蓋有神，偶逢佳士亦寫真。」這就是說，叚志玄，尉遲敬德，以及玉花驄等之本身，已成爲一件藝術品，再經曹霸別開生面之筆，便使「凌煙功臣少顏色」及「一洗萬古凡馬空」。玉花驄是實際存在的馬，叚志玄與尉遲敬德是實際存在的人。此實際存在之人或馬，就其英姿颯爽的酣戰氣象或其神駿之性而言，是具備了作爲一件最佳的藝術品之條件的。曹霸即是把握此種條件或特點，以成爲最佳之藝術結構，且使人能感覺出此酣戰之氣象與神駿之性。此酣戰之氣象與神駿之性是不實際存在的。所謂以可感覺者表示不可感覺者，於此，當可以進一步的瞭解其意義。音樂或繪畫到了此種神乎其技的境界，即所謂技而進乎道。庖丁解牛，是已神乎其技的。此神乎其技之技，則就是道，也就是最藝術之藝術。照這樣說來，技而進於道的藝術，其所表現而爲我們可感覺的，祇是與實際事物相彷彿的一種意所造的境。不過，此種意境能予人以真實的感覺而已。我們茲再以曹雪芹所描寫的林黛玉爲例而說明之。我們當然知道實際上並沒有像曹雪芹所描寫的那樣的林黛玉之存在；但是，實際存在的少女而像林黛玉的則不知有多少，此即通常所謂的林黛玉型。由此，則知進於道的藝術，其技巧所表現的，不是依樣葫蘆，而是創造一特定的典型；此一特定的典型，不祇是表示某一事物之個體的特點，而且是表示某一事物之所以屬於某類之某性的特點。即如曹雪芹筆下之林黛玉，其所表示的不祇是某一少女的特點而是表示所有多愁善感、弱不禁風之少女的特點，以成其爲林黛玉型。照這樣說來，技而進於道的藝術，即是將不實際存在的或不可感覺的情境或某一事物之所以屬於某類之某性的特點，用一種方法，而將其表示出來，以成爲可感覺的。所以藝術雖不是哲學，但必定是哲學的。因爲此技而進於道的藝術境界，也就是哲學的境界。不過，哲學活動，是對於事物之類之理以心觀之，而藝術活動，則是對於事物之類之理以心賞之或以心玩之。心觀祇是觀，所以純是理性的或自覺的，心賞或心玩，則帶有感情。所以我們說藝術是情所表現的美之創造作用。在這裡我們仍須說明的，即哲學家將心觀之所得，或以言語說出，或以文字寫出，故別人亦可知之，而此所說所寫的即是哲學。至於藝術家，則是將其所心賞心玩者，以聲音、顏色或語言文字以及其他之工具，用一種方法表示出來，使他人見之，亦可賞之玩之，這所表示的即是藝術作品，所以杜甫的丹青引暨曹霸的馬皆是藝術作品。照這樣說來，哲學與藝術作品之不同，不是其精神活動之境界不同，而祇是此能知之心是以不同的觀點對待其所認識之事物，且其所表示的方法亦是不同的。所以哲學境界與藝術境界是相同的;所以技是可以進於道的。

我們仍須說明的,即哲學家與藝術家,對於事物之態度,俱是旁觀的,超然的。不過,哲學家對於事物是以超然的態度靜觀,藝術家對於事物是以超然的態度賞玩。哲學家對於事物,無他要求,惟欲知之,藝術家對於事物,亦無他要求,惟欲賞之玩之。哲學家講哲學,乃欲將其自己所知者,使他人亦可知之;藝術家作藝術作品,乃欲將其自己所賞所玩者,使他人亦可賞之玩之。因此,若有一哲學家,對於事物不能持旁觀的或超然的態度,則此一哲學家便不能成其爲哲學家。因爲凡對於事物不能持旁觀的或超然的態度,則便不能對於事物具有哲學上所謂的真知識。我們已陳述過,道德既常以社會之風尙爲標準,也可以說,道德不一定是個人之主觀的精神活動;因此,道德家是可以說不是哲學家。不過若此一道德家所具有之道德修養,是合於本然之理而無有不善的,則此一道德家亦必是一哲學家。因爲凡道德家而能具有無有不善之道德修養的,必是知之真而能超然物外的不爲事物所蔽。例如文天祥,雖似乎祇是爲大宋而死;然而實際上,他是爲成仁取義而死的。也可以說,是爲其所具有的哲學知識而死的。所以文天祥雖似乎祇是一個忠臣,但就其在正氣歌及其遺囑中所表示的看來,他卻是具有一種無有不善的道德修養,亦確是以哲學家的態度,爲其自己的信仰而殉道。於是,所謂旁觀的或超然的態度,實就是一真而無妄的態度。此一真而無妄的態度,是所有道德家、哲學家,或藝術家所必須都具有的一種態度。因爲一個藝術家,當其以藝術作品表示其自己之經驗時,是必然的要暫時將自己置於旁觀者的地位,以賞玩其經驗;否則,他是不能有藝術作品的。例如一詩人,他可以作一詩以表示其悲傷之情;但是,當他作此詩時，必是將他自己暫時置於旁觀者之地位，以賞玩此情；否則，他只有痛哭流涕之不暇，他是決對不能作此詩的。這就是說，藝術家所表示的雖是自己的經驗；但當其表示自己所具有的某種經驗時，必是將自己暫時置於旁觀者的地位而採取超然的態度；所以藝術家必是和哲學家一樣的而應該具有旁觀的或超然的態度。

哲學家與藝術家的態度，雖都是旁觀的或超然的；但藝術家乃是以哲學家的態度以創造藝術品並賞之玩之；所以藝術家不需要嚴謹的推理工作，而祇需講求藝術品之風格，並注重比興賦之表現方法。至於哲學家，則在於理解事物之類的本然之理而建立其哲學的體系。就我國先哲而言，則更是以推類的方法而知無不盡的窮理盡性至命。再者，藝術家是祇著重於情感之獲得慰藉及表現美之創造作用。因此，藝術家的藝術品，其所表示的事物之性，可以說，祇是藝術家的意境。過去中國文人畫梅花與竹子，即以其可以表示某種意境而畫之，並非以其是植物而畫之。因為中國文人畫梅，係表示一種事物的孤傲之性，畫竹係表示一種事物的幽獨之性，所謂梅可況高士，竹可況幽人，其所以可況一者，乃從藝術觀點來說，梅與高士，竹與幽人，是屬於一類者。林和靖有梅妻鶴子之自慰。他之所以妻梅，乃是取其孤傲，而非取其是一種樹；他之所以子鶴，乃是取其超逸，而非取其是一種鳥。照這樣說來，藝術家是祇講情而不講理。不過，此所謂不講理，祇是從哲學觀點而說的，並不是通常所謂的蠻不講理。若藝術家而蠻不講理，則亦不成其為藝術家。因為藝術家雖祇是講情而求美，但所謂美亦必有美之理。進乎道的藝術，可以說即是合乎本然的美之理的藝術。美之理必是很眾的。米芾續書評說：「柳公權書，如深山得道之士，修鍊已成，無一點塵俗氣。顏真卿書，如項羽按劍，樊噲排突，硬弩欲張，鐵柱將立，昂然有不可犯之色。」米芾雖是在評品書法之風格，然藝術作品之風格，即是表示美之理的。其他如音樂、美術、雕刻、以及詩詞歌賦或小說與散文等藝術作品，都可以從其風格而知其所表示的美之理。例如蘇東坡的「念奴嬌」，其豪放悲壯之情，是表示蘇東坡所作之詞的一種風格。從欣賞觀點說，此詩之感人處，是在其有此豪放悲壯之風格。從美學原理說，此詞之所以有其藝術價值，則是此詞之風格正是表示赤壁懷古之情所應具有的一種美之理。我們認爲，藝術家之所以能把握住此美之理，必仍是主觀的精神活動與客觀的存在的美之理的合一；此正如有修養的道德家，他能基於人與人或人與事的關係之不同，而把握其應有之義是一樣的。公孫丑篇有：「陳臻問曰，前日於齊，王餽兼金一百而不受，於宋餽七十鎰而受，於薛餽五十鎰而受；前日之不受是，則今日之受非也；今日之受是，則前日之不受非也，夫子必居一於此矣。孟子曰，皆是也。當在宋也，予將有遠行，行者必以贐，辭曰餽贐，予何爲不受；當在薛也，予有戒心，辭曰聞戒，故爲兵餽之，予何爲不受；若於齊，則未有處也，無處而餽之，是貨之也；焉有君子，而可以貨取乎。」照這樣說來，所謂義與不義，或應該與不應該，完全是主觀與客觀的合一；也就是本乎此心之仁而以義行之於人常日用之間。藝術之所以與道德有不同者，乃藝術家是本乎此情之正而依照美之理，以創造藝術作品。所以美之理必是客觀存在的。至於我們之對於美之理的認識，則是一種主觀的精神活動。我們可以這樣的說，凡是依照此美之理的則是美的，凡能依照此美之理的則是主觀的。我們中國文人之以梅況高士，以竹況幽人，雖可以說完全是一種主觀的精神活動；但是，假如梅不可以況高士，竹不可以況幽人，則必是植物之梅竹，無可況高士與幽人的美之理。這就是說，梅竹之所以能況高士幽人，乃因此植物之梅竹，在客觀上是具有可以況高士與幽人的美之理，藝術家祇是把握了此可況高士與幽人的美之理，而用一種方法表示出來，使他人能有此同感。所以許多有價值的藝術作品，固可以說祇是表示了藝術家所感受的一種情境，而可以說祇是表示了藝術家自己所能感受到的一種存在。但是，這決對不是荒誕不經的幻想或虛構。因此，藝術家雖是不講哲學家所謂之理，卻必須講美之理。我們認爲，凡從情感觀點，且以旁觀的超然的態度，而體味與玩賞自己所感受的某種情境中，其最能激動人心而有「充實」之感者。若能把握之而以一種方法表示出來，則必能使人亦彷彿置身於此種情境而具有同感。如此，才算是把握了美之理；而一種藝術作品的風格，則祇是藝術家是用何種角度以把握此美之理而已。照這樣說來，藝術與哲學確是不相同的。不過，藝術家若有一種哲學家之知識，道德家之勇氣，卻可以增加藝術作品之價值。這就是說，哲學與藝術雖是不相同的，但並不是不相通的。

我們仍須陳述的，即好的哲學，是將本然之理，真而無妄的說出或寫出來；而好的藝術作品，則是將本然的美之理，真而無妄的用一種方法表示出來。此所表示出來的本然的美之理，若確是真而無妄的，則必是此本然的美之理的本然的樣子。梅之孤傲，鶴之超逸，竹之清翠而雅緻，此即是梅竹鶴之美之理的本然的樣子。因此，若能將某類事物之本然的美之理的本然的樣子用一種方法表示出來，則就是好的藝術作品。再就藝術家所用的工具而言，一藝術品所使用的文字，和哲學家所使用的文字，其造句法可以說是完全不同的。李白詩云：「愁來白髮三千丈」，從哲學觀點說，這是非常壞的造句法；但從藝術觀點說，這種造句法，卻正足以以可感的表示其不可感的。哲學文字是不能絲毫誇張及帶有感情成份，藝術文字，則是常以誇張的方法而表示真的感情。我們可以這樣的說，藝術作品所使用的語句，從哲學觀點說，都應該是壞的句子；否則，那便不是藝術而是哲學。至於藝術作品之好壞，固然須從表現的技巧而評定其優劣；然而更重要的則是其境界之造詣或風格之高低。李白詩云：「江流天地外，山色有無中。」此等句子，其風格之高，其境界造詣之深，其文字技巧之佳，可以說是無有出其右的；若說這祇是文字之技巧，這便是外行人的說法。即以李淸照的「簾捲西風，人比黃花瘦」這兩句詞而言，亦不是全憑文字技巧，便可以表示出此種風格的。古人常說：「文章本天成，妙手偶得之。」朱子語類也曾說：「文字自有一個天生成腔子。」嚴格說來，天成的文章，天生成的腔子，應是「不著一字」的。所謂「不著一字，盡得風流」，這是說得很好的。郭象莊子齊物論注說：「夫聲不可枚舉也，故吹管操弦，雖有繁手，遺聲多矣。而執籥鳴弦者，欲以彰聲也。彰聲而聲遺，不彰聲而聲全。」郭象此種觀點是很對的。這就是說，無聲之樂，才是樂之天生成的腔子，亦即是樂之本然的樣子。白居易所謂「此時無聲勝有聲」，他確是領略到了琵琶之聲的本然的樣子。所以本然的樣子的文章，應是「不著一字」的；本然的樣子的音樂，應是不彰一聲的。但是，這是從哲學之究竟觀點而說的；若從藝術觀點來說，我們之所以能領略到「此時無聲勝有聲」，這還是以可感的表示其不可感的。因此，若有一藝術品，能以其可感的而表示出其不可感的，也就是能以聲音或文字，而表示其「不彰一聲」，「不著一字」的，則此種文章，便已是天生成的文章；此種音樂，便已是天生成的腔調。我們認爲，凡是天生成的藝術品，即是藝術品之最高的境界。若有一藝術品，能接近此最高之境界者，即是好的藝術品；能最近此最高之境界者，即是最好的藝術品。我們對於藝術作品之評價，應是從此等觀點而評定其優劣。所以一藝術作品之好壞，是可以看出藝術家對於事物的美之理的體認，已否臻於最高深之境界。至於其所表現的技巧，雖也是很重要的，卻是較爲次要的。因爲藝術家對於美之理的體認，若能有高深的造詣，則很可能發現某一類事物的美之理的本然的樣子，亦即是很可能偶然的發現天生成的藝術作品。

以上係基於心物合一論的哲學，而論究藝術之意義、本質、以及評定藝術作品之標準，現再進而討論藝術之價值。舊說藝術是陶冶性情的。在過去，凡讀書人能以琴棋書畫自娛的，即是風雅之士。風雅是對俚俗而言的。朱子說：「雅者正也」。風雅之士，亦可以說是高尚其志或風流自賞而具有高深的藝術修養的正直之士。此仍是不足以盡風雅之含義。風雅之士，似有不食人間煙火的味道，但仍然是人而不是神仙。我們可以說，風雅之士，是人間神仙，而毫無粗鄙的俗氣。照這樣說來，能以藝術而自娛的風雅之士；雖不是道學先生，卻有道德的修養；雖不是哲學家，卻有曠達的胸襟；雖不一定是節義之士，卻具有豐富的正義感。同時，風雅之士，雖也遊戲人間，卻是多情種子；雖也醇酒婦人，卻不沉湎酒色；雖也爲生活奔走，卻能充無穿窬之心。這就是說，凡窮且益堅而具有藝術修養的正直之士，亦就是風雅之士。於是，我們可以這樣的說，藝術是能陶冶人之性情，以使其所感的而能得於正。朱子之詩經傳序曰：「詩者人心之感物而形於言之餘也。心之所感有邪正，故言之所形有是非；惟聖人在上，則其所感者無不正，而其言皆足以爲教。其或感之之雜，而所發不能無可擇者，則上之人，必思有以自反，而因有以勸懲之，是亦所以為教也。」照朱子此說，詩確是具有教育功用。詩是藝術之一種；所謂詩是具有教育功用，即是從藝術觀點而論詩之價值。於是，我們也可以說，藝術價值，即是具有教育功用。至於藝術之所以能具有教育功用，乃藝術能陶冶性情；藝術之所以能陶冶性情，乃藝術不僅可以欣賞，且對於人有一種感動的力量。凡藝術皆能感人。不過有些藝術，因其所藉以表現之工具不同，其感人之程度，可能因對象之不同而大有差別。例如一張好畫或一首好詩，在懂得的人看來或讀來，真是其味無窮而愛不忍釋。通常說來，樂是能最普遍的感動人的。荀子說：「故樂在宗廟之中，君臣上下同聽之，則莫不和敬；閨門之內，父子兄弟同聽之，則莫不和親；鄉里族長之中，長少同聽之，則莫不和順。」又說：「夫聲樂之入人也深，其化人也速，故先王謹為之文。樂中平則民和而不流，樂肅莊則民齊而不亂；民和齊則兵勁城固，敵國不敢嬰也。」又說：「故樂行而志清，禮修而行成。耳目聰明，血氣和平。移風易俗，天下皆寧。美善相樂。故曰：樂者樂也，君子樂得其道，小人樂得其欲。」照荀子此說，樂確是能普遍的感動人；樂之所以能普遍的感動人，在於君子可以樂得其道，小人可以樂得其欲，而耳目聰明，血氣和平的以產生和敬、和親與和順之情。所以，樂確是具有教育功用，而其效果可使「兵勁城固」。在我國古代，詩亦是最能普遍感人的。毛詩正義序有說：「夫詩者論功頌德之歌，止僻防邪之訓；雖無為而自發，乃有益於生靈。六情靜於中，百物盪於外；情緣動物，物感情遷。若政遇醇和，則歡娛被於朝野；時當慘黷，亦怨刺形於詠歌。作之者所以暢懷舒憤，聞之者足以塞違從正，發諸性情，諧於律呂；故曰，感天地，動鬼神，莫近於詩。」照這樣說來，詩之所以能感動人，乃其能「發諸性情，諧於律呂」；因其能諧於律呂，故詩可以入樂；因其能發諸性情，故能感人至深。這就是說，詩與樂皆是能最普遍的感動人的。而且，詩之感人，是可能較樂之感人爲深；如孝子而讀蓼莪之詩，未有不哀哀流涕的。再者，無論詩之所感緣何，亦是「皆足以爲教」的；詩與樂既皆具有教育功用，則藝術之必皆具有教育功用，這是無可置疑的。王維詩中有畫，這意思是說，畫的意境，亦就是詩的意境。中國文人常於畫上題詩，亦足見詩與畫是可以用一個題材的。照這樣說來，詩不僅可以入樂，亦且可以入畫。於是，我們當可以知道，某一事物的美之理，是可以用各種方法表示的。這就是說，各種藝術作品之不同，祇是其藉以表現之工具或方法有不同，而美之理則是無有不同的。因此，任何藝術作品，大體上皆可以用一個題材而以不同的形式或方法表示的。我們討論藝術價值時，是可以從詩與樂之具有教育的功用，而論定凡藝術皆是具有教育功用；同時，因爲美與善，藝術或道德，其最高的境界，實無不同，所以真正的藝術，確具有教育的功用。

第四節　道德藝術與人生

我們認爲，道德可以使人生淨化，藝術可以使人生美化；然而我們之所以能領略藝術人生之美及道德人生之淨，則賴於我們的哲學之修養。我們所謂的淨化，不是指的「六根清淨」，而是指的無愧於心。因爲真能無愧心，則六根自然清淨。我們所謂的美化，不就是通常一般人所謂的美麗，而是指的能忠實自己的對於美之理的體認所感受的一種藝術境界。通常說來，能忠實自己體認的藝術境界，亦就是無愧於心；若真能無愧於心，亦必是自得其樂。這就是說，淨化與美化的人生，必皆是快樂的人生；所以道德與藝術，皆足以使人生快樂。荀子說「美善相樂」。又說：「君子樂得其道，小人樂得其欲」。於是，我們也可以說，爲道德而道德是樂得其道，爲藝術而藝術是樂得其欲。但是，從樂得其欲，亦是可以進入於樂得其道的境界的。所謂「臣之所好者道也，進乎技矣」。這就是說，技而進乎道的藝術，亦不祇是爲藝術而藝術；因爲藝術修養是可以有助於道德行爲之養成，而爲善才是最樂。

我們認爲，這存在的宇宙，祇是一變化無常的過程。我們生活在此一變化無常的巨大過程中，如浪花之一現，如白雲之一聚。本是從無中來，原該向無中去。但是，我們既知道人生祇是一短暫的過程，而人類能知之心亦既是知無不盡的成爲天地之心，則我們是如何才能「順受其正」的以渡過此一短暫的過程，這當然是值得研究的。在討論天道與人道時，我們曾提出日新其德與止於至善的主張。這是因爲我們人類既有此知善知惡之良知，自當爲善去惡的以盡人之所以爲人之道。能如此，當然就是「順受其正」，亦當然是「不怨天，不尤人」的而渡過此一短暫的過程。因此，對於「爲善最樂」之理，亦有加以辨說之必要。從某種觀點說，爲善並不快樂。列子楊朱篇對於爲善並不快樂之理是有極爲詳盡的說明。我們認爲，人類因有此知善知惡之良知，所以當人之良知發現時，對於自己的不善行爲總會感到遺憾而深深覺得痛苦。即以賭博、酗酒，或沉迷於女色而言，這是可以快一時之意；然而，當「揚州夢覺」時，當大醉與大輸之際時，其悔恨與痛苦是不言而喻的。再就竊權弄柄之無聊政客或元惡巨奸而言，充其穿窬之心，以卑劣詐僞，陰險毒辣之手段，殘殺無辜，陷害善良的具有正義感之人士；當其稱心快意時，似乎是可以樂此不疲的；但當其遭遇最後之失敗，其悔恨與痛苦亦是不言而喻的。人之良知，即是人自己最公正的，也是最後的裁判者。凡作惡多端的人，終必有良知發現之時，亦終必有遭受最終審判之時，這是我們可以想見的。惟有心地光明而毫無障礙的曠達之士，其修養能日新其德，其行爲能「止於至善」；所謂「仰不愧於天，俯不怍於地」；雖身體勤勞，生活艱苦；然其能知之心，是樂而無憂的。我們認爲，人之心靈之窗，若能完全打開而毫無蔽障，則必如光風霽月的而有一種祥和之氣；這也就是「爲善最樂」最好的說明。不過，人是社會的動物，人類爲求生存是不能遺世而獨立的。因此，人之能知之心，必常因人對人的「人際關係」(interhumanrelation)而產生情感上的糾紛，必常因人對物的生活上的需要而發生生活問題。人之肉體，究竟能忍受多大的生活折磨或肉體痛苦；而人之心靈，亦究竟能忍受多大的情感方面的刺激，這似乎亦是不可忽視的。有人認爲這是可用科學方法而求得解答的。實際上，這是無須從科學觀點而作精確的計算。就我們所知的來說，某些人所認爲的無可忍受的痛苦，另外有些人是可能絲毫不覺得痛苦。例如作戰時負傷，若在戰況緊急之時，雖負重傷，亦絲毫不覺得痛苦，必須在旁者告知其已負傷時才會感到痛苦。又例如挨打，亦是很痛苦的；當義憤填膺而與人對打時，雖因打敗而挨毒打，亦是毫不覺得痛苦。我個人即曾有此類似的經驗。照這樣說來，人類肉體，是可忍受某種限度的痛苦而不覺得痛苦。古代的忠臣義士，即如左光斗等，當其遭受竊權弄柄者之慘刑時，其毫無痛苦的表示，這不是做作的。又如虛雲和尚，以百餘歲之高齡，在雲門挨毒打，以致七孔流血，而竟未被打死，且依然趺坐如故。我們並不是說，此肉體之軀，是可以忍受無限的肉體痛苦；而祇是說，若心靈上覺得是快樂的，則肉體所受的任何痛苦常不覺其是痛苦。至於肉體所不能忍受的痛苦，則必致暈死；然而其精神必仍是非常愉快，這是可以斷言的。因此，列子楊朱篇以舜禹周公孔子爲窮毒、憂苦、危懼、遑遽，這是對於精神上的快樂完全缺乏體驗，而不懂得聖人精神上的快樂的原故。於是，我們說「爲善最樂」，實不是有意的鼓勵他人爲善，而祇是基於我們的體認，若果能「樂得其道」，這才是人類真正的快樂。

「樂得其道」，必是知之真而行之篤，這就是「率性」的工夫。「樂得其欲」，則是「發乎情」而寄情於自己所最愉悅的意境。若能「止乎禮」而有得於心，也就是進於道而「樂得其道」。凡具有藝術修養之人士，或寄情於藝術作品之欣賞，或使生活藝術化，都可以由「樂得其欲」以進乎道的而「樂得其道」。我們認爲，「樂得其道」，便能自然而然的以懲忿窒慾；「樂得其欲」而又能「止乎禮」的以宣洩感情，亦是可以長得其樂的。所以藝術與道德的修養，都可以使人生快樂。於是，我們對於善與美，實應深知其意以善吾之生。我們要知道，善是克己的，美是悅己的；若能以悅己之心克己，則道德的人生亦就是美化的人生。因此，美與善應相輔相成的以美化道德的人生。此美化的道德的人生，乃人之智慧所孕育的。所以知情意三者俱備，才可以使人生內容完滿；而此完美的人生，即是在智慧之光照耀下，確能溶銷心物或物己之對立，亦即確能溶銷醜陋的或惡劣的與不道德的積習，而使此心能安，此身亦樂。

第十三章　從「心物合一」論宗教與鬼神

第一節　概　說

照我們的看法，探求此本然之理而知之，這是哲學家所努力的；探求此本然的美之理而玩之賞之，這是藝術家所努力的；至於道德家，則是依此本然之理而實行之。所以哲學家是求真，道德家是行善，藝術家是樂美。然而藝術家所賞之玩之之美，實祇是藝術家自己的意境。不過，此種意境，能以一種方法表示出來而爲人所共玩共賞。同樣的，宗教家所崇信之佛祖、上帝，或其所嚮往之天堂天國等；照我們的看法，實亦祇是宗教家的一種意境；不過，此種意境，能爲愚夫愚婦所崇信，能爲具有真正知識的人士所瞭然而認爲不妄。我們可以這樣的說，宗教家所崇信的意境與藝術家所賞玩的意境，就其最高的境界而言，實無本質上的區別；不過，技而進於道的藝術家是從美的觀點而樂此意境，宗教家則是從道德的觀點而信此意境並以之作爲安身立命之所。因此，藝術與宗教，是都可以使人獲得真正的快樂。謝扶雅先生在其所著當代道德哲學一書中曾說：「我對超物的關係，常取賞鑑或禪悅的態度，其範本爲美學或宗教。」謝先生以藝術與宗教爲「同型」，這觀點是我們所贊同的。所以，我們在討論道德與藝術這一問題之後，乃進而討論宗教與鬼神的問題。因：這一方面是人生最關緊要的問題；一方面，從心物合一論上我們究應如何的來看這一問題。

第二節　宗教與迷信之意義

通常以為宗教是一種迷信，這觀點可以說是對的，也可以說是不對的。就愚夫愚婦所信奉之宗教而言，無論其為何種宗教，必皆是一種迷信。因為在愚夫愚婦看來，其所信仰之佛祖，上帝或天堂、天國等亦祇是一種過程，則永生之說應是一種錯誤；若佛祖或上帝是永生的，天堂天國是永在的，則此所謂永生永在便不是一種過程，而應是此整個過程的本體。照我們的系統來說，這祇能是無限或無。無限或無是祇有此事實的與應該的可能，並不是一光輝輝的存在。因此，若以為真有一全知全能或有求必應的上帝在照管或照顧我們，這祇能說是一種於理不通的迷信。愚夫愚婦即是以此種迷信為其宗教之信仰。

從佛教哲學來說，一切法皆是此心所現的。這就是說，天堂佛祖，亦皆是此心所現的一種境界。所以學禪的人可以呵佛罵祖。所以佛經中常提及無佛無世界之觀點，這是許多不懂佛教哲學，以佛教為迷信的人所未能瞭然的，茲引證佛經兩則於后：

一切法皆如也，諸佛境界亦然，乃至無有一法於如中生滅者；衆生妄分別，而有是佛，有是世界：了達法性，無佛無世界也。（華嚴經）

佛問文殊師利言：文殊師利，地獄由自己分別而生也，自然而生也？文殊答曰：地獄，依凡夫之虛妄分別者，畜生，餓鬼亦然也。我之眼中，無地獄，亦無苦。譬如有人，夢墮地獄，身在大沸鑊受苦，忽大悲哀，叫曰，苦哉！家人不知叫者之所謂苦也。（大

法炬陀羅尼經）

照以上所述，則知佛教哲學，確認爲是無世界，無天堂，無地獄，無佛祖的；而且，楞嚴經更有透闢的說明。楞嚴經第九卷說：「又以此心成就清淨，淨心功極。忽見大地十方山河，皆成佛國；具足七寶，光明偏滿。又見恒沙諸佛如來，徧滿空界，樓殿華麗。下見地獄，上觀天宮，得無障礙。此名欣厭凝想日深，想久化成，非爲聖證。不作聖心，名善境界。若作聖解，即受群邪。」照楞嚴經此說，則所謂諸佛如來及天堂地獄等，皆祇是「想久化成」的意境。不過此種意境，若「不作聖心」，是可以名之爲「善境界」的。此所謂「不作聖心」究應作何解？我們認爲，最好的解釋，是祇能說是「若不作爲是究竟的」。這就是說，若以此種意境爲善的，這是不錯的；若以爲這是光輝輝的存在，則便是「即受群邪」。照這樣說來，佛教可以說是無神論。不過，這和唯物主義的無神論是截然不同的。唯物論的無神論，是以人祇當作一物理結構，而將人性也一併否定。佛教的無神論，則祇是從究竟的觀點而論定沒有所謂實體的神之存在。若說佛教是一種迷信，這完全祇是對於佛教的無知。

我國佛教或道教，從其教義之最終究竟來說，是和儒家所講的心性之學大體上相同。這就是說，道教或佛教之教義，並不全是於理不通的迷信。不過，愚夫愚婦信教，因祇求滿足其個人的心理願望；所以傳教者爲了佈道的方便而將之變成爲一種迷信。佛教徒所謂的「方便法門」，可以說大部份都是迷信；佛教徒所謂的「不二法門」，則是從究竟的觀點而說的。至於天主教或基督教，吾人因乏深切之瞭解，未便妄加評論。不過，若從其究竟的意義來說，我們亦敢於說，決對不是一種迷信。說宗教是一種迷信，實祇是一種不太瞭解的說法。

宗教雖不是迷信，但離去信仰即沒有宗教。這在佛教經典及新約舊約中都可以看得出來的。馬太福音說：「我實在告訴你們，你們若有信心，不疑惑，不但能行無花果樹上所行的事，這就是對這座山說，你挪開此地，投在海裡，也必成就。你們禱告，無論求甚麼，只要信，就必得着。」這就是說，「在信的人，凡事都能」，所以祇有「因信得救」，而不信或小信的人都是不能得救的，也都是沒有宗教思想的。又如修淨土的人，數十年如一日的持誦「阿彌陀佛」；學禪的人，放下一切以參話頭。這都是全憑一念之誠而苦參苦修。過去許多高僧，常燃指供佛，我們姑不論其方法是否正確；但其信心之虔誠，真是「凡事都能」的。此種虔誠之信心，確是可以「精誠所及，金石為開」。此種虔誠之信心，就具有真正知識之人士而言，即是信道之篤；就愚夫愚婦而言，則可能祇是一種迷信。即以燃指供佛而言，若係表示一種懺悔或信仰之決心，我們決不能說這是一種迷信。我們若希望能獻身於人類或社會之福祉，沒有此種決心，是決不能有若何成就的。然而若以為燃指供佛便可以得福，這就是一種迷信了。我們認為，對於一事物，能洞察其本然之理而堅信不疑這就是信仰；不知其理而盲目附和的以信之，則就是迷信；所以信仰與迷信，全是知與不知的問題。因此，我們決不能說宗教教義全是無知的胡說，也不能說宗教徒的信仰全是迷信。就佛教徒而言，凡具有甚深智慧之高僧，是以「知見無見，斯即涅槃，無漏真淨」，為其薰修的目的；是以「迷晦即無明，發明便解脫」，為其薰修的指南。所以過去的高僧，決不是迷信大家，而是信仰「一念不生，萬緣空寂」，「寂而常照，光遍河沙」，「寂照同時，空有一如」的境界，是

「寂滅常樂」的。而且，他們認爲「十種禪那現境，皆是色陰用心交互，故現斯事」；所以，他們不僅不是迷信大家，當可以說是達者智者而堅決反對迷信的。至於和尚們之誦經禮佛以及其他之似乎是迷信的行爲，皆祇是一種修養的或堅定個人信仰的方便法門。耶穌所說的有信心的人是能移山塡海亦祇是教人應誠心向道便能有成，而並不是說，若有信心，祇須對山說，山便會自動的去塡海。至於楞嚴經所說的「如是十種禪那現境」，雖「皆是色陰用心交互」所現；但是，若能因此善境界而生悟，則是可以百尺竿頭，由此更進一步的而入於聖城。照這樣說來，信奉佛教而希望成佛，這雖然是一種迷信；而且，也或許是自私自利之心所產生的一種個人願望；但是，由於誠信不移的薰修的結果，而能發覺其爲迷信，仍然是可以求得「解脫」的。「解脫」之後自己不再是迷信，這是毋須費詞的。

照以上所說，宗教徒的信仰，有時是因缺乏眞正的知識而確爲一種迷信；不過，此種迷信，若是誠心向道，亦是無害的。而且，此種虔誠向道之心，經勤苦修持的結果，終必有覺悟之一日。過去的許多高僧，都是由迷而悟的。我們可以這樣的說，凡是覺悟的人，無不是從迷晦中求得解脫；荀子所謂的解蔽，亦正好作如此講。照這樣說來，宗教即令是一種迷信，若此種宗教具有合於本然之理而不妄的教義，則此種迷信亦祇是對迷而未悟的人一種「可使由之」的方便法門。我們對於各種宗教，雖乏甚深之研究與體認；但以我們的哲學而解釋各宗各派的教主所立之教義，大體上是不會錯的。這就是說，任何宗教所信仰的全智全能的神，都祇能是修道者自己的最崇高的理想。茲再以耶穌基督或天主的信徒所可有的一種心理狀態爲例而說明之。基督教徒或天主教徒所謂的充滿聖靈或得救，實亦祇是一種意境，亦即祇是此一虔誠的懺悔之心所現的一種善境界。我們姑無論耶穌基督或天主的信徒是否贊同此種觀點；然而，他們若認爲他們的宗教不是迷信，則此種觀點是很有用的。

以上是我們說明了宗教是迷信也不是迷信之理。關於宗教不是迷信，我們是已從各種觀點而有較爲詳盡的辨說；關於宗教何以是迷信，我們除已指出，因信教者在未證悟以前，其所信的，必然是一種迷信外；再者，宗教之所以不能脫淨迷信的色彩，固與其便於傳播有關，實際上亦是和宗教之教主有關。我們認爲，任何宗教之形式，必皆是某一宗派之教主，基於其個人之認識而所立之一套教規教義，且能爲其志同道合者所信奉而加以傳佈。古德禪師說：「宗者無字教也，教者有字宗也。」古德此說，其含義如何可姑置勿論；但是，古德此說是可以解釋爲：「宗者主也，教者，主以語言文字所辨說之教義或其所立之教規也。」我們何以說宗就是主，因爲佛教徒是以心爲宗；宗既是心，心亦是佛，所以宗就是教主。於是，我們可以這樣的說，某人所信奉之宗教，即是某人所宗奉之教主所說之一套教義或所立之一套教規。此一套教規教義，即是代表此一教主之思想。所以嚴格說來，信奉某一宗教，即是信奉某一教主。信奉某一宗教，既即是信奉某一教主，所以必須神化教主而認爲教主是全智全能者之代表，乃當然祇能信而不疑。於是，經傳道人之努力傳佈，而迷信之色彩便不僅不能脫淨，而且愈益濃厚，須至宗教改革家之革新，始又能革去某些最不合理之迷信。照這樣說來，宗教之所以不能脫淨迷信的色彩，並非宗教徒中，缺乏明智之士而不知其迷信的成份，實祇是，若將宗教之迷信部份除去，則宗教之傳佈即大有問題，而必至於「祖師門前，草深三尺」。因爲大多數人之所以信奉宗教，並非基於真正的知識而信仰真理，乃祇是希冀得救或成仙成佛而信仰神。所以我們實不宜以粗淺的科學常識，而論定宗教毫無意義。再者，我雖非佛教徒，然而，我卻是喜歡佛教的。我之所以喜歡佛教，即因學禪的人，敢於呵佛罵祖，敢於從其教主所立之教規教義，而單刀直入的以明究竟。我們認爲，佛教徒是決對不致於禁錮或桎梏思想的。因爲佛教徒所崇奉者，在表面看來，雖也祇是其所信仰之教主；但真正悟道之人，則其所信仰者，是其對於本然之理之理解或其心之本來面目之認識；也就是信仰他自己從究竟的觀點而真正的理解了這一切的存在與人生之意義。於是，我們可以這樣的說，凡宗教徒，祇是信仰其神化的教主，而對於本然之理不注重探討的，則其信仰必是一種迷信；反之，若真能了悟究竟之義的，則我們決不能說他所信仰的仍是一種迷信。不過，任何一種迷信，祇要不流入左道旁門，則此種迷信，仍是有益於世道人心。

第三節　魂魄與鬼神之哲學的考察

現再進而研究魂魄與鬼神的問題，以辯明宗教徒所信仰之神，其意義究竟是什麼？

照佛教徒的看法，人死了，其神識至臨死一刹那間，便與軀體之關係，有如遺蛻者然。覺一切痛苦消失；輕快安樂無比。但如石火電光，刹那即逝，完全入於不知不覺死寂之境。忽爾如夢初覺，如醉方醒，有如夢中身之存在。一切見聞覺知，皆歷歷如故。聞人之哭泣呼號，或自發回憶感覺，乃知吾身已死。雖亦如人之有聲音笑貌，但非生人所可感知，此即所謂中陰身，亦有稱爲中有身者，即俗所謂人死爲鬼之鬼身。所謂中有者，即捨此而未入彼，中間存在之身，乃意識所生者。佛教經典，對於人死爲鬼之說，大都是與此種說法相同的。

此說是否可靠，我們可姑置勿論。惟須加以辨說的：第一，照佛家的看法，鬼是人死後，其意識或神識離軀體後所生的；世俗所謂的鬼，其含義亦大致是如此。此說若真，則所謂意識或神識，仍必是一心物合一或質能合一之體，不過不能爲未死的人所可感知而已。對於此說，因其缺乏實證，我們固未便贊同，但亦不必反對。因爲任何的存在，既必是能質合一或心物合一的。則所謂鬼，亦必是人所不可感知的另一種的有量之能的存在。此種存在，亦並非絕不可能。然此種存在之是否爲真，以及此種存在是如何存在的，則是屬於科學方面的問題。第二，佛教徒更認爲，此所謂中有身或中陰身，因是「捨此而未入彼」的「中間存在之身」，「經七日一生死，至多爲七個七日，未有不轉生者」，所以祇是鬼之一種；而且，「善根至熟，當生天道，惡業至深，當入地獄，皆無中陰身階段。」照佛教徒此說，則鬼之種類是很多的。若「生天道」，則就是神佛；若此說是真的，則神佛亦祇是一種過程。因爲凡存在的必皆是一種過程，所以神佛亦不是「不朽」的。第三，照以上所說，佛教徒是認爲一人之魂，若離其體，則此人即死而變爲鬼或神。此種說法是相當普遍的。此說似乎即是輪迴之說或天堂地獄之說的根據。從科學觀點說，輪迴之說是未足徵信的；因爲人死爲鬼之說，既未能經實驗而予以證明，則輪迴之說當然是不足徵信的。不過，據國際靈魂學家協會會長瑞士籍之莫勒博士，於一九六〇年向該會會員大會宣佈：「大半有組織的靈魂學家不但接受再生之說爲事實，而且以此作爲他們施教的重要之點。」莫勒並認爲再生之間的間隔，是自數天乃至數千年不等，平均約爲一百年。莫勒此說，究竟是何所依據，吾人因未能聆悉其演說之全文，固未便予以評論；然而此說之未能引起科學界之注意，則是一無可置辯之事實。因此，人死為鬼之說，雖並非絕無可能，但是，在未能獲得可以實驗的證明以前，對於鬼神是否為一真實的存在，則可以存而勿論。

因此，我們認為自孟子以來的儒者，對於鬼神之意義，是解釋得很好的。孟子說：「充實而有光輝之謂大，大而化之之謂聖，聖而不可知之之謂神。」程子對孟子此語之含義曾加以銓釋說：「聖不可知，謂聖之至妙，人所不能測，非聖人之上，又有一等神人也。」照程子此說，聖人就是神人。又易繫辭對於鬼神的看法，茲列舉於下：

> 仰以觀於天文，俯以察於地理，是故幽明之故；原始反終，故知死生之說，精氣為物，游魂為變，是故知鬼神之情狀。
>
> 範圍天地之化而不過，曲成萬物而不遺，通乎晝夜之道而知，故神無方而易無體。
>
> 陰陽不測之謂神。
>
> 知變化之道者，其知神之所為乎。
>
> 易無思也，無為也，寂然不動，感而遂通天下之故，非天下之至神，其熟能與於此。
>
> 唯深也，故能通天下之志；唯幾也，故能成天下之務；唯神也，故不疾而速，不行而至。
>
> 一闔一闢謂之變，往來不窮謂之通；見乃謂之象，形乃謂之器，制而用之謂之法，利用出入，民咸用之謂之神。
>
> 聖人立象以盡意，設卦以盡情偽，繫辭焉以盡其言，變而通之以盡利，鼓之舞之以盡

神。

尺蠖之屈，以求信也；龍蛇之蟄，以存身也；精義入神，以致用也；利用安身，以崇德也，過此以往，未之或知也；窮神知化，德之盛也。

乾坤其易之門邪？乾，陽物也；坤，陰物也；陰陽合德，而剛柔有體；以體天地之撰，以通神明之德。

說卦傳亦說：

神也者，妙萬物而為言者也。

以上所述，對於鬼神之意義，雖乏完整而明確的界說；但綜合以上所述，則知易傳所謂的鬼神，是陰陽不測，無方無所的；是無思無爲，寂然不動，感而遂通天下之故的；是動萬物，撓萬物，燥萬物，說萬物，潤萬物，終始萬物而「妙萬物」的；是不疾而速，不行而至的；而且，是「民咸用之」的。照這樣說來，則易傳所謂的神，若從其是妙用不息而言，則就是我們在第十一章中所說的天道；若就其所具有的本然之理而言，則就是我們所謂的太極或無極。因此，儒家所謂的神，不是說「是有個物事光輝輝地在那裡」。這和佛家所謂的人死之後變爲鬼或神的說法是完全不同的，這是從究竟的觀點而說的。照這樣說來，凡能知陰陽不測的變化之道的聖人，而又能「利用出入」此天道，使「民咸用之」，則便是知道了神之妙而就是神。所以神是可以不是人死之後變的。論語所謂的「子不語怪力亂神」。這就是說，鬼神之事點是有或無，這是聖人或哲學家所不講的。大體上我們是贊同此種觀點。而且，照我們的哲學來說，鬼神之理，是鬼神之事點所必須依照的。所以我們祇須從本然的觀點而肯定鬼神之理，當不必從實際的觀點而肯定鬼神是有或無。

爲求對於鬼神之意義有更爲明確的認識，我們願再作進一步的說明。朱子對於「是故知鬼神之情狀」這一段的註釋是說：「此爲窮理之事。以者，聖人以易之書也。易者，陰陽而已。幽明、死生，鬼神，皆陰陽之變，天地之道也。天文則有晝夜上下，地理則有南北高深。原者，推之於前；反者，要之於後。陰精陽氣，聚而成物，神之伸也；魂游魄降，散而爲變，鬼之歸也。」孔穎達正義亦說：「能窮易理，盡生死變化，以此之故能知鬼神之內外情狀也。物既以聚而生，以散而死，皆是鬼神所爲；但極聚散之理，則知鬼神之情狀也。言聖人以易之理而能然也。」照朱子與孔穎達此所說的看來，則聚就是神，散就是鬼；於是，我們也可以說，生就是神，死就是鬼。爲免發生歧義，我們更可以說：聚之作用是神，散之結果是鬼；生之作用是神，死之結果是鬼。茲不妨再引用朱子與張橫渠的話以爲說明。朱子語錄有說：「問伸是神，屈是鬼否？曰：氣之方來皆屬陽，是神；氣之反皆屬陰，是鬼。午前是神，午後是鬼。初一以後是神，十六以後是鬼，草木方發生是神，凋落是鬼。人自少至壯是神，衰老是鬼。」張子在正蒙中亦說：「物之初生，氣日至而滋息。物生既盈，氣日反而盈散。至之謂神，以其伸也；反之謂鬼，以其歸也。」這是儒家對於鬼神之一種非常明確的看法，這和易傳對鬼神的看法是大體相同，與一般人所謂之鬼神的意義則大不相同。因爲儒家所講的鬼神，實就是歸與伸之別名而已。照這樣說來，則事物之過去的是鬼，事物之方來者是神。程伊川說鬼神是造化之跡，這是說得很好的。

大體上我們是贊同儒家對於鬼神的看法的。因此，我們所謂的鬼神和一般人所講的鬼神，確大不相同，但亦有相同之處：第一，一般人說有鬼，我們亦說有鬼；不過，我們是如墨經所謂「已然則嘗然，不可無也」的觀點而認爲有鬼。第二，我們所謂的鬼，是不朽的，也是不變的；因爲「已然則嘗然」，「嘗然」則就是不朽不變。不過，所謂「嘗然」必是「已然」。所以我們所認爲的有鬼，即是一種成爲過去的而非實際存在的有。第三，我們所謂的鬼，因其是「已然」，而又不是實際存在的有，所以是不朽不變的。世俗所謂的鬼，因其認爲是一種存在，所以我們認爲不是「不朽」的。我們所謂的鬼，雖非實際存在的；但並非無力，且能作祟。此所謂能作祟，並不是能祟人而使人魂不附體的患各種奇症，實即是過去的事物而能影響現在或將來。第四，通常是以鬼爲神。例如我們中國民間所最崇拜之神關公，即是以漢壽亭侯關公之鬼爲神。照世俗的看法，人死之後入地獄的是鬼，升天的則就是神。我們則以爲鬼是神之歸，是神之「長此終古」。張橫渠說：「神祇者歸之始；歸往者來之終。」朱子說：「此二句，正如俗語罵鬼云，你是已死我，我是未死你。楚辭中說終古亦是此意。」楚辭說：「去終古之所居兮，今逍遙而來東；羌靈魂之所欲歸，何須臾而忘返。」這是說，「終古」就是無限的過去，而「終古之所居」，即是鬼之所居。鬼是與此「終古之所居」同終古的，所以神之長此終古就是鬼。也就是說，鬼就是神之歸而「寂然不動」。須知以鬼爲神與神之歸爲鬼，其意義是顯然不同的。若以鬼爲神，則所崇拜者不一定是神而是鬼。例如崇拜關公之鬼爲神，固然也崇拜關公之忠義；而尤其崇拜的則爲顯靈顯聖的關公之鬼。若認爲神之歸就是鬼，則所崇拜者固似乎是鬼；但必是毫無懼其降禍或希其降福之心，而祇覺得這是一忠義的或人之完全的典型，故應該以之爲模範而崇拜之。照這樣說來，我們中國人所崇拜的魯班或藥王菩薩以及其他各式各樣的神，其原始的意義應是不錯的。不過，後人因將其作爲有靈的鬼而崇拜之，則就大錯特錯。這是我們應該辯明的。我們仍須陳述的，即事物一旦成爲過去，則永遠無法改變；所謂「蓋棺論定」，「遺恨終天」，就某一個人之本身而言，確是如此的。道德家與宗教家勸人悔改，勸人痛下決心而及時存善心作善事，大都是基於此種觀點以立論。這就是說，人一旦成爲鬼後，是再沒有悔改的機會。

現在我們再進而討論魂魄之意義。朱子語錄說：「動者魂也，靜者魄也。動靜二字，括盡魂魄。凡能運用作爲，皆魂也，魄則不能也。月之黑暈便是魄，其光者乃日加之光耳，他本無光也。所以說哉生魄，旁死魄。」照朱子此說，則動是魂，靜是魄；故朱子所謂的魂魄，大體上是類似我們所謂的能與質。這就是說，該事物之所以爲該事物，即是該事物因有此魂魄。世俗所謂一人之魂若離其體，則此人即死；姑不論其魂之意義是何所指，然而世俗所謂之魂與我們所謂之魂其意義是很接近的。照我們的系來說，某事物若無「能」，則斷然不會有「量」或「質」。所以，一事物若無魂，則此事物即將成或已成爲鬼。因爲一事物若無魂，則此事物便祇有靜而無動，也就是無將來之可言。於是，必立時將成爲過去或即已成爲過去。成爲過去，則就是鬼。再者，我們中國文人有所謂詩魂花魂之說，此說如有意義，則魂便是詩或花之要素，亦即是詩或花之精神。此說是合乎我們的哲學系統的。這就是說，魂就是精神，魄就是物質。不過，魂與神，魄與質仍是有區別的。我們可以這樣的說，魂之妙用，或魂之最完全的典型即是神。所謂「新聲妙入神」，任何新聲，必皆是有其魂的；惟有美妙之新聲，才是合乎其最完全的典型而神化。至於魄固可以說就是物質，但應是指某物之所以爲某物之特定的質而言。例如人之所以爲人之質或物理結構才就是魄。所以人死之後，其軀體雖在，其魄則因已無魂而消失。於是，我們也可以說，魄因魂之消失而不在，人之魂魄之消失則就是鬼。在這裡我們仍須指出的，即照我們的系統來說，是決無單獨存在之魂，亦決無單獨存在之魄，魂與魄亦必是合一的。所以對於魂可以離魄而單獨存在的觀點，我們是不贊同的。這就是說，若果有一可以離人而單獨存在之存在，則仍必是一有魂有魄之存在；否則，是祇能說是不存在。以上是基於我們的哲學而說明了魂魄與鬼神的意義。我們的觀點雖不一定與世俗的或其他的說法完全相同；但較之他們所認爲的魂魄與鬼神之含義，則是於理可通。

第四節　祈禱與祭祀之同異

古時的「國之大事，在祀與戎」。因爲「聖人以神道設教」，故對於祭祀認爲是一件大事。我們中國人之所以祭祀，並不是無理可講的。禮記郊特牲說：「萬物本乎天，人本乎祖，此所以配上帝也，郊之祭也，大報本反始也。」又說：「蠟之祭也，主先嗇而祭司嗇也，祭百種以報嗇也，饗農及郵表畷禽獸，仁之至義之盡也。古之君子，使之必報之，迎貓爲其食田鼠也，迎虎爲其食田豕也，迎而祭之也。」這是講的郊祭天與「天子大臘八」祭的道理。祭法也說：「夫聖王之制祭祀也，法施於民則祀之，以死勤事則祀之，以勞定國則祀之，能禦大菑則祀之，能捍大患則祀之。」「及夫日月星辰，民所瞻仰也；山林川谷丘陵，民所取財用也，非此族也，不在祀典。」這是講的「在祀典」的道理。祭義也說：「齊之日，思其居處，思其笑語，思其志意，思其所樂，思其所嗜；齊三日，乃見其所爲齊者。祭之日，入室僾然必有見乎其位，周還出戶，肅然必有聞乎其容聲；出戶而聽，愾然必有聞乎其嘆息之聲。」「君子生則敬養，死則敬享，思終身弗辱也。」這是講的祭祀時儀式必須隆重及主祭者應如何才能虔敬的道理。郊特牲又說：「腥肆爓腍祭，豈知神之所饗也，主人自盡其敬而已。」這是講祭祀的動機或目的。照以上所說的看來，我國古代的祭祀，就其祭祀之目的而言，是「主人自盡其敬」的；就其祭祀之對象而言，是以天、物、人爲對象，而不是以鬼神爲對象的。至於其祭祀之種類，是「祭有祈焉，有報焉，有由辟焉」。這似乎是具有迷信的色彩。但是，我們若能對於古人祭祀之動機及古人所謂的「祭者教之本」的意義而有明確的理解，則知「能盡祭之義」者之祭祀，皆是仁至義盡而「報本反始」的，皆是有理可講的。又祭統云：「凡治人之道，莫急於禮，禮有五經，莫重於祭。夫祭者非物自外至者也，自中出於心也，心怵而奉之以禮，是故唯賢者能盡祭之義。賢者之祭也，必受其福，非世所謂福也。福者，備也；備者，百順之名也；無所不順者，謂之備，言內盡於己，而外順於道也。忠臣以事其君，孝子以事其親，其本一也。上則順於鬼神，外則順於君長，內則以孝於親，如此之謂備。唯賢者能備，能備然後能祭；是故賢者之祭也，致其誠信，與其忠敬，奉之以物，道之以禮，安之以樂，參之以時，明薦之而已矣。不求其爲，此孝子之心也。祭者，所以追養繼孝也；孝者，畜也；順於道，不逆於倫，是之謂畜。是故孝子之事親也，有三道焉。

生則養，沒則喪，喪畢則祭。養則觀其順也，喪則觀其哀也，祭則觀其敬而時也，盡此三道者，孝子之行也。」又說：「夫祭之爲物，大矣。其興物備矣；順以備者也，其教之本歟。是故君子之教也，外則教之以尊其君長，內則教之以孝於其親；是故明君在上，則諸臣服從；崇事宗廟社稷，則子孫順孝；盡其道，端其義，而教生焉。是故君子之事君也，必身行之；所不安於上，則不以使下；所惡於下，則不以事上；非諸人，行諸己，非教之道也。是故君子之教也，必由其本，順之至也，祭其是與？故曰，祭者教之本也。」照祭統此所說的看來，則知賢者之祭祀，或「能盡祭之義」者之祭祀，皆不能說是迷信。若祭祀者之動機與目的，或因對於不可知之將來發生憂慮而惶惑不安，或因自私自利之心而所產生的某種奢望，則此種祭祀，則不能說不是一種迷信。所以祇有不憂、不惑、不懼的仁者，智者，勇者之於祭祀，才能完全是「主人自盡其敬」而仁之至，義之盡的。照這樣說來，若祭祀而不以祈禱爲目的則不是迷信的；若祭祀之目的在於祈禱則可能就是一種迷信。通常一般人之所以祭祀，除我國民間之祭祀先祖外，可以說無不是爲祈禱而祭祀的；而且，爲祈禱而祭祀鬼神，也可以說是許多人信仰宗教的原因。因爲任何宗教都必信仰一位全智全能且有求必應之神而使一般人對於未來的願望之實現，是似乎可以獲得保證。一般說來，凡對於將來，若愈有所憂疑，則愈信宗教，或愈有信仰宗教之可能。例如一般人於危急時，或於其至親有危急時，即素不信仰宗教者，亦往往有禱告、許願、求神、問卜之事，而祈求對於將來之危難可以倖免，對於將來之希望能獲得保證。宗教是恰可以滿足一般人之此等心理願望的。

我們認爲祈禱是一種迷信，即是因爲某些人祇是爲求能滿足其心理的某種私願而祈禱。

當然，有些人的祈禱，也可能不是迷信。因為有些人雖也祈禱祭祀；然其祈禱之目的，祇在藉助於祭祀之儀式，以啓發與堅強其信道之心。寺廟之建築，必極莊嚴；其中陳設，必極華貴；其音樂必極肅穆；其儀式必極敬重。這是有助於人而使其心情高雅、純潔，且可感覺出一種善境界。這是藝術與宗教之合一，也是宗教與道德之合一，凡對於鬼神之理有深切的體認，對存在的究竟有明確的理解者，他很可能祇是藉祈禱與祭祀之形式，以幫助其確能忠於自己而不欺騙自己而已。他決不會有所祈求的。當然，他對於寺廟以及其所崇奉之神必是肅然起敬的。此所謂肅然起敬，亦祇是不悖於理或禮的一種修養身心的方法而已。許多有道之士，他是可以不藉助於祭祀之儀式而完成其道德修養以「超凡入聖」的。我們中國許多讀書人以及佛教中之禪宗一派，則都是以「盡心知性」或「明心見性」而自反與自修的。但是，這不並是說，他們是毋須求得此心之寧靜便可以養成一種中和之氣。我個人認為，祈禱確可以求得此心之平安。參話頭或唸阿彌陀佛，也就是祈禱之另一方式。所以祈禱之是否為一種迷信，這是因祈禱者之動機與目的而有不同的。

我們不妨再辨說祭祀與祈禱之靈驗這一問題。假如祭祀是果真「來格來嘗」，祈禱是果真「有求必應」，則必是有鬼神之事點存在。朱子語類說：「祭祀致得鬼神來格，便是既屈之氣，又能伸也。」我們曾詳為辨說過，這存在之宇宙，是一由無而有與由有而無的過程；而且，是有與無的循環不已。基於我們的此種說法，若鬼神是無，自然會變為有；若鬼神是有，則仍將會變為無。此「既屈之氣又能伸」，於理並非不通。然而是如何的屈又能伸，則為一科學問題；在科學未能正確的解答此一問題以前，我們是毋須辨說的。朱子所說的「便是既屈之氣又能伸」，或許是對的；然而是多餘的。因爲就祭祀之意義而言，祭祀是祇能「主人自盡其敬」的。若祭祀之目的在祈禱，則其動機不純正，即令有鬼神之事點存在，而「聖而不可知之」的鬼神，亦決不致於降福於祈禱者；若果是能降福於祈禱者，則此所謂鬼神，亦祇是如歷史上的昏君而親近小人而已，聰明正直之士，亦是不屑爲之的。這就是說，祭祀是否靈驗，鬼神之事點是否存在，哲學家確是可以不講的。

第五節　出世與入世的人生之路

現在我們再進而辨說出世與入世的問題，假如有鬼神之事點存在，則鬼神必是出世的。因爲鬼神之所以爲鬼神的理，必是不同於人之所以爲人之理，猶如方之所以爲方的理，必是不同於圓之所以爲圓的理。須知鬼神與人之不同，應是種類的不同，而不是程度的不同。所以人祇能是世間的，鬼神則不能是世間的。有些人以爲基督教，天主教，或大乘佛教是入世的，此應是一種誤解。因爲此所謂入世的，實亦祇是從入世的路以引度人出世而已。至於政教合一的政治制度，這祇能說宗教已政治化，而不能說神的國度可以是世間的。於是，我們可以這樣的說，任何宗教，都必是出世的，或都必是具有出世之思想的。這也就是說，宗教必是與人世對立的，儘管宗教是有益於人世的。因此，我們認爲人世是應該有人世的一套，而不能說宗教的這一套就全都是人世的。假如宗教的這一套可以全是人世的，假如世間的人都成爲和尚或尼姑，則此所謂世間便立即成爲過去而無所謂世間之將來。這就是說，人是可以依其自己之志趣而信仰任何宗教；但不能強迫人信仰任何宗教。我們除了對於以邪術惑人的旁門左道是不能贊同外，對任何有理可講的宗教都不反對。不過，我們必須理解，任何宗教所講的理，都必是出世的或是關於未來的另一世界的理想應如何才能實現而已。雖然佛教徒也說佛法不離世間法；但是，若說佛法就是世間法，這便是不通之論。

任何宗教既都是出世的，所以任何宗教徒必都是具有出世之思想。我們之所以不反對任何宗教，亦即是不反對人具有出世之思想；我們之所以不反對人具有出世思想，亦即我們贊成人之思想可以不一致。不過，我們應辯明出世與入世是不同的，亦即是我們應辯明宗教與鬼神之意義。哲學家固不在於「指引迷途」；但是，哲學家卻應該辯明，完成人生之最終目的，是有那些路可以走。在我們看來，出世與入世這兩條路都是可以走的。走出世的路是似乎容易免去煩惱而滿足心願。佛教徒所謂的「隨緣不變難」，這也就是說，走入世的路，必須有爐火純青的道德修養，才不致爲自欺自私之心所障蔽而墮入煩惱與痛苦的深淵。不過，若能不自欺的而走入世之路，則是較之走出世的路爲有益於人世。因此，我們固不反對任何宗教，卻亦不同意祇有宗教才是救世的。

我們認爲，若果有鬼神之事點存在，而又能對人施以賞罰，則世人便祇須信仰鬼神，而不必自主自反的以訴之於自己的良知良能。這也就是說，以信仰宗教爲道德修養的手段，應該是一個非常方便的法門。實際上，許多宗教徒是祇注意於如何才能堅信不移，而很少有意的以注重道德的修養，這確是宗教家所應該努力的。再就禪宗所主張的即心即佛之說而言，這較之新舊約所認爲有一全知全能之神離我們而獨立存在之說，是易於爲我們所接受。但是，若祇專憑靜坐冥想而做「明心見性」的工夫，亦不是我們所能完全贊同的。而且，具有出世思想的人，若以成祖成佛或往生天國爲目的，則仍祇是一種自私自利的行爲。不過，此種行爲，因不是以損害他人爲目的，所以我們是無須反對的。至於我們所說的人世是應該有人世的一套，則將於以下兩章中，作較爲詳盡的說明。

第十四章　從「心物合一」論超凡與入聖

第一節　概　說

我們講宗教與鬼神之意義，固是論究宗教與鬼神的問題，實亦是討論出世的人生之路。這條路是不知亦能行的。而且，若能以虔誠的信心而始終不渝的行之，亦必能由迷而悟的以「超凡入聖」。當我們走入世的人生之路時，必須先能「超凡入聖」，然後才能「明明德於天下」。超凡入聖，這是獨善其身的學爲聖人的問題；明明德於天下，這是兼善天下的政治問題。關於政治問題，容於下一章中詳爲辨說外，關於如何學爲聖人的問題，我們則擬在本章中作較爲詳盡的說明。因爲心物合一論的哲學，應是澈悟人生究竟（此則難免有出世的思想）而又是入世的一種哲學。此入世的哲學，不同於其他各家之哲學者，即哲學的心物合一論，其學爲聖人之學，乃人生哲學最中心的問題。也可以說，心物合一論的人生哲學，是應以這個問題爲中心而貫通道德藝術，宗教鬼神，以及政治與主義等各方面。

第二節　聖人是凡人的準則

我們認爲，聖人是凡人的準則。這就是說，聖人是人中之至人，亦即是沒有「走了岐路」真能成人之能者。我們知道，「天生蒸民」是「有物有則」的。人之所以爲人，是有人之所以爲人之則的。凡人能盡此人之所以爲人之則，則便是「超凡入聖」。此所謂人之所以爲人之則，亦即是人之所以爲人之性。人之性是至善的。能盡此人之至善之性者就是聖人。孟子說：「規矩方員之至也；聖人人倫之至也。」這就是說，能盡人倫之則的，便是聖人。因爲能盡人倫之則的，必已能盡人之至善之性；因爲人之至善之性，表現在父子、夫婦、兄弟、朋友等方面，必能無有不當；能在此等方面而表現無有不當的，在孟子看來，則就是聖人，亦即第十一章中所講的有仁心仁性之自覺的真人。照這樣說來，聖人並不是全知全能的人，而祇是克盡人之所以爲人之職責者；盡人之所以爲人之職責，這是人人都可以作到的；所以孟子說：「人皆可以爲堯舜。」荀子亦說：「塗之人皆可以爲禹。」王陽明在傳習錄中說得很好。陽明說：「所以爲精金者，在足色，而不在分兩；所以爲聖者，在純乎天理，而不在才力也。故雖凡人，而肯爲學，使此心純乎天理，則亦爲聖人，猶一兩之金，比之萬鎰，分兩雖懸絕，而其到足色處可以無愧；故曰，人皆可以爲堯舜者以此。」陽明此說，是說得非常清楚的。這一方面是說，凡人皆可以爲聖人；一方面也是說，必須使此心純乎天理（亦即此心之本來面目毫不受污染），才能真是聖人。此說是很明白的告訴我們，聖人確不是全知全能，亦確不是有超出凡人之才智，而祇是能使此心純乎天理，如足色之精金，毫無雜質滲入而已。至於所謂使此心純乎天理，其意亦即是說，應使此心純乎盡人之所以爲人之職責，照我們的系統來說，天理亦即是人之所以爲人之則；所以，使此心純乎天理，或使此心純乎盡人之所以爲人之則，這是「率性」的工夫，而不必是全知全能的上帝才能作到的。一般人以爲聖人的學問，必是上至天文，下至地理，無所不通，無所不曉；以爲聖人的本領，必是「文能安邦，武能定國」而遠非凡人所能及，實際上，這祇是一種帝王思想在作祟；也或者是受了宗教的神化教主的影響而所產生的一種誤解。究其實，是無此全知全能的人，亦無須有此全知全能之人。照釋迦牟尼的看法，學爲聖人的人，若自命爲是全知全能之至人，這是要墮入阿鼻地獄的。這就是說，若自命爲是全知全能之聖人，實即是至愚之人。此等人，是不足以爲凡人之準則。

聖人既是凡人的準則，所以聖人是可學而能的；聖人既是可學而能的所以聖人不必是天或上帝的兒子。我們可以這樣的說，凡人皆是天或上帝的兒子，因爲凡人皆是從一個祖先來的。釋迦牟尼曾說眾生皆具有如來智慧德相，這就是佛家承認凡人皆是天或上帝的兒子之證明。因此，凡人不必妄自菲薄，亦不必自甘承認是落某一階級。所以，博地凡夫，祇要肯盡人之所以爲人之職責，即必能達到人之所以爲人之準則而成爲聖人。吾人立身處世，若「能充無穿窬之心」，即必能達到人之所以爲人之準則。當我們很冷靜的考慮到，有許多炙手可熱而不可一世的達官顯宦；或者是長袖善舞而富甲一方的巨商大賈，或者是譁眾取寵而欺世盜名的學者文人，皆祇是「穿窬之類」；則我們若「能充無穿窬之心」，而雖是「與木石居，與鹿豕遊」，然而我們是無愧於人之所以爲人之則的。這決對不是魯迅所說的阿Q式的精神上的勝利。這是學爲聖人的所不可或缺的先決條件；也是學爲聖人的所應有的一種氣概。失此氣概，是永遠不能學爲聖人。我們認爲，佛教中的禪宗一派，他們是有這種獨往獨來的氣概，儘管他們學爲聖人的方法，是和我們完全不同。

我們可以這樣的說，禪宗或儒家的修養有素之士，必都是勇於不敢的而不敢作穿窬之類；

必都是勇於敢的而敢於學作聖人。不過，禪宗是走的出世之路，儒家是走的入世之路。走出世的路，可以說祇是爲學聖而學聖；走入世的路，則便是爲盡人之所以爲人之職責而成爲聖人。所以走入世的路，可以說是學爲作人而成爲聖人的。我們認爲，人能走人所應該走的路，作人所應該作的事；而且，亦能勇於不敢的不作人所不應該作的事，則必能盡人之所以爲人之職責而無愧於人之所以爲人。這是學爲作人的最基本的工夫，也是學爲作人的最高的標準。因爲，人若能走人所應該走的路，則就是不違反人性而合於作人的標準；若能純乎走人所應該走的路，則就是入於聖城而成爲聖人。

第三節　聖域與純乎聖域之意義

我們說，聖人是凡人的準則，這是就聖人爲凡人之楷模而言；若就聖人之所以爲聖人而言，則聖人自有其聖城。此所謂聖城，是一種意所造之境，是一種基於自己之真而不妄的理解所產生的一種信念並由此種信念所形成的一種純而不雜且始終如一的心理狀態。照我們的看法，若一旦能豁然貫通此理，是可以出現此種心理狀態的；若毋自欺的而行之有素，亦是可以出現此種心理狀態的；此種心理狀態，在第二篇與第三篇中，我們皆有所論及。所以此種心理狀態，即孟子所說的良知，陽明所說的恒照體，耶穌所說的天國，佛家所說的極樂世界。具有此種心理狀態的人，必有不憂、不惑、不懼的大無畏精神；也必有包藏天地吞吐宇宙之氣概。因爲人之所以能具有此種心理狀態，必是對宇宙與人生之究竟，已有非常清楚的理解；或者是具有至誠而毫無雜念之坦率胸襟。由於此種坦率的胸襟或非常清楚的理解，於是乃產生一非常明確的信念；由於此種非常明確的信念，於是便可以經由道德或知識的途徑而形成此種心理狀態。我們認為，孟子所說的「浩然之氣」，即是此種心理狀態的表現；孟子所說的「養吾浩然之氣」，即是經由道德途徑的一種修養。孟子說：「其為氣也，至大至剛，以直養而無害，則塞於天地之間；其為氣也，配義與道，無是餒也；是集義所生者，非義襲而取之也；行有不慊於心，則餒矣。」這是孟子基於其「養吾浩然之氣」的經驗，而對於「浩然之氣」的一種認識。孟子此種認識確是不錯的，孟子之此種修養工夫亦是非常純熟的。

茲先講孟子此種認識之不錯。我們已一再的論及，此存在的宇宙，祇是一由無而有與由有而無的過程；所以，我們所謂的人生，祇是此變化無常的過程中所發生的一系列的事點之流而已，這是從變化的觀點而說的；這當然是不錯的。但從另一方面來說，此能知之心是能知人生之究竟而「順受其正」；此能知人生之究竟而「順受其正」的認識，即是人類的良知，亦即是人之本性，這是照王陽明的系統而說的。照我們的系統來說，則是我們人類所稟受的「真元之氣」或「天能」是合於此本然之理或「天命」的時候，即是人之良知或人之本性顯露的時候，也就是體味到「浩然之氣」或真的理解了人生之究竟的時候；當我們理解了或恍如見到了此種究竟時，是恍如見到了古往今來，聖賢仙佛，皆是在此究竟之中。所以，凡識得此種究竟的人，其心胸必會豁然開朗，同時也必會自然而然的發生一種與大自然或宇宙是合而為一的一種心理狀態。此種心理狀態是從認識或修養的觀點而「集義所生」的，是精神修養所達到的天人合一的境界；這就是我們所謂的聖域。凡窮理而一旦豁然貫通的時候，是可以體驗到此種聖域的；凡習禪定的人，亦是可以體驗到此種聖域的。佛家所說的頓悟或悟道，當即是指此種心理狀態而言，此種心理狀態，當然是至大至剛的。

再者，此種心理狀態必須以一種善的或道德的意識加以培養，然後才能至於純乎此種心理狀態而真能忘我。若真能忘我而至於純乎此種心理狀態，則就是我們所謂的純乎聖域；此所謂「純乎」，亦就是孟子所謂的「無是餒」。我們可以這樣的說，純乎聖域的就是聖人。純乎聖域的是必能純乎天理而純乎人之所以為人之理。用孟子的觀點來說，知此聖域的是良知，能此聖域的是良能。人是有此良知良能的。但是，必須有一種「集義」的修養工夫，才真能純乎此種聖域，所以，人雖有此種良知良能，若工夫不純熟而「行有不慊於心」，則仍是不能純乎此種境界的。孔子曰：「知及之，仁不能守之，雖得之，必失之；知及之，仁能守之，不莊以涖之，則民不敬；知及之，仁能守之，莊以涖之，動之不以禮，未善也。」照這樣說來，能知此聖域而不能以仁守之的，是「雖得之，必失之」，而且，「若作聖解」，是適足以助長其惡的。釋迦牟尼以為「若作聖解，便受群邪」而應墮入阿鼻地獄。這也就是說，「知及之，仁不能守之」，是適足以使自己墮入罪惡的深淵的。孔子說：「吾十有五而志於學，三十而立，四十而不惑，五十而知天命，六十而耳順，七十而從心所欲，不踰矩。」必須有「從心所欲不踰矩」之道德修養，才能說是純乎聖域的，這是須窮畢生之力才能達到的。所以祇有「如臨深淵，如履薄冰」的而小心翼翼的「以仁守之」。談實踐儒家或孔孟學說的，這是一最基本的而也是最高深的認識。

我們仍須陳述的，即聖域既是一種意境或心理狀態；所以聖域的範圍是很廣的。這就是說，聖域是有全體與部份之分。孔子所說的「從心所欲不踰矩」，這是已純乎聖域的全體，所以孔子是稱之爲「集大成」的聖人；然而若能純乎部份的聖域，我們亦是可以稱之爲聖人。孟子對於這一點，亦有很清楚的辨說，茲引述於下：

昔者竊聞之，子夏子游子張，皆有聖人之一體，冉牛閔子顏淵，則具體而微，敢問所安？曰，姑舍是。曰，伯夷伊尹何如？曰，不同道。非其君不事，非其民不使；治則進，亂則退，伯夷也。何事非君，何使非民；治亦進，亂亦進，伊尹也。可以仕則仕，可以止則止，可以久則久，可以速則速，孔子也；皆古聖人也。吾未能有行焉，乃所願，則學孔子也。伯夷伊尹於孔子，若是班乎？曰，否，自有生民以來，未有孔子也。曰，然則有同與？曰，有。得百里之地而君之，皆能以朝諸侯有天下，行一不義，殺一不辜，而得天下，皆不為也，是則同。

孟子認爲伯夷伊尹都是古之聖人。孟子並說：「伯夷聖之淸者也，伊尹聖之任者也，柳下惠聖之和者也，孔子聖之時者也」。照孟子所說的看來，伯夷伊尹雖不是與孔子一般一樣；但伯夷之淸，伊尹之任，柳下惠之和，都已是入於聖城。我們可以這樣的說，凡能基於自己之認識與信仰而又能純乎不「行一不義」的，都可以稱之爲聖人。所以聖域的達到雖是很難的，然而若能本乎自己之所知所信而又能免於不義之行的，亦可以說是已入於聖域而無愧於稱之爲聖人。陽明足色精金之喻，這確是很恰當的。這就是說，凡純而不雜的，都可以說是至善的。止於至善，既是順乎本性，亦就是純乎聖域。我們認爲，至善之種類是很多的。例如方有方之至善，圓有圓之至善；紅有紅之至善，白有白之至善；淸有淸之至善，和有和之至善；剛有剛之至善，柔有柔之至善。至善之種類不特甚多，而且可以說是無窮的。孟子說：「孟施舍似曾子，北宮黝似子夏；夫二子之勇，未知其孰賢；然而孟施舍守約也。」照孟子此所說的看來，亦是有各種的勇之至善的；而且，亦似乎無優劣之分。然照孟子的看法，「則舍比於黝，爲得其要」。照這樣說來，某一種類之至善，仍是可以從各種觀點而有各種不同之看法的。我們認爲，能基於其自己的觀點而止於某一種類之至善，這就是賢者。能本於自己的良知良能而純乎某一種類之至善的全體，這就是某一種類之聖人。某一種類之聖人，固亦是純乎部份的聖純；但不是純乎聖域之全體，所以不能說是「集大成」的聖人。孟子說：「孔子謂之集大成；集大成也者，金聲而玉振之也；金聲也者，始條理也；玉振之也者，終條理也；始條理者，智之事也；終條理者，聖之事也。智，譬則巧也；聖，譬則力也；由射於百步之外也，其至，爾力也；其中非爾力也。」這就是說，集大成之聖人，非「獨奏一音」之聖人，乃「並奏八音」之聖人；也就是說，集大成之聖人，非純是射至之聖人，亦且是射中之聖人；所以集大成之聖人，乃力巧俱全，聖智兼備的。因其如此，才能純乎聖域之全體。我們認爲，宋代理學諸夫子，以及明代的陽明先生等，無不是已入於聖域的；尤以陽明先生，更已是具體而稍微。其他如諸葛武侯，文天祥，史可法等，亦都是可以稱之爲聖人。這不僅是說明了聖域的範圍，亦且是說明了學爲聖人的方法。

我們仍須說明的，即過去有書聖、詩聖等之說法，這說法是不錯的，就寫字與作詩而言，其所寫之字或所作之詩，是字之至善的或是詩之至善的，則寫此至善之字或作此至善之詩者，是可以稱之爲書聖或詩聖。因爲其寫字或作詩之工力與技巧，是已入於聖城。莊子養生主說：「庖丁爲文惠君解牛。手之所觸，肩之所倚，足之所履，膝之所踦。砉然嚮然，奏刀騞然。莫不中音，合於桑林之舞，乃中經首之會。文惠君曰：譆，善哉，技蓋至此乎。庖丁釋刀對曰：臣之所好者，道也，進乎技矣。始臣之解牛之時，所見無非牛者。三年之後，未嘗見全牛也。方今之時，臣以神遇，而不以目視。官知止而神欲行。依乎天理。批大郤，導大窾，因其固然。技經肯綮之未嘗，而況大軱乎。良庖歲更刀，割也；族庖月更刀，折也。今臣之刀，十九年矣，所解，數千牛矣，而刀刃若新發於硎。彼節者有間，而刀刃者無厚。以無厚入有間，恢恢乎，其於遊刃，必有餘地矣。是以十九年而刀刃若新發於硎。雖然，每至於族，吾見其難爲。怵然爲戒，視爲止，行爲遲。動刀甚微，謋然已解，如土委地。提刀而立，爲之四顧，爲之躊躇滿志，善刀而藏之。」庖丁之解牛是神乎其技的。就此種解牛之神技而言，庖丁是可以稱之爲解牛之聖。這與書聖詩聖是同其造詣。我們可以這樣的說，凡具有如是之造詣的，其熟練之專門技術，是已入於聖域而可以稱之爲該一專門技藝之聖人。如魯般可以稱爲木匠之聖，屈原可以稱爲離騷體之聖。這就是說，純乎部份聖域的聖人，是可以由技而進於道的以成爲聖人。我們認爲，現代的科學家，無論其爲何種學科的科學家；若能從科學之研究以進乎道，則便能成爲該門學科最典型的學者而成爲該一門學科之聖人。達爾文是可以稱之爲生物學的聖人，牛頓及愛因斯坦是可以稱之爲物理學的聖人。至於發明家，則不一定可以稱之爲聖者。因爲所謂最典型的學者，是必須有類似庖丁解牛之造詣。所以庖丁是不僅可以稱之爲解牛之聖，亦且可以稱之爲古之聖人的。因爲庖丁所好的是進乎技之道。從技術觀點言，進乎技之道就是藝術；從道之觀點言，能有此進乎道之技術而自知其技已進乎道，以有此進乎道之心理狀態或人生境界，則必是已入於聖域而可以稱之爲聖人。我們要知道，寫字之聖，作詩之聖，解牛之聖，其對於寫字，作詩，解牛之事物，必是已至於「從心所欲不踰距」的神而明之的化境。或者，我們稱達爾文、牛頓、愛因斯坦等爲聖人，是不大十分恰當；但將來必有些科學家會成爲聖人，則是無可置疑的，而科學家要能入於聖域，是應該有庖丁解牛之造詣。

照以上所說的看來，用任何方法或採取任何方向，都是可以入於聖域。不過必須忠實其自己之理想，且須有一定之造詣。所謂有一定之造詣，必是「下學而上達」的。就其所學之技巧而言必是神乎其技，就其所能認知的而言，必是神而明之。神明的境界（即是識得本心後而具有創造的心境），其所知的必是知無不盡（指對於某一問題而言）；其所能的，不祇是「畫工」而且是已至於「化工」。例如臨摹山水，摹寫得維妙維肖的，這就是「畫工」；由此而再進一步的以「上達天理」，這才是「化工」。「化工」的境界，是已入於聖域而可以「寸心千古」的。至於所謂其自己的理想，這是指一種善境界而言的。方之無可再方，圓之無可再圓，這都是一種善境界。人自亦有其善境界。所謂不「行一不義」，若能純之而不慊，這就是人之善境界。這就是說，凡有「化工」造詣的人而又能純乎自己所居之善境界的這就是聖人。王羲之若能純乎自己所居的善境界而能像寫字一樣的能純乎其化境，則王羲之之不僅是書聖，亦且就是聖人。我們認爲，歷代的許多高僧以及當代的虛雲和尙，無疑問的是可以稱之爲聖人的。有人稱天主教總主教于斌爲洋聖人。這「洋」字似乎是很不雅的。若于斌果能像虛雲和尚一樣的能純乎高僧的化境；則于斌是可以當之無愧。虛雲和尚年譜，胡適之先生已考證過有些是假的。我們姑不論其真假如何，祇要虛雲和尚是有其如年譜所載的「光含萬象無今古」的意境，而且能純乎此種意境，則虛雲和尚便就是和尚中之聖人。這就是說，純乎技術之化境是技聖，純乎道之意境就是聖人。其實，技術的化境就是道。祇要是，不是爲技術而技術，而是所好者道；則技術的化境，就是道的境界。所謂道的境界，從認知言，即是哲學的境界；從技藝言，即是「神而明之」創造的境界；從人之修養所及者而言，即是我們所謂的聖域。所以，凡至於「化工」境界的人，無論是由何種「畫工」而「化工」的；或者是無論由何種觀點而證道的；這都是可以同登聖域的。這是基於我們的哲學，而對於聖人與聖域之一種理解。

第四節　聖人是人性之最適者

所謂適者，照達爾文的看法，即是天擇或自然淘汰的結果。達爾文說：「當生活境遇變遷之際，有機物皆有個體差異發現，幾遍於構造之每一部份，是爲不可駁辯者。」「於是試思一切有機物彼此相對，乃對於生活境遇，其關係複雜無窮，其構造體質、及習慣，必起於彼等有益之變異。若謂所起變異於彼等之福利無關，與許多變異之有用於人類者相同，則是當爲非常可異之事，若有用於任何有機之變異既起，則諸個體之具此特性者，於生活競爭，將有被保存之最良機會；且據有力之遺傳原理，此諸個體必務產出具相似變異之子孫；此保存或最宜者存之原理，予以天擇名之。因是每一有機物對於有機及無機之生活境遇，皆有改良；且在許多場合，可視爲組織之進步；惟下等單簡生物，若與其單簡之生活境遇既相適合，固可永久繼續耳。」在生物界言，人是最宜者之存在。就進化的觀點而言，人之構造之每一部份，將來或仍會發生變異；然而人之所以爲人之準則，必是永遠不會變異的。我們之所以說人性是善的；同時，我們之所以認定有人鼓勵兒子殺老子是違反人性的，這也就是說，作爲聖人的標準必是無可再變異，而聖人必是人性之最適者。陸象山說：「東海有聖人出焉，此心同也，此理同也；西海有聖人出焉，此心同也，此理同也；千百世之下，有聖人出焉，此心同也，此理同也。」象山先生此說，確是懂得聖人爲人性之最適者之理。這就是說，生活境遇，固可能促成有機物生理方面之變異；然而人之所以爲人之準則，或人之所以異於禽獸者，則是永遠不變的。宋明以來的道學家，對於此最適者之理，都有大致相同之見解。也因爲至於聖域之聖人，必皆有一種與宇宙混而爲一之心理狀態而無所謂古今。我們認爲，凡具有「光含萬象無今古」之心理狀態而洞察宇宙與人生之覺者，若能不抱持出世之態度，其行爲與思想，必有可垂範於後世而成爲永遠不變之最適者。孟子稱孔子爲聖之時者也，這意思是說，無論在任何時代，孔子都是可以稱之爲聖人。其實，無論在任何時代，伯夷、伊尹與柳下惠，亦仍不失其爲聖之淸，聖之任或聖之和的。庖丁之解牛，王羲之之寫字，杜甫之作詩，無論在任何時代，亦都是可以稱之爲已入於聖域的。這就是說，聖之所以爲聖，是超時代的。我們可以這樣的說，祇有入於聖域的心理活動或精神狀態，才是超時間的；由此種心理狀態之流露而發爲思想與行爲，才是不朽的。這是我們對於不朽的一種看法，也是我們對於適者的一種看法。我們所謂的適者與達爾文所謂的適者，其意義是不完全相同的。達爾文所謂的適者，是天擇的結果；我們所謂的適者，是此能知之心的一種自覺。我們的生理構造之每一部份，仍可能是受天擇的結果而有變異。我們對於外在世界的認識，可能因科學之進步而與今日大異其趣；然而此種入於聖域之心理狀態則必是永遠不變。假如全人類都能入於聖域而成爲聖者，這就是人類達成了最終之目的而都能成爲最適者。我們認爲，人類必是可以達成其最終之目的。因爲人類的本性，既具有知善知惡之良知；則人類終必能克制其偏狹自私與好勇鬬狠之邪惡的情感，以及其淪於物慾的惡習，而擴充其良知良能以達成人之所以爲人之最高標準。也就是終必能同入於聖域的。人類若能同登聖域，則人類社會便成爲天堂。必須人類社會成爲天堂，天堂才會成爲真實的存在。若希望天堂成爲真實的存在，這應是惟一的方向。我們之所以說這應是惟一的方向，這就是說，方向與目標必是相同，而方法則可以多式多樣。我們之所以說方向與目標必是相同，這就是說，方法雖可以多式多樣；但是，若方法而與方向相背，則是不可以的。所謂「處處有路到長安」，則必是指向長安之路，才是到長安之路；儘管到長安之路是可以從四面八方去的。中庸所謂的「道並行而不相悖」，其意義應是如此。我們之所以不反對任何宗教，是基於此種觀點；我們之所以反對不寬容的專制主義，亦是基於此種觀點。

第五節　聖人與天心及聖學與哲學

我們已一再的指出過，在生物界而言，人是最適者之存在。我們不全是從生理構造而如是說。我們是認爲人類的心靈或精神，乃是發自能量所表現的一種最完美的質量形式，所以人是一種最完美的或最適者之存在。我們當可以這樣的說，沒有我們人類的存在，是不會有我們所意識到的這樣的宇宙的存在。我們所意識到的宇宙的存在，也當然就是客觀的存在；然而，若沒有我們人類能意識的能知之心，則便不能意識到此客觀的存在；此客觀的存在便是無意義的。其他的動物，對於存在是否有如我們人這樣清楚的認識，我們固不得而知；但從進化的觀點而言，人之認識應是最完善，也可以說應是最正確的。再者，就我們所已引述過的程朱與陸王的見解來說，人與天地萬物本是一體的。此與天地萬物本是一體的人，其能量所表現的既是一種最完美的質量形式；若我們不將天地或宇宙的本身視爲乃一全知全能的上帝，而認爲乃一由無而有由有而無的過程，則我們人類的能知之心，確就是天地的心。這就是說此天地或宇宙，全賴有我們人類的能知之心，才能有此自覺的意識，才能因有此自覺的意識而自覺其爲一種存在；而且，當此能知之心因不斷的自覺而入於聖域後，則此種狀態的能知之心，實應該就是天地或宇宙的心。天地或宇宙，從其不變的觀點而言，是包含萬象無古無今的。入於聖域後的能知之心，既有一種包含萬象無古無今之心理狀態，則就是與天地宇宙合而爲一。所以，聖人的心，確就是天地的心。在這裡我們仍須陳述的，即我們若果能知之真而又有一種與天地或宇宙合一之心理狀態，則就是聖人。這意思也就是說，聖人是以己心爲天心。以己心爲天心，並非全是主觀的幻覺，而是基於對本然之理的理解。瞭解此理之全體而毫無偏執，這就是聖之時者也；瞭解此理之一部份而偏執之，且能止於此一部份之至善，則就是能執一善的聖人，所謂瞭解此理之全體，這祇是對有所偏執而言的。

照這樣說來，以己心爲天心之聖人，雖可以說就是神人，但不就是全知全能之上帝。至於所謂能執一善之聖人，這就是如伯夷柳下惠之執清或執和。就伯夷柳下惠所執之清與和而言，誠如朱子所說的：「夷惠之行，固皆造乎至極之地；然既有所偏，則不能無蔽。」所以孟子說：「伯夷隘，柳下惠不恭；隘與不恭，君子不由也。」隘與不恭，固然都是過乎中庸的；但是，這是淸與和之至極的一種必然的反動，而淸與和則不是不善的。所以，嚴格說來，執一善之聖人，仍是有所蔽的。不過，亦仍不失其爲聖者。照這樣說來，集大成之聖人，必是無所偏蔽，無有「執著」，然後才能無有不善的。我們認爲，凡善之極，亦就是有之極；凡有皆是有蔽的。祇有「無所執著」或「有無一如」，才是無蔽的。所謂「無所執著」，並不是執「無」，而是無執以止於至善。通常說來，惠風和暢，這應是最適人的天氣；但是，此和暢之惠風，是無雨無露之滋潤的。這就是說，所謂無執，即是既不執著和暢之惠風，亦不執著滋潤之雨露，乃是時而惠風，時而雨露；乃是依本然之理，以止於無有不善。所謂天心，應從如是而理解之；所謂「無善無惡心之體」，亦應從如是而理解之。從如是而理解之，這才是不致因誤解而謬以千理；從如是而解理之，這才是懂得了何謂天心，何謂聖人。

我們仍須說明的，即在以上各節中，我們已從聖人之人生境界而獲知聖人是與天地合德的。而且，我們認爲「人皆可以爲堯舜」。不過，我們並沒有明確的指出什麼是學爲聖人的方法。照我們的看法，若能具有完善的哲學知識而又有合乎聖人標準的道德修養，便可以入於聖域而成爲聖人。因此，學爲聖人的聖學必是知行合一的。此所謂知，即是合乎道德標準的善知識；此所謂行，即是行此所知的。行此所知的而又能如「逝者如斯夫不舍晝夜」的以行之，則就是聖人。這就是說，我們若能知此自然之流的究竟而又能法此自然之流的精神以行之則就是聖人。我們中國哲學，或自孔子以來的儒家哲學，可以說都是教我們行此所知的。因此，有些人批評中國哲學祇是倫理哲學或道德哲學。這批評是不十分中肯的。因爲中國哲學其所辨說的雖似乎祇是倫理或道德的知識；然而此倫理或道德的知識之所以形成其體系，必是經過「道問學」的階段而後「尊德性」的。所謂下學而上達，亦可以作如是解。雖然有些人主張「尊德性」便是「道問學」；或者說明明德就是致知。但是，無論儒家哲學之任何一派，必皆是不輕視知識的。王陽明即認爲知之不真切，行之便不真切。於是，我們可以這樣的說，凡是講修養方法或學爲聖人的學說，祇要不是完全因襲前人牙慧而能自成體系的，必皆有其真正的認識或其自己的哲學，我們中國哲學通常是不大注重哲學知識方面的辨說，而特別是著重於修養工夫方面的說明。這可能是造成某些人誤解之主要原因，也可能是一錯誤。照這樣說來，我們中國哲學雖似乎祇是注重於講道德說仁義；然而在道德仁義之背後，是有其一整套之道理，猶於宗教徒之注重儀式，注重苦修，其背後必有一整套道理是一樣的。在儒家典籍中，此一整套之道理，雖是說得很簡略，但並不是不可知的。本論即是依現代的知識而對於儒家的這一套道理，予以新的解說，予以新的意義，而形成我們的哲學體系，並從而推演我們的學爲聖人之學。所以我們的哲學也可以說就是聖學。至於如何學爲聖人的方法，若能對本論所已辨說的果能知之真切而行之真切，則便可以入於聖域而成爲聖人，當然也便已知到什麼是學爲聖人的方法。

第十五章　從「心物合一」論主義與政治

第一節　概　說

我們認爲，高深的道德或藝術的修養，或虔誠的宗教信仰，其極處是皆可以入於聖域而成爲聖人，聖人是可以獨善其身而不憂不惑不懼。孟子說：「窮則獨善其身，達則兼善天下」，兼善天下的出世之路，這是宗教家所努力的；兼善天下的入世之路，則是政治家所努力的。宗教家與政治家，可以說是有相同的抱負而走的不相同之路。

我們之所以如此說，乃因爲宗教與主義，從某一角度看，確是相同的。民族主義第一講中曾說：「甚麼是主義呢？主義是一種思想，一種信仰和一種力量。大凡人類對於一件事，研究當中的道理，最先發生思想，思想貫通以後，便起信仰，有了信仰，就生出力量。所以主義是先由思想再到信仰。次由信仰生出力量，然後完全成立。」孫中山先生更說：「宗教之所以能夠感化人的道理，便是在他們有一種主義，令人信仰。普通人如果信仰了主義，深入刻骨，爲主義去死。」照這樣說來，宗教與主義，都必是有一種可以貫通的思想而因之產生一種信仰。宗教與主義之形成，確是相同的。信仰某一種主義，實類似於信仰某一種宗教。信仰某種主義的信徒，也是有一種類似於宗教之狂熱。宗教或主義的信徒，在狂熱而不冷靜的氣氛之下，都必是排他的，過去天主教徒或基督徒之迫害異教徒，都是由此種排他性所引起的。

照這樣說來，任何宗教與主義的信徒，都可能發生一種偏激的行爲，而有害於人類社會。有些自鳴清高或自以爲是之人士，常對於宗教與主義發生反感，亦是不足爲怪的。我們認爲，有些主義或宗教，在本質上確就是排他的；而有些主義或宗教，在本質上雖不排他，但因其信徒之狂熱信仰，是必然的會發生排他之事實，而且，其所表現的排他的行爲，或甚至是違反其主義或教義的。這就是說，有些主義或宗教，在本質上就是違反真理的；有些主義或宗教，雖並不違反真理，亦難免有違反真理之事實。假如我們的此種看法是不錯的，則宗教徒或某種主義之信仰者，確應該減少其狂熱之氣，而應該以濟世救人之胸襟，爲實現其主義而貫澈始終的以繼續不斷的努力。

我們認爲，對於所有的宗教或主義，實不必盲目的反對；而且，我們若有一種兼善天下的抱負，更必須將我們在學術上所探求的真正知識，作爲辨說宗教或主義的準繩，以使宗教或主義不違背於真理。宗教與主義之最終目的，似乎是無有不善的，有問題的可能祇是方法。當然，有些宗教與主義，其目的與方法，都可能是不對的。我們可以這樣的說，宗教與主義，凡能合乎本然之理而不違反人性的，應是無有不善的；若是違反人性的，當然便會有害於人類社會。關於宗教問題，在第十三章中，我們已有較爲詳盡的辨說。現在我們擬對於主義與政治的問題，作較爲詳盡的討論。

我們認爲，人之生活可分爲物質生活、精神生活、社會生活等三方面。道德與藝術之修養，以及宗教之信仰，固皆屬於人之精神生活；但從心物合一論的哲學來說，真正的精神生活，應是使此心亦安，使此身亦樂的；而且，是應該入世的，不應是出世的。因此，我們所謂的道德，是以忠恕爲基本的內容，是應該「充無欲害人之心」及「充無穿窬之心」以立身處世。我們雖不反對任何宗教，但並不贊同僧侶主義。我們認爲，能識得人之本心而無所執著的以盡此心之全體大用者，是必然的具有高深的道德修養，偉大的藝術家的襟懷，虔誠的宗教家之信仰，以服務於社會而成人之能，使人人都能因其性之所近，心之所好的而入於聖域的以成爲聖人。所以，哲學的心物合一論，其基本的任務，應在於闡明此本然之理，俾認識人之精神價值，以服務於社會，而改善人之物質的與精神的生活。對於政治與主義，作較詳盡的討論，這是從心物合一論上以正確的理解人生。

第二節　主義的信仰與宗教的信仰

我們認爲任何主義，可以說都是一種信仰；所以我們講主義與政治之好壞時，宜先講信仰之好壞。我們曾經說過，對於一事物，能洞察其本然之理而信之，這就是信仰，不知其理而盲目附和的以信之，則就是迷信；所以信仰與迷信，祇是知與不知的問題（請覆按第十三章第二節）。照這樣說來，真正的信仰應該都是好的。我們認爲，當某一種信仰或某一種「意識型態」（ideology）而爲某一部份人所信仰時，是必然的會有好與壞之分。羅素認爲「意識型態可定義爲一種信仰體系，它指示公私行爲的方向，當其在政治上有重要性時，則有教士團或什麼類似的東西爲後盾。」行爲的方向，確是受某種信仰或某種「意識型態」的指使或導引。有真正信仰的人，應該是能「止於至善」而有一種「光風霽月」的胸襟和態度。這就是說，有真正信仰的人，應該是與人無爭而與人無衝突的。但是，當某種「意識型態」而有某種組織爲後盾時，則某種信仰必已有好與壞之分。信仰的好壞或信仰的不同未必就是衝突的原因，羅素說：「要信仰的爭執和狂熱的不寬容結合時才會如此。」有某種組織爲後盾的某種「意識型態」是很難不產生狂熱的不寬容，亦很難不發生信仰的爭執。當然，信仰某種信仰者之不能容忍異端固不足以證明某種信仰即是不好的；但某一種信仰而缺乏寬容的精神，卻不能說是一真正的信仰。因此，我們確可以從某一個人或某一組織所信仰之信仰是否爲一真的信仰而論定某種信仰之好壞。

照孫中山先生的看法，信仰的產生，必在思想貫通以後；而思想之所以能貫通，必因已具有真正的認識。例如佛教的某些信徒，窮年兀兀而日夜不息的誦經禮佛；若缺乏真正的認識，而以爲祇有如此才可以免於墮入地獄，這就是思想未能貫通，而其信佛亦祇是由自私的妄想所形成的一種迷信。若有人所信的不是一般人所想像的佛祖而祇是此本然之理，則此人之信仰便是思想貫通後的一種真的信仰。可見一種真的信仰，即是一種正確的認識或思想。此種思想或認識之是否正確，則是一哲學或科學的問題。我們是從哲學的觀點而辨說某種主義的基本認識或思想是否正確。

我們認爲，宗教或主義之所以被人信仰；乃因一般人的普遍要求，是對於將來的希望能獲得保證，而宗教與主義，都恰好是以保證人的將來之希望爲目的。同時，一般人爲使將來之希望能獲得保證，而願意犧牲現在的一切或願意忍受現在的痛苦，所以宗教與主義都能使人信仰而奮不顧身的去實行。這也是造成宗教狂熱或政治狂熱之主要原因。至於宗教或主義之所以能使一般人相信將來希望的保證是可靠的，乃因宗教與主義，都能基於一般人普遍所需要的而證明或說明這需要是正當而又可能獲得的；而且，亦能證明或說明祇有如此如此這需要才可獲得。這就是說，宗教教義或某種主義，必皆具有可以使人信仰的是種特質。我們之所以說宗教與主義確是相同的，由此可以獲得證明。不過，宗教對人所提供的可保證的希望，乃是教人應如此如此才可獲得神之寬恕與拯救，或應如此如此才能大澈大悟而成爲覺者。也可以說，宗教之目的，是在爲人的死後建立理想的樂園或在於使人悟道。從這種觀點說，宗教與主義確不是相同的。因爲某種主義之目的，必是爲某種政治理想之實現。這就是說，宗教的信仰與主義的信仰，是兩種完全不相同的信仰；而且，某些主義的信徒，很可能是反宗教的。

無論任何的宗教或主義，其所以能具有使人信仰的特質；或者說，其所提供的保證而能爲人所信仰不渝；即是此種主義或宗教，必有一種哲學爲其理論的基礎。這就是說，一種信仰之好壞，必就是此種信仰所依據的哲學是對的或是不對的。我們要批評某種哲學是對或不對，這固然也可以說是哲學的任務；但是，這是一個非常困難而複雜的課題。例如儒家與道家哲學，我們是不容易批評誰完全對或誰是完全不對的。又例如耶穌基督或釋迦牟尼的哲學，我們亦是難於確定其孰優孰劣。不過某種主義或哲學，若是完全抹煞人之仁性，這當然是不正確的。因此，以此種哲學爲依據的主義與政治，違反人性，貽禍無窮，我們確不能說這是一種好的主義與政治。

再者，我們之所以重視某種宗教或主義所依據的哲學；乃因某種宗教或主義所依據的哲學，一旦爲人所信仰時，則所信仰的人便已獲得了安身立命之所時，則其對於人類社會的影響，必較之宗教徒之狂熱所發生的影響爲劇烈。因爲宗教徒所信仰與崇拜的對象，尙祇是其理想中的全知全能的神，亦尙祇是在求得死後的永生；然而某種主義之信仰者，則可以說是希望將神的意志完全實現在人間。其所信仰與崇拜的革命領袖，即是此全知全能之神的代表；也可以說，其所信仰之領袖，亦即是其將來一切希望之代表。當許多人的將來希望，寄托於神化的領袖時，其所表現的力量，確可以排山倒海而無有匹敵。同時，主義信仰者，因其神聖的事業，均寄之於未來的理想；於是，便以未來爲神聖的，而以現實爲醜惡的。革命力量之所以具有巨大的破壞性，這可能是最主要原因。但當革命成功以後，其政治理想不可能實現，其狂熱之信徒，由於事實之體驗，獲悉其未來的理想之神實祇是罪惡之神時，我們是可以想見許多信徒，會失去其安身立命之所的。這就是說，某些人對某種主義之信仰，結果未能實現其政治理想，因而失去其對此種主義之信仰。這也是主義信仰不同於宗教信仰的重要原因之一。因爲宗教徒所信仰的未來是一不可實現的永遠的未來；而且，宗教徒的未來之神，是以已存在過的某一個人之典型爲典型的。可以說，任何宗教徒所信仰之神，是祇有「仰之彌高，鑽之彌堅，瞻之在前，忽焉在後」的感覺，而「心嚮往之」之不暇。所以許多宗教，其信仰是可以維持久遠的。至於主義的信仰，因其所希望的理想中的未來，通常既未能以鬼爲神；而且，其所謂未來，亦並不是永遠不可實現的。所以，主義的信仰，通常都不易維持久遠。同時，某種主義，當其以所據的哲學爲基礎而建立其所崇奉的理想之神時；若此神愈靈驗，則其靈驗之失去亦最易。這就是說，某種主義所希望達成之目的及其達成目的之方法；

若過於容易表現效果，則大致是不擇手段的。孔子說：「善人爲邦百年，亦可以勝殘去殺矣。」又說：「如有王者，必世而後仁。」這就是說，政治上的許多措施，是不宜不擇手段的以求得暫時的或表面的效果爲目的。許多殘暴的專制主義，其成功與失敗都很迅速，實不是偶然的。

照以上所說的看來，一種主義，要能永遠的被人信仰，必須是本於仁愛的精神而具有無窮的希望與理想。我們可以這樣的說，凡屬於精神方面的希望與理想，才是無窮無盡的。某種主義，其所希望達成之目的，而祇是以達成物質的或經濟的某種理想爲目的時；其理想終必幻滅，其信仰終必失去。例如共產主義，爲達成共產目的，而祇是從經濟上逐步的以實施共產制度，如建立集體農場及推行人民公社等；可以說，此等政治上之措施，是均足以使共產主義信仰者失去其信仰。即以人民公社刻板式的生活而言，已足以窒息人之各種希望而毫無理想可言；因爲人民公社的人民，除窮年兀兀的工作外，是很難有自己之理想。這很可能是出乎共產主義者意料之外。但是，這確是馬列主義的實踐；因爲澈底的實行無產階級專政，和澈底的廢除私有財產制，這是一種必然的結果。再從另一方面來說，若某種主義，其所希望達成之目的，而祇是以達成精神上或心靈上的某種希望爲目的時；則此種主義，實就是一種宗教。宗教理想，是不能以人世的希望爲目的。這就是說，我們亦不能以宗教信仰作爲主義信仰。我們認爲，若某種主義，而能顧及人之精神的或經濟的理想與希望時，此種主義，才能可以被人永遠的信仰。我們中國先哲所倡導的大同思想，則是對於人之精神的或物質的希望與理想，有所兼顧。所以大同思想，能爲人所永遠信仰。

第三節　從小康到大同之路

大同思想或大同主義，何以能爲人所永遠信仰，我們願作較爲詳盡的說明。

禮運大同篇說：「大道之行也，天下爲公，選賢與能，講信修睦，故人不獨親其親，不獨子其子；使老有所終，壯有所用，幼有所長，矜寡孤獨廢疾者皆有所養；男有分，女有歸。貨惡其棄於地也，不必藏於己；力惡其不出於身也，不必爲己；是故謀閉而不興，盜竊亂賊而不作；故外戶而不閉，是謂大同。今大道既隱，天下爲家，各親其親，各子其子，貨力爲己，大人世及以爲禮，城郭溝池以爲固，禮義以爲紀；以正君臣，以篤父子，以睦兄弟，以和夫婦，以設制度，以立田里，以賢勇知，以功爲己；故謀用是作，而兵由此起。禹湯文武成王周公，由此其選也；此六君子者，未有不謹於禮者也；以著其義，以考其信；著有過，刑仁講讓，示民有常；如有不由此者，在執者去眾以爲殃，是謂小康。」大同篇此所說的，若說是講歷史，則所講的歷史未必全真；若說是講政治哲學，則所講的大同思想，確可以使人永遠的信仰。

我們認爲，大同世界，是和柏拉圖的共和國，馬克斯的共產主義完全不同的。近代的政治家，都喜歡談大同主義。然而都或多或少的誤解了大同主義，康有爲的大同書就是一種最大的誤解。

近代人對大同主義的第一種誤解，乃以爲大同主義就是現代的共產主義。若說現代的共產主義是可以自由自在的「各盡所能，各取所需」，則共產主義確就是大同主義。現在的共產主義，在「生產工具公有」的大前提之下，一切皆爲政府所統制。人民在生活方面，已毫無自由可言。所謂「各盡所能」，實祇是按照政府規定而工作；所謂「各取所需」，實祇是按照政府所配給且經過層層剝削而不及規定數量的生活資料，賴以維持生活。這就是說，基於「生產工具公有」的原則而廢棄財產私有制度的共產主義，實不是「各盡所能，各取所需」的大同主義。我們認爲，以無產階級專政爲統治手段的現代的共產主義，是最好稱之爲政府資本主義。這就是說，政府官吏，都是資本家。大官吏是大資本家，小官吏是小資本家，全體人民，都變爲工奴或農奴，而很像一螞蟻的社會。至於大同世界，則決不是如此的社會。大同社會，是以「不獨」與「不必」爲理想的。大同社會，可以說是人民資本主義社會，國父孫中山先生所謂的「均富」，亦正是此意。大同社會人民，在無虞匱乏的情境之下而可以「無吝心」的。「無匱乏」，這是經濟上的最好的措施；「無吝心」，這是一種良好的道德的修養。沒有經濟上的無虞匱乏，當然是很難達成道德上的無吝心；然而欲能達成道德上的無吝心，亦不祇是使經濟上無虞匱乏便足以達成道德目的。許多人誤以爲廢棄私有財產或運用嚴刑竣罰，便可以去掉人民的「吝心」。殊不知私有財產制度的廢棄，適足以便利與增強政府官吏之貪心與吝心；而嚴刑竣罰，亦祇是使變爲政府奴隸的人民，更陷於窮而無告的境地。所以最好的政治措施，應在經濟上能幫助人民「各盡所能」的以發展其經濟能力，而不是不准財產私有。同時，在經濟的無虞匱乏的情形之下，由於「仁厚之教」，而能使人「勞事不憚，施無吝心」的以表現其「貨惡其棄於地也，不必藏於己；力惡其不出於身也，不必爲己」的道德修養。我們要知道，「不必藏於己」與「不必爲己」，並不是不准人爲己，或不准人藏於己。照這樣說來，大同主義確不就是現代的共產主義。

近代人對大同主義的第二種誤解，乃以爲「天下爲公」的思想，即是祇能有「公」而不能有「私」的柏拉圖式的烏托邦思想。在柏拉圖式共和國中，「保衛人」除了不准有私有財產外，亦不能自有其妻。於是，父母不能有其子女，子女不能有其父母；於是，無論經濟的或人倫的關係，都是一種公共的關係。這和「不獨親其親，不獨子其子」的大同思想，是完全不同的；而且，大同思想更是主張「男有分，女有歸」的。這就是說，大同世界的社會，除了在經濟制度方面，必須是能「有所終」，「有所用」，「有所長」，「有所養」外；而且是以「親其親」，「子其子」，家其家，產其產爲基礎；然後不獨親其親或不必有其產的。此「不獨」與「不必」，並不是一社會制度，而祇是一社會風尙，所以大同世界，是以一種良好的社會風尙爲基礎，而使此一無虞匱乏的社會制度，形成一祇有「公德」而無「私心」的世界。但是，父子、兄弟、夫婦、朋友等之私情，正足以表現人之所爲人之本性。我們實不應視此等私情爲「私心」的根源，而將人倫關係完全破壞之。實際上，凡不能愛自己父母的人，必是對於人類無愛心的。有些人認爲，若能照柏拉圖的幻想而實現之，是可以使私人占有的情緒減至最輕，使公共精神之支配所遭遇的障礙完全除去，不致因私有財產之分心，而產生因占有慾的各種不良後果。當然，私有財產制度確是有毛病的，祇知道愛自己的父母子女亦是有礙「公德」的。但是，若照柏拉圖的幻想而實現之，則人類社會，必全無人的意味而成爲禽獸的世界。柏拉圖的幻想，亦祇是以「保衛人」爲對象，而並不是以全民爲對象的。今日的共產主義，則是以全民爲對象而企圖實現柏拉圖的幻想。我們認爲，共產主義信徒，是本於宗教徒之狂熱的不容忍的精神而發洩其對於私有財產制度的痛恨的心情；所以共產主義確不是大同主義。而且，大同主義所謂的「天下爲公」，亦祇是意味著不是家天下的君主政治而應是「選賢與能」的民主政治而已。我們之所以說近代的政治家，都或多或少的誤解了大同主義，這是非常顯然的。

照以上所說，大同主義確是兼顧人之物質生活與精神生活的。我們可以這樣的說，人之物質生活，是應使其無私；而人之精神生活，則應使其可以有私。然而欲能保障人之私情，同時，亦應該保障人之免於匱乏之自由的。大同主義，是以此種理想爲理想的。大同主義，雖主張人之精神生活，應使其可以有私，如親其親，子其子等；但是，亦主張擴大其親親之情而不獨親其親子其子。這就是說，大同社會的人民，確可以享受生活與思想的自由。至於個人自由與社會秩序，或私心與公德之間的衝突，則是著重於「仁厚之教」，而不是以嚴刑竣罰。當然更不是運用各種不忠厚的謀略而作爲維護公德或維持社會秩序的手段。這不祇是說，大同主義確是不同於現代的共產主義；也就是說，大同主義的理想，確可以滿足人之私願而又無害於公共精神，所以大同主義，能爲人所永遠信仰。

我們認爲，大同社會之實現，必是「謀閉而不興」，「外戶而不閉」。至於「謀用是作」，「兵由此起」的主要原因，則在於以「天下爲家」。但是「禮義以爲紀」及「以篤父子，以睦兄弟，以和夫婦，以設制度」，卻不能不說這是成爲小康之治的主要原因。不過，因爲以「天下爲家」，故必須「以功爲己」。爭名奪利，競相詐僞，可以說完全是家天下的專制政治之惡果。家天下的專制政治，是決對不能進入大同之治的。然而，若能除去小康之治的家天下的專制政治，而又能「謹於禮」的「以著其義，以考其信；著有過，刑仁講讓，示民有常」，由此以發揚小康之治的優點，是可以漸進大同世界的。這就是說，我們是主張從「天下爲公」的民主政治，以由小康而進入大同的。這也可以說，是撥亂反治所必經的程序。

第四節　理想的政治與大同主義的政治

照以上所說，則大同世界，實可以說是政治的最終理想；而最理想的政治制度，則便是能實現世界的大同。也可以說，理想的政治，即是大同主義的政治。

由共產主義或專制主義，都是不能實現大同世界的。也可以說，祇有民主政治，才能使世界漸進於大同。不過，漸進於大同的民主政治，在經濟上，必須以「均富」爲目的；在政治原則上，必須保障不妨害他人私生活之自由及幫助人民得能依其志趣而發展其能力。機會與待遇都能均等。社會的價值取向亦能是多方面的。於是，便能漸漸的使巧取豪奪之事不發生，而可以漸漸的由小康以進入大同。

我們必須瞭解，大同世界的人民，必須都能發揮人之善性；大同世界的政治，必須是有政府而等於無政府。我們可以這樣的說，大同世界的任何人，將祇會得到政府或他人的幫助而決不會受到政府或他人的令人煩厭的干擾。也可以說，大同世界是無爲而治的。孔子曰：「無爲而治者，其舜也與；夫何爲哉，恭己正南面而已矣。」又曰：「大哉堯之爲君也，巍巍乎，唯天爲大，唯堯則之；蕩蕩乎，民無能名焉；巍巍乎，其有成功也；煥乎，其有文章。」又曰：「天何言哉，四時行焉，百物生焉，天何言哉。」照孔子此所說的看來，無爲而治的政治，即是合乎天道的政治；所謂合乎天道的政治，即是政治之各項措施，皆能法天之無私而又能發揚人之善性。大同社會的人民，既都能發揚人之善性；則大同社會的人民，應皆是聖人。於是，所謂大同社會，亦即是我們在上一章所謂的聖域。不過，此所謂聖域，乃生活於大同社會的人民，都各能純乎部份的聖域，而形成一有如聖域的社會心理。生活於聖域的人民，是都能依其各自的興趣而成爲各種各類的聖人的。所以，大同世界的政治是可以無爲而治的。無爲而治的政治，因治者之無私，而被治者亦都能發展其各自的抱負，以實現其各自的理想，所以，大同社會的人民，是既能充分發揮人之所以爲人的本性，而享有各種之自由；同時，亦能獲得政治上與經濟上之平等，而能保障其生活。所以，大同主義之政治，當然是理想的政治，亦當然能爲人所永遠信仰。

第五節　三民主義的政治哲學

照以上所說，宗教與主義，可以說都是哲學的產物。也可以說，宗教實就是一種主義。不過，有些哲學所崇奉的神，無論其意義，是如何的已與宗教所崇奉的神相接近；但是，若此種哲學所主張的是將人世變爲天國時，則此種哲學所產生的很可能是某種主義而不是宗教。任何主義的產生，從哲學觀點來說，都可以作如是的看法。這就是說，三民主義的產生，亦必是希望將人世而變爲天國。

我們已陳述過，一種信仰的好壞，必就是此種信仰所依據的哲學是對的或是不對的。也就是說，一種主義的好壞，亦是應以其所依據的哲學爲評論的標準。因此，我們要能對三民主義的價值有正確的評判，亦必須就三民主義所依據的哲學而評判之，俾我們能瞭解三民主義，是否爲一真的信仰。

孫中山先生曾說：「余之謀中國革命，其所持主義，有因襲吾國固有之思想，有規撫歐洲之學說事蹟者，有吾所獨見而創獲者。」又說：「中國有一個道統，堯舜禹湯文武周公孔子相繼不絕；我的思想基礎，就是這個道統；我的革命就是繼承這個正統思想，來發揚光大。」照這兩段所說的看來，則孫先生所謂我國固有之思想，即是指我國歷代相承之道統而言。我國道統，經宋儒之努力發揚，其體系更是精密而完備。我們亦是承繼這個道統而講我們的哲學。這就是說，我們的哲學，是和孫先生的「思想基礎」完全相同；我們的哲學，當然可以說就是三民主義的哲學。再者，我們因是接著宋明以來的理學而講我們的哲學；所以，我們的哲學，亦是予宋明以來的理學以新的意義。這就是說，我們大體上亦是接受近代的西方思想而講宋明以來的理學。因此，我們的哲學和孫先生的「思想基礎」確無不同。也可以說，我們是承繼孫先生的「思想基礎」而講我們的哲學。雖然，孫中山先生甚少有專門的哲學著作；但從遺教中，是可以窺見其思想體系。我們認爲，三民主義的哲學，實就是心物合一的哲學。孫先生雖未嘗用過心物合一這一名詞；但是，他確是認爲心物是合一的。他說：「精神雖爲物質之對，然實相輔爲用。考從前科學未發達時代，往往以精神與物質爲絕對分離，而不知二者本合而爲一。」又說：「故全無物質亦不能表現精神，但專恃物質不可也。」從這兩段所說的看來，則所謂「二者本合而爲一」，實是很明確的認爲心物是合一的，這是在緒論中我們便已詳爲辨說的。

現在，我們更願從三民主義之主要內容而進一步的說明三民主義的哲學確就是心物合一的哲學。如所週知，三民主義，即是指民族、民權、民生這三種主義。茲先就民族主義而言，有人認爲民族主義祇能說是一種政策而不能說是一種主義，也有人認爲今日而談民族主義，實是一種狹隘而過時的觀念。這都是對於民族主義的誤解。誠然，如民族主義第一講所講的：「俄國的新主義，是主張以公理撲滅強權的」，是「主張抑強扶弱，壓當濟貧，是專爲世界上伸張公道打不平的」。民族主義此所講的，固已不合乎「俄國的新主義」所表現的事實。但是，我們卻不能說「伸張公道打不平」或「以公理撲滅強權」的主張是不對的。所以，這祇能說是俄國共產主義者背棄了他們的此種主張。我們認爲，民族主義的基本精神與主要意義，是在於喚起民族的自覺，並「推己及人」的而自覺覺人；所以「民族主義能夠令我們的良心不安」；能夠令我們自覺的而恢復我們固有的道德，智識與能力。這就是說，民族主義的基本意義，是要我們能自覺的認識自己與自己民族的優良的文化傳統，而予以發揚光大。羅素曾說：「世界如要享有和平，則種族的仇視非除去不可。」本於民族主義的基本精神，是可以消除種族的仇視。這就是說，要能消除種族的仇視，這不祇是一民族政策的問題，而且是一民族道德的問題。民族與民族之間，猶如個人與個人之間，是應該講求忠恕之道或仁愛的精神，這才可以和平相處的。民族主義卻是很清楚的指明了這種理想。一般說來，欲能求得世界和平，是應該講世界主義的；但是，以達成世界的和平爲目的之世界主義，不僅不應毀滅他人的國家，而且是「興滅國，繼絕世」的。這和國際共產主義者希望「埋葬」或「毀滅」別人國家的不仁之至的思想是完全不同的。照這樣說來，必須是基於仁愛的精神與講求忠恕之道的民族主義真能實現，亦才能真的實現以達成世界和平爲目的之世界主義。民族主義的理想，確是我們傳統文化的真精神所孕育而成的。

再就民權主義而言，民權主義是以自由平等爲其政治的理想。我們認爲，講自由與平等，是必須本於仁愛的精神而又特須講求忠恕之道。若講自由而不講忠恕之道，則所講的自由是假自由，假自由是足以扼殺真平等。同樣的，講平等而不講忠恕之道，則所講的必是假平等，假平等是足以窒息真自由。我們認爲，自由與秩序之間的協調，是應該以忠恕之道而補足政治力量之所不及。於是，對於民權主義之強調「個人不可太過自由」，才不致有所誤解。同樣的，我們也不致誤以爲假平等就是真平等。這就是說，要真能實現自由與平等，除了在政治方面要真能爲自由平等而努力外，仍須每一個人都有一種道德上的自覺。再者，講自由平等而不講求仁愛的精神，若不是犧牲自由，亦便會犧牲平等。國際共產主義者可以說是爲了達成經濟的平等而犧牲人民的自由。實際上，若犧牲了人民的自由，是很難達成經濟的平等。鐵幕內的人民都已變爲工奴或農奴，這便是一無可爭辯的事實。我們認爲，是不應祇從政治的觀點而講民權主義。這意思是說，我們若不基於仁愛的精神與講求忠恕之道，我們是很難懂得民權主義的真義。即令有最理想的政府組織與最理想的推行政治制度的方法，若缺乏民主的道德的修養，是很難使自由平等的理想在某一社會中能完全真正實現。我們並不是輕視民主的政治制度，我們的意思祇是說，欲真能實施民主政治，還須有深厚的文化基礎與高深的道德修養。我們認爲，這是爲爭自由與民主的人士所應深自警惕；而且，必須基於此種觀點，才真能瞭解民權主義的真諦。

再就民生主義而言，有些人對民生主義第一講中所講的「民生主義就是社會主義，又名共產主義，即是大同主義」這幾句話是或多或少的有誤解。這誤解的第一個原因，是以爲民生主義在經濟上就是共產主義，而不知道民生主義的目的，是在於向共產主義者說明：以解決社會問題爲理想的共產主義，確可以不必用階級鬭爭的方法而可以用民生主義的方法。民生主義第二講中說：「我今天來分別共產主義和民生主義，可以說共產主義是民生的理想，民生主義是共產的實行；所以兩種主義沒有甚麼分別，要分別的，還在方法。」這就是說，用民生主義的方法以達成民生主義的目的，便就是解決了社會的問題而實現了共產主義的理想。也就是說，用民生主義是可以代替共產主義。而且，「用民生這兩字來包括社會問題，較之用社會或共產等名詞爲適當」。因此，民生主義第一講中所講的「民生主義就是共產主義」，其意義亦是說共產主義就是民生主義，其目的是希望那些信仰共產主義的人，不必信仰共產主義而可以信仰三民主義。「因爲社會主義，現在中國很流行；所以共產主義之名，現在中國也是很流行。」在講演民生主義之當時，孫先生便已看到共產主義之很爲流行，而希望因勢利導的予以疏導。誰知竟被共產國際所利用而曲解三民主義以宣揚共產主義。這誤解的第二個原因，就是許多人對民生主義的真義缺少瞭解。有些人以爲民生主義與共產主義的區別，祇是純方法上的不同；以爲祇是一是緩進的，一是激進的；一是共將來的，一是共現在的。這種理解，我們固不能說是完全不對。但是，這種理解是容易發生誤解而「差以毫釐，謬以千里」。這就是說，我們要能有完全而正確的理解，必須要對於「緩進」與「共將來」之意義弄清楚。民生主義所主張的「平均地權，節制資本」，這就是緩進的辦法。所謂

「共將來」，即是大同世界之實現。民生主義第二講中說：「我們要解決中國的社會問題，和外國是有相同的目標；這個目標，就是要全國人民都可以得安樂，都不致受財產分配不均的痛苦；要不受這種痛苦的意思，就是要共產。所以我們不能說共產主義與民生主義不同。我們三民主義的意思，就是民有、民治、民享；這個民有、民治、民享的意思，就是國家是人民所共有，政治是人民所共管，利益是人民所共享。照這樣的說法，人民對於國家，不只是共產，一切事權都是要共的，這才是真正的民生主義，就是孔子所希望之大同世界。」照民生主義所講的這一段話看來，真正的民生主義，「就是國家是人民所共有，政治是人民所共管，利益是人民所共享。」此所謂共有、共管、共享，即是孫先生所謂的共產。所以孫先生所謂的共產主義，決不就是生產工具公有的馬克斯主義。這就是說，孫先生所謂的共產主義，祇是基於「天下爲公」之目的，而限制個人權力之過份擴張及限制私人佔有慾之無限擴大，而決不是不准私有財產之存在。大同世界的人民，祇是不必需要私有財產，而不是不准有私有財產。許多人因誤解了大同主義，於是也誤解了民生主義，而以爲民生主義就是馬克斯的共產主義。

孫先生曾說：「三民主義，即仁之所由表現。」又說：「救國之道，在實行三民主義以成救國救民之仁。」這就是說，民族、民權、民生這三種主義是可以以仁愛而「一以貫之」的。照以上所辨說的看來，三民主義確是基於仁愛的精神並講求忠恕之道，而以民權主義爲手段，以解決民生問題爲目的，並以民族主義爲基點而實現世界主義。這就是說，三民主義實就是孔子之大同主義的現代化。三民主義的政治哲學，當然就是大同主義的政治哲學。大同主義的政治哲學，在以上兩節中，我們已有較爲詳盡的辨說。於是，我們當可以說，三民主義的政治，應就是一種最爲理想的政治；而三民主義，確是一能爲人所永遠信仰的真正的信仰。

從三民主義的政治哲學而言，三民主義確是一種能爲人所永遠信仰的好主義；但是，必須是如我們所理解的。這就是說，我們講三民主義的政治哲學時，必須要瞭解三民主義的「思想基礎」，確是承繼我們中國正統思想。因此，我們應從我國固有的道統以認識與瞭解三民主義。就我們在第三，四兩篇中所已辨說的而言，我國正統思想，是從心物合一的觀點而理解宇宙與人生。再就我們所已辨說的三民主義之主要內容而言，它是要恢復民族道德，發揚民主精神，解決民生問題，它確是精神與物質並重的。它既重視政治力量，亦不輕視文化精神；既重視全體利益，亦不輕視個人幸福。所以，我們不應從唯心或唯物的觀點而斷章取義的以認識與理解三民主義。而且，我們更不應該從三民主義所列舉的而可「印證之事實」，以爲三民主義祇是四五十年前的「統戰工具」。這就是說，我們必須從三民主義之政治哲學及其基本精神，而理解三民主義確是能爲人所永遠信仰的好主義。羅素說：「現代技術已能夠招來遠勝於往昔的幸福，是以吾人若欲利用現代技術而過幸福生活，則必須摒棄某些觀念，而以另外的觀念代之。我們必須以平等代替支配慾，以公正代替勝利慾，以理智代替蠻幹慾，以合作代替競爭。我們必須認人類爲一家，好好利用自然資源以增進共同利益，同向繁榮邁進，不要各自爲政向死亡和破滅進行。」我們認爲，用三民主義的觀念，確可以代替某些必須摒棄的陳腐的觀念。這是從三民主義的以民族主義而實現世界主義，以民權主義而實現「天下爲公」，以民生主義而解決社會問題等基本觀念便可以看出的。這就是說，若真能實現三民主義，則我們確可以利用「現代技術而過幸福生活。」

我們仍須陳述的，即是必須經過民主政治的小康之治的階段，以漸漸的進入大同世界；然後，三民主義才真能完全實現。我們要知道，任何專制政治，是祇能止於小康之治的局面，祇有民主政治，才能由小康之治而進入世界大同。再者，小康與大同之不同，實祇是道德境界的不同。若小康之世的人民而能有大同社會之人的道德修養，則此種小康之治便已進入了大同世界；因爲小康之世的人民，亦是可以無虞匱乏，亦是可以盜竊亂賊而不作，亦是可以外戶而不閉。這就是說，以民主政治爲基礎的小康之治，其政治制度與經濟措施，必是已建立了進入大同世界的基礎；所以，大同世界的實現，是應該以小康之治的政治與經濟爲基礎；然後從教化上以陶冶人之德性，俾使大同社會的人民都成爲聖人，而使大同社會有如一聖域。三民主義的不主張蠻幹而主張緩進，不主張共現在而主張共將來，確是主張依照由小康而大同的程序，以實現其政治理想的。照這樣說來，三民主義確是有其遠大的理想，而能亘萬古而常新。因爲三民主義的政治理想，是在使每個人無需過度的勞苦，便能有充分的物資而過著幸福的生活；且有相當的精神教育以享受閒暇。這就是說，三民主義是確能兼顧人之精神與物質生活的。於是我們說三民主義的政治哲學，是以心物合一論的哲學爲其思想的基礎，這應是不錯的。

第六篇 結 論

第十六章 心物合一論與儒家的道統

第一節 哲學與道統

我們認爲，任何哲學都必有其思想的淵源或其思想的傳統，即令此一哲學是以反對任何傳統哲學爲目的。因此，所謂新的哲學，實祇是用一種與傳統不大同的觀點或方法以辨說許多傳統的古老的觀念。羅素在其所著「哲學大綱」中曾說：「當人類能夠用公正的態度去想整個的宇宙而不想純粹的個人的命運時，他就漸漸的接近哲學了。」羅素此種理解，我們認爲確是不錯的。基於羅素的此種觀點，我們實可以論定古代的哲學，並不全是錯的。這就是說，古人在科學的知識方面雖然是很幼稚的；但古人的哲學思想在今日看來仍可能是很正確的。因爲「用公正的態度去想整個的宇宙而不想純粹的個人的命運」，這是自古已然。當然，我們用二十世紀的眼光來看古代的哲學，在某些方面，古人辨說哲學觀念時所用的方法可能是不妥當的；而且，有許多哲學觀念可能是完全錯的；但是，我們決不能說古代的哲學都是神話，或者說古代是祇有神話而沒有哲學。我們認為，作為一個哲學家的基本的態度，就是要能以旁觀的或超宇宙的態度來想整個的宇宙，亦必須以旁觀的或超個人的態度來想人的整個人生。誠然，我國古代的或宋明以來的許多哲學家，對於宇宙的理解，是不如現代哲學家的能對宇宙或存在而有較為清楚的理解；古代哲學家對於人之理解，亦可能是很模糊的；然而他們對於宇宙本然之理及人之整個人生之理解，則大體上是不錯的。我國古聖先賢，當他們建立他們的哲學體系時，是能很正確的把握住作為一個哲學家所必須具有的最基本的態度的。我國古代哲學之所以甚少具有神話的性質，這可能是最主要的原因。我國古代的哲學，既對於整個的宇宙與整個的人生，有較為正確的理解；而且，經宋明以來的道學家予以新的解釋後，其體系是更為嚴密而完整。於是，我們之所以承繼我國傳統的哲學而講我們的哲學，當然不能說是不對的。本論大體上都是依據我們傳統的哲學，而對於哲學上的許多問題，並用現代的知識而予以新的意義與內容。

我們此種觀點，很可能為許多人所不贊成。因為我國傳統的哲學是肯定「人皆可以為堯舜」而認定人性是善的，人生是可以幸福的。羅素即不贊成此種觀點。他在其所著「哲學大綱」中曾說：「人們往往要哲學家去指明世界裡頭的好的方向。但是我卻不承認我有這一種的責任。一個人可以同樣的要一個會計師去指明一個滿意的賬目。如果在哲學裡頭有一種欺人的樂觀主義的話，那麼，它的壞處和經濟問題的欺人的樂觀主義是相等的。如果世界是好的，那麼我們就得盡量去知道它；如果它不是好的，那麼我們也應當一樣的去知道它。無論如何，世界的好和壞是科學的問題，不是哲學的問題。如果世界有我們所希望的那一種特性的話，我們就說它是好的。已往的哲學都自認能夠證明世界有這一種的特性，但是現在我們已經知道這種證明是不正當的。當然，我們不能因爲了這，就說世界沒有這種特性，我們只能說哲學沒有解決這個問題的能力。」實際上，我們的觀點和羅素的此種觀點是沒有衝突的。因爲，我們雖是在證明世界或人有這一種的特性；但是，我們卻不是像會計師一樣的在指明一個滿意的賬目。我們的意思祇是說，是應該有一個滿意的賬目；而且必須是有一個滿意的賬目。因此，我國傳統的哲學，確是一種樂觀主義；但決不是欺人的。我們的樂觀，也不是一種「禪悅」；因爲，由甚深的禪定境界所產生的樂觀，是禪定功夫的一種體驗，這是應該由科學來作答的，心理學終必會解答這一問題。至於我們的樂觀主義，則是基於對宇宙與人生的正確理解，並認定此能知的人之本心是具有知善知惡之良知，而主張爲善去惡的以實踐篤行，並依照一定的實踐程序，以達於至善至樂的聖人境界。同時，更依照「窮則獨善其身，達則兼善天下」的原則，而使人類能進入世界的大同。大學開宗明義便說：「大學之道，在明明德，在親民，在止於至善。知止而后有定，定而后能靜，靜而后能安，安而后能慮，慮而后能得。物有本末，事有終始，知所先後，則近道矣。古之欲明明德於天下者，先治其國；欲治其國者，先齊其家；欲齊其家者，先修其身；欲修其身者，先正其心；欲正其心者，先誠其意；欲誠其意者，先致其知；致知在格物，物格而后知至，知至而后意誠，意誠而后心正，心正而后身修，身修而后家齊，家齊而后國治，國治而后天下平，自天子以至庶人，壹是皆以修身爲本。」大體上，我們是以此爲綱領而建立我們的哲學體系。不過，我們是特別著重於即物窮理而致知；然後再基於我們之所知而探討有關人生的各種問題以及治國與平天下的哲學。本於我們之所知，我們認爲這世界是應該可以好，這人生是應該可以幸福。因此，我們的觀點是和宗教的觀點不完全相同。若依宗教觀點而言，則是認爲人死後能往生天國才是幸福的，我們則祇是陳述了凡對宇宙或存在而有正確的理解的人是可以有一種入於聖域的心理狀態。有此種心理狀態的人是可以成爲聖人而自得其樂。我們的觀點亦是和科學觀點不完全相同的。即如我們所謂的大同主義政治，亦祇是陳述了政治科學是應該以實現大同世界爲其最終的理想。這就是說，最理想的政治，是應該從政治科學或經濟科學的觀點引導社會，在公平、富裕與安和之生活環境中，日益進步，日益幸福。所以我們亦祇是認爲，若能如此如此，這世界才是好的，這人生才是幸福的。於是，我們深深覺得國際共產主義者過份仰制人的生活是引導人類走向壞的世界。今日的哲學，確應具有這種批判性與建設性的任務。因此，基於我們的傳統思想而廣泛的討論人生問題的各方面，這確是必要的，也並不是一種欺人之談。假使有人反對我們的哲學，照說是不必要的。

羅素也曾說：「雖然哲學不應當有一個道德的目的，然而它卻應當有一個好的道德影響。」又說：「哲學應當使我們知道生活的目的，應當使我們知道生活之中自身有價值的成份。無論在因果的範圍之內我們的自由是如何的受限制，但在價值的領域之中，我們卻得承認我們的自由並沒有任何的限制。我們判斷一個東西本來是好的，我們可以繼續去判斷它是好的，我們不必顧慮到其他的東西，只要看一看我們自己的感覺如何。哲學本身不能夠決定生活的目的，但是它可以把我們從偏見和曲解裡頭解放出來。無論我們的眼界如何的廣濶，情愛、美麗、知識和生活的享受總是我們所喜歡的。如果哲學能夠幫助我們去感覺這些東西的價值的話，那麼，它就盡了它在人類開發黑暗世界的工作之中所應盡的本分了。」照羅素此所說的而評論我們在以上各章所辨說的，則知我們的哲學，是有一個好的道德影響，是使我們知道生活的目的，是告訴我們可以從不同的方向而達成生活的目的，是說明了我們的自由並沒有任何的限制而祇是不能違背忠恕之道，是幫助我們從偏見和曲解裡頭解放出來，是指明了什麼是人類正當的感情，是盡了它在人類開發黑暗世界的工作之中所應盡的本份。照這樣說來，我們以現代的知識而解釋我們傳統的哲學，實是一種正當的努力。

我們還須陳述的，我們所辨說的傳統哲學，實祇是就我們的道統而辨說的。孟子說：「由堯舜至於湯，五百有餘歲，若禹皐陶則見而知之，若湯則聞而知之；由湯至於文王，五百有餘歲，若伊尹萊朱則見而知之，若文王則聞而知之；由文王至於孔子，五百有餘歲，若太公望散宜生則見而知之，若孔子則聞而知之；由孔子而來，至於今百有餘歲，去聖人之世，若此其未遠也；近聖人之居，若此其甚也；然而無有乎爾？則亦無有乎爾。」韓文公亦說：「堯以是傳之舜，舜以是傳之禹，禹以是傳之湯，湯以是傳之文武周公、文武周公傳之孔子，孔子傳之孟軻，軻之死不得其傳焉；荀與揚也，擇焉而不精，語焉而不詳。」這兩段話，都是講道統之相傳的。宋學勃興以來，對於道統之維護，更爲重視。宋學可以說是以發揚道統爲其中心任務。但是，這歷代相傳的道統究竟是什麼；也就是說，我們傳統文化，究竟是以何者爲其基本精神。此誠非數語可以辯明。不過，我們基於論語堯曰篇及尙書大禹謨所說的；然後並就歷代儒者之學說思想而加以體察，則知我們傳統文化之基本精神，乃在於窮究天人之理而學爲聖人，並以仁心行仁政而希望能實現大同主義之政治。大學第一章所說的綱領與程序，即是達成此種理想與目的之基本原則。我國歷代之「眞儒」，其致知與明德之方法容有不同；然而對於此種基本原則以及其終極之理想與目的，則是沒有人反對的；因此，我們說這就是我們歷代相傳的道統，這應是不錯的。我們的哲學，大體上是以現代的方法而辨說天人之理，並因而認識我們的道統確是亘萬古而常新。我們之所以依據我們的道統，亦即是接著宋明以來的理學而講我們的哲學；也可以說，乃是以現代的方法，申論道與器的全體，而期望發揚我們的道統。

第二節　道統與文化之更新

我們之所以以現代的方法，申論道與器的全體，而期望發揚我們的道統，乃我們認爲，我們的道統雖是亘萬古而常新的；但是，亦應該依時代的不同而予以新的意義與內容。這就是說，我們文化的基本精神固宜予以維護，而文化的內容，則必須依時代之不斷進步，知識之更多累積，而充實其新的要素，以增加道統之新精神。孔子曰：「殷因於夏禮，所損益可知也；周因於殷禮，所損益可知也，其或繼周者，雖百世可知也。」孔子此說，固在說明「因往推來，雖百世之遠，不過如此而已矣」；但孔子此說，實足以證明道統是可以更新的。不過，道統之更新，與張之洞等所主張的「中學爲體，西學爲用」是完全不同的。我們認爲，必須有新之體，才能發生新的作用；文化之更新，是必須賦予舊的文化以新的精神，然後才能使道統更新。詩云：「周雖舊邦，其命維新。」此所謂「其命維新」，固不必是另一種新的生命；但是，決不是如「西學爲用」的而以新爲用。因此，道統的更新，是必須基於舊文化的基本精神而融合新的思潮以成為一新的文化。此一新的文化，雖然仍是承繼舊的文化傳統，但是，凡足以妨害舊文化繼續發展的因素，是必須予以「揚棄」而無所吝惜。一種文化能否繼續發揚光大，端賴其能否吸收新的內容而「揚棄」舊的渣汁；但是，若移植另一種文化而為用，則是不能更新道統。因為若不以舊的而融合新的，是可能新的為舊的所拆斥，或舊的為新的所取代。宋學是有人稱之為新儒學的。此說固未必全真，然而宋學則確是融合儒釋道三家之學，且不離儒家之基本精神而組織一新的體系。所以，宋學雖可以說是以維護與發揚道統自任；但是，宋儒所維護與發揚的道統，其內容是不必與韓愈孟軻所謂的道統之內容完全相同。就此點而言，說宋學是新儒學實無不可；更就此點而言，則我們所謂的道統的更新，是應該將舊的體系變為一新的體系；不過，此所謂新的體系，決不是外來文化的移殖。

馮友蘭先生在其所著「中國哲學史」中，對於李翺復性書上曾有較為詳盡的辨說。馮先生說：「能至『誠』之境界者，即能與天地合其德，可以贊天地之化育，即已與宇宙合一者也。此一段中可注意者，又有數點：㈠中庸本為禮記中一篇，此特別提出之。此後中庸遂為宋明道學家所根據之重要典籍。㈡禮樂之功用，在原來儒家之學中，本所以使人之欲望與感情，皆發而有節而得中。此則謂係『所以教人忘嗜欲而歸性命之道』。禮樂之意義，在原來儒家之學中，禮樂乃所以養成道德完全之人格；在此則禮樂乃所以使人得到此所謂誠之一種方法也。㈢此段謂『性命之書雖存，學者莫能明，是故皆入於莊列老釋，不知者謂夫子之徒不足以窮性命之道，信之者皆是也』。此言可總代表宋明道學家講學之動機。宋明道學家皆認為當時有興趣之問題，在儒家典籍中，亦可得相當之解答。宋明道學家皆在儒家典籍中尋求當時所認爲有興趣之問題之解答者也。李翺及宋明道學家所說之聖人，皆非倫理的，而爲宗教的或神秘的。蓋其所說之聖人，非只如孟子所說之『人倫之至』之人，而乃是以盡人倫，行禮樂，以達到其修養至高之境界，即與宇宙合一之境界。蓋如何乃能成佛乃當時所認爲有興趣之問題。李翺及宋明道學家之學，皆欲與此問題以儒家的答案，欲使人以儒家的方法成儒家的佛也。」馮先生所講的宋明道學家講學之動機是否完全正確，我們可姑置勿論；惟馮先生所謂李翺及宋明道學家心目中的聖人，「非只如孟子所說之人倫之至之人」，則爲一不大正確的理解。因此，馮先生所說「皆非倫理的，而爲宗教的或神秘的」，則不能說不是一種錯誤。我們認爲，所謂「與宇宙合一之境界」，若如佛家所謂的是此本體之心與宇宙的合一，則當然是宗教的或神秘的；若祇是一種與宇宙合一之認識而所形成的一種心理狀態，則不能說是宗教的或神秘的。我們認爲，凡基於天人合一的認識而所形成的一種心理狀態，實就是一種「喜怒哀樂之未發」的自覺。就通常人來說，「喜怒哀樂之未發」，是如槁木死灰的；然而凡稍能反躬自問的人，則是可以感覺出「喜怒哀樂之未發」的氣象或意識。禪宗所講的「離心意識參」，其意即是須以未發之意識思考。我們認爲，以未含喜怒哀樂等情緒之意識而思考；從人生境界而言是可以感覺出天人合一之境界的；從知識探求而言，若不違反科學方法，亦是可以獲得正確之認識的；從個人行爲而言，若依此種方法所獲得之正確認識而實踐之，則是可以合乎道德標準。這就是「率性」的功夫。人之本性，即是此「喜怒哀樂之未發」之自覺；人之聖人，即是順此本性，而知及之，仁守之，且動之以禮的以盡人之大倫或人之所以爲人之則。所以儒家聖人，是一種有天地境界而又是人倫之至之人。所謂人倫，用今日的民主政治的觀點來說，君臣之義雖不可以講；但是，父子之親，夫婦之別，長幼之序，朋友之信，職守之忠，則是不能不講的；而且，仁愛與莊敬，亦是不能不講的。照這樣說來，儒家聖人，仍是人之至高的準則。因此，儒家聖人是不能與佛家的佛混爲一談。許多人有一種錯覺，以爲凡是「盡心知性」或「明心見性」而大澈大悟之覺者，即是無所不能的上帝。這是受了神化教主的惡劣的影響。有些自命爲「明心見性」的人，便自以爲是無所不能，這實是非常愚昧的。宋明以來的道學家，是沒有人有此愚昧的錯覺。他們心目中的聖人，仍祇是一純乎道德境界而可以爲人之準則的完人或真人，他們是沒有受到神化教主的惡劣的影響。這或許是馮先生未能完全弄清楚的。再者，照馮先生所說的看來，宋學實可以說是以儒家學說爲基本而融合釋老之思想的。所以宋儒之言心言性，實祇是在於辨說天理之本然及人之所以爲人之則而爲人之應盡倫盡分找出一形而上的依據。「於是，本爲佛家之說者，一變爲儒家之說矣」（此馮友蘭先生說）；於是，中國之第一流思想家，自宋學勃興以後，而不是皆爲佛家了。顧炎武說：「今之君子則不然，聚賓客門人之學者數十百人，譬諸草木，區以別矣，而一皆與之言心言性；舍多學而識，以求一貫之方；置四海之困窮不言，而終日講危微精一之說。是必其道之高於夫子，而其門弟子之賢於子貢，祧東魯而直接二帝之心傳者也。」亭林此說，固不無是處；然而他卻忽略了宋儒歷史性的成就。同時，他也未能看出，若果能體悟出「一貫之方」，是不會「置四海之窮困不言」的；而且，若果能通曉「微危精一之說」，亦必不會「舍多學而識」之的。宋明以來的道學，無論是程朱或陸王，確都是充實了儒家學說的內容，影響了釋老思想，而光大與發揚了我們傳統文化的基本精神。

在今日而言，現代科學的進步，確是有助於對本然之理的辨說；因此，若希望光大與發揚我們的道統，確是較宋明道學家易於為力。當然，從作為一個哲學家之基本態度而言，是不應有所謂「道統」觀念的。但是，當我們經過長年累月的深思熟慮之後，而發覺我們的道統，是祇須以現代的知識而充實其內容便可以建立我們的哲學系統時，我們實亦不必完全推翻舊的；尤其是不宜祇推翻舊的而不建設新的。這就是說，人類是不妨走古人已走過的較為正確的老路而繼續前進。不過，凡足以妨害舊文化繼續發展的因素，確是必須予以「揚棄」而無所吝惜，俾使我們的道統能真的更新。我們認為，要真能更新我們的道統，在今日而言，是應該融合我國固有文化的基本精神與近代西方的民主科學以及西方的近代哲學思想而成為一新的哲學體系。在政治哲學方面，三民主義確是向這一方面努力而且是顯有成就的。本論以上各章的辨說，在努力的方向方面，自認是不錯的；至於成就如何，則是另一問題。

第十七章 心物合一論與人類的前途

第一節　儒家精神與世界人類

在本章中，我們願討論心物合一論與人類前途的問題，以作爲本書之結尾。在上一章中我們已陳述過，我們的哲學是在於發揚我們的道統；而我們所謂的道統，乃指我們傳統文化的基本精神而言。我們認爲，這存在的祇是一由無而有與由有而無的過程，而這一過程則祇是質能合一或心物合一所表現的一串串的事點之流。我們雖祇是存在於某一系列的事點之流中；但因此能知之心的知無不盡；故此能知之心是可以以知而貫通任何系統的事點之流。若此能知之心是已貫通某類系列的事點之流，則是此能知之心對於某類系統的事點之流而有知與被知的合一。若知與被知是合一的，則便是天與人的合一。從這種觀點說，所謂天人合一，可以說就是從知與被知而言的；也可以說，是以人法天而與天地合德的。這決對不是以天擬人或以人擬天的。我們傳統哲學中的某些擬天擬人之說，實際上都是錯誤的。因爲如此，所以我們中國文化是特別重視「智」，而認爲智、仁、勇三者爲天下之達德，並認爲仁義禮智乃四端，王陽明更直捷了當的主張「致良知」爲學聖人的基本工夫。我們是贊成陽明先生「致良知」的主張而不十分贊成他的「致良知」的方法。我們始終認爲，知固應該真，尤應該是善的。因爲知而不與仁貫通，或智而不與仁義禮貫通，這是儒家所絕對反對，亦可以說是和我們傳統文化基本精神絕對不相容的。我們知道知識或真理是中立的，是不爲堯存不爲桀亡的。此中立而不爲堯存不爲桀死的真理，亦即是天理之本然。此本然之天理，固是無善無惡的；但是，當此本然之理是「和順於道德而理於義」時，則任何真理必皆是善的。我們固不應假道德之名而歪曲事實，更不應爲被感情所支配的信仰而以僞爲真；但是，我們亦不應祇是爲知識而知識。因此，我們是贊成智而必須與仁義理貫通。至於我們之所以贊成王陽明「致良知」的主張，其故亦在於此。這亦是由於我們所謂的天人合一，是從知與被知而言的。我們所謂的天人合一，既是指的知與被知的關係，亦就是指的個體與全體的關係。就全體而言，全體係由個體集合而成；就個體而言，個體是可以在全體中，保持一己之價值。個體雖是全體的一部份，而個體仍是自存的；個體之所以仍是自存，乃由於個體能自知爲個體；至低限度，亦是由於我們人類既能知道自己，亦能知道何謂個體與全體。儒家學說，即是以「個體」爲基點，而推概凡存在的個體，其本性必是相同的。儒家主張愛有差等，儒家主張忠恕之道，即是爲順乎「個體」之本性而建立道德標準。我們不相信不孝順自己父母而能孝順他人父母。因此，我們不相信殺老子的兒子，是不會不革他的領導人的命。所以，儒家思想體系，皆是反身而誠的結果。這就是說，儒家所謂的「無我」，是以「有我」爲基點而仁至義盡的以做到「無我」，是以「小我」而與「大我」融合的。儒家的政治哲學與道德哲學，皆是以此種仁至義盡的觀點爲基礎的。必須明乎此，才能澈底的理解儒家天人合一之說的真義；亦必須明乎此，才是真的認識了我們的道統。我們的哲學，大體上是基於此種觀點而闡揚我們的道統。

我們曾陳述過，我們傳統文化之基本精神，乃在於窮究天人之理而學為聖人，並以仁心仁政而希望能實現大同主義之政治。照這樣說來，則我們中國文化，實就是儒家所謂的道與器之各方面的辨說與實踐的結果。所以，我們的哲學，亦是以闡述我們傳統所謂道與器之各方面為主要的內容。本論之所以論究存在，以及研究心性之學與人生問題等等，乃因為我們傳統所謂道與器之全體，大體上是可以分為這幾方面。而且，我們傳統所謂道與器之各方面，確是一氣貫串，一理貫通；這是我們在本論中已詳為辨說的，所以儒家所謂的真儒必是通儒。再者，儒家雖認為任何個體的本性必是相同的；但是，儒家對於每一個體，則並不期求其一律，此可於儒家所主張的「道並行而不相悖」便能看得出來。我們中國文化之所以具有融通協調與和諧的特性，實由於我們先哲認識了同中可以有異而認為執清與執和是皆可以成為聖人。這和西方文化所表現於民族的或政治的與宗教的狂熱而不寬容，以及其所具有的鬬爭至死的道德觀念是完全不同的。我們中國人之不習於蠻幹，不善於競爭，以及其主張「各人自掃門前雪」而缺乏團體精神，這當然是受了我們傳統文化的影響。但是，這並不是說，我們中國人的政治的或宗教的狂熱是不能激起的。不過，我們古聖先賢所主張的無憂無懼無惑的道德觀念以及其所表現的「仁至義盡」的精神，是足以證明我們中國人所主張的道德，在本質上不能說是「以增加衝動所產生的恐懼來對付衝動」的「畏懼的道德」。當然，祇有真能「明心見性」或「盡心知性」的人，才是真的具有大無畏的精神。假如有人真能體認我們中國文化的此種精神而又能躬行實踐，則這個人，才真的是如羅素所謂的「幸福的人」。照這樣說來，我們中國文化，確是有益於人類前途的。我們傳統文化之所以形成，固然是由於我們自然環境的影響；然而我們中國文化之所以日益充實其內容，則未嘗不是由於我們古聖先賢，能窮究天人之理而認識了存在之究竟與人生之價值，並能基於其哲學思想而在道德藝術或政治方面的實踐結果。即以政治方面的實踐而言，唐虞及夏商周三代實皆一世界性的政府。此等世界政府之政治哲學，大體上是基於堯典上所謂的「克明峻德，以親九族」而至於「協和萬邦，黎民於變時雍」之政治理想，以成就其世界政府之事業。我們可從周穆王時祭公謀父所說的而約略窺見此等世界政府之施政情形。祭公謀父說：「先王之於民也，茂正其德而厚其性；阜其財求而利其器用；明利害之鄉，以文修之；使之務利而辟害，懷德而畏威。」又說：「是故先王非務武也，勤恤民隱而除其害也。夫先王之制，邦內甸服，邦外侯服，侯衛賓服，蠻夷要服，戎翟荒服；甸服者祭，侯服者祀，賓服者享，要服者貢，荒服者王；日祭月祀，時享歲貢，終先王之順祀也。有不祭則修意，有不祀則修言，有不享則修文，有不貢則修名，有不王則修德，序成而不至則修刑；於是，有刑不祭，伐不祀，征不享，讓不貢，告不王；於是，有刑罰之辟，有攻伐之兵，有征討之備，有威讓之命，有文告之辭；布令陳辭而有不至，則增修於德，無勤民於遠；是以近無不聽，遠無不服。」祭公謀這所說的，即是周代爲實現「協和萬邦」的理想而所制定的原則；從此等原則，我們確可以看出周初的文武成康是如何的成就其世界政府之事業的。大同主義，可以說即是融合此種世界政府之思想及孔子之仁愛的哲學觀點而形成的。此種世界政府，雖有刑罰之辟，攻伐之兵，征討之備；然而仍是以「增修於德」爲主。誠如益對禹所說的，「至誠感神，矧茲有苗。」所以，此種世界政府，確是「不嗜殺人」的。羅素在其所著之「世界之新希望」中曾說：「不過我所要說的是在這世界上我想看見的人，是那種不會有殺人衝動的人；他不殺人，並非因爲殺人是禁止的，而是因爲他的思想和感情使他超脫了破壞的衝動。」羅素此所說的「不會有殺人衝動的人」，即是有仁心仁性之自覺的真人。仁心仁性之學，是儒家思想的最基本之處。在今日而言，吾人欲能拯救被奴役的人民及維護自由世界之安全，自難免於戰爭之災禍；但是，若能本於「不嗜殺人」之仁愛精神，即「血流漂杵」，亦正是儒家思想所竭力贊成的。照這樣說來，我們中國的「協和萬邦」的政治理想，及孔子的仁愛的哲學思想所形成的儒家精神，確是有益於今日世界人類。

第二節　人之本性與人類的前途

羅素在其所著「科學與社會」一書中曾說：「人類所處的地位猶如一個人正在爬上困難而危險的懸崖，在懸崖頂上有一片美麗的草地。他每往上爬一步，他的跌落（如果他的確跌下的話）就變得愈可怕些；每爬一步，他的疲倦就多增一分，而攀登也變得愈困難。最後，只有一步即達崖頂，但那攀登的並不知道，因爲他看不見突懸頭上的石頭上邊的情形。他疲倦得要死，他甚麼都不想，只是想休息。如果一鬆手，他就會永遠長眠了。希望鼓勵他說，再努力爬一步，也許只需要再努力爬一步就成功了。諷刺卻反駁說，愚蠢的人哪！你不是一直在聽從希望的鼓勵嗎？看看它把你帶來甚麼境地罷。樂觀主義說，有生命存在，就有希望。悲觀主義咆哮著說，只要有生命，就有痛苦。這位疲倦的爬山者是再做努力呢，還是讓自己跌落深淵？再過些年，我們之中還能生存在世的就會知道那答案了。」從人類今日的處境來說，羅素這一比喻是很好的。今日西方世界所成就的生活方式，雖未登峰造極；但在物質生活方面，卻達到了相當理想的成就。此種生活方式差不多清除了貧窮，且大大的減少了疾病和死亡。此種生活方式已大致的普及教育於人民，且使個人自由和全體秩序之間的調和達到一種嶄新的程度。假使能夠廢棄戰爭，有計劃的生育後代，並儘量的協助落後地區的進步，及使基本人權獲得可靠的保障，則人類社會是很可能由此小康之治而達成世界的大同，以實現人類終極的理想。但是，毀滅性的核子戰爭的威脅與危機，卻使人類有如置身萬丈懸崖之顛的邊緣，隨時有粉身碎骨之恐懼與萬劫不復之危險。雖然祇要再努力向上爬一步便可以渡過危崖，卻因疲倦已極而似乎使不出一點力量，沮喪已極而似乎祇有放棄一切希望。今日人類之處境，確是掙扎於幸福與毀滅的邊緣。也可以說，勝利的獲得與接受奴役的命運以及敵我雙方都會同遭不幸，是有著相等的機會。（達按：此是指卅年前美蘇對峙時期而言。）

從實際的觀點來說，人類應如何才能渡過此一難關，這應該是政治科學與戰爭科學的課題。但從哲學觀點來說，我深信人類終會排除萬難，而達成其終極的理想。我們之所以具有如此的信念，乃因我們認為，「有機物的生命」，「是一步一步的向著完善與美滿的目的而漸漸前進」的以成為現代人類。自我們遠祖以來，人類所遭逢的厄運，當有較之今日為更艱難而危懼的；然而我們人類之所以能獲得今日的成就，當然是有機物的本性使然。我們認為，有機物之所以能適應其生存的環境，乃由於能量與質量之合作而不斷的求改進的結果。於是，我們可以這樣的說，有機物的能適應的本性，便是我們人類能具有無窮希望的根源；由於希望的鼓勵，所以能渡過了無數的險阻與艱難。同時，由於人類能知之心的妙用無窮，所以我們有想像力與理解力的祖先，能認識自己及自己的環境，而為全人類提供了終極的理想，指示了人生之正確的途徑。無論此所提供的理想或所指示的途徑是以哲學或宗教的方式；但都能增強人類的信心而產生無窮的勇敢與希望。我們也可以這樣的說，共產主義之所以能造成如此之大的厄運，實祇是我們人類由於環境的某種不良影響而產生了追求人類最終理想的錯誤希望；並由於此種錯誤的希望而產生了錯誤的堅強信仰。慘痛的教訓，是可以使人恍然大悟的。覺悟的人是會放棄錯誤的信仰而改正其希望的方向。這就是說，當人類在苦難與恐懼之生活中，而發覺其所生活的世界是普遍的日益不安；而且是普遍的日益趨向黑暗與普遍的日益不可忍受時，人類是會本於其自己的本性，亦即人類的良知，而修正其希望的錯誤方向。此種由於人類良知所產生的信念與力量，是可以突破一切的障礙而引導人類渡過今日所處的危險關頭。這雖然祇是基於我們的哲學而認為人類能知之心是會產生渡過一切難關的信念與力量；然而我們此所認為的，確是不錯的；而且，我們此所認為的亦就是能渡過人類今日所處的難關的一種信念。此種信念，祇要能漸漸地普及於人類時，人類便會產生渡過今日所處的難關的無窮力量。人類之所以能渡過各種難關而獲得今日的成就，即足以證明人類是有此無窮力量。

羅素在其所著「世界之新希望」中曾說：「人心是一個小宇宙，但它是屬於過去世界的而非現在世界的。人心如地質學上的地層，是一層一層構成的。我們常易有的感情，是在各種發展階段上適合我們祖先的感情。最底層的感情，即由心理分析探究出來係屬於下意識領域的感情，大部份是適宜於原始人或甚至人類前身的。」照羅素此說，則原始人或其更遠的遠祖感情，是不可能有如近代文明的感情之有節制；或者說，是不如近代人之具有理性的思考。若說近代人之思考，在某些方面是較原始人爲精確，這是無容置疑的；若說近代人之感情是較原始人爲天真純樸，則便不見得正確。我們認爲，人類的某些衝動，大體上是由於反覆的刺激或不斷的挑戰所激起的；而人類的屬於下意識領域的感情，可以說即是被壓抑的衝動。從原始人的生活境遇而言，刺激或挑戰是不一定可以引起某種衝動的。我們中國有一首古歌曾說：「日出而作，日入而息，鑿井而飲，耕田而食，帝力何有於我哉？」我們可以想像到，原始人既不能也不必積累較多的財富，而兩性之間的生活，也不如文明人之具有刺激性。原始人是確可以度其寧靜的生活。當然，我們也不是說，原始人的寧靜生活是不會被破壞的；但是，我們卻不必想像原始人的生活是完全處於緊張刺激的狀態。再就原始人的心理狀態來說，我們亦不必想像其是兇狠粗暴而漫無節制，或者是具有鬬爭至死的感情的，此亦可於觀察禽獸的感情而獲得佐證。我們中國人所謂的「兔死狐悲，物傷其類」，這正足以說明動物界之自相殘殺還遠不如人類；而且，貓與老鼠，亦是可以和平相處的。因此，我們確可以說，人類之「最底層的感情」，應是最天真而最純樸的。羅素所謂的「在這最底層之上的感情，則適合於野蠻人，早期開化人，希臘羅馬人的世界，及毀滅此世界的人」，而認定「現代的困惱」，是人類的本性使然，這確是一種與我們的哲學完全不相同的學說。照我們已辨說過的而言，人類的本性是善的；而人類的感情，則確是累積而成的。我們姑無論現代人所累積而成的複雜感情，是得自於先天的遺傳，或是得自於後天的感染；然而現代人的屬於下意識領域的感情，則確是非常污濁的。也可以說，是人類進入幸福世界的最大的障礙。

佛教徒認為佛祖是端坐在蓮花之上，姑無論其本義如何，此足以說明，人之本性，是可以如污泥之中而產生潔淨的蓮花。我們之所以相信人類終會排除萬難而達成其最終的理想，以實現其幸福的世界；乃因為基於我們的哲學，是認為「塗之人皆可以為禹」或「人皆可以為堯舜」的。這也就是說，人之所以為人的本性，終會如雨後的春月，照澈無雲的空間，並顯現出新鮮暢茂而潔淨的世界。祇要真能認識人之本性，當知此說非誣。

以上所說，或許祇是樂觀主義的一種論調；但是，就本論所已辨說過的而言，我們乃是基於本然之理而認識了人之本來面目；於是，乃基於人之所以為人之理而論定人類所可能有的成就。這或許祇是我個人因受中國文化的薰陶而有此信以為真的信念；但是，人類「要再努力爬一步」，此種信以為真的信念則是首要的。我們認為，凡不是自欺欺人而又經過尋根究底的懷疑之後所產生的一種信以為真的信念，才是一種真知灼見；惟有真知灼見，才真是引導人類渡過一切難關的唯一的力量；亦惟有真知灼見，才真能產生堅強而正確的信念。無論是政治科學或甚至是戰爭科學，都應該本於此種正確的信念，才真能使人類「再努力爬一步」。

就今日困惱人類而未能使人類「再努力爬一步」的真正原因，可歸納為下列三種問題：第一是種族的歧視；第二是生活方式或信仰體系的不同；第三是經濟利益的衝突。這三種問題，也可以稱之為民族問題，民權問題與民生問題。這三種問題，要都能獲得圓滿的解決，除了要使人類都能過著物質的幸福的生活以外，仍須使人類都能過著精神的幸福的生活，因為人心中所累積而成的邪惡的情感，如猜疑、恐懼、貪婪、嫉妒、仇恨和不容忍等，實都是無法使此等問題能獲得圓滿解決的主要原因。我曾經見到一個國民學校的約四五十歲的男校工，在疾顏厲色的辱罵一個十來歲的女學童。這雖然似乎祇是一件芝蔴綠豆大的小事；但是，此種能以安全的欺侮他人而發洩胸中某種怨氣的邪惡感情，若不能在人之心胸中完全除去，則此等困惱人類的各種問題；必都無法獲得圓滿的解決，而幸福世界亦必是永遠不能到來。所以，我們欲能解決今日的困惱人類的各種問題，如何能淨化人類的感情，亦確是非常首要的。

我們在討論主義與政治的問題時，曾主張以小康之治的政治與經濟爲基礎；然後再從教化上以陶冶人之德性，俾人人都能成爲真人或聖人，則大同主義的幸福世界才可能實現；因此，我們不主張抹煞人類的感情，而主張使人類成爲各式各樣的聖人以代替其邪惡之感情的衝動與發洩。像國際共產主義的以人爲機械而使其變爲工奴或農奴，而使人類的邪惡感情無法獲得正當的宣洩，這確不是好辦法。我們雖不反對任何宗教；但是，若強迫人都勉強的成爲禁慾主義者，則是我們不贊成的。因爲被壓抑了的邪惡感情，常會以各式各樣的衝動而危害人類。照這樣說來，儒家從親其親，子其子而至於不獨親其親，子其子的主張，確是在教化上能使人「明心見性」或「盡心知性」的好辦法。羅素說：「幸福和達到幸福的方法，完全依存在和他人的協調上；把這當作一種知的建議是不夠的，一定要認爲這是人心自自然然相信的東西才行。」儒家的愛有差等的主張，是順乎人之私情的，應是能使人自自然然相信。

再從政治觀點來說，我們亦是贊成儒家主張的。這就是說，我們必須建立一世界政府而協和萬邦的以進入大同世界。在世界政府建立之始，戰鬥仍可能難於避免；但是，若能本於我們的真知灼見而所產生的堅強信念，而以實現大同世界爲理想，則此種戰爭必然的可以獲得勝利，且決不至於使人類遭受毀滅。因爲，協和萬邦，亦就是不戰而屈人之兵的一種戰略。不過，從「克明峻德」而至於「協和萬邦」；這是一不斷的反省的過程；這是一不行一不義不殺一無辜而統一世界的實踐；這是缺乏真知灼見的政治家或戰略家所無法理解的。今日的「西方價值」，如寬容、寶貴生命，尊重個人之自由，及同胞愛等，在許多西方國家中，已變爲一種優良的傳統。此種優良的傳統，若再經澈底的反省而具有人溺己溺，人饑已饑的救世精神，是很可能協和萬邦而統一世界的。我們切勿誤認共產主義者以欺騙而獲得某些成功，是一萬能的法寶，祇有愚昧而未覺悟的人，才會以欺騙的謊言當作真實的理想。魔鬼的試探，其技倆終必不能勝過人類的良知；否則，人類遭受永久毀滅而湮沒無聞；實爲罪所應得。這意義是說，我們要真能統一世界而實現人類之最終理想，欺騙與謀略是毫無用處的；但是，也不是說，我們不應該熟知魔鬼的各種技倆。

照以上所述，我們人類是可能渡過今日的和以後的種種危機，而實現其無憂無懼無惑的屬於聖人境界的幸福生活。惟其最起碼的條件，必在世界政府建立之後及現在所謂的「西方價值」能得到充分的發揚。也就是說，必須是我們傳統文化中的內聖外王的學說，得能按部就班的實踐。所以，我們中國文化，確是有益於人類前途；而儒家性善情惡之說，實可以有助於加強人類渡過一切難關的信念。羅素在其所著「世界之新希望」第十八章中曾說：「俄國蔑視個人，但在西方也有人過份誇張各個人的單獨性。人之自我不應關在花崗岩的牆內，自我的境界應該是透明的。」該書第二十章又說：「有些老年人害怕死。克服此種恐懼的最善策（至少我覺得如此），莫於放寬你的胸懷至忘我無我的境界，則自我的障壁逐漸退後，你的生命就會愈來愈融合在宇宙生命中。個人的生存應像一條河，最初很小，狹隘地局限在兩岸之間，洶湧地衝過圓石，流過高岩形成瀑布。之後，河逐漸寬起來，河岸後退，水流得更安靜，終於什麼痕跡都不留地沒入於海，遂無痛苦地消失其單獨的存在。年老的人若能對他的生命作這樣的看法，就不會爲死的恐懼所苦，因爲他關心的事仍是繼續不斷的。如果因生命力的減退而衰弱日增，則休息的思想必定是受歡迎的；因爲他知道其他的人會繼續他已不能做的工作，而他自己也因已盡了他的力量而感覺滿足。」羅素此所說的是近乎我們所說的有仁心仁性之自覺的真人。我們雖不完全贊同他「洶湧地衝過圓石」，與「形成瀑布」的看法，卻對於這位當代的老哲學家所親身體驗出來的忘我無我的境界，而認爲他確是一位有道之士。這就是我們對於他的哲學知識，雖不完全贊同；但對於這位哲人之哲學修養，則是由衷的敬佩。從宗教觀點來說，必須是「證悟」或「見過上帝」之後才能有此理解。幸福世界的任何個人，是必須也必會有如此之心境。我們中國文化的基本精神，即在告訴我們，人是可以獲得此種心境及應如何才能獲得此種心境。本論所辨說的，即是以此爲最主要的課題。因此，大同主義的幸福世界的實現，我們中國文化是必能得到充分的發揚。但是，我們必須牢牢記住的，人之所以能獲得如此之心境，乃因人類的能知之心，是能產生如此的良知或智慧。這就是說，我們固必須運用我們的智慧而改善我們的物質生活，尤應該依賴我們的良知而突破我們邪惡的感情所形成的一切障礙，以改善我們的心靈生活並因而免除一切災難。智慧不祇是以真假對錯爲標準的科學知識（但決不是反科學的），而正如羅素所說的：「但我的意思並不是說不受無智之威脅的人將沒有感情；反之，他所感到的友誼，慈愛和同情，將遠勝於未得擺脫個人憂慮的人。他的自我將不是在他和其餘人類之間的障壁。他將如佛一樣，當尚有悲慘的人時，他不能完全幸福。」這就是說，智慧或良知是感情淨化之後而具有救世之心的合於理性的不受無智之威脅的知識，而不是純理性的知識。祇有此種知識，才真能引導人類「再努力爬一步」而走上光明的前途。但是，這決不是說，爲獲得此等知識而必須排斥屬於科學或技術方面的知識。總之，我們中國文化的形成，因是實踐與辨說我們傳統所謂道與器之各方面；而我們的哲學又是繼承中國文化之道統而加以發揚的，則我們的哲學所以必須辨說傳統所謂之道與器的各方面而予以新的意義與內容。這是可以引導人類走向光明前途的善知識。中國文化的基本價值是在於此。我們的哲學如有價值，其價值亦在於此。至於我們的哲學是否爲一種哲學；也就是說，本論所講的是否爲一種哲學，這是無庸費詞的。我們的書具在，讀者自會有公正的評判。

國家圖書館出版品預行編目資料

心物合一論—申論道與器之全體

周伯達著. — 初版. — 臺北市：臺灣學生，1999 [民 88]
面：公分. —(濱聞哲學集刊；3)

ISBN 957-15-0957-4 (平裝)

1.哲學 － 中國

120　　88004976

心物合一論
—申論道與器之全體（全一冊）

著作者：周伯達
出版者：臺灣學生書局
發行人：孫善治
發行所：臺灣學生書局
臺北市和平東路一段一九八號
郵政劃撥戶：〇〇〇二四六六八號
電話：(〇二)二三六三四一五六
傳真：(〇二)二三六三六三三四

本書局登記證字號：行政院新聞局局版北市業字第捌玖壹號

印刷所：宏輝彩色印刷公司
中和市永和路三六三巷四二號
電話：二二二六八八五三

定價：平裝新臺幣四二〇元

西元一九九九年四月初版

08904-3

ISBN 957-15- 0957-4(平裝)